高等学校应用型本科创新人才培养计划指定教材

高等学校网络商务与现代物流管理外包专业"十三五"课改规划教材

物流配送中心规划
与运作管理

青岛英谷教育科技股份有限公司　编著

西安电子科技大学出版社

内 容 简 介

本书以培养应用型本科人才为指导思想，结合现代教学理念，注重理论与实践相结合，重点介绍了物流配送中心概述、物流配送中心规划项目管理、物流配送中心的设立、基础资料的收集与分析、物流配送中心总体规划、物流配送中心系统规划、配送作业管理、系统方案评价与规划实例等方面的内容。

针对物流配送中心规划与运作管理的特点，内容分为理论篇与实践篇：理论篇注重理论知识的平实易懂，便于学生掌握，同时包含了大量的案例和启发式的"想一想"环节，每一章都配有大量的课后练习题；实践篇的内容源于实际工作中经常遇到的问题，通过对应的实践项目帮助学生加深对理论知识的理解，锻炼学生发现问题、分析问题、解决问题的能力，提升学生的实践技能。

本书可作为高等院校电子商务、物流管理等相关专业的教材，也可作为企事业单位相关人员自学和培训的参考用书，同时对相关专业的研究生也有一定的参考价值。

图书在版编目(CIP)数据

物流配送中心规划与运作管理/青岛英谷教育科技股份有限公司编著. —西安：西安电子科技大学出版社，2016.1(2019.10 重印)

高等学校网络商务与现代物流管理外包专业"十三五"课改规划教材

ISBN 978-7-5606-3965-9

Ⅰ. ① 物…　Ⅱ. ① 青…　Ⅲ. ① 物流配送中心—经济规划　② 物流配送中心—企业管理

Ⅳ. ① F252.24

中国版本图书馆 CIP 数据核字(2016)第 002842 号

策　　划　毛红兵
责任编辑　毛红兵　闫柏睿
出版发行　西安电子科技大学出版社(西安市太白南路 2 号)
电　　话　(029)88242885　88201467　　　邮　　编　710071
网　　址　www.xduph.com　　　　　　电子邮箱　xdupfxb001@163.com
经　　销　新华书店
印刷单位　咸阳华盛印务有限责任公司
版　　次　2016 年 1 月第 1 版　　2019 年 10 月第 2 次印刷
开　　本　787 毫米×1092 毫米　1/16　印　张　20
字　　数　472 千字
印　　数　3001～5000 册
定　　价　49.00 元

ISBN 978-7-5606-3965-9/F

XDUP 4257001-2

如有印装问题可调换

高等学校网络商务与现代物流管理外包专业"十三五"课改规划教材编委会

主编： 王　燕

编委： 李树超　　杜曙光　　张德升　　李　丽

　　　　 王　兵　　齐慧丽　　庞新琴　　王宝海

　　　　 鹿永华　　刘　刚　　高延鹏　　刘　鹏

　　　　 郭长友　　刘振宇　　王爱军　　王绍锋

❖❖❖ 前　　言 ❖❖❖

物流业是融合运输、仓储、货代、信息等产业的复合型服务业，是支撑国民经济发展的基础性、战略性产业。物流配送中心是为了保证货物高效流通而建立的物流综合管理、控制与配送的机构和设施。物流配送中心的合理规划与运作管理，对于推进城市配送体系建设、优化物流配送网络结构、提升物流服务水平、降低物流配送成本等具有重要的作用。国务院下发的《物流业发展中长期规划(2014—2020 年)》中明确指出了配送及配送中心在物流业发展中的重要地位。

本书以培养应用型本科人才为目标来组织课程内容。课程内容以物流配送中心规划与运作管理的基本理论知识为主线，同时吸收了国内外物流配送中心规划设计的最新理论与实践成果，注重不同学科专业知识在规划设计中的应用，具备较强的实用性。本书作者根据自身多年来在不同行业积累的仓储物流规划与管理实战经验，结合教学的需要，以"121"工程创新人才培养的理念为引导，在参考了大量文献且与诸多企业实战人士沟通的基础上编著了本书。通过学习本课程，学生能够系统地掌握物流配送中心规划与运作管理方面的知识和技能，能够利用所学知识解决物流配送中心规划与运作中遇到的实际问题。本书还能启发学生形成一定的解决问题的思路，使学生具备较强的创新能力。

本书分为理论篇和实践篇。理论篇共 8 章：第 1 章介绍了配送与配送中心的概念，物流配送中心的分类与选择，配送及物流配送中心的产生与发展，我国物流配送中心存在的主要问题与对策等内容；第 2 章介绍了项目管理的概念与基本工具，项目成功的关键因素分析，物流配送中心项目规划的原则、步骤及规划建议等内容；第 3 章介绍了配送的分类与模式以及配送模式的选择方法，物流配送中心设立的程序，物流配送中心选址的方法与注意事项；第 4 章介绍了物流配送中心规划资料的种类与收集方法，基础资料整理与分析的方法、步骤等内容；第 5 章介绍了物流配送中心的总体规模规划，物流配送中心的区域功能和区域作业能力规划，物流配送中心的设备规划及信息系统规划，物流配送中心的功能区布局规划等内容；第 6 章介绍了物流配送中心的道路交通系统规划，生产作业区空间规划，生产作业辅助区空间规划，办公生活区空间规划，作业系统规划等内容；第 7 章介绍了配送线路的管理与优化，配送服务管理，退货管理，配送作业的信息化管理，我国物流配送的发展趋势等内容；第 8 章介绍了系统方案评价，系统方案评估方法，物流配送中心规划的实例分析等内容。

实践篇包括 8 个实践项目：项目管理工具的运用，配送模式的选择与分析，基础资料分析，物流配送中心系统规划，车辆调度，配送线路的选择与优化，配送服务管理，物流配送中心总体规划与设计。

本书具有以下特点：

(1) 注重传统经典理论与电子商务条件下物流配送中心规划与运作管理特点的结合。本书在编写过程中非常注重对基本理论的介绍与基本思路的引导，以及这些知识在现实中的应用，希望读者在学习过程中能够灵活掌握。同时，还特别注重介绍电子商务条件下物流配送中心规划与运作管理方面的内容。

(2) 引入了部分项目管理的基本知识和工具。物流配送中心规划过程实际上是一个复杂的项目运作过程。因此本书特别介绍了项目管理方面的基本知识和管理工具，以帮助规划工作的开展。

(3) 结构与内容上的特色。为了更加适应教学的要求，本书在结构编排上进行了精心设计，分为理论篇和实践篇。

理论篇不是枯燥的概念与理论，而是通过简洁平实的语言，紧密与现实联系，注重学生对内容的理解。每章的开始设有本章目标，让学生在学习过程中做到有的放矢。"想一想"部分是在基本知识点的基础上对所描述问题的引申，以启发学生的思路。

实践篇既有对知识的巩固，又有对知识的延伸和应用，且注重工作实践中问题的展现，能够在很大程度上锻炼学生分析问题、思考问题和解决问题的能力。

(4) 突出系统性。一方面，本书的内容组织从系统的角度考虑，涵盖了物流配送中心规划的多方面内容，有助于学生从整体上把握所学知识；另一方面，本书强调系统性思维和工作方法在物流配送中心规划与运作管理中的应用，希望能够帮助学生解决其日后工作中的实际问题。

(5) 突出"121 工程"人才培养的理念。始终把培养高级应用型本科人才的理念贯穿于本书的编写过程中，注重理论与实践的结合。

本书由青岛英谷教育科技股份有限公司编著，参与本书编写工作的有王燕、王莉莉、于志军、杜继仕、刘明燕、宁孟强等。本书在编写期间得到了各合作院校专家及一线教师的大力支持与协作，在此，衷心感谢每一位老师与同事为本书出版所付出的努力。

本书在编写过程中，参考了大量的书籍和资料，在此向其作者表示衷心的感谢。另外，还要十分感谢诸多企业管理人员和专家对本书提出的建议和意见。

由于水平有限，书中难免有不足之处，欢迎大家批评指正。读者在阅读过程中发现问题，可以通过电子邮箱(yinggu@121ugrow.com)发给我们，以便我们对书稿进行进一步完善。

作　者
2015 年 10 月

❖❖❖ 目 录 ❖❖❖

理 论 篇

实　践　篇

理论篇

第1章 物流配送中心概述

📖 本章目标

- 熟悉配送的概念与内涵
- 掌握配送中心的概念与内涵
- 了解与物流配送中心相关的几个概念
- 了解物流配送中心的分类
- 熟悉物流配送中心的产生与发展
- 掌握目前我国物流配送中心存在的主要问题与对策

1.1 配送与配送中心概述

根据中华人民共和国国家标准 GB/T18354—2006《物流术语》的解释：配送 (Distribution)是指在经济合理区域范围内，根据客户要求，对物品进行拣选、加工、包装、分割、组配等作业，并按时送达指定地点的物流活动。配送中心(Distribution Center) 是指从事配送业务且具有完善信息网络的场所或组织。

1.1.1 配送的概念与内涵

配送的概念含义非常丰富，需要从不同的角度予以理解。下面分别从配送的功能、意义和作用以及电子商务环境下配送的特点等方面进行介绍。

1. 配送的概念理解

1) 从定义的角度理解

1985 年，日本工业标准 JIS 对物流用语做了统一的定义，将配送定义为："把货物从物流节点交到收货人手中的交货行为"。而日本日通研究所《物流手册》将配送定义为："面向城市和区域范围内，对需要者进行的输送"。日本文部省审定的教材中将配送定义为："最终将物品按指定的日期安全准确交货的输送活动"。

美国的《物流管理：供应链过程的一体化》一书对配送的相关表述是：实物配送这一领域涉及制成品交给顾客的运输。实物配送过程可以使顾客服务的时间和空间的需求成为营销的一个整体组成部分。

配送是物流中一种特殊的、综合的活动形式。它与商流、物流、资金流紧密结合，包括了物流活动中大多数必要的因素，是物流的一个缩影或在某小范围中物流全部活动的体现。从国外对配送的定义来看，一般是考虑配送的目的，而我国的物流标准术语对配送的定义侧重于对配送具体功能的描述。

2) 从资源配置的角度理解

从经济学资源配置的角度来看，配送实质上是实现资源最终配置的经济活动。对配送在社会再生产过程中的地位和配送的本质行为可以从以下几个方面理解：

(1) 配送属于资源配置的一部分，是经济体制的一种形式。

(2) 配送对资源的配置是接近顾客的"最终配置"。现代企业都追求客户关系管理的最优化，而配送恰恰有此优势。

(3) 配送的主要体现形式是送货，是"配"与"送"的结合体，是以现代的手段与方法为依托，符合现代社会要求的实物转移。

(4) 正因为配送处于最接近用户的那一段流通领域，所以它具有一定的局限性，能够解决流通领域的问题有限，但也不能因此而忽略了其战略价值。

3) 从配送的实施形态角度理解

从配送的实施形态角度看，配送实际上就是按用户的订货要求，在配送中心或其他物流节点进行货物配备，并以最合理的方式送交用户的过程。可以从以下几个方面理解：

(1) 这是从配送过程的角度来认识资源配置的。

(2) 配送实质上是一种送货行为，但这种送货行为具备确定的组织、确定的渠道、先进的设备和技术支持、完善的制度体制等，与传统意义上简单的"送达"不同，层次和水平都比较高。

(3) 配送属于一种"中转"形式。配送企业是专职从事货物流通的企业，不同于生产企业的"有什么送什么"，而是"需要什么送什么"。

(4) 配送重在"配"与"送"的有机结合。配送通过对货物的分拣、配货、整合等工作的统筹达到提升送货效率、降低送货成本的目的。

(5) 配送源于用户要求。正是这一出发点决定了配送的"服务"属性，配送以满足客户需求、符合客户利益为宗旨，在此基础上再追求企业的利益。

(6) "以最合理的方式"送交客户。这是配送者应该掌握的一个原则。因为客户自身有时候具有一定的局限性，为避免盲目满足客户要求，需要对客户做好引导，形成双方共赢的局面。

2．配送的功能

基于对配送概念的理解，可以从以下几个方面来认识配送的功能：

(1) 备货。这是配送的准备工作或基础工作，主要包括筹集货源、订货或购货、集货、进货及有关的质量检查、结算、交接等内容。配送的优势之一是可以集中用户的需求进行一定规模的备货。备货是决定配送成败的初期工作，如果备货成本太高，会大大降低配送的效益。

(2) 储存。配送中的储存有两种形式：一是储备，二是暂存。储备是指在一定的时期内根据配送经营的要求，建立保障配送顺利进行的资源储备。一般这种储备物品的量比较大，储备物品的结构比较完善，可以根据实际的货源和到货情况，进行有计划的储备，比如确定周转储备的结构与数量、保险储备的结构与数量等。

常见的暂存分两种形式：一种是执行配送时，按分拣配货要求，在理货场地所做的少量储存准备，这部分暂存主要为配送工作提供便利，不会影响到总体的储存量；另一种是在分拣、配货之后形成的待发货暂存，这种暂存主要用于调节配货与送货的节奏，暂存时间不长。

(3) 分拣与配货。分拣是将需要配送的物品从储位上拣取出来，配备齐全，并按照配装和送货要求进行分类。配货是将拣取分类后的货品经过检查，再进行必要的包装、检验等，做好标记，运到发货准备区，待装车后发出。分拣与配货是配送区别于其他物流活动的一个比较显著的特点，没有分拣与配货的支持将无法体现出配送活动的特色，无法提供高水平的送货服务，因此分拣与配货是配送企业在经营中提升竞争力和提高自身经济效益的重要保障，是决定配送水平的关键性因素。

(4) 配装。在配送中，同样的路程下，车辆的装载率越高，越能够降低单位里程的运输成本，因此存在多种货物或不同客户的货物等配装的问题，同时还要解决如何合理配装的问题。可以说，配装功能也是配送系统比较显著的一个特色。

(5) 配送运输。配送运输可以归类为运输形式中的末端运输、支线运输。配送运输的距离一般较短，规模较小，货载额度较高，因此汽车是其主要运输工具。另外配送运输的线路比较复杂，比如某辆车某次出车，装载有 20 个不同位置客户的货物，此时如何规划出最佳运输路线，以及在此线路基础上进行何种顺序的配装就成了关键性的问题。

(6) 送达服务。送达即货已到达客户处。但这并不意味着配送业务的结束，有可能还会导致配送的失败，而这也正是配送业务的特殊性所在。与客户完成交接，正确地处理交接相关的手续，在正确的地点正确地卸货，货物完好无损，办理结算等，这些工作的完成才能称作是一项成功的送达服务。

(7) 配送加工。配送加工即按照配送客户的要求所进行的流通加工。该功能不具有普遍性，有些企业不提供配送加工功能，但配送加工可以提高客户的满意度，是提升企业竞争力的一个有效手段。

3. 配送的意义和作用

当前，配送已成为企业经营活动的重要组成部分，为电子商务的发展提供了基础和支持，充分发挥了提高物流系统效率和效益、降低企业库存水平、方便客户、保证供应等作用。

(1) 完善了输送及整个物流系统。二战以后，干线运输在运输成本、运输批量、运输距离和运输效率等方面都有了长足的进步，但在干线运输之后，往往都要辅以支线运输或搬运活动。配送的出现以其较强的灵活性、适应性、服务性等特点将支线运输与搬运活动统一起来，使运输过程得以优化和完善。

(2) 提高了物流系统的经济效益。配送中心批量进货以取得价格上的优势，同时采取将各种商品配齐集中向用户配送或将多个客户小批量商品集中进行配送的方式，提高了物流系统的经济效益。

(3) 使企业实现了低库存或零库存。配送企业实现高水平的配送服务，就可以准时按量地满足企业的需求，企业就没有必要保持库存或仅需保持少量的保险库存，从而为企业节约出大部分资金，改善财务状况。同时配送企业高水平的库存管理，使得库存的总量小于各企业原有库存的总和，提高了社会的经济效益。

(4) 手续简便、方便客户。客户变分散采购为仅向配送企业一处采购，大大减少了采购费用。

(5) 提高库存保证程度。将各企业间分散的库存管理，变为配送企业集中的库存管理，降低了企业因库存问题而影响生产的风险。

4. 电子商务环境下配送的特点

随着电子商务的发展以及现代信息技术在配送领域的应用，使得现代配送具备一些鲜明的特点。

(1) 配送的信息化。主要表现在商品信息收集的代码化和数据库处理化、信息处理的电子化和计算机化、信息传递的标准化和实时化、信息存储的数字化等，如条码技术(Bar Code)、数据库技术(Database)、电子订货系统(EOS，Electronic Ordering System)、电子数据交换(EDI，Electronic Data Interchange)、地理信息系统(GIS，Geographic Information System)、仓储管理系统(WMS，Warehouse Management System)等在配送管理中的应用。信息技术在物流配送中的应用大大改变了全球物流的面貌。

(2) 配送的自动化。自动化以信息化为基础，表现在配送作业能力的增强、劳动生产率的提高、作业差错率的降低、配送效率的提升、相同作业量下劳动人员的减少等方面，如自动分拣设备、射频自动识别设备、自动导向车、货物自动跟踪系统等设备的使用。电子商务的飞速发展大大带动了配送自动化的发展。

(3) 配送的网络化。网络化的基础是信息化。可以从两个方面来理解网络化的含义：一是围绕配送的计算机通信网络的使用，包括配送中心与供应商的联系，配送中心与客户的联系等；二是配送组织的网络化及企业内部网的使用，如配送中心内部的所有数据信息都通过网络系统实现实时共享，企业内部不同配送中心之间的信息同步共享，根据不同订单的性质自动将其分配到最合适的配送区域等。

(4) 配送的智能化。智能化的产生离不开信息化和自动化的应用，配送作业过程中大量信息数据的处理和最优组合策略的产生都离不开智能化的支持。例如，分拣路径的规划、配送路线的优化、库存水平的确定、自动化设备的运行与控制等，都属于配送智能化的结果。智能化已经成为电子商务环境下物流配送发展的一个趋势。

(5) 配送的柔性化。柔性化的概念源于生产领域，即通过系统结构、人员组织、运作方式和市场营销等方面的改革，使生产系统能够快速地适应市场需求的变化，同时消除冗余无用的损耗，力求企业获得更大的效益。但要做到生产的柔性化，没有配套的物流配送系统柔性化的支持是很难实现的。配送的柔性化正是根据消费者需求"多品种、小批量、多批次、短周期"的特点而灵活组织和实施物流配送的作业。

1.1.2　配送中心的概念与内涵

深刻理解配送中心的概念与内涵对于配送中心的规划有着重要的作用，本节将分别介绍配送中心的概念、功能以及现代配送中心的主要特征三个方面的内容。

1. 配送中心的概念理解

不同的国家、学者对配送中心的概念存在多种理解。王之泰先生在《物流学》中将其定义为："配送中心是从事货物配备(集货、加工、分货、拣选、配货)和组织对用户的送货，以高水平实现销售或供应的现代流通设施"。我国的 GB/T 18354—2006《物流术语》中把配送中心的概念定义为："从事配送业务且具有完善信息网络的场所或组织"，并且应基本符合下列要求：主要为特定客户或末端客户提供服务；配送功能健全；辐射范围小；多品种、小批量、多批次、短周期配送服务。

日本《市场用语词典》对配送中心的理解是："是一种物流节点，它不以贮藏仓库的这种单一形式出现，而是发挥配送职能的流通仓库，也称作基地、据点或流通中心。配送中心的目的是降低运输成本，减少销售机会的损失"。《物流手册》对配送中心的定义是："配送中心是从供应者手中接受多种大量的货物，进行倒装、分类、保管、流通加工和情报处理等作业，然后按照众多需要者的订货要求备齐货物，以令人满意的服务水平进行配送的设施"。

通过上面对配送中心定义的了解，可以总结出以下几个要点：

(1) 配送中心是一种物流节点，不以物品的存储为主要目的，重在发挥流通职能，以"货物配备"为其主要特色。

(2) 为客户提供配送服务，突出配送的效益性和客户服务的满意性。送货是其基本职能，但配送中心不一定要有自己的配送车辆，也可以利用社会上运输企业的车辆完成送货，重在低成本、高效率、高服务水平地实施配送服务。

(3) 配送中心是一种设施，该设施以促进物品的流通为主要目的，配备一定的现代装备和工艺，不但处理商流还处理物流，是兼有商流和物流全部功能的流通设施。

(4) 配送活动是与销售或供应等经营活动结合在一起的，是一种经营手段，而非单纯的物流活动。

当前一些比较先进的配送中心其配送业务流程都由网络系统连接，当系统的任何一个神经末端收到一条需求信息时，该系统都可以在极短的时间内做出反应，并可以拟定详细的配送计划，通知各环节开始工作，因此配送中心信息化运作的特点很明显。

2．配送中心的功能

配送中心的运作是围绕配货和送货而进行的物流活动，在此活动中涉及信息的传递与处理、交易的进行、货物的转移、结算的办理等方面。配送中心属于多功能、集约化和提供全方位服务的物流节点。通过配送中心各项功能的发挥，能够大大降低整个供应链的物流成本，提高企业的服务效益。因为配送中心是开展配送服务的一个物流节点，所以配送所具有的功能，配送中心都应该具有，同时还具有以下功能：

(1) 采购功能。配送中心要实现配货，必须要对所配物品进行采购，在合理的库存结构下才能够有效实施配送服务。采购计划的制订与实施一般根据市场的供求变化情况做出适当的调整，通常由专门的部门与人员组织实施。

(2) 信息交换和处理功能。因为配送中心具有多种功能，各种信息在配送中心进行交汇，所以配送中心必须具备完善的信息处理系统。该系统能够有效地对各种信息进行收集、整合与处理，为配送中心的正常运转提供支持，为决策的执行和流程的控制等提供有效的信息依据。

(3) 增值服务功能。增值服务可以增强企业的竞争力，进一步挖掘利润的源泉，在现有资源下，充分发挥资源优势。增值服务功能表现在：结算功能，如除了物流费用的结算外，还可以替货主向收货人结算货款等；需求预测功能，如配送中心通过对进出货品信息的分析，形成未来一段时间市场对物品的需求趋势预测等；物流系统设计咨询功能，如为客户设计物流系统，协助客户对供货商、分销商进行评价；其他服务功能，如报关、提供售后服务、协助销售等。

3．现代配送中心的主要特征

配送中心的出现，以其专业化、系统化、高效化的特点，展示出了强大的生命力和巨大的物流优势。随着信息技术的应用、社会经济的发展，现代的配送中心也表现出一些明显的特征。

(1) 反应速度快。在围绕着配送中心的上下游企业与配送中心之间，业务反应速度越来越快，前置时间越来越短。

（2）功能集成化。集商流、物流、信息流、资金流为一体，将物流与供应链的其他环节进行集成。

（3）作业规范化。主要体现在配送作业流程和运作的标准化、规范化、简单化，从而大幅提高作业效率的同时大幅降低了差错率。

（4）服务多样化。在提供高水平的配送服务之外，又提供了多种的增值服务，如物流信息咨询、货款代收、物流培训、市场调查与预测等。

（5）目标系统化。从供应链和系统化操作的角度出发，不再着眼于某一两个点的效益最优，而是从系统化的角度，追求整个物流配送系统的最优。

（6）手段现代化。现代信息技术、高效率的机械设备、先进的运营管理方法等的应用促进了配送的发展。

（7）组织网络化。配送网络体系不断完善与健全，设施、组织间的沟通与联系实时化、反应高效化。

（8）管理法制化。从国家层面上，不断健全与完善各种法律法规，有法可依，执法必严，违法必究；从企业层面上，各相关企业按章办事，依法行事，在"法"的约束下和谐发展，并不断建立与现实相契合的行为准则。

1.1.3　与物流配送中心相关的几个概念

在欧美，通常物流中心也用"distribution center"表示。在本书中对物流中心、配送中心不再进行严格区分，而统称为物流配送中心。其能够大规模集结、吞吐货物，具备储存、保管、分拣、搬运、装卸、运输、配载、加工、信息传递、结算等主要功能及一系列的相关延伸功能。下面主要介绍与物流配送中心相关的几个概念。

1. 仓储中心

仓储中心从功能上看就是仓库。仓库是存放物品的建筑物和场地，具有存放和保护物品的功能。储，表示收存以备使用，具有收存、保管、交付使用的意思；仓储，即为利用仓库存放、储存未即时使用的物品。这类仓库也同样具有集货、分货、送货的功能，但以储存功能为主，目的在于对生产、销售、供给等活动进行调节。仓储中心的作业具备以下几个主要特点：

（1）作业过程不连续。作业过程中不乏出现货物越库直拨的情况，但大多情况下都是货物先验收入库，后在库内停留一段时间。货物的流动属于间接性的。

（2）作业量不均衡。月度、甚至每天的作业量都存在一定的波动，有时可能还会波动比较大。例如由入库量与出库量的差异或者时间上的不确定性等因素造成作业量不均衡的情况。

（3）作业对象复杂。专用型的仓库作业对象都是固定的；其他类型的仓库大部分作业对象是多种多样的，不同对象的作业条件和方法可能存在比较大的差异，作业情况较复杂。

（4）作业范围广泛。虽然大部分的仓库作业环节都是在仓库内部完成的，但也存在去车站提货、去货运公司提货、提供配送作业等情况，配送范围很广，根据客户的要求而定，作业的外在范围相当广泛。

传统意义上对仓储中心的理解是以货物储存为主，储存货物的量较大，品种不多，储存时间较长，保管条件较好，强调物资"存"的职能，弱化物资"流通"的职能。但随着经济的发展，社会生产生活方式的改变，仓储中心"存"的职能逐渐弱化，"流通"的职能逐渐增强，仓储增值服务越来越多。

2. 物流节点

节点是一个抽象并且应用很广泛的概念，通俗地说，就是某个大环境中的一个点或者一段，例如某条高速公路上的收费站。物品在从生产厂家向消费者手中实体流动的过程中，能够直接到达仅是一种理想情况，大多数情况下需要多个中转程序才能够完成，每一个中转点，就可以称作是一个物流节点。

物流节点(Logistics Node)是指物流网络中连接物流线路的联结之处。广义的物流节点是指所有进行物资中转、集散和储运的节点，包括港口、空港、火车货运站、公路枢纽、大型公共仓库、现代物流(配送)中心及物流园区等。狭义的物流节点仅指现代物流意义的物流(配送)中心、物流园区和配送网点及仓储中心等。由此可见，物流活动实际上就是物品在线路与节点间的流动。在线路上主要是进行运输方面的活动，在节点上主要是进行包装、装卸、保管、配货、流通加工等方面的活动。物流活动中离开了物流节点的支持，物流系统必然无法正常运转，可见物流节点在整个物流系统中处于非常重要的地位。

1) 物流节点的分类

目前我国各种类型的物流节点处于发展期，在功能、作用、结构等方面尚在探索过程中，没有一个统一的分类规则。物流节点依据主要功能，可以分为以下几类：

(1) 转运型节点，主要职能是连接不同的运输方式，如铁路运输线上的货站、不同运输方式间的转运站、港口、码头、空港等都属于此类节点。这类节点在运输线路上是以转运为主，重点在于衔接货物的快速流通，因此货物在此类节点上停留的时间一般都较短，进出货物较频繁。

(2) 储存型节点，主要职能是储存货物，如以存储经营为主的仓库、国家储备粮仓、货栈等都属于此类节点。因为这类节点在运输线路上以存储为主，重点在于调节供需之间的时间差，因此货物在此类节点上停留的时间一般都比较长，进出货物不是很频繁。从发达国家仓库的发展历程来看，尽管储存型的节点逐渐向流通型节点转化，但不可否认，这种类型的节点还是不可或缺的。

(3) 流通型节点，主要职能是组织货物在物流系统中的流动，如常见的配送中心、集散中心、流通中心等都属于此类节点。因为这类节点在运输线路上以促进物资的流通为主，重点在于支持高效、准确、经济的物流，因此货物在此类节点上追求物流效益的最大化、成本的最低化，货物的进出按照一定的数据分析或经验控制为主。流通型节点是不同物流节点的重要组成部分，是提高整个物流系统效率和效益的主要因素。

(4) 综合型节点，顾名思义重在综合，即在某节点中实现两种以上主要功能，并且在节点中并非独立完成各自功能，是将若干功能有机结合于一体、具有完善设施和协调工艺的集约型节点，如按服务地域层次划分的城市物流节点、国际物流节点，按经营性质划分的自用型节点、公共型节点，按在供应链中的作用划分的供应型节点、销售型节点等。综合型节点能够适应物流大量化、复杂化、精准化、快速化的特点，是现代化物流系统中节点未来发展的方向之一。

需要特别指出的是，以上各种类型的物流节点是以其主要功能进行分类的，并不意味着仅有此功能。例如在经营存储型仓库的企业中，往往也设置一定的流通加工区域，满足不同客户的需求，但其以存储职能为主。

2) 物流节点的功能

在物流学形成初期，学者和实业家们都比较侧重于物流基本功能的研究，如运输、存储、包装等。随着人们对物流系统化观念的增强，越来越重于从整体的角度来考虑物流系统的协调运转，注重系统效益的价值，因此作为连接物流系统的物流节点，越来越受到人们的重视。现代物流网络中的物流节点对优化整个物流网络起着重要作用，从发展来看，它不仅执行一般的物流职能，而且越来越多地执行指挥调度、信息交流等神经中枢职能，是整个物流网络的灵魂所在。

(1) 衔接功能。不同的物流线路之间要互相打通，必然需要通过一定的媒介，物流节点便具备此功能，将不同线路衔接在一起，形成一个庞大的物流网络。例如大型货轮从国外进口一批矿石，通过货车运输到全国各地，不仅需要大批量的货车，还需要长时间的装卸，就会导致货轮滞留码头，此时作为矿石临时存储地的码头仓库就起到了关键的作用，高效率地打通了海运到陆运的通道。物流节点的衔接功能主要通过以下方法实现：通过转换运输方式，衔接不同运输手段；通过加工，衔接干线物流及配送物流；通过储存，衔接不同时间的供应物流和需求物流；通过使用集装设备及整合信息，衔接并优化客户需求。

(2) 信息功能。现代物流一个主要的特征就是对信息的整合利用。在现代物流系统中，每一个节点都是物流信息的一个点，若干个这种类型的信息点和物流系统的信息中心结合起来，便成了指挥、管理、调度整个物流系统的信息网络。通过信息的共享与交流达到将不同物流单元连接成一个整体的目的，从而实现资源的最优配置。阿里巴巴与众多股东打造的"菜鸟网络"，很大程度上就是对各物流节点信息的整合与利用。

(3) 管理功能。实际上，物流节点大都是集管理、指挥、调度、信息、衔接及货物处理为一体的物流综合设施。整个物流系统能够有序化、正常化运转，其效率和水平的高低取决于物流节点管理职能的实现情况。

3. 物流中心

GB/T 18354—2006《物流术语》对物流中心(Logistics Center)的定义是："从事物流活动的具有完善信息网络的场所或组织"，应基本符合下列要求：主要面向社会提供公共物流服务；物流功能健全；具有完善的信息网络；辐射范围大；存储、吞吐能力强，能为转运和多式联运提供物流支持；对下游配送中心提供物流服务。

1) 物流中心的类型

总结现有的物流设施，典型的物流中心主要有以下几类：

(1) 集货中心。集货中心重在聚集，是指将大量的、分散的物品集中成大批量货物的物流节点。该类型物流中心多分布在小企业群、农业区、果业区、牧业区等地域。其主要功能体现在以下几个方面：聚集物品，积少成多；进行分拣、分割、切割、剪裁、冷冻等初级加工；进行必要的运输包装作业，以适应运输条件的要求；集装物品，主要采用集装单元工具对物品进行集装作业，提高物流效率；存储物品，如对季节性物品的保管等。

(2) 送货中心。送货中心重在运送物品。进入送货中心的货物以大批量、大包装或散装等货物为主，而从送货中心运出的货物是按照一定标准分解成的小批量、小包装或小型集装的货物。该类型物流中心多分布在产品使用地、消费地或车站、码头等处。其主要功能体现在以下几个方面：分装物品、更换包装物；分送物品，满足不同客户的订货需求；存储物品，更倾向于物品的短期存储。

(3) 转运中心。转动中心重在运输物品。它是实现不同运输方式或同种运输方式之间联合运输的物流节点。该类型物流中心多分布在综合运输网络的节点处、枢纽站等地域，如多式联运站、集装箱中转站等。其主要功能体现在以下几个方面：货物中转，如不同运输设备间的货物装卸中转；集散与配载货物，可以针对货物的量或目的地等因素进行多种运输策略的组合；货物的存储及其他服务，侧重于货物的短期存储。

(4) 加工中心。加工中心重在对物品的流通加工，主要是将货物经过适当的流通加工后运送到客户处或指定地点。因此，该类型物流中心都配有专门的配套设施和设备，尽管加工的工艺并不复杂，但对加工的对象也有一定的限制与要求。货物加工的主要目的是通过简单的加工促使仓储、运输、配送形成连贯性的一体化作业，提高物流质量和效率，降低物流成本。该类型的物流中心多分布在原材料产地、消费地等处。

(5) 物资中心。物资中心重在功能的多样化，是依托于各类物资、商品交易市场，进行集货、储存、包装、装卸、配货、送货、信息咨询、货运代理等服务的物资商品集散场所。例如一些大型集团企业的物流中心就是依托于各类物资交易市场而形成的。该类型的物流中心功能复杂，能够提供一体化的运输、信息等多种服务，在现实中对服务范围内的对象起到了积极的作用，如围绕某大型小商品城而形成的物流中心对全国范围内配货就是典型的物资中心类型。

不同类型的物流中心，是根据不同的经济背景条件、地理位置、交通特征、物流对象等特征而形成的，各自具有鲜明的特点，同时也具有一定功能的重合性，因此要在满足物流需求的基础上尽量避免重复建设、重复支出。

2) 物流中心的功能

物流中心的主要功能表现在以下几个方面：

(1) 运输功能。物流中心要满足客户的需求，在规定时间内，将正确的物品送达客户指定的地点。因此，不管是租赁还是自有，物流中心都拥有一定规模的运输工具；同时为了取得竞争优势、降低空载率等，很多物流中心在全国都有一个运输网络，承载着物流中心的运输功能。

(2) 储存功能。物流中心虽然是以物品的流动为主要操作对象，但并不能忽视仓储设施的存在，即物流中心的储存功能。储存是为了保证物流活动的合理开展，通过一定的储存，进而实现高效的分拣、配送作业，保证物流活动的良性运转。

(3) 装卸功能。它是进行货物流通的必备功能。专业化、机械化、自动化的装卸搬运设备，能够极大地加快货物流通的速度，并且减少货物损耗。

(4) 包装功能。物流中心的包装不同于商品销售环节的包装，是为了达到安全、批量、快速地运输货物而采取的必要的拼装、组合、加固等包装措施。

(5) 流通加工。流通加工属于物流增值服务的一部分，通过提供一定的简单加工功能，可以促进物流的效率与效益，提升物流中心的竞争力。

(6) 信息处理。信息技术在物流领域的应用，大大加强了物流参与者间信息的传递、共享与整合。整个物流环节的各种物流信息可以进行实时的采集、传递与处理，并可以对信息进行深加工，提炼出更多有价值的信息。

(7) 结算功能。它是对物流功能的一种延伸，是企业增值服务体现的一部分。物流中心的结算不仅是物流费用的结算，在从事代理、配送等情况下，物流中心还要替货主向收货人结算货款等。

(8) 附加功能。物流中心可以根据货物的物流数据，通过一定的分析方法，进行未来一段时间内货物需求状况的预测；为货主提供咨询服务，给货主推荐合适的运输商，对货主的物流系统规划进行设计等；从专业的角度出发提供物流培训服务等附加功能。随着经济环境的变化、社会的发展，物流中心除保证一些基本功能外，还需开发出一些切合实际需求的附加功能，使得物流中心自身的服务增值，从而提高竞争力。

4．物流园区

GB/T 18354—2006《物流术语》中，对物流园区(Logistics Park)的定义是："为了实现物流设施集约化和物流运作共同化，或者出于城市物流设施空间布局合理化的目的而在城市周边等区域，集中建设的物流设施群与众多物流业者在地域上的物理集结地。"

1) 物流园区的类型

根据物流园区的依托对象来划分，可以把物流园区分为以下几类：

(1) 货运服务型。该类型物流园区以提供货运服务为主，应符合以下要求：依托空运、海运或陆运枢纽而建，至少有两种不同的运输形式衔接；提供大批量货物转换的配套设施，实现不同运输形式的有效衔接；主要服务于国际性或区域性物流运输及转换。

其中，空港物流园区依托机场，以空运、快运为主，衔接航空与公路转运；海港物流园区依托港口，衔接海运与内河、铁路、公路转运；陆港物流园区依托公路或铁路枢纽，以公路干线运输为主，衔接公路、铁路转运。

(2) 生产服务型。该类型物流园区以服务于生产为主，应符合以下要求：依托经济开发区、高新技术园区等制造产业园区而建；提供制造型企业一体化物流服务；主要服务于生产制造业物料供应与产品销售。

(3) 商贸服务型。该类型物流园区以服务于商贸企业为主，应符合以下要求：依托各类大型商品贸易现货市场、专业市场而建，为商贸市场服务；提供商品的集散、运输、配送、仓储、信息处理、流通加工等物流服务；主要服务于商贸流通业的商品集散。

(4) 综合服务型。该类型物流园区以提供综合性的物流服务为主，应符合以下要求：依托城市配送、生产制造业、商贸流通业等多元对象而建；位于城市交通运输主要节点，提供综合物流服务；主要服务于城市配送与区域运输。

另外，根据经营主体的不同，可以把物流园区分为政府主导型物流园区和市场主导型物流园区；根据功能定位的不同，可以分为综合化物流园区和专业化物流园区。

2) 物流园区的功能

不同的物流园区在功能上会存在一些差别，一般是根据对市场的预测和主要客户的需求来确定，但主要功能应该包含以下几个方面：

(1) 全面的物流服务。充分利用园区内的各种物流基础设施，提供多种物流服务，完成各种物流作业功能，例如系统化处理进货、装卸、验货、存储、订单处理、分拣、配送等作业内容，注意不同作业内容间的衔接与转化；借助已有的信息优势和专业化优势，为园区内各类企业提供物流增值服务，整合园区的所有物流资源等。

(2) 集约互补功能。园区的仓储设施具备一定的规模效应，能够充分利用各种现代化的设备，利用先进的仓库管理方法，实现规模作业，从而降低仓储成本，提升仓储管理效率，进而追求物流总成本的最小化。例如，搞仓储的不搞运输，跑长途的不做市内配送，千方百计把本企业的专业特色显示出来，把本企业的专业运作成本降下来，把规范服务搞上去，以此来增强企业的市场竞争能力。非本企业专长的业务，其运作成本肯定比专业公司高，应该转让给专业公司去做，以实现优势互补，形成集合优势。此外，园区在技术、设备、规模管理上也应该有非常强的集约功能。

(3) 提供物流信息服务。现代化的物流园区一般都建有自己的物流信息平台，该平台与社会公用信息网及大型企业内联网进行联网，使园区成为信息汇集地，并实现高效处理信息的功能。同时利用现代化的通信技术，提高物流系统的管理效率。例如通过信息平台发布各种物流信息；在园区的运输车辆上搭载 GPS 定位设备，实现对车辆的定位跟踪，更加高效地调度车辆。

(4) 多式联运。主要表现在要实现公路、铁路、河运、海运等多种不同运输形式的有效衔接。作为综合特点非常强的物流园区，应该是各种不同物流线路的公共交汇点、一体化的一种节点。在这里可以采用最先进的技术、最好的管理办法，来实现铁路、公路、水运、空运等运输形式的有效转换。

(5) 车辆停放。园区内既可以规划出企业自有车辆的停放处，也可以规划出园区客户的车辆停放处，还可以为外来车辆提供便利的停车场所。

(6) 辅助服务。园区可通过政府管理部门、行业管理部门和配套服务企业，如工商、税务、运输管理、金融、保险、维修企业等单位的入驻，为物流行业提供全方位的配套服务。例如，协助进行商品的仓储检验和报关、代理征税；开设货物运输紧急救援系统；利用信息技术，协助进行货物跟踪；通过仲裁系统，帮助交易双方处理纠纷等。另外，物流园区可以通过提供物流教育培训、结算、需求预测、物流系统设计咨询等功能，在提高全社会物流效率的同时，加快实现园区的经营目标。

5. 概念的比较分析

上面对物流范围内的几个概念进行了介绍，包括仓储中心、物流节点、物流中心、配送中心、物流园区等，下面对这几个概念进行比较，以分清其相同点和不同点，如表 1-1 所示。

表 1-1　与物流相关概念比较

特点\名称	规模	功能	供应链位置	存货品种与周期	作业特点	服务范围	服务客户类型	经营性质
物流中心	综合性、地域性、大批量物资集聚地	集物流、商流、资金流、信息流一体。可具备配送中心的功能，也可具备物流中转功能等	中游	品种较多，存货周期稍长	少品种，大批量，少供应商	范围较大	提供第三方服务	独立企业提供社会化服务
配送中心	规模依据配送的要求而定	以组织或供应、执行实物配送为主，既有集货又有分货功能，同时还具备流通加工职能，有保管养护功能	下游	品种较多，存货周期较短	多品种、小批量、多批次	20～300公里	终端客户或零售店等，一般为公司内部服务	通常是独立企业，为其他企业服务
仓储中心	规模较大	以储存为主要功能，"去仓储化"趋势明显，向配送中心、物流中心过渡	中游	品种较多，存货周期较长	整进整出等，大批量、少批次	范围较大	一般承接厂商的大规模存货	独立的企业，提供社会化物流服务
物流园区	规模更大	集物流、商流、资金流、信息流一体	中游	多品种、多批次、多客户	依据入驻园区的客户运作特点而定	范围更大	依据园区的功能定位进行招商，含多家物流或配送企业	租赁
物流节点	以上都可以称为物流节点							

1.2　物流配送中心的地位与作用

物流配送中心伴随着生产的不断发展而发展，它是社会分工、专业分工进一步细化之后产生的，积极地促进了社会生产的进步，在社会生产中占有重要的地位，同时也起着重要的作用。

1.2.1　物流配送中心的地位

物流配送中心服务于社会经济活动，是社会生产中不可或缺的一部分。本节从不同的角度出发，分别介绍其地位的重要性。

1. 从整个物流系统的角度

在整个物流系统中，物流配送中心是商流、物流、信息流和资金流的综合汇集地，具有非常完善的功能，具备规模化、集约化、专业化等特点。从美国、日本等国家配送中心的发展情况来看，它的存在大大降低了整个社会的物流成本。

2．从横向物流系统的角度

与物流配送中心作用大体相当的物流设施如仓库、货栈、货运站等，都可以处于末端物流的位置，实现资源的最终配置。与其他设施仅能实现取货、一般送货的功能相比，物流配送中心是有完善组织和设备的专业化流通设施，在专业化程度和作业效率上有更大的优势。

3．从纵向物流系统的角度

物流配送中心处于直接面向用户的位置，属于末端物流的起点，在直接面向用户提供服务的同时还根据用户的要求，对全物流过程进行指导，物流的服务职能在此显得尤为重要。

4．从货品周转的角度

在现代物流的运行中，集装方式很大程度上提高了物流系统的运营效率，物流配送中心亦可采用此种方式，但面对多品种、小批量、多批次、短周期的物品周转时，必须依靠配送中心的功能优势，才能够提升整个物流系统的效率，而物品的这种周转特色也恰恰是现代生产的发展趋势之一，由此可见物流配送中心在一国经济生产中的地位。

1.2.2　物流配送中心的作用

物流配送中心的存在，在货物交易与流通、地区经济发展、专业化物流服务及支持电子商务活动等方面起到了积极的作用。

(1) 减少交易次数和流通环节。

将原来厂商与众多客户的业务联系转变为厂商与几个配送中心间的业务联系，而且配送中心的业务量一般都比较大，如此大大减少了交易的次数；通过配送中心的调节作用，众多客户的库存及配送中心的库存都能够达到优化配置；通过配送中心的成组、成批直达运输和集中储运，有利于降低物流系统成本，提高物流系统效率。

(2) 促进地区经济的快速增长。

配送中心类似于交通运输设施，是经济发展的保障，是吸引投资的环境条件之一，也是拉动经济增长的内部因素。配送中心的建设可以从多方面带动经济的健康发展。

(3) 提供优质的物流服务。

物流配送中心所提供的物流服务主要体现在保管、包装、加工、配送、信息等诸多方面。现代物流活动的复杂性，在运输方式、地理气候、物资性质等方面的多样性，也要求必须建立物流配送中心，才能够提供更专业、优质的服务。

(4) 为电子商务活动提供物质技术基础。

现代社会电子商务的飞速发展，必须借助货品配送才能够将物品送达客户的手中，而实施配送活动的基础就是物流配送中心的支持。物流配送中心的存在为电子商务的发展提供了必要的物质技术支持。通过发挥企业配送中心聚集与分拨的作用，保证了电子商务活动的顺利开展。

1.3　物流配送中心的分类与选择

随着社会经济的不断发展，商品的流通规模日益扩大，还有了一些新的特点，如电子商务环境下的小批量、多品种的商品配送等。物流配送中心的数量也在不断增加，不同物流配送中心的服务对象、组织形式、服务功能等方面存在差异，因此，需要通过一定的分类标准对物流配送中心的类型进行划分并加强认识。

1.3.1　不同标准下的分类形式

在不同的分类标准下，物流配送中心具有多种类型，而且同一个物流配送中心也可能属于多种类型。例如某连锁超市集团自建的物流配送中心，除给本集团的超市配送商品外，还是多个品牌的区域代理商，那么该物流配送中心既属于自营配送中心也属于城市配送中心。

1. 按配送中心主要服务功能分类

配送与配送中心的主要功能有存储、分拣、流通加工、配送运输、送达服务等，根据业务侧重点的不同可以对配送中心类型进行如下划分：

(1) 储存型配送中心。该类型配送中心偏重于货物的储存，如生产企业储存的原材料、辅料等，用以满足生产的需求，防止生产中断。配送范围比较大的配送中心，一般也要保持较高的库存水平，以应对客户的需求。一般该类型的配送中心，配送作业比较简单，规模较大，物资存储的时间较长，存储量较大。

(2) 流通型配送中心。该类型配送中心以货物的流通为主，货物基本以暂存或直接转运的形式进行配货、送货。该类型配送中心典型的操作方式是整进零出，货物周转速度快，多采用较先进的设备辅助作业，以提高流通效率。

(3) 流通加工型配送中心。该类配送中心具有流通加工职能，根据用户的需要或者市场竞争的需要，对配送物进行加工之后再进行配送。加工形式一般以分装、贴标、简单初加工、产品组装等为主，技术含量偏低。

2. 按配送中心的主要职能分类

(1) 供应型配送中心。所谓供应即供给所需的财物，亦指满足需要的物资。配送中心执行供应的职能，专门为某个或某些用户(例如连锁超市)组织供应。该类型配送中心的主要特点是：配送的用户有限并且稳定，用户的配送要求范围也比较确定，属于企业型用户。因此，配送中心库存的品种比较固定，配送中心的进货渠道也比较稳固。

(2) 销售型配送中心。配送中心执行销售的职能，以销售经营为目的，配送仅是为达到销售经营目的而采取的手段。该类型配送中心大体可以分为三种类型：一种是生产企业自建的配送中心，把自己生产的产品直接销售给消费者；另一种是流通企业作为自身经营的一种方式，为扩大销售而建立的配送中心；第三种是流通企业和生产企业联合建立的协作性的配送中心。从国外和我国的发展趋势来看，都向以销售型配送中心发展为主。该类型配送中心的用户一般不确定，而且用户的数量很大，每一个用户购买的数量较少。因此，这种配送中心实行配送的计划性较差，库存物品的结构也比较复杂。

3．按配送区域的范围分类

(1) 城市配送中心。其以某个城市的区域范围为配送范围，多采用汽车配送，并且可以直接到户。这类配送中心往往和零售经营相结合，配送反应速度很快，灵活性强，在多品种、小批量、多批次配送方面优势明显。

(2) 区域配送中心。其有较强的区域辐射能力和较足量的库存准备，可以向省、全国乃至国际范围的用户配送。这类配送中心一般规模都比较大，客户的需求量大，配送的批量也大。区域配送中心既可以配送给下一级的城市配送中心，又可以配送给批发商、企业等小客户，但以服务大客户为主。

4．按照配送商品的属性分类

根据配送货物的属性，可以分为食品配送中心、冷冻食品配送中心、特种商品配送中心、日用品配送中心、医药品配送中心、化妆品配送中心、家用电器配送中心、电子(3C)产品配送中心、服饰产品配送中心、汽车零件配送中心以及生鲜处理中心等。

5．按照配送中心的运营主体分类

(1) 自营配送中心。其又可以分为生产企业自营的配送中心和商业企业自营的配送中心。生产企业配送中心一方面从事企业内部所需原材料、零配件等的采购、库存管理等业务内容，一方面从事产品的销售配送，直接面对企业的客户。商业企业配送中心是现代商品流通的一种发展趋势。这类配送中心有的从事原材料、辅料等的物资流通，有的从事大型超市、连锁店的商品配送。

(2) 第三方配送中心。该类配送中心由专门从事物流服务的企业组建并管理，向生产商、分销商、零售商等客户提供物流配送服务。第三方配送中心的专业性比较强，拥有标准的装卸货平台、先进的货架设备、分拣系统、较强的运输能力、高效率的信息处理功能等，是提高整个供应链效益和效率的重要保障。

1.3.2　物流配送中心的类型选择

物流配送中心的类型选择主要是根据企业的性质、经营方向、战略目标、配送中心的功能设定等因素而定。也存在物流配送中心在运营过程中转型或两种、两种以上类型交叉的情况，或在规划初期即具备复合型的特点，这要根据市场特点、成本支出、战略规划等因素综合决策。一般情况下，我们讨论物流配送中心类型的选择主要是针对其主要特点而言，围绕一个主方向进行相关事项的规划。

例如，专业从事第三方物流服务的企业，建立物流配送中心的时候，在选址、设备选择、作业方式选择上就会与生产企业自建的配送中心在满足本企业的物流需求方面存在较大的差别。首先，第三方物流企业要考虑市场状况，市场上的需求以提供仓储分拣配送一体化服务为主，而生产企业却按照储存型配送中心进行设备选型，就与市场需求方向相违背；其次，要考虑服务范围，如果以服务本城市客户为主要经营方向，则对原有靠近市中心的老库进行改造比在市郊新建一个仓库可能更合适。诸如此类，需要结合各方面因素进行综合考虑。

1.4　物流配送中心的产生与发展

传统仓库的设置以储存和保管货物为基本职能，但这种职能已越来越不能满足社会化大生产发展的需要。在快节奏的生产环境下，社会分工的不断细化，迫切要求缩短物资流通时间和减少库存资金占有量。与此同时，也急需社会上的流通组织提供系列化、一体化和多项目的后勤服务。正是在这样的形势下，许多经济发达国家的仓储业相对调整了内部结构，扩大了业务范围，转变经营方式。仓储业务活动由原来的单纯保管、储存货物变成了向社会提供多种类的增值服务，并且将货物的保管、储存、加工、分类、拣选、运输等连成了一个整体。

1.4.1　配送的产生与发展

配送的雏形最早出现于 20 世纪 60 年代初期。在这个时期，物流活动中的一般性送货行为开始向备货、送货一体化方向转变。此时的配送活动范围很小，规模也不大，属于一种粗放型的物流活动，企业开展配送的主要目的是为了促进商品销售和提高自身市场占有率。因此，在这个时期，配送主要发挥着促销职能的作用。20 世纪 60 年代末期，随着经济发展速度的逐渐加快，货物运输量和商品的市场竞争也日益激烈。此时，在一些发达国家，配送得到了初步发展，配送货物的种类逐渐增多，配送活动的范围也不断扩大。到了 20 世纪 80 年代中期，配送被广泛地采用，受到多种经济因素和社会因素的影响，配送有了长足的发展。可以说，配送的产生与发展既是社会化分工进一步细化的结果，又是社会化大生产发展的客观要求。此时的配送已经演化成广泛的、以高科技手段为支撑的系列化、多功能性的供货活动，主要表现在以下几个方面：

(1) 配送区域的进一步扩大。一方面体现在许多发展中国家也在积极地试行配送服务，积极开展配送活动；另一方面发达国家的配送活动范围已经延伸到省际、国际。

(2) 作业手段日益先进。新技术在配送活动中应用、作业手段不断创新是配送活动成熟的一个重要标志。自动分拣设备、条形码技术、GIS 系统等技术的应用，大大提高了配送效率，同时降低了物流成本。

(3) 配送集约化程度明显提高。随着市场竞争的日益激烈，不少企业间进行兼并，配送企业的数量不断减少，而与之对应的是配送量的不断增加，从事配送的企业规模和实力与日俱增，规模优势明显。

(4) 配送方式的多样化。从事配送的企业要取得竞争优势，需要在提高服务质量和降低物流成本方面具备一定的优势。各企业积极发扬创新精神，提供科学的、多样化的服务形式来满足客户的需求，产生了共同配送、即时配送、定时配送等多种方式。

(5) 配送质量的提升。配送的竞争归根到底是服务水平和物流成本的竞争，而物流成本和服务水平之间又存在背反现象。因此，提供高质量的服务成了企业竞争中取得优势的关键因素，各企业为了争取更大的市场份额，都在积极地提升配送质量。

1.4.2 物流配送中心的产生与发展

在国际上，仓库可以分为两个大类：一类是以长期储藏为主要功能的"保管仓库"，另一类是以货物流通为主要功能的"流通仓库"。流通仓库的主要特点在于仓库中保管的货物停留时间较短，经常处于运动状态，较频繁地进出仓库。这种仓库的进一步发展使得仓库和联结仓库的流通渠道形成了一个整体，这个整体对整个物流渠道起着调节的作用，被称之为物流中心、流通中心等。随着配送业务的兴起，社会经济的发展，物流过程被进一步细分，仓库职能逐渐向多元化发展，再加上市场经济体制造就的普遍买方市场环境，以服务来争夺用户的竞争结果，企业出现"营销重心下移"、"贴近顾客"的营销战略，所谓的"末端物流"受到了空前的重视。配送中心就是适应这种新的经济环境，在仓库不断进化和演变过程中所出现的创新型物流设施。

1. 美国物流配送中心的产生与发展

从 20 世纪 60 年代起，货物配送的合理化就在美国受到普遍的重视，他们认为：当生产领域提高劳动生产率的潜力被挖尽后，调整流通领域的商品流量是企业获得利润的主要来源。为了向流通领域要效益，美国企业采取了一系列的措施，包括：将老式的仓库改为物流配送中心；引进计算机管理网络，对装卸、搬运、保管等作业环节实行标准化操作；连锁店共同组建配送中心，促进连锁店效益的增长等。

1) 连锁经营企业的物流配送中心

从典型的连锁经营企业的物流配送中心看，美国连锁经营企业的物流配送中心主要有三种类型：零售型、批发型和仓储型，并且特色明显。

(1) 零售型物流配送中心。以沃尔玛公司的配送中心为典型代表，该类型中心由沃尔玛公司投资建立，经营本企业的配送业务。在沃尔玛的配送中心内运用了先进的信息技术为其高效的配送系统提供服务，确保各店的稳健经营，同时带来总体物流成本、库存成本等指标的降低。

(2) 批发型物流配送中心。该类型配送中心主要是依靠计算机系统进行业务管理，业务部门通过计算机获取各会员的订货信息，及时向生产商和运输部门发出订货指令，生产商和运输部门根据货物指示单的先后顺序、缓急情况安排发货。以美国加州食品配送中心为典型代表，配送中心经营海量商品，除对美国本土的店铺配送外，还辐射到其他国家。

(3) 仓储型物流配送中心。以福来明公司的食品配送中心为典型代表，其主要任务是接受独立杂货商联盟的委托业务，为该联盟在该地区的若干家加盟店配送货物。仓储型物流配送中心的操作特点主要体现在配送中心的内部布局和管理上。例如保管商品严格按照生产日期和批次进行先进先出管理，货架上层用于暂存商品，下层用于待出库的商品配送；不同特点的商品进行严格的分区管理，分别采用不同的配货方式；与客户间实行无障碍的信息系统管理等。

2) 美国物流配送中心的特点

从美国物流配送中心的整体发展和运营来看，其具备以下几个显著特点：

(1) 信息化管理水平高。WMS、TMS、GIS、条形码技术、RFID 技术、语音拣选技术、自动分拣技术等被广泛地应用于物流配送中心的作业中。如沃尔玛公司拥有自己发射的商用卫星，实现了全球门店、配送中心的联网。通过全球网络，沃尔玛可以在 1 小时内对全球 4000 多家分店内每种商品的库存、上架以及销量全部盘点一遍。

(2) 自动化设备的应用。以信息化的管理为依托，美国的物流配送中心采用先进的机械设备用于物流作业的多个环节。例如亚马逊配送中心采用大量的机器人用于日常作业。但也不是一味地追求机械化、自动化，而是在综合评价的基础上，确定其成本的投入与产出比是否合理。

(3) 配送线路的优化。在美国，一个较大的配送中心往往在国内外拥有几十家分公司，分布在全美及周边国家的交通枢纽、经济中心城市周围。这样就可以利用这些分散的配送中心来确定合理的输送线路。

(4) 观念上的变革。美国的一些配送中心将供货方和购货方不仅看作是服务对象，而且看作是经营伙伴。这种观念上的变革必然带来行为上的变革。

(5) 准时正确的送达服务。为客户提供高效率的服务，按照向客户承诺的时间点准时将正确的物品送达。一旦承诺，使命必达，千方百计地满足向客户承诺的需求。

3) 美国物流配送中心发展的外部条件

从美国物流配送中心发展的外部条件来看，主要有以下几个方面：

(1) 美国经济经过高速发展，已经达到了一个相当高的水平，市场消费量可观，因而对物流的需求也大，特别是直指"末端物流"的配送服务。

(2) 美国高速公路发达，网络化程度高，已达到十万公里的高速公路里程。铁路、公路、港口、航空等运输方式交织起来，交通网络四通八达。

(3) 商业零售发展迅速，特别是连锁超市、便利店等的出现，带动了物流的变革。

(4) 经济的发展，带来人们观念的改变，带来社会化分工向更细的方向发展，从而使制造商集中于核心竞争力的发展，物流商集中于物流服务的发展。

2. 日本物流配送中心的产生与发展

在日本，随着国民经济的高速发展，国内消费结构发生了极大的变化，市场竞争日益激烈。与发达国家城市物流配送发展的轨迹类似，日本现代城市配送中心的发展，也是由传统的仓储运输发展而来。从工厂生产的角度看，工厂生产朝着小批量、多品种、新品种方向发展；从消费需求来看，超市连锁店、专卖店、便利店等各种业态应运而生，为商品的流通提供了多种渠道，越来越多的厂商、批发商开始重视物流的作用。特别是连锁企业经营发展的不断深入，对物流配送业务提出了更高的要求，此时物流设施共用、物流配送共同化等趋势迅速发展。

1) 日本物流配送中心的主要运作类型

(1) 大型商业企业自设的配送中心。该类型的配送中心一般由资金雄厚的大型销售公司或连锁超市公司等投资建设，主要为本系统内部的店铺提供配送服务，同时也发展一部分社会配送业务。例如，建于 1980 年的卡世美中央流通中心，占地 5139 平方米，建筑面积 17 818 平方米，为公司内的零售店提供商品配送服务。

(2) 批发商投资、小型零售商加盟组建的配送中心。该类型的配送中心以批发商为龙头，与零售商组成加盟模式，实际上就是商品的社会化配送。这是批发商与零售商之间一种"双赢"的合作模式，零售商的资金少、规模小、运营成本难以降低的问题得以解决，批发商稳定了其客户群,提高了市场占有率,且能充分发挥物流设施的社会效益。例如,由批发商 GGG 投资建立的多个配送中心为日本众多的小公司和门店服务,这些小公司为了与大型超市竞争,自愿结合起来,不必再建物流设施;而 GGG 在进货和配送方面都可以取得一定的规模效应,因此双方均能享受一定的合作成果。

(3) 专业提供第三方服务的配送中心。专业的物流企业接受客户委托,为客户提供配送服务。该类型配送中心充分发挥了物流企业的专业化优势,能够带来更加专业化的物流服务。例如,西友座间物流配送中心由西友公司总部投资建造,除了为本系统的店铺配送外,主要配送对象是便利店。西友总部、座间物流中心、便利店三者之间以合同为约束手段,开展稳定的业务合作。

2) 日本物流配送中心的主要运作特点

(1) 多功能化。日本的物流配送中心基本上能够满足厂商和销售商对物流全过程高效化的要求,具备收货、验货、储存、保养、装卸、配货、流通加工、分拣、发货、配送、结算、信息处理等多种功能,实现了物流一体化。

(2) 系统化。日本物流配送中心十分重视系统化的设计,各作业环节之间衔接紧密、相互配合,整个物流体系均衡协调运行。他们注重对物流流程的过程管理和具体操作的作业管理,通过数据支持,达到高效、低成本运营的目标,而不仅仅是瞄准一个或几个问题点进行优化,始终从全局的有效性考虑。

(3) 规模化。配送是一种规模经济运动,规模经营产生规模效益。物流配送中心统一进货、统一配货、统一管理,可以享受批量折扣,降低流通费用和社会交易成本,低于社会平均价格出售商品,获得合理的商业利润而赢得竞争实力。如东京流通中心,经过几十年的建设,占地 150 703 平方米,建筑面积 481 237 平方米,由流通中心、汽车运输中心、普通仓库和冷库四个部分组成,成为设施先进、功能齐全的现代化物流配送中心。

(4) 自动化。大量采用由电脑控制的自动拣选配货系统,实现无纸化操作,提高了商品处理速度,减轻了员工的工作强度,降低了对员工的专业技能要求,提高了作业的准确率。

(5) 立体化。日本的城市化程度比较高,物流配送中心受地价的影响比较大,为了提高土地的利用率,采用立体化的仓库成了大多数企业的首选。日本的立体式仓库都比较高,大都在十五层上下,从第二层起,所有的楼面提供给货主作储存和流通加工用,而底层作为大型分拣作业场。

(6) 集成化。体现在配送中心、冷藏冷冻仓库、货物集散中心、办公室、展示厅、会议室等设施集中规划,共同使用,以保证物流活动的高效化。通常规模巨大的物流配送中心由政府统一规划和开发,分别由企业投资经营,组织多种运输形式,构成一个大型的公共物资流通中心。政府在统筹规划、政策扶持等方面起着重要的作用。

(7) 信息化。在物流管理体系中广泛地应用信息技术,普遍实行各个运营环节的电子化操作,同时还与客户、供应商等进行电脑网络的连接,进行信息的交换和处理。因此在库存管理、配送效率、配送准确率等方面都有较高水平。

3. 我国物流配送中心的产生与发展

20 世纪 50 年代初,新中国对资本主义工商业进行了社会主义改造,没收了官僚资本，接收了旧政府留下来的各类仓库、码头和货站。同时，为了适应经济建设的需要，根据生产的布局和经济规划，又建设了一批仓库。

20 世纪 70 年代以前，我国经济研究中几乎没有使用过"物流"一词，70 年代末才从国外引进物流的概念，我国正式研究物流发展问题是从 20 世纪 80 年代中期开始的。市场经济体制改革之后，我国开始积极学习借鉴美国、日本等发达国家的经验。经过多方面深入的改革，国家在北京、上海等对外交通便利的港口城市全方位地开展配送中心试点工作。之后几年，国家贸易部又相继出台了诸多有关商业性物流配送中心阶段性建设的政策性文件，系统地提出了"转换机制、集约经营、完善功能、发展物流、增加实力"的发展方针，从此我国物流配送中心的发展开始具有计划性、全面性、规模小、组织性等特点。

20 世纪 90 年代以来的实践证明，配送是一种非常好的物流方式。1990 年，国家在经济较发达的无锡等 11 个城市开展以发展配送制为重点的物资流通综合改革试点。到 1992 年底，已有 40 多个城市开展了物流配送，签订配送协议的企业超过一千多家，连锁经营网点达 15 000 个，并在广州、杭州等地分别进行配送中心试点建设。该时期的配送中心运作呈现出以下特点：各地政府积极培育物流配送业；传统流通企业向现代物流企业转变，物流配送的社会化、专业化趋势日益明显；连锁企业内部的配送中心建设无论是在硬件设施上还是在管理水平、信息系统应用上都有了长足的进步；现代物流信息技术的研发取得了显著成果。

2001 年，国家经贸委、铁道部等五部委联合印发《关于加快我国现代物流发展的若干意见》中指出："发展现代物流的总体目标是积极采用先进的物流管理技术和设备，加快建立全国、区域、城镇、企业等多种层次的、符合市场经济规律的、与国际通行规则接轨的物畅其流、快捷准时、经济合理、用户满意的社会化、专业化现代物流服务网络体系。"

2009 年，国务院公布的《物流业调整和振兴规划》中指出："一些制造企业、商贸企业开始采用现代物流管理理念、方法和技术，实施流程再造和服务外包；传统运输、仓储、货代企业实行功能整合和服务延伸，加快向现代物流企业转型；一批新型的物流企业迅速成长，形成了多种所有制、多种服务模式、多层次的物流企业群体。全社会物流总费用与 GDP 的比率，由 2000 年的 19.4%下降到 2008 年的 18.3%，物流费用成本呈下降趋势，促进了经济运行质量的提高。"《规划》中还指出："我国物流业的总体水平仍然偏低，还存在一些突出问题：一是，全社会物流运行效率偏低，社会物流总费用与 GDP 的比率高出发达国家 1 倍左右；二是，社会化物流需求不足和专业化物流供给能力不足的问题同时存在，'大而全'、'小而全'的企业物流运作模式还相当普遍；三是，物流基础设施能力不足，尚未建立布局合理、衔接顺畅、能力充分、高效便捷的综合交通运输体系，物流园区、物流技术装备等能力有待加强；四是，地方封锁和行业垄断对资源整合和一体化运作形成障碍，物流市场还不够规范；五是，物流技术、人才培养和物流标准还不能完全满足需要，物流服务的组织化和集约化程度不高。"

2014 年，国务院公布的《物流业发展中长期规划(2014—2020 年)》中指出："物流企业资产重组和资源整合步伐进一步加快，形成了一批所有制多元化、服务网络化和管理现代化的物流企业。传统运输业、仓储业加速向现代物流业转型，制造业物流、商贸物流、电子商务物流和国际物流等领域专业化、社会化服务能力显著增强，服务水平不断提升，现代物流服务体系初步建立。"

对于城乡物流配送工程，《规划》中指出："加快完善城乡配送网络体系，统筹规划、合理布局物流园区、配送中心、末端配送网点等三级配送节点，搭建城市配送公共服务平台，积极推进县、乡、村消费品和农资配送网络体系建设。进一步发挥邮政及供销合作社的网络和服务优势，加强农村邮政网点、村邮站、'三农'服务站等邮政终端设施建设，促进农村地区商品的双向流通。推进城市绿色货运配送体系建设，完善城市配送车辆标准和通行管控措施，鼓励节能环保车辆在城市配送中的推广应用。加快现代物流示范城市的配送体系发展，建设服务连锁经营企业和网络销售企业的跨区域配送中心。发展智能物流基础设施，支持农村、社区、学校的物流快递公共取送点建设。鼓励交通、邮政、商贸、供销、出版物销售等开展联盟合作，整合利用现有物流资源，进一步完善存储、转运、停靠、卸货等基础设施，加强服务网络建设，提高共同配送能力。"

1.5 我国物流配送中心存在的主要问题与对策

"十一五"以来，我国物流业保持较快增长，服务能力显著提升，基础设施条件和政策环境明显改善，现代产业体系初步形成，物流业已成为国民经济的重要组成部分。我国的物流配送中心得到了长足发展，但较之国外先进的物流配送业的发展水平及我国零售业快速扩张的需求而言，我国的物流配送中心依然存在着明显不足。另外针对这些不足，我们还需要采取积极的对策。

1.5.1 存在的主要问题

我国物流配送中心的建设与运营受发展基础、历史原因、经济条件、宏观环境等方面的影响，存在多种问题。特别是近些年受到电子商务迅猛发展的影响，配送中心的物流服务职能不能满足社会经济发展的需要，使得很多问题更加凸显。

(1) 物流配送中心基础设施薄弱，利用率低，发展缓慢。

物流配送中心基础设施的投资一般都比较大，配套设备价值大，而且项目的回收期长，因此长期以来对基础设施的投资都较少。尽管近几年，我国物流配送中心发展迅速，但总体上还是比较薄弱，比较低端的较多，设施不配套问题比较突出，适合现代社会需求、现代化的流通型中心还是比较少。

(2) 条块分割严重，阻碍物流配送业发展的体制障碍仍未打破。

企业自营物流配送比重高，物流企业规模小，先进技术难以推广，物流标准难以统一，迂回运输、资源浪费等问题突出。

(3) 物流配送中心现代化程度低，信息化水平不高。

体现在设备上，自动化设备占比小，以人工、半人工作业为主；体现在信息技术的应用上，没有采用或采用信息技术仅作为辅助性的管理手段，对于物流中的许多重要决策问题，仍处于半人工化决策状态。

(4) 物流配送中心的功能不健全。

物流配送中心是多种物流功能要素的组合中心，而很多配送中心仅充当了仓库和运输中转的角色，功能欠缺，有待于进一步开发。

(5) 从业人员素质偏低。

经过系统性物流培训的专业人才、高素质的管理人才缺乏，因此配送中心运营水平偏低。很多的从业者仅能做一些体力相关工作，缺乏应用现代化手段管理配送中心作业的人员。

(6) 物流政策运行执行能力受到宏观环境的制约。

从国家层面上看，国家制定了若干相关政策法规来鼓励物流行业的发展，但实践结果与预期有一定的差距。例如，行业协会的桥梁和纽带作用发挥得不是很充分，在调查研究、技术推广、标准制订和宣传推广、信息统计、咨询服务、人才培养、理论研究、国际合作等方面的工作需要进一步加强；地方各级人民政府在加强组织领导、完善协调机制方面，结合本地实际制订具体落实方案方面，及时将实施过程中出现的新情况、新问题报送发展改革委和交通运输部、商务部等有关部门方面，都需进一步加大执行力度。

1.5.2 主要对策分析

针对我国物流配送中心存在的主要问题，必须采取相应的措施，积极地引导物流配送中心建设与运营向正确的方向发展。

(1) 加快现代物流基础设施建设，提高整体物流配送能力。

加快开发和引进先进的物流设备，包括各种装卸工具、搬运工具、分拣工具等，从硬件方面升级为物流配送中心运营水平的提高提供有效的基础支持。但也要注意与之配套的基础设施、软件系统的对应关系，防止出现"大马拉小车"的情况。

推进综合交通运输体系建设，合理规划布局物流基础设施，完善综合运输通道和交通枢纽节点布局，构建便捷、高效的物流基础设施网络，促进多种运输方式顺畅衔接和高效中转，提升物流体系综合能力。在大中城市和制造业基地周边加强现代化配送中心规划，在城市社区和村镇布局建设共同配送末端网点，优化城市商业区和大型社区物流基础设施的布局建设，形成层级合理、规模适当、需求匹配的物流仓储配送网络。

(2) 提高配送的社会化、网络化程度。

鼓励制造企业分离外包物流业务，促进企业内部物流需求社会化。优化制造业、商贸业集聚区物流资源配置，构建中小微企业公共物流服务平台，提供社会化物流服务。着力发展第三方物流，引导传统仓储、运输、国际货代、快递等企业采用现代物流管理理念和技术装备，提高服务能力；支持从制造企业内部剥离出来的物流企业发挥专业化、精益化服务优势，积极为社会提供公共物流服务。鼓励物流企业功能整合和业务创新，不断提升专业化服务水平，积极发展定制化物流服务，满足日益增长的个性化物流需求。

提高物流网络化、组织化程度，通过适当方式将物流相关企业组织起来，形成较为完善的物流服务网络。物流企业更要注意网络建设，不断完善网络服务功能。充分利用全社会物流配送设施资源，鼓励兼并、重组、联合，优先进行技术改造，尽量避免物流设施的重复建设和资源浪费。

(3) 大力推进"共同配送中心"的发展。

企业自建配送中心因为投资大，投资回收期长，因此对大多数的企业来讲这不是最优选；利用第三方企业的配送中心会分流一部分企业的利润，而且从战略的角度来考虑，也不是最优选。采用共同配送的方式，既可以解决投资过大的问题，又可以通过企业间的联合加强企业联盟的集团竞争力，对于中小型投资主体而言也是一种非常有效的配送方式。

(4) 提高物流配送中心的现代化、信息化技术水平。

条形码技术、射频识别技术(RFID)、仓储管理系统(WMS)、电子数据交换系统(EDI)、地理信息系统(GIS)、自动化立体库、自动分拣系统、移动互联网、大数据等在物流配送中心的应用，大大加快配送中心的物流信息系统建设，同时向机械化、自动化的作业模式转变。

(5) 强化理论研究和人才培养。

加强物流配送领域理论研究，完善我国现代物流配送业理论体系建设，积极推进产学研用相结合。着力完善物流学科体系和专业人才培养体系，以提高实践能力为重点，按照现代职业教育体系建设要求，探索形成高等学校、中等职业学校与有关部门、科研院所、行业协会和企业联合培养人才的新模式。完善在职人员培训体系，鼓励培养物流业高层次经营管理人才，积极开展职业培训，提高物流业从业人员业务素质。

(6) 完善法规制度，规范市场秩序。

尽快从国民经济行业分类、产业统计、工商注册及税目设立等方面明确物流业类别，进一步明确物流业的产业地位。健全物流业法律法规体系，抓紧研究制修订物流业安全监管、交通运输管理和仓储管理等相关法律法规或部门规章，开展综合性法律的立法准备工作。

加强对物流市场的监督管理，完善物流企业和从业人员信用记录，纳入国家统一的信用信息平台。增强企业诚信意识，建立跨地区、跨行业的联合惩戒机制，加大对失信行为的惩戒力度。加强物流信息安全管理，禁止泄露转卖客户信息。加强物流服务质量满意度监测，开展安全、诚信、优质服务创建活动。鼓励企业整合资源、加强协作，提高物流市场集中度和集约化运作水平，减少低水平无序竞争。加强对物流业市场竞争行为的监督检查，依法查处不正当竞争和垄断行为。

(7) 完善扶持政策。

加大土地等政策支持力度，着力降低物流成本。落实和完善支持物流业发展的用地政策，依法供应物流用地，积极支持利用工业企业旧厂房、仓库和存量土地资源建设物流设施或者提供物流服务，涉及原划拨土地使用权转让或者租赁的，应按规定办理土地有偿使用手续。认真落实物流业相关税收优惠政策。研究完善支持物流企业做强做大的扶持政策，培育一批网络化、规模化发展的大型物流企业。研究配送车辆进入城区作业的相关政策，完善城市配送车辆通行管控措施。完善物流标准化工作体系，建立相关部门、行业组织和标准技术归口单位的协调沟通机制。

实践证明，市场经济发展到一定程度，迫切需要尽快加强建设具有现代功能的物流配送中心。发展信息化、现代化、社会化的新型物流配送中心是建立和健全社会主义市场经济条件下新型流通体系的重要内容。我国是发展中国家，要积极借鉴发达国家发展物流配送中心的先进经验，从国情、地区情况、企业情况出发，发展有中国特色的新型物流配送中心。随着电子商务的日益普及，我国的物流配送业大有可为。

小　结

本章首先介绍了配送与配送中心，其中包括配送、配送中心的概念与内涵，以及与物流配送中心相关的概念；而后介绍了物流配送中心的地位与作用；接着介绍了不同标准下物流配送中心的分类形式和类型的选择分析；接下来介绍配送、物流配送中心的产生与发展；最后分析了我国物流配送中心存在的主要问题，并提出了主要解决对策。

练　习

一、填空题

1. 根据中华人民共和国国家标准《物流术语》的解释：配送是指在经济合理区域范围内，根据客户要求，对物品进行____、____、____、____、____等作业，并按时送达指定地点的物流活动。

2. 配送中的储存有两种形式：一是____，二是____。

3. 根据经营主体的不同，可以把物流园区分为____和____；根据功能定位划分，可以分为____和____。

4. 按照物流配送中心的主要职能可以将其分为____和____。

二、选择题

1. 下列(　　)属于配送中心的功能。

A. 分拣加工　　　B. 采购　　　　C. 信息交换和处理　　　D. 增值服务

2. 下列不属于转运型物流节点的是(　　)。

A. 转运站　　　B. 港口　　　　C. 码头

D. 空港　　　　E. 仓库

3. 不同的物流线路之间想要互相打通，必然需要通过一定的媒介，将不同线路衔接在一起，形成一个庞大的物流网络。这体现了物流节点的(　　)。

A. 衔接功能　　　B. 管理功能　　　C. 信息功能　　　D. 其他功能

4. 下列(　　)属于物流中心。

A. 集货中心　　　B. 送货中心　　　C. 转运中心

D. 加工中心　　　E. 物资中心

三、判断题

1. 配送的所有功能，配送中心都具有。　　　　　　　　　　　　　　　　(　　)

2. 配送活动是一种单纯的物流活动，并不能作为一种经营手段。　　　　　(　　)

3. 配送中心是一种物流节点，不以物品的存储为主要目的，重在发挥流通职能，以"货物配备"为其主要特色。　　　　　　　　　　　　　　　　　　　　(　　)

4．火车货运站属于一个物流节点。 （ ）

四、简答题

1．简述物流配送中心在生产生活中的重要地位和作用。

2．简述目前我国物流配送中心存在的问题及对策。

五、讨论分析

分析物流中心、配送中心、仓储中心和物流园区的区别与联系。

第2章 物流配送中心规划项目管理

本章目标

- 熟悉项目管理的概念与内涵

- 掌握项目管理的主要工具

- 学会分析项目成功的关键因素

- 熟悉物流配送中心项目规划的主要原则

- 掌握物流配送中心规划的步骤与主要内容

- 了解物流配送中心规划的几点建议

2.1 项目管理概述

物流配送中心项目是一个系统工程，耗时长、投资大、涉及面广，而且需要众多不同方面的专业人员参与合作。一般而言，建造一个设施完整、功能齐全、服务优良的现代化物流配送中心，需要经过规划设计与施工作业两个过程，经历前期论证规划、中期施工、后期竣工验收与生产准备三个阶段。尽管对于不同业务需求的物流配送中心在业务范围、作业内容、设施设备等方面存在诸多不同，但在系统规划设计、基本的操作原理方面有许多共同之处。在物流配送中心规划中要掌握项目管理的相关知识。

2.1.1 项目管理的概念与内涵

项目管理(PM，Project Management)是指项目的管理者在有限资源约束下，运用系统的观点、方法和理论，对项目涉及的全部工作进行有效的管理。即从项目的投资决策开始到项目结束的全过程进行计划、组织、指挥、协调、控制和评价，以实现项目的目标。

项目管理的思想是：具有不同技能专长、不同部门归属的员工，因为项目的需要而组成了一个团队。项目经理是该团队的唯一领导者，其肩负着领导团队在不超出预算的情况下，保质保量地按时完成项目的任务。项目的管理者不仅是项目的执行者，而且参与到项目的需求确定、选择、计划、实施直至完成的全过程，需要在项目的时间、成本、质量、风险、合同、采购、人力资源等各个方面对项目进行全方位的管理。由此可见项目管理的重要性与特殊性，它可以帮助企业处理需要跨领域解决的复杂问题，并实现更高的运营效率，是一种综合性的管理活动。

1. 项目管理的要素

项目管理主要有三个要素：质量、工期和成本。质量管理包含质量计划、质量保证与质量控制等，是项目成功的保障；工期管理包括保证整个项目的工期，分解的子项目的工期按时完成，保证项目顺利执行；成本管理包括资源计划编制、成本预算、成本控制等内容，以确保项目在批准的预算范围内顺利完成。

2. 项目管理的特性

(1) 普遍性。项目作为一种一次性和独特性的社会活动而普遍存在于人们的各项活动之中。比如一次聚会、一次郊游、一款软件的开发、一个物流配送中心的设立等，而每一个项目的执行都需要一定的管理活动。

(2) 目的性。进行项目活动，开展项目管理是为了达成或超越项目设定的目标或满足项目相关方未明确提及的潜在需求等，不存在凭空而想、无目的执行的项目。

(3) 系统性。这是指在项目的管理中必须根据具体项目各要素或各专业之间的配置关系做好系统性的管理，而不能孤立地开展项目各个专业的独立管理。

(4) 创新性。其包含两层意思：一是，项目本身具有创新之处，项目管理是对创新的管理；二是，项目管理不是死板的格式化管理，而是通过一定的管理创新对项目进行有效的管理。

(5) 独特性。每个项目都是独特的。比如其提供的产品或服务有自身的特点，或者其提供的产品或服务与其他项目类似，然而其时间和地点、内部和外部的环境、自然和社会条件有别于其他项目，因此项目的过程总是独一无二的。

3. 项目管理的过程

实施一个项目的全过程或项目中的某个阶段都需要有对应的项目管理过程，该过程大致由五个不同的具体管理过程构成。

(1) 起始过程：属于项目的发起阶段。该过程需要明确以下内容：决策一个项目或项目阶段是否起始，决策一个项目或项目阶段是否继续进行，定义一个项目阶段的工作与活动等。

(2) 规划过程：属于项目的计划研究阶段。其主要工作包括：确定和细化项目目标，为实现项目目标和完成项目任务所要解决的问题范围规划必要的行动路线，制订行动方案，进行成本预算，制订应急处理预案等方面的内容。

(3) 执行过程：属于项目的具体实施阶段。其主要工作包括：组织和协调项目实施所需要的各种资源，确保项目各阶段按计划顺利推进，解决项目实施中的各种冲突，保证项目成果物的产出等。

(4) 控制过程：属于项目管理中的催化剂和改良剂。其主要工作包括：制定标准、监督和测量项目工作的实际情况、分析与绩效目标间的差异、采取补救措施等。这些都是保证项目目标得以实现，防止偏差积累而导致项目失败的管理工作与活动。

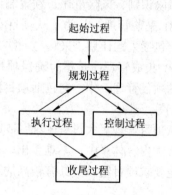

(5) 收尾过程：正式验收产品、服务或成果物，按照计划阶段的设定，按部就班地完成项目结束所必备的约束条件。

项目管理的五个过程之间存在一定的关联性，一个过程的成果是另一个过程的依据，特别是执行过程与控制过程之间的关系更密切，它们间的关系如图 2-1 所示。

图 2-1　整体项目管理五个过程的关系图

具体到一个项目阶段，同样也存在着这五个管理过程，五个过程间的先后、交叉、重叠关系更加复杂，如图 2-2 所示。

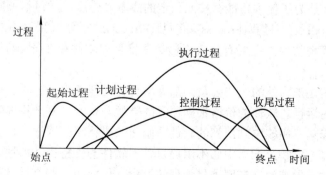

图 2-2　某项目阶段五个过程的关系图

4. 项目管理的内容

项目管理是一项复杂性、系统化的管理工程，期间涉及诸多方面的内容，总结起来主要表现在以下九个方面：

(1) 范围管理：是为了实现项目的目标，对项目的工作内容进行控制的管理过程。它包括范围的界定、规划、调整等。

(2) 时间管理：一方面设定项目的起止时间点；另一方面在项目计划时间内对各种活动进行时间段的估计、排序、安排、控制、调整等工作，以提高项目推进的效率。

(3) 成本管理：一方面包括对整个项目成本预算的管理；另一方面对各阶段子活动进行成本的预算与费用的控制，进行相关资源的配置等工作。成本管理是控制费用支出的有效手段，是保证项目合理投入的前提。

(4) 质量管理：为了确保项目达到投入方所制定的质量标准而实施的一系列管理活动，包括质量规划、质量控制、质量保证等。

(5) 人力资源管理：为了保证项目的顺利进行，对所需人力资源的管理，包括项目组的组织结构、岗位职能、岗位编制、人员技能、人员招聘等方面的内容。

(6) 沟通管理：为确保项目的顺利进行而开展的信息处理、资源调配、需求达成等一系列的管理活动，贯穿整个项目的始终，是项目进行中的润滑剂。

(7) 风险管理：是指对项目风险从识别到分析乃至采取应对措施等一系列过程，具体包括风险识别、风险量化、预案制订、风险控制等内容。

(8) 采购管理：是为了从项目实施组织之外获得所需资源或服务所采取的一系列管理措施，包括采购计划、采购与征购、资源的选择以及合同的管理等工作。

(9) 集成管理：是指为确保项目各项工作能够有机地协调和配合所展开的综合性和全局性的项目管理工作，它包括项目集成计划的制订、项目集成计划的实施、项目变动的总体控制等。

从项目管理五大过程(包括各项目阶段中的五个过程)错综复杂的交织关系以及项目管理的九大内容体系中，不难看出，进行有效的项目管理对管理人员的综合素质要求颇高，同样也要求项目组成员具有较高的综合素质水平。

2.1.2 项目管理的工具

项目管理工具是为了使项目能够按照预定的成本、进度、质量等顺利完成，而对人员(People)、产品(Product)、过程(Process)和项目(Project)进行分析和管理的一类工具。一般是指专业的项目管理软件，主要有建筑工程类项目管理软件和非(建筑)工程项目管理软件两大类。

不管是国内的还是国外的一些公司，都为项目管理开发出了各种各样的软件系统，用以协助项目工作的运行。软件的价格根据项目的类型、行业、复杂程度等从几万元到几百万元不等。比如修建一座核电站用到的软件与修建一座物流配送中心用到的软件会有很大的差别，甚至修建一座物流配送中心不用项目管理软件的支持也能够很好地完成。在此我们对项目管理软件不做涉及，按照项目管理的过程，仅介绍一些常用到的管理表格工具及其模板。

1．项目起始过程

在项目起始过程中主要涉及两个表，一个是项目组成员表，另一个是项目策划任务书，如表 2-1 和表 2-2 所示。

表 2-1　项目组成员表

一、项目基本情况								
项目名称					项目编号			
制表人					编制日期			
项目经理					审核人			
二、项目组成员								
姓名	工作岗位	主要职责	主要专长	成功案例	联系方式 (至少两种)	紧急联系方式	原工作部门及岗位	
项目经理(签字)：						日期：　　年　　月　　日		

表 2-2　项目策划任务书

一、项目基本情况			
项目名称		项目编号	
制表人		编制日期	
项目经理		审核人	
二、项目描述			
1、项目背景与目的			
2、项目目标(如项目的质量目标、费用目标等，尽量用数据描述)			
三、项目节点计划(时间节点细化并标明阶段性成果物)			
四、项目评价标准(说明项目的成果物能够符合什么样的标准才能被接受)			
五、项目主要利益相关人(既包含项目组成员，又包含与该项目直接相关的人员，如承建商等)			
姓名	工作岗位	隶属单位	职务	联系方式(至少两种)

2．项目规划过程

在项目规划过程中主要涉及：工作分解结构(WBS，Work Breakdown Structure)表、项目进度计划表、项目风险管理表、项目沟通计划表及甘特图等。

(1) 工作分解结构表。简单理解工作分解，就是把一个项目，按照一定的规则分解成多个任务，再把每个任务细分成多个子工作项，每一个工作项贯穿到每个人的日常工作中，每个人可以把手中的工作项再进行细分，直到不能分解为止。

工作分解结构处于规划过程的中心，是制订工作进度计划、资源需求、成本预算、风险管理、采购计划等工作的重要基础，如表2-3所示。

表 2-3　工作分解结构(WBS)表

一、项目基本情况										
项目名称						项目编号				
制表人						编制日期				
项目经理						审核人				
二、工作分解结构(多个成员从事一项活动时，成员A为负责人，估算值为最可能值)										
代码	任务名称	活动内容	时间估算	人员估算	费用估算	其他安排	关联事项	任务分配		
								成员A	成员B	成员C
项目经理(签字):							日期：　　年　　月　　日			

(2) 项目进度计划表。在确定完成所需工作时间的基础上，根据相应的工作量，对各项工作的完成顺序、起止时间、相互衔接关系以及完成该项工作所需的劳动力和各种劳动资料的供应所做的具体策划和统筹安排，如表2-4所示。

表 2-4　项目进度计划表

一、项目基本情况					
项目名称			项目编号		
制表人			编制日期		
项目经理			审核人		
二、项目进度计划					
代码	任务名称	活动内容	时间起止点	所需资源	责任人	参与人
项目经理(签字):				日期：　　年　　月　　日		

表2-4在直观性上稍差一些，如果任务名称、包含活动的子项多的话，不容易体现出计划的进度与关联，因而常用另外一个工具——甘特图。

甘特图(Gantt Chart)是由亨利·甘特于1910年开发的。他以图示的方式通过活动列表和时间刻度形象地表示出任何特定项目的活动顺序与持续时间。其中，横轴表示时间，纵轴表示活动(项目)，线条表示在整个期间上计划和实际的活动完成情况。甘特图可以直观地表明任务计划在什么时候进行，及实际进展与计划要求的对比。管理者由此可以非常便利地弄清每一项任务(项目)还剩下哪些工作要做，并可评估工作的进度。除此以外，甘特图还有简单、醒目和便于编制等特点。可以利用 Excel 表格、Word 表格等工具绘制，也可以通过 Microsoft Project、GanttProject 等软件进行绘制。下面是某项目各阶段的进程表，如图 2-3 所示。

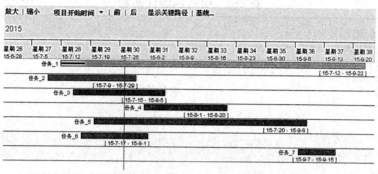

图 2-3　某项目各任务的甘特图

(3) 项目风险管理表。项目风险管理是指通过风险识别、风险分析和风险评价认识项目的风险，并以此为基础合理地使用各种风险应对措施及管理方法、技术和手段，对项目风险实行有效的控制，妥善的处理风险事件造成的不利后果，以最少的成本保证项目总体目标实现的管理工作。项目的风险是客观存在的，有些风险可以预知，可以通过一定的方法去避免和消除可能发生的风险；有些风险是无法预知的，但也可以通过一定的方法使发生风险时的损失降到最低或消除风险。常见的项目风险管理表，如表 2-5 所示。

表 2-5　项目风险管理表

一、项目基本情况						
项目名称				项目编号		
制表人				编制日期		
项目经理				审核人		
二、项目风险管理						
风险等级及风险发生概率(M)的判断依据： 高风险：M≥60%；中高风险：60%＞M≥50%；中风险：50%＞M≥30%；中低风险：30%＞M≥10%；低风险：M＜10%						
代码	风险预估	发生概率	风险等级	影响程度及范围	应对措施	责任人
项目经理(签字)：				日期：　　年　　月　　日		

(4) 项目沟通计划表。沟通贯穿于整个项目的全过程，包括项目组织与各利益相关者之间的关系、沟通方式的选择、沟通频率的制定、沟通渠道的选择、沟通结果的反馈等内容。沟通计划就是针对沟通内容而制定的计划与安排。没有沟通，项目难以顺利进行；没有沟通计划，难以发挥资源的优化配置。常见的项目沟通计划表，如表 2-6 所示。

表2-6　项目沟通计划表

一、项目基本情况						
项目名称				项目编号		
制表人				编制日期		
项目经理				审核人		
二、项目沟通计划						
代码	相关人员	所属组织及职务	沟通内容	沟通方式	沟通时间与频率	责任人
项目经理(签字):				日期：　年　月　日		

3. 项目执行与控制过程

这两个过程是项目管理的核心过程。项目计划安排能够被有效地实施，同时根据实施过程中的情况，进行必要的修正，确保项目顺利完成，都赖于此过程的工作是否有效。在此对典型性的管理工具予以简单介绍。

(1) 项目会议纪要表。对项目进行过程中涉及的所有会议进行记录，以起到记录保持、总结、提醒、问题跟进等作用，一般格式如表 2-7 所示。

表 2-7　项目会议纪要　　　　　　　　　　　编号：

一、项目基本情况			
会议主题		会议主持人	
会议地点		参会人员及职务	
会议日期		未到人员及职务	
记录人		审核人	
二、会议目的			
三、会议内容与相关资料			
四、发言内容记录			
五、会议成果总结(现场达成的结论，及待定结论的明确时间点、处理方式等，注意跟进)			
六、会议纪要发送的范围(明确报送、主送、抄送人员)			

(2) 项目状态报告表。它是对项目的进展情况、当前项目状态汇报的一种表格，以使项目相关领导、成员、关联人员等知道项目的实际现状及未来一定时期内的工作计划，一般格式如表 2-8 所示。

表 2-8　项目状态报告表

一、项目基本情况			
项目名称		项目编号	
制表人		编制日期	
项目经理		审核人	
项目当前状态			
本次汇报周期			
二、上期问题反馈(上期问题的处理结果回顾，遗留的未形成决议问题的跟进及处理情况，从上期中取得的经验和教训等)			
三、当前任务状态概述(当前进展的主要任务，进展情况如何，取得了哪些成果，与项目初期规划的差距等)			
四、下阶段工作计划(明确未来的时间段内主要工作计划，预计成果物有哪些，对可能出现的风险是否已有相关预案，与 WBS 表是否对应，若有出入，原因是什么，需要何种资源的支持才能与 WBS 对应，是否已经相关领导批准等)			
五、财务状况说明			
六、本期问题及需求说明(本期存在的主要问题，需要何种资源支持)			

(3) 项目变更管理表。项目在具体执行过程中，可能会遇到一些特殊的情况，导致项目的某些内容项或内容项的先后完成顺序需要做出一定程度的变更，以便于项目的顺利进行。项目变更需要遵循一定的程序和授权审批，经相关人员批准后方可执行变更内容，不允许私自更改项目计划。一般常见的变更管理表，如表 2-9 所示。

表 2-9　项目变更管理表　　　　　　　　　　编号：

一、项目基本情况						
项目名称				项目编号		
制表人				编制日期		
项目经理				审核人		
二、历史变更记录(按时间顺序记录每一次变更内容，务求准确简练)						
序号	变更时间	变更内容	变更原因	变更项前后对比	申请人	审批人
三、变更申请细则						
欲变更内容描述		变更原因		变更后效果预估		欲执行变更的日期

四、变更的影响分析			
1．若不做变更会对项目产生哪些影响？(用数据支持理由，证据要充分、客观)			
2．变更程度的等级(按变更项的影响范围计，影响到细项的具体执行为低级，影响到细项所在阶段的执行为中级，影响到整个项目的执行为高级)			
高级		中级	低级
3．影响因素分析			
对成本的影响	对进度的影响	对资源的影响	其他影响
申请人签字：			日期：

五、审批			
审批人	审批意见	审批人签字	日期
直接领导			
项目经理			
公司领导			

(4) 鱼骨图。项目的执行和控制过程是一项复杂的管理活动，为了抓住问题的主线，重点解决主要矛盾，经常会用到一种分析问题的工具——鱼骨图。鱼骨图的基本原理：问题的特性总是受到一些因素的影响，项目组成员可以通过集思广益把这些因素都找出来，分清重点，分出主次，然后把这些因素有条理地整理出来，并标出重要因素的图形，因其形状如鱼骨，所以称为鱼骨图，又叫特性要因图、因果图。这是一种透过现象看本质的分

析方法。我们把要解决的问题标在"鱼头"，产生问题的几个主要方面标在"鱼刺"，每一个方面又由哪些因素造成的标在更细的"小刺"。如此，问题产生的原因就很明晰了，再根据具体的原因可以找出对应的解决方法。一般常见的形式如图 2-4 所示。

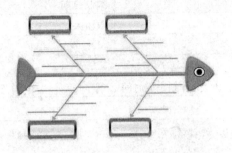

图 2-4　鱼骨图

(5) PDCA 循环法。为了使分解的每一项子任务顺利地、高质量地完成，经常会用到一种分析工具——PDCA 循环法。PDCA 循环法是美国质量管理专家戴明博士推广应用的一种质量管理方法，在生产、生活的多个领域被广泛应用。PDCA 是由英语单词 Plan(计划)、Do(执行)、Check(检查)和 Action(处理)中第一个字母组成的。计划，即找出问题，分析问题，形成解决问题的方案并预计结果；执行，即按照解决问题的方案予以实施；检查，即核查方案实施的结果是否达到预期目标；处理，即根据检查结果，采取必要的措施巩固已有的成果，对失败教训加以总结，对未达预期的目标转入下一个 PDCA 循环。

PDCA 循环有两层意思：一层是，PDCA 的四个过程是周而复始的，即运行完一个过程后，解决了一些问题，未解决的问题进入下一个循环，因此可以看到这是一个阶梯上升的过程；另一层是，每一个工作项都可以适用该循环，即在大循环系统里，又有小循环系统，小系统的完成带动大系统的前进，所以可以把整个工作系统看作是 PDCA 小环和大环同时滚动，向上发展的过程。PDCA 循环如图 2-5 所示。

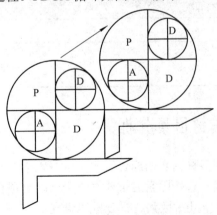

图 2-5　PDCA 循环

4. 项目收尾过程

该过程主要涉及项目成果物的评估与验收，对项目整体性的总结，以及项目过程中涉及的各种文件的整理与归档等相关工作。其中涉及的主要管理表，如表 2-10 所示。

表2-10　项目总结表

一、项目基本情况			
项目名称		项目编号	
制表人		编制日期	
项目经理		审核人	

二、项目完成情况总结
1．时间总结

项目开始时间		计划完成时间		实际完成时间	

差异分析：
2．人员总结(以工作阶段划分，核算每一个阶段人员工时效率计划与实际的差距，项目组员工技能需求计划与实际的差距等，并分析原因)

3．成本总结

计划成本		实际成本	

差异分析：
4．成果物总结

计划取得的成果		实际取得的成果	

差异分析：
5．项目经验教训总结
(1) 项目过程中积累的经验(突出典型性，分析什么条件下产生的，是否具有普适性)
(2) 项目过程中取得的教训(着重于成因分析与反思，提出可行性的思路，尽量细化)
(3) 总体的建议与意见及心得分享
项目经理(签字)：　　　　　　　　　　　　　　　　　日期：　　年　　月　　日

2.1.3　项目成功的关键因素分析

一个项目的实施会受到多种因素的综合影响。这些因素有些属于重要的、关键性的因素，有些属于一般性的因素，有些因素的重要性还可能随着项目的进展发生变化。为了确保项目成功，通常需要对以下几种因素进行分析和研究。

1．项目的可行性研究

在项目立项阶段要进行详细的市场调查与合理的市场预测，采用科学的方法，尽可能搜集与项目相关的多方面资料。通过专家、技术人员、公司高层等反复研究与论证，整合多种资源，以达成项目实施的共识，证明这是一个值得开展的项目。

2．项目经理的选择

项目经理可能从一开始就参与项目的可行性研究，也可能是在项目确定后，后续参与项目的开展。项目经理可以从公司内部调岗或者从外部招聘，一般根据项目性质、公司决策等因素而定。但一般情况下，一位优秀的项目经理至少需要具备下面几种素质：丰富的项目管理经验，特别是与所实施项目内容相关联的操作经验；超强的团队领导能力，能够合理组建并领导项目团队，发挥集体的合力；良好的职业素养，正直、忠诚、抗压、锲而不舍、胸襟坦荡等，并能影响他人；良好的沟通能力，善于协调和整合各种资源的使用；鲜明的个人魅力，能够使团队成员愿意跟随，共同进退等。

3．公司高层领导的支持

一个项目的开展会涉及不同岗位人员聚集、不同组织间的业务关联、不同利益体间的交叉，因此会面临来自多方面的压力甚至是阻力，如果没有公司高层领导的积极支持，项目的进展可能会受到极大影响。通过公司高层的重视以及资源的扶持，形成一种项目必须开展且要成功的"势"，将会给项目组的工作带来很多便利。

4．项目团队的搭建

首先要具备项目所需要的各种技术专长人员。其次是不同专长人员的职责分工以及他们之间协作关系的安排。在这方面需要项目经理具有相当丰富的管理经验，以免造成合力未发挥反而影响个体表现的情况。再次，项目经理拥有对团队的绝对管理权，不受制于任何一方的干扰，以确定其对团队的影响力。按照项目经理对项目的认知与把握，进行团队成员、组织结构、职责分工等方面的建设。需要注意的是，所选择项目人员的技术可能不是最好的，只要能够满足项目的要求或经过一定的培训后可以满足需求，并且具备积极的工作热情和开拓创新精神，那么这样的人员就是合适的。

5．项目的计划性与计划可控性

从项目的整体规划到阶段性计划，再到具体工作内容的进度计划，都必须明确时间截止点与成果物。项目运行期间完全按照此计划执行，配合必要措施的实行，以确保计划顺利实施。没有周全的计划将无法开展项目，没有对计划的监控，无法保证成果物的产出。

6．预知与把握风险的能力

在项目开展的各个阶段都不可避免地出现一些风险因素，对项目的实施产生一定影响。有些风险是能够估计的，可以提前形成处理预案；有些风险是难以估计、突发性的，此时需要项目经理具有极强的风险把控和处理能力，能够降低或消除风险带来的损失。

7．重视沟通的作用

沟通体现在多个层面，包括：项目经理与公司领导层间的沟通，如项目进度、需要的资源、遇到的困难、与计划偏离的原因、调整方案等；项目组成员间的沟通，如融洽的工作氛围，畅通的沟通渠道，多样化的沟通方式等，都有助于团队力量的发挥；项目组与业务管理外部组织的沟通，如资源共享、资源临时性调用、交叉问题点的共同讨论等。沟通是一种有效的润滑剂，在整个项目的管理中占有相当重要的地位。

总之，一个项目的成功与否受到多个方面因素的影响，是多种因素综合作用的结果。

执行项目管理就是要善于对多种因素进行管理，形成良性的发展势头，努力达成项目目标。项目人员务必以发展的眼光、务实的精神、科学的态度、专业的技能，通过科学的管理手段与方法，使项目沿着成功的道路推进。

2.2 物流配送中心规划项目管理概述

所谓物流配送中心规划，是指从空间和时间上对物流配送中心的新建、改建和扩建进行全面系统的规划。物流配送中心项目是一个复杂的系统工程，前期设计规划的合理性将对物流配送中心的设计、施工、使用、作业质量和安全，以及所在地区或企业的物流合理化等产生直接和深远的影响。

2.2.1 物流配送中心项目规划的主要原则

物流配送中心项目的前期规划阶段非常关键，一旦项目开始全面进入运作实施阶段，很难再进行较大的调整。因此，物流配送中心项目规划必须符合科学原理，通过分析、计算和比较，提出最优方案，同时还要考虑资金、人员、技术、管理等方面的可行性。为了确保物流配送中心在建设和运营时，最大限度地避免投资失误，对生产、生活造成不利影响，必须遵循一些基本原则。

1．统筹原则

从系统的角度来分析和看待物流配送中心项目规划，每一个规划的子项目既要保证单项最优，又要把其放在所属子系统中保证子系统最优，还要把子系统放在整个系统中，保证整个系统最优。当规划的子项目或子系统不能够保证整个系统最优的时候，要对其做适当的调整。例如对物流配送中心建筑物的设计与规划要为物流配送中心所运营的业务服务，当不能够满足业务需求时，再好的建筑物规划也是一种失误。

具体到物流配送作业的业务流程，从收货、检验、入库到分拣、复核、出库、配送等环节，它们之间是相互关联、相互影响、密不可分的，必须对整个流程进行统筹考虑，进行业务流程梳理，才有可能实现物流配送中心低成本、高效率运营的目标。

2．经济性原则

既要保证高质量，又要追求低成本。体现在建造物流配送中心方面，要考虑到这是一个耗资巨大、建设周期长的项目，要做出多个方案并进行经济、技术等方面的比较，做好可行性研究，力求以最少的投资取得最大的企业效益与社会效益；体现在物流配送中心项目运营规划方面，要从供应链的角度出发，在满足高水平服务的同时，努力降低物流成本。

3．柔性原则

在规划物流配送中心时，无论是规划建筑设施、选择机械设备、设计信息系统还是安排作业流程，都要考虑到其应对变化的能力，是否具备一定的柔性，能够满足业务量的增加、经营范围的拓展等变化。

市场是变化的，有时与预测的偏差会很大，而与之不协调的恰恰是物流配送中心建设周期比较长，所以在项目建设规划上可以考虑分期建设。在具体业务运营中，可能规划的业务流程与实际作业间存在一定偏差，需要进行有效的调整等。这些都是为了实现对资源的有效配置而实行的"柔性"策略，并且这种柔性也是必须要施行的，否则就会产生不经济的问题。在现实操作中，既要掌握柔性原则又要掌握柔性的尺寸，如果为了达到某种效果而进行不科学的变动，可能就为未来产生更大的问题埋下了隐患。

4．适度先进性原则

一个物流配送中心的软、硬件设备系统往往被看作是物流配送中心先进性的标志，但是当软、硬件设备系统的功能不能够充分发挥的时候，这种"先进性"是需要质疑的。欧洲物流界认为"先进性"就是合理配备，能以较简单的设备、较少的投资，实现预定的功能，比较强调先进的运营思想和运营方法。随着我国经济的快速发展，各种信息技术在物流领域的应用，许多先进的物流设施设备被开发出来，但与之对应的配套却难以快速实现，因而在规划物流配送中心项目时要掌握适度先进性的原则。

5．交通便利性原则

物流配送中心属于物资的流通中心，所以必须要保证建筑物周边交通的便利性，最好是多种交通形式的交汇处。这种便利性既包含当下的交通状况，又包含未来相当长一段时间内的交通状况。如果不能全面地考虑交通问题，将会给后面的运营带来很大风险。

2.2.2 物流配送中心项目规划的步骤与主要内容

物流配送中心的新建和运营是一个复杂的项目，期间涉及不同环节、不同领域、不同内容的规划与设计，并且还必须保持项目规划的系统性，因此操作难度比较大。但如果按照一定的标准，采用科学的统筹方法，遵循一定的步骤，保持诸多需要规划设计内容间的协调性与统一性，就能够实现物流配送中心的合理规划。通常可以把物流配送中心的规划过程划分为四个阶段：前期准备阶段、总体规划阶段、详细设计阶段和具体实施阶段。每一个阶段由不同的工作内容组成，各工作内容之间存在一定的前后关系或交叉并行、互相影响关系。物流配送中心规划步骤如图 2-6 所示。

1．前期准备阶段

首先要明确物流配送中心规划的主要目标，在此基础上有针对性地收集基础资料、分析资料，并确定规划设计的约束条件。一般确定规划目标从两个方面入手：一个是确定物流配送中心的定位；另一个是确定物流配送中心主要的具体规划目标。

(1) 定位。确定新建物流配送中心属于哪种类型，采用何种配送模式，配送的物品是什么，服务的地域范围有多大等。只有在这些内容确定的情况下才能够开展后面的工作。如流通型的物流配送中心与储存型的物流配送中心在建筑结构、内部规划、选址等方面存在很大的差别。

(2) 主要的具体规划目标。常见的规划目标主要体现在以下几个方面：降低物流成本；提高客户服务水平；提高配送效率；降低库存水平，优化库存结构；降低物流作业差错率；追求规模经济效果，增强企业综合竞争力等。

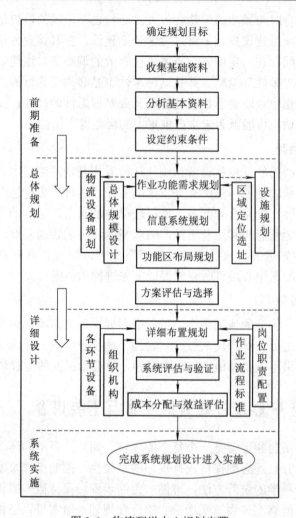

图 2-6　物流配送中心规划步骤

2. 总体规划阶段

在该阶段主要从以下几个方面入手进行分析与规划：

(1) 总体规模设计。明确物流配送中心的定位和目标后，根据市场总容量、发展趋势、竞争对手状况、资金状况等因素，确定目标份额，以决定物流配送中心的规模、配送所能覆盖的范围等。如果对上面的情况预测发生较大的偏差，会导致设计规模的限制。规模设计大了投资偏高，效率低下；规模设计小了则不能满足市场需求，失去市场机遇，还难以发挥规模配送的优势。

(2) 区域定位与选址。先明确物流配送中心所服务的大体区域，然后再在该区域范围内寻求合适的地址。任何一个生产系统或服务系统都存在于一定的环境之中，物流配送中心如果处于一个良好的生态圈中，从环境、交通、区域政策到人文、水电、治安等方面都是良性的，将大大促进后期的业务运营，取得良好的经济效益和社会效益。物流配送中心不是一个独立存在的系统，其运营会不断地受到外界环境的影响，会因环境的改变而调整自身的活动，同时其本身的活动又不断地影响到周围的环境，因此中心与环境若不能够形成一个互相促进、互为发展的友好生态圈，将会给物流配送中心的正常经营带来较大影响。如果是属于多个物流配送中心网络的其中之一，还要考虑到规划中的中心在网络结构中所起的作用，把布局的因素考虑进来。

(3) 作业功能需求规划。这主要是围绕着物流配送中心的定位和具体规划目标，进行作业功能的规划，包括拣选、储存、流通加工、配送等方面。在确定主要功能的基础上才能进行设施与设备、信息系统及各功能作业区的规划。

(4) 设施与设备及信息系统规划。这既包括对建筑物具体建造的规划，也包括对物流配送中心采用的作业设备的规划，还包括与之配套的软件信息系统的规划等。其中建筑物的设计与规划是单独一个范畴的问题，一般是物流配送中心项目相关人员提出设想与要求经论证后，建筑设计单位按此执行，与物流配送中心作业规划的关联度不大，但设施是为作业服务的，必须满足作业规划的要求。中心内部设备及其相关软件操作系统的规划完全属于作业范围，是影响物流配送中心日后运营的核心因素，必须予以重视。

(5) 各功能区布局规划。这主要包括物流作业区、生活区、办公区、作业配合区等的总体布局。该布局规划是否合理直接影响到作业效率、安全管理等方面。

(6) 方案评估与选择。这主要通过定性与定量相结合的研究方法来评估方案的合理性与可行性。根据评估结果选择出合适的方案，为后面的详细设计提供依据。

3．详细设计阶段

对经过评估选定的方案进行详细设计，主要确定作业各环节、各设施设备的详细设计，并结合设施和设备的特性、作业流程与标准对各作业功能区进行详细布置规划。同时，还要对组织结构、人员配置、岗位职责等方面进行设计。最后对详细设计方案进行评估与验证，完成成本分析与效益评估。

4．实施阶段

依据规划方案，物流配送中心项目进入具体实施阶段。在该阶段，要特别注意对项目实施过程的管理，既要严格按照规划方案执行，又要根据实际情况进行必要的方案修正。在对方案进行修正时，项目经理要综合多方面专业人员的意见，最终由高层领导审批，以确保项目实施的合理性。

2.2.3 对物流配送中心项目规划的几点建议

近十几年，我国电子商务的快速发展，给人们的生产生活带来了很大的变化，给物流配送中心的运作带来了机遇也带来了挑战。现代信息技术在物流领域的日益广泛应用，物流领域"第三利润源泉"的挖掘，"最后一公里"配送服务的竞争，客户关系管理理念的提升，客户"多品种、多批次、小批量"配送的需求等等这些都为新建物流配送中心项目规划提出了很高的要求。为了顺应这种趋势，满足发展的需要，在做物流配送中心项目规划时，可参考以下几点建议：

1．先进的设计规划理念

物流配送中心是集物流、信息流、商流于一体的现代化物流节点，当代信息技术、网络技术的发展必然深刻地影响中心的运营，先进思想与理论的指导、科学方法的应用是保持物流配送中心持续发展的重要保障。在设计规划时要从战略的角度出发，吸收国内外的成功经验，应用现代、科学的设计理念，以确保在后期物流配送中心的运营中对配送中心适应性、先进性的要求。

物流配送中心规划对后期的运营效益、作业效率、竞争力等带来先天性、长远性的影响，因而需要予以重视。仅凭经验实行的规划往往难以取得满意的效果，而可能正是以往的成功经验阻碍了对先进性理念的认识和实施。因此要以发展的眼光、汲取当代普遍成熟的科学理论方法的态度等理念为指导，来进行项目的设计与规划。例如当前对供应链理论的研究与应用改变了很多企业之间、企业与客户之间的供求模式，实际上就是改变了企业之间、企业与客户之间物流的相关状态，作为关键节点的物流配送中心起着先行和中坚作用。如果不能够将供应链管理的理念贯穿到物流配送中心项目的规划中，就难以适应时代的发展，更谈不上发展壮大了。

2. 高效的资源整合能力

物流配送中心项目的建设与运营规划是非常复杂、庞大的工程，涉及的专业领域也很广泛。没有一个人是通才，可以完全掌握整个项目的所有知识要求，必须要有众多不同领域的专业人才参与进来。例如建筑物建设板块需要土建人才、设备施工板块需要机械人才、软件系统选择板块需要信息人才、日常运营需要运营人才等，他们的知识结构千差万别，并且相互交叉、缺一不可。如果站在各自领域的角度可能都是很优秀的规划方案，但当组合到一起的时候就会出现相互矛盾的情况。如何有效地整合这些资源，形成强大的合力需要领导与决策艺术。

3. 具备扎实的基础支撑

项目前期需要搜集大量的、多方面的资料和进行详细的调查分析，耗时可能比较长，花费可能比较大。如果前期工作进行得比较草率，没有充足的数据与方案为项目实施做支撑，往往会造成实施过程中费用的急剧攀升，甚至直接导致项目的失败，使得投资白白浪费。生产领域讲究"一次完成的是优等品，二次返工的顶多是合格品"就是这个道理，而一次完成的优等品需要建立在扎实的生产准备与严格的管控基础之上。

4. 了解当地的物流产业政策

国务院印发的《物流业发展中长期规划(2014－2020 年)》(以下简称《规划》)中明确提出：加快部署现代物流业发展，建立和完善现代物流服务体系，提升物流业发展水平，为全面建成小康社会提供物流服务保障。

《规划》中还明确指出：要落实相关保障措施，深化改革开放，完善法规制度，规范市场秩序，加强安全监管，完善扶持政策，拓宽投资融资渠道，加强统计工作，强化理论研究和人才培养，发挥行业协会作用。各地区、各部门要充分认识促进物流业健康发展的重大意义，采取有力措施，确保各项政策落到实处、见到实效。地方各级人民政府要加强组织领导，完善协调机制，结合本地实际抓紧制定具体落实方案。因此，物流配送中心的规划要紧密结合当地政府的物流发展规划政策，充分考虑政策的导向与扶持，将会给物流配送中心项目的规划与开展带来很大便利。

总之，对物流配送中心的投资建设是一项很大、很复杂的工程。要围绕着为什么要设立、设立后想要达到什么样的效果等目标来组织对该项目的规划和投资建设以及运营，掌握必要的原则，围绕着主要内容，进行系统的设计与规划，在项目操作中要始终坚持科学的理论与方法。

物流项目管理的十大误区

起初物流公司对项目管理制只是模糊的认识和理解，并没有完全按照项目管理的理念和流程去管理物流项目，甚至停留在原始的营销管理或者传统的管理模式。大部分物流企业组织管理架构中并没有项目管理的职能和设置。没有项目部、组织架构重叠和垂直化(金字塔式)是造成项目管理发展的最大障碍。项目管理既要求组织管理架构的扁平化和横向化，又要充分体现人性化。

误区 1：别的企业能做物流项目管理，我也能做。

分析：这是相当错误的一种思想。能否实施项目管理制完全取决于企业的性质和企业的组织管理架构，甚至是企业文化和管理理念。就目前国内民营物流企业而言时机还不成熟，尽管有相当多的老板想尝试，但大多以失败告终，结果往往是严重怀疑项目经理的能力甚至职业道德问题。老板不仅要有这种先进的管理理念，还要有决心才行。企业不到一定的规模、不走出家族式模式、不能对目前物流市场有充分的认识，都是很难做到物流项目管理制。目前有部分大型物流企业在项目管理方面的应用是相当成功的，是其他物流企业学习的榜样。

误区 2：营销人员就是项目经理，就可以做项目经理。

分析：营销人员是不是项目经理，能不能完全胜任项目经理这个角色，可以对照项目经理所具备的能力进行比对。实际上大部分物流企业的做法是，某个营销人员在找到某个物流项目的同时就成了该项目的项目经理。但是事实上，很多人是不具备这种能力的。项目经理应该是由公司高层领导集体研究决定的，是有一定授权的，其权力仅次于总经理或者直属董事会领导，对人才、资金等资源有调配的权力。

误区 3：物流项目就是项目经理的事情，或者是市场营销部经理的事情，与其他人或部门无关。

分析：这样做本身就在企业内部"人为"地制造不和谐因素，更不利于沟通交流。项目管理是一个跨部门、跨职能的团队，项目组成员是由分布在各部门各岗位的精英组成。物流项目管理是大家的事情，是整个公司的事情，不仅仅是具体哪个人的事情。

误区 4：物流项目需求分析阶段的简化或者直接省去。

分析：项目需求分析是项目流程中的重要环节，是不能简化和省略的。有些物流公司在获取一个物流项目的同时就匆忙地报价，而不去做科学详尽的全面分析，最终造成对物流项目判断失误。物流项目报价越早，死亡得就越早，招标性的物流项目也不能太急于报价，要给物流公司充分的时间去做报价体系的整合。以价格为唯一目的的招标项目，不做也罢。

误区 5：不对物流项目进行立项，觉得没有必要。

分析：这充分说明该企业内部并没有实行项目管理制，而只是一个口号而已。觉得项目就是营销部的事情，不需要其他部门知道，也不需要他们帮助。这是项目在一开始就天折的最大原因。立项是项目的一个关键环节，要让公司上下重视起来，使公司上下有种荣誉感和斗志，并理解公司发展的愿景。

误区6：认为不需要对物流项目的需求做调研。

分析：不做物流需求调研的物流项目是注定要失败的，也不能制订科学合理的物流解决方案，更不能给出合理的报价，也就根本不能进入合作状态。

误区7：认为写好物流解决方案就可以做好物流项目。

分析：解决方案是很重要，但前期的物流项目需求分析、物流项目立项报告、物流项目实地调研和数据收集这三个环节同样重要。只有上述三个环节做好了，物流解决方案才能贴近客户，才能适合客户，后续的物流项目实施方案和报价才能够顺利进行。

误区8：认为物流解决方案和实施方案是物流专家的事情。

分析：这种想法的结果就是方案出台后不适用客户。方案做得很漂亮，但客户不接受。有的认为是物流项目经理的事情，最终项目经理花了大量的时间在写方案上，把项目整体的管理和策划耽误了。这就把物流项目管理的精髓给忘记了，项目管理之所以先进就是它能充分体现团队协作精神，能够发挥每一个人的能力，能够调动每一个人积极性，没有哪一种管理模式能够像项目管理这样先进了。

误区9：项目合同签下来就没有事了。

分析：这只是物流项目成功的第一步。物流是服务行业，物流项目的合同签署少则一年，多则几年，这是一个连续的服务过程，后期对项目的管理和控制就显得更为重要了。大部分物流项目失败的一个重要原因就是在项目前期所有的环节都做得很好，但项目一旦成功就让项目经理靠边，项目经理也真的成为营销员了。这是非常错误的想法和做法，但部分企业的老板并没有意识到这种做法的严重性，这种错误思想成了阻碍企业发展的绊脚石。

误区10：项目经理流失不心疼，或者为了保住部分项目而加薪。

分析：这仍然是把项目经理当作营销员的做法，项目经理的流失最终会影响整个市场营销体系。虽然看似不影响公司的发展，不影响公司的运作，天天照样发货不影响，但有一天没有货发了，再让营销人员去到处找生意就难了。这种现象一旦在物流界形成影响后，就会造成这种后果：好的、有经验的项目经理招不进来，招进来的也不是合格的项目经理，或者是没有经验的学生，经过企业辛辛苦苦的培养后又没有留住，最终又纷纷跳槽。

当然，做好一个物流项目只做好以上所介绍的方面是远远不够的，各个物流公司的情况也不尽相同，只有做到与时俱进，顺应物流市场的发展才行。

思考题：你对上面所述的10条误区是怎么看的，请分别予以分析。

• 经典案例 •

日本物流配送中心考察与借鉴

本案例作者一行三人对日本物流配送中心进行了为期8天的考察。分别考察了大阪物流配送中心、富士物流配送中心和富士通东京物流配送中心，并与日本同行进行了座谈交流，获益匪浅，对我国物流配送中心的建设与管理有一定的启示，现整理出来，供大家参考。

(1) 采用先进的物流设备，提高配送中心作业效率。

大阪物流配送中心建立了自动化立体仓库，采用了自动分拣系统和自动检验系统，从进货检验、入库到分拣、出库、装车全部用各种标准化物流条码经电脑终端扫描，由传送带自动进出，人工操作只占其中很小一部分，较好地适应了高频度、小批量分拣出货的需要，降低了出错率。特别值得一提的是大阪物流配送中心为解决部分药品需要在冷冻状态下保存与分拣而采用的全自动循环冷藏货架。由于人不便进入冷冻库作业，冷冻库采用了全自动循环货架，取、放货时操作人员只需在库门外操作电脑即可调出所要的货架到库门口；存、取货作业完毕后再操作电脑，货架即回复原位。

富士物流配送中心针对配送频度较低、操作管理较为简单的业务特点，在物流设备上采用了最先进的大型全自动物流系统。从商品保管立体自动仓库到出货区自动化设备，进、存货区域的自动传送带和自动货架、无线小型分拣台车、电控自动搬运台车，专职分拣装托盘的机器人，全库区自动传送带等最先进的物流设备一应俱全。在富士物流配送中心，由于自动化程度很高，虽然其最大的保管容量达到 8640 托盘，最大出货处理量可达 1800 托盘/日，一天可安排 10 吨的进出货车辆 125 辆，但整个物流配送中心的全部工作人员只有 28 名。

另一方面，虽然目前在日本有 30% 以上的物流配送中心使用富士通公司开发的物流信息系统和相应的自动化物流设施来实现物流合理化改革，但富士通东京物流配送中心，大部分的物流作业仍然使用人工操作，没有引进自动化仓库、自动化分拣等自动化物流设施。他们认为，日本的信息技术更新换代非常快速，电脑一般一年要升级换代 3 次，刚安装的自动化装置可能很快就进入被淘汰的行列或者很快就需要投资进行更新以适应信息系统的发展变化。同时物流的实际情况也是千变万化，单纯的自动化设置不能针对实际情况进行富有柔软性的反应，反而是以人为本的标准化作业更有效率。所以，富士通东京物流配送中心的最大特点是设定了简单而又合理的库内作业标准化流程，而没有采用全自动化的立体仓库和自动化分拣系统。

(2) 先进的信息管理系统是配送中心的基本保证。

大阪物流配送中心信息系统与总公司及总公司分布在日本西部地区的 45 个营业点全部连网。配送对象具体到下属的每一个药店，即配送中心可按反映在内部网上的每个药店每天的销售需要量为单位拣货、出货及安排配送线路，开展配送服务。

富士物流配送中心的物流系统与东京总部的管理信息系统的信息传递是实时的，每天下午 2 点之前，总部管理信息系统将第二天的进出货信息传给物流配送中心安排；如果 2 点之后订单信息有变动、修改等情况，物流系统仍然会接受其信息，并作出相应的出货安排。

(3) 先进的车辆管理系统是运作的重要保证。

富士物流配送中心总部的管理系统配置了配车系统模块，进行配车线路管理。管理系统会根据订单的信息，将各配送路线所需的车辆吨位、台数、时间自动计算出来传送到物流系统，再由物流配送中心根据这个信息于前一天下午 4 点前从网上传送到各个关联运输公司调度安排车辆，运输公司安排好车辆后又会将具体的信息反馈回物流配送中心系统。因此，第二天当运输公司的司机将车开到物流配送中心，在窗口填表报到之后，物流配送中心业务人员将其所填的运输公司名、车名、司机名、订单号等输入系统，在系统中按情况安排具体的出货通道装车。各自动出货通道的电子显示器会显示相应的车牌号码，司机和装车工、业务员可以一目了然地分别掌握装车位置和装车情况。

富士通东京物流配送中心配置的配送车辆跟踪信息系统也非常先进，他们与日本电话公司合作，将这套系统与电话公司联网，利用电话发射台的装置，每隔 15 分钟就显示一次所有配送车辆的当前位置。根据反馈回来的信息，系统可以分析每条配送路线和每辆车的平均运输时间，以及星期的不同、时间段的不同、天气的不同对运输时间的影响等数据都可以计算出来。另外，平均花在每个客户上的卸货时间、每个客户卸货地点的分散和集中情况，甚至每个卸货地点有无阶梯对卸货时间的影响等数据都收集到系统中，为更合理安排配车和配送路线的系统循环分析提供必要条件。目前这套系统可以做到：每天早上公布显示各客户要求送货到达的时间；配送实际情况，接收人/时间在第二天中午前公开显示；当天因故不能送达、客户不在、拒收等的货单显示；在富士通的网上可以 24 小时详细查询每单配送货物的去向等。

(4) 实行外包是配送中心经营的基本策略。

针对运输业务在人员和车辆管理方面的复杂性和专业性，三家配送中心为了控制运输成本，提高物流效率，除配备少量的办公车辆外，几乎没有一台货运车辆，而是将所有的货物由配送中心到商场的运输全部外包给 1～2 家专业运输公司承担。运输公司每天按约定的时间将车派到配送中心装货运输，货物运到商场后及时将有关信息及单据反馈给配送中心，运输费用按月结算。这样做一方面减少了配送中心的运作压力，降低了成本；另一方面运输公司由于有稳定的、大批量的运输量，有利可图，也愿意以较低的价格接受配送中心外包的运输业务。

(5) 标准化作业是降低费用的重要措施。

在富士通东京物流配送中心，虽然库内作业人员相对较多，但由于实行了标准化作业流程，操作人员"不用写、不用找、不用想、不用检查、不用走多余的路"就可以在手持终端机等设备的辅助下很顺利地完成自己的工作。这样，无论操作人员是新手、老手、懂行或不懂行，按着这个标准化的流程去作业就可以高效地进行库内操作，从而达到了减少人工浪费，降低人工费用的目的。

思考题1：为什么富士通东京物流配送中心大部分使用人工操作？

思考题2：分析信息系统在日本物流配送中心运营中起到的作用。

思考题3：通过对日本物流配送中心的了解，在进行项目规划时应该注意哪些事项？

小　结

本章着重介绍关于项目管理方面的内容。首先介绍项目管理的概念与内涵，然后介绍了项目管理中常用的一些管理工具，并且简单分析了项目成功的几个关键因素。在此基础上，介绍了物流配送中心规划项目管理的主要内容。其中涉及物流配送中心项目规划的主要原则、步骤及主要内容。最后，对物流配送中心项目的规划提出了几点建议。在实际工作中，希望读者能够重视项目管理知识在物流配送中心规划中的重要作用。

练　习

一、填空题

1．项目管理主要的三个要素：____、____和____。

2．项目管理工具是为了使项目能够按照预定的成本、进度、质量等顺利完成，而对____、____、____和____进行分析和管理的一类工具。

3．____是用来对项目的某些内容项或内容项的先后完成顺序等做出一定程度的变更，以便于项目的顺利进行。

4．项目的执行和监控过程是一项复杂的管理活动，为了抓住问题的主线，重点解决主要矛盾，经常会用到一种分析问题的工具——____。

5．____与____是项目管理的核心过程。

6．物流配送中心的规划过程划分为四个阶段：____、____、____和____。

二、选择题

1．在项目管理中，必须根据具体项目各要素或各专业之间的配置关系做好管理，而不能孤立地开展项目各个专业的独立管理。这体现了项目管理的(　　)特征。

A．普遍性　　　　B．目的性　　　　C．系统性

D．创新性　　　　E．独特性

2．在规划物流配送中心时，要考虑整个项目应对变化的能力，即是否能够满足业务量的增加、经营范围拓展的变化等各方面的需求，这体现了物流配送中心规划的(　　)原则。

A．统筹　　　　B．经济性　　　　C．柔性　　　　D．适度先进性

3．下列(　　)属于项目管理的内容。

A．范围管理　　　　B．人员管理　　　　C．成本管理

D．质量管理　　　　E．风险管理

4．在项目进度计划表中，如果任务名称、包含活动的子项多的话，不容易体现出计划的进度与关联，可以用到的一种分析工具叫做(　　)。

A．甘特图　　　　B．鱼骨图　　　　C．PDCA 循环法　　　　D．关键因素分析法

三、判断题

1．在项目管理中，为了使得分解的每一项子任务顺利地、高质量地完成，经常会用到一种叫做鱼骨图的分析工具。　　　　　　　　　　　　　　　　　　　　(　　)

2．物流配送中心项目是一个复杂的系统工程，前期设计规划的合理性将对物流配送中心的设计、施工、使用、作业质量和安全，以及所在地区或企业的物流合理化等产生直接和深远的影响。　　　　　　　　　　　　　　　　　　　　　　　　　　　(　　)

3．流通型的物流配送中心与储存型的物流配送中心在建筑结构、内部规划、选址等方面差别不是很大。　　　　　　　　　　　　　　　　　　　　　　　　　　　(　　)

4. 执行过程属于项目管理中的催化剂和改良剂。 （　　）

四、简答题

1. 影响项目成功的关键因素有哪些？

2. 物流配送中心的总体规划阶段主要从哪几个方面进行规划与分析？

五、讨论分析

在对物流配送中心项目进行规划时，需要注意的事项和需要改善的方面有哪些？

第3章 物流配送中心的设立

本章目标

- 了解不同标准下配送的分类形式
- 掌握不同标准下配送的主要模式
- 熟悉选择配送模式的几种方法
- 掌握物流配送中心设立的程序
- 掌握物流配送中心选址的主要注意事项
- 了解物流配送中心选址的不同类型方法

3.1 配送的分类与模式

按不同的分类标准，可以把配送划分成不同的类型。配送模式是指构成配送活动的诸多要素的组合形态及其活动的标准形式。

3.1.1 配送的分类

采用不同的标准，可以把配送分成不同的类别。

1. 按配送主体分类

配送可以分为商店配送、配送中心配送、仓库配送和生产企业配送等。商店配送是指配送组织者从事商业零售网点的配送；配送中心配送是指通过专业的物流配送中心进行配送；仓库配送是以一般性的仓库为节点进行配送的形式；生产企业配送的组织者是生产企业，特别是进行多品种生产的企业。

2. 按配送经营形式分类

配送可以分为销售配送、供应配送、销售供应一体化配送和代存代供配送等。销售配送指配送者是销售企业或销售企业组织的配送；供应配送是指企业为了自己的供应需要所采用的一种形式，一般由企业组建物流节点，集中采购货物，向本企业或本集团的其他企业配送，多见于企业集团或联合公司采用；销售供应一体化配送是指销售企业对于基本确定的客户和产品，在自己销售的同时承担对客户执行有计划供应的职能，它既是销售者同时又是客户的供应代理人；代存代供配送是指客户将属于自己的货物委托第三方配送企业代存、代供，然后组织对本身的配送，其中货物所有权属于客户所有。

3. 按配送时间和数量分类

配送可以分为定时配送、定量配送、定时定量配送、定时定路线配送和即时配送等。定时配送是指按规定的时间和时间间隔进行配送，比如按小时计、按天计、按特定时间点计等方式；定量配送是指在一定的时间范围内，按照特定的批量实行货物配送的一种方式，因为是定量，所以可以考虑合适的量或合适的集装单元运输；定时定量配送是指按规定的时间、品种和数量进行的配送，对配送的要求稍高；定时定路线配送是指在规定的运输线路上，制定配送车辆抵达的时间表，严格按照时间表的时间点进行配送；即时配送是指一种完全按照客户的突然需求而随时进行的配送方式，一般即时配送方式对灵活性和反应速度要求较高，配送成本较高。

4. 按配送商品的种类和数量分类

配送可以分为少品种大批量配送、多品种小批量多批次配送和配套成套配送。少品种大批量配送是指客户需要的品种较少，或某商品的需求量较大、需求较稳定时采取的一种配送方式；多品种小批量多批次配送是一种符合现代消费观念的配送形式，客户的订货品种多，但每一个品种的数量都很少，且需要进行多次配送，对配送者的要求比较高；配套成套配送是指为满足企业生产的需要，按其生产进度，将装配的各种零件、部件、成套设备定时送达生产线进行组装的一种配送形式。

5．按配送的专业化程度分类

配送可以分为综合配送和专业配送。综合配送是指不同专业领域的多种产品在同一个配送节点进行配送，如某集团配送中心对集团内部连锁超市的配送；专业配送是指按产品性质的不同适当划分专业领域的配送方式，如生鲜配送、百货配送及服装配送等。

6．按加工程度分类

配送可以分为加工配送和集疏配送。加工配送是指配送与流通加工相结合，在配送节点设置流通加工作业，或流通加工与配送节点组成一体实施配送的一种方式；集疏配送是指仅改变产品的数量，而不改变产品本身物理、化学性质的一种配送方式，如大批量进货后小批量、多批次地发货，或零散集货后形成一定批量的货物再送货等。

3.1.2　配送的模式

采用不同的标准，可以把配送模式分成不同类别。不同的配送模式具有不同的优缺点，适用于不同的对象。本节主要认识常见的配送模式及它们各自的优缺点和适用对象。

1．按配送的物品划分

1）生产资料产品配送模式

这里的生产资料是指用于满足工作、交通、基本建设等需要的工业品生产资料和农产品生产资料。一般来说，生产资料的消费量都比较大，运输量也比较大。而且生产资料在形态、包装、性质、配送过程、配送方式等方面千差万别，因而需要采用不同的方式、方法、工具等进行配送。比如配送有毒的化工产品与配送原煤、水果等在方式和采用的工具上存在很大差异。

2）生活资料产品配送模式

这里的生活资料是指用来满足人们生活需要的劳动产品，包括供人类吃、穿、用的各种食品、饮料、衣物、用具和杂品等。它是与人们的日常生活比较贴近的配送模式。配送产品在品种、规格等方面也非常复杂，而且需求的变化也快，往往是采用"多批次、小批量、多品种"的配送，因而对这类物品的配送难度较大。比如配送图书、五金等百货类商品与配送食品类商品在操作方式和采用的工具上存在很大差异。

2．按配送的形式划分

1）自营配送

自营配送是指企业物流配送的各个环节由企业自身筹建并组织管理，实现对企业内部及外部货物配送统一管理的模式。目前该模式被大型生产流通或综合性企业广泛采用。企业通过自建配送中心，实现企业内部各部门、厂、店等物品供应的配送。例如很多大型连锁零售企业采用自建配送中心、自营配送的方式，通过配送中心来完成对内部各店的统一采购、配送和结算等事务的管理。自营配送模式如图 3-1 所示。

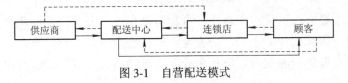

图 3-1　自营配送模式

企业自营配送主要具备以下优点：以自营配送中心为核心，对整个供应链环节进行较强的管控，并有助于企业经营各环节间的衔接与配合；能够更合理地规划运营流程，提高物流效率，减少物流费用；能够有效地对库存进行调控，在采购批次、批量、资金占用等方面都能够进行有效的调节，从而实现低库存甚至零库存水平下的运营；企业在对物流服务要求比较高的情况下，自营配送能够快速、灵活、全方位地满足企业需求。

企业自营配送也存在一定的缺点，主要表现在：一是，整个配送体系的建立，需要涉及硬件、软件等方面的综合性一次性投资，资金占用大，而且当配送量较小时，规模效应难以体现，往往会导致很高的物流成本；二是，对于配送业务及配送中心的管理方面，非物流企业存在一定的局限性，往往需要耗费大量的人力、物力来保证配送业务的正常运转，容易分散企业的管理资源，从而对企业的整体经营产生负面影响。

2) 互用配送

互用配送是指几个企业为了各自利益，以契约的方式达成某种协议，互用对方配送系统进行配送的模式。该类型配送系统是配送企业以追求各自利益为目的而组成的，稳定性较差；但合作中的各企业在投资不多的情况下，就可以扩大本企业的配送规模和范围，具备一定的联合优势；同时，对参与企业的管理水平以及企业间的协作能力都有较高的要求。该模式对合作各方的物流信息技术水平要求比较高，比较适合物流信息环境下的交易，如电子商务环境下的 B2B 交易方式。互用配送模式如图 3-2 所示。

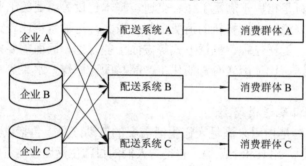

图 3-2　互用配送模式

3) 第三方配送

第三方配送是指交易双方把自己需要完成的配送业务委托给第三方来完成的一种配送方式。其中第三方是指提供交易双方的部分或全部物流功能的外部服务提供者。企业可以不需要拥有自己的物流实体，而把商品采购、存储、配送等业务外包给专业的第三方进行操作，自己仅专注于业务擅长的部分。随着物流产业的不断发展及第三方物流体系的不断完善，该模式是未来企业配送发展的一个重要方向。第三方配送模式如图 3-3 所示。

图 3-3　第三方配送模式

第三方配送主要有以下优点：合作各方都可以享受专业化带来的优势，集中人力、物力、财力提升自身擅长的业务水平，增强企业的核心竞争力，创造竞争优势；物流企业提供社会资源共享，避免资源浪费，发包企业减少对物流的投资和管理费用，有利于降低物流成本；该方式还能有效规避外包企业因对物流的投资而带来的可能风险；第三方的运营效率明显高于单个企业的运营效率，而且还可以对多客户的运作进行资源的有效整合，发挥规模效应。

第三方配送的缺点表现在：企业缺乏对配送的直接控制，完全依赖于第三方的服务水平，具有一定的风险；企业在与第三方的合作过程中需要较高的沟通水平，在协调与处理问题上需要耗费一定的管理资源；同时第三方服务资质、服务水平等方面存在诸多的不确定因素，一旦选择失误，会给企业带来巨大的损失。

4) 共同配送

关于共同配送的定义，有下面几种不同的说法。日本工业标准(JIT)的解释是："为提高物流效率，对许多企业一起进行配送"。日本运输省的定义是："在城市里，为了使物流合理化，在几个定期运货的货主合作下，由一个卡车运输者，使用一个运输系统进行的配送"。我国《商业经济专业知识与实务》中指出："共同配送是由几个配送中心联合起来，共同制订计划，在具体执行时共同使用配送车辆，共同对某一些地区用户进行配送的组织形式"。我国国家标准《物流术语》对共同配送的解释是："由多个企业联合组织实施的配送活动。"共同配送的目的在于降低物流成本，提高物流效率和服务水平。主要是货主(厂家、批发商和零售商)和运送者通过共同配送，解决运输过程中低效率的问题。

通过对上述不同定义或解释的理解，可以看到共同配送的实质是企业间为了实现资源共享，在互信互利的合作基础上，对不同的配送资源进行整合后，采取的一种配送活动。其核心思想是在资源共享，资源最优化配置理念下建立企业联盟，从而带来配送的高效率、低成本及高水平的服务。企业采用各自配送与共同模式配送的区别，如图 3-4 所示。

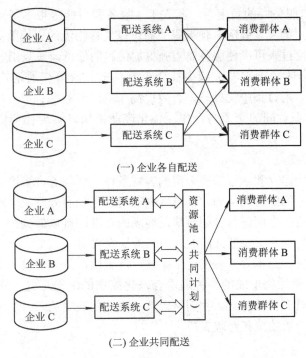

图 3-4 企业各自配送与共同配送的区别

(1) 共同配送的组织形式。

① 同产业间的共同配送。它是指处于相同产业的生产或经营企业，通过配送中心集中送货的方式。其主要有两种操作模式：一是，同产业间相互协作。协作中的各企业对运输工具和物流设施的所有权不变，但是可以根据各自物流运输的特点及客户分布情况，在企业间建立协调机制保证共同配送的正常进行。二是，协作者之间通过共同建立配送中心等基础物流设施进行合作。这种模式的专业化水平比较高，有利于发挥配送的规模优势，效率高，成本低。

② 异产业间的共同配送。它是指将从事不同行业的企业生产的商品集中起来，通过配送中心向客户配送的一种形式。其主要有两种操作模式：一是，异产业间相互协作。协作中的各企业通过搭配不同种类、大小、性质等特点的物资进行共同配送，各企业间的运输工具、物流设施等的所有权不变。二是，异产业协作者间通过共同建立配送中心等基础物流设施进行合作。这种模式有利于发挥协同效应，企业间优势互补，配送水平比较高。

③ 共同集配形式。它是以大型物流企业为主导的合作型共同配送，即由大型物流企业统一集中货物，合作参与的企业或商家将商品物流转包给指定物流企业，由物流企业向各地客户配送。该模式中物流企业可以凭借其专业化的运作和管理经验，提升物流水平，满足客户需求。

(2) 共同配送的优缺点。

① 共同配送的优点。

a．从货主的角度来看，多个货主企业共同分担配送成本，配送成本大大降低；将不同货主企业的零散运输整合为整车运输，运输费用得以降低；还可以降低每个货主的日常费用支出，降低新产品上市时的初始投资风险等。

b．从共同配送服务商的角度看，其人工、设备和设施等很多费用都分摊到了共享的客户身上；众多客户的集聚效应，使得服务商可以发挥物流的规模效益，从而节约成本；这些成本的节约又反过来可以使服务商实施更加优惠的低价政策吸引客户。

c．从整个社会的角度来看，减少社会车流总量，改善交通运输状况，缓解交通压力，减少环境污染；通过集中化处理，有效提高车辆的装载率、节省物流处理空间和人力资源，促进行业和企业间的交流与合作，优化产业机构，实现社会资源的共享和有效利用等。

② 共同配送的缺点。

共同配送体系的建立和运行需要一定的客观条件，面临着许多困难。例如功能互补企业的选择不易，企业间的协调沟通、信息保密等问题难以有效解决。再如，由于共同配送所实现的利益在各货主之间进行分配时缺乏客观的标准，难以做到公平、合理的分配。正是这些不足和缺陷使得我国发展共同配送面临着很大阻碍。

共同配送在美国、日本等一些发达国家被广泛采用，是一种较先进的物流方式，是经过长期的发展和探索优化形成的一种追求合理化配送的配送形式，它对提高物流运作效率、降低物流成本具有重要意义。我国财政部、商务部决定从 2012 年起在全国启动城市共同配送试点，并给予政策和财政支持。

5) 供应商直配

供应商直配是指由生产企业直接将连锁零售企业采购的商品，在指定时间范围内送到各个连锁门店甚至货架的物流活动。例如一些大型的生产企业在全国范围内建立自己的分销体系，将分销渠道直接介入到连锁超市的分销物流活动中。这种模式减少了一级批发商、二级批发商等中间环节的配送，缩短了配送时间，提高了配送效率，减少了中间商的费用支出。但这种模式也存在一定的缺陷，例如厂商的物流配送功能不健全，影响配送效果；终端连锁企业的供应商众多，且都是小批量、多批次订货，难以形成运输规模等。供应商直配模式如图 3-5 所示。

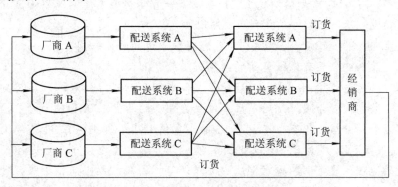

图 3-5 供应商直配模式

3．配送模式的比较分析

通过以上对不同配送模式的了解，现做一下简单对比，如表 3-1 所示。

表 3-1 不同配送模式对比

配送模式	优 点	缺 点	适用对象
自营配送	对整个供应链环节进行较强的管控，有助于企业经营各环节间的衔接与配合，能够更合理地规划运营流程，有效地调控库存，快速、灵活、全方位地满足企业需求	一次性投资较大，配送量较小时难以体现规模效应，非物流企业在管理方面存在局限性，易分散企业的管理资源	大型连锁经营企业，大型电商企业
互用配送	具备一定的联合优势，减少投资	稳定性较差，对企业间的协作能力要求高、信息化水平要求高	规模相当的小型连锁企业、B2B 模式企业
第三方配送	专业化运作，社会资源的共享，避免资源的浪费，减少对物流的投资和管理费用，发挥规模效应	企业缺乏对配送的直接控制，第三方服务存在不确定因素	配送能力较弱的连锁企业
共同配送	配送成本大大降低，规模优势凸显，降低费用支出，减轻环境污染，改善交通状况，优化产业机构	企业间的协调不易，利益分配难掌握	连锁零售企业、第三方物流配送企业
供应商直配	运输风险转移给供应商	厂商难以满足客户需求，零售企业利润空间被压缩	大卖场、仓储型综合超市

7-11 的共同配送系统

美国电影《Rush Hour II》中有一个唠叨鬼 James·Kartel，他的外号叫做"7-11"，意思是他能从早上 7 点起床开始到晚上 11 点睡觉一直唠叨个不停，殊不知该外号得自于世界最大的连锁便利店——7-11。便利店之所以取名为 7-11，是表示店铺的营业时间是从早上 7 点到晚上 11 点。当然，现在便利店已经将营业时间改为一周 7 天、每天 24 小时全天候营业，但是最初这个具有象征意义的名字却延续下来。

7-11 便利店最初发源于美国。1973 年，日本约克七公司加盟进来，与美国南方公司缔结了地区服务和授权合同，开始了日本便利连锁店的历史。7-11 便利店在全球 20 多个国家共有 2 万多家分店，仅在日本就有 9600 多家便利店，每年约有 31 万人次光顾。经过 30 余年的发展，7-11 成为日本最大的连锁便利店。这些店铺分布在全国各个地区，由于加盟店所处的地理位置不同，顾客层次也参差不齐，因此，各个店铺中陈列的商品是完全不同的。每家店铺面积大约 100～200 平方米，他们从总部推荐的 4000 多种商品中选择适合自己需求的商品，大约 2000～3000 多种，并且每年要对这些商品中的 70%进行更换。这样一来，店铺就能够保证陈列更多的畅销商品，保持自己的新鲜度。但是，对于每家店铺来说，运送和保存的商品种类、数量和要求各不相同，每一种商品既不能短缺又不能过剩，而且还要根据顾客的不同需要随时能调整货物的品种，因此，如此繁杂的商品信息如何能够做到因人而异、因地制宜，就依赖于物流系统了。

7-11 建立了自己的共同配送中心，分别在不同的区域统一集货、统一配送。配送中心有一个电脑网络配送系统，目前该系统已经发展到第五代，利用卫星通信和综合数字通信网，将加盟店、厂家、供应商、工厂生产线、配送中心和总部连接在一起。每天总部会定期收到各个店铺发来的 POS 数据和订货销售数据，然后对收集到的 POS 数据和订货、销售、会计数据进行处理，将处理后的订货和会计数据传给厂家和共同配送中心，供应商会在预定时间内向中心发送货物。配送中心收到所有货物之后，对各个店铺所需要的货物分别打包，以备发送。7-11 采用了共同配送系统，把不同厂家的商品载在一辆卡车上进行统一送货，而且根据食品保存温度建立了配送体系。举例来说，7-11 在日本对食品的分类是：冷冻型(零下 20 摄氏度)、微冷型(5 摄氏度)、恒温型和暖温型(20 摄氏度)。不同类型的食品用不同的方法和设备配送。商品从厂家到送货再到货架上，整个过程都保持同一温度，这种配送体系能够将商品以最新鲜的状态提供给顾客。此外，不同食品对配送时间和频率的要求也并不相同。对于一般商品，7-11 实行一日三次的配送制度：早上 3～7 点配送前一天晚上生产的一般商品，早上 8～11 点配送前一天晚上生产的特殊食品，下午 3～7 点配送当天上午生产的食品，这种配送频率能够在保证商店不缺货的同时，保证食品的新鲜程度。对于有特殊要求的食品，以冰淇淋为例，7-11 会绕过配送中心，由配送车早中晚三次直接从生产商送到各店铺。为了确保各店铺供货万无一失，配送中心还建立了特别配送制度，倘若店铺碰到一些特殊情况造成缺货，可以通知配送中心，配送中心会用安全库存对店铺紧急配送，如果安全库存告罄，中心会向供应商紧急订货，并且在第一时间送到缺货的店铺中。每天，整个配送过程循环往复，支撑着 7-11 的正常运行。

在 7-11 的配送系统中，信息技术起着重要的作用，以送货车为例，每个送货车上都装有计算机，通过 GPS 卫星定位系统，总部能够随时给每辆车提供送货路线和天气状况等信息，如果遇到意外情况，比如交通堵塞等原因，不能按时送到货，总部会调度另一辆车去按时送到。

思考题 1: 7-11 共同配送中心运营的核心是什么?

思考题 2: 请描述 7-11 共同配送中心正常运营的流程。

3.1.3 配送模式的选择

物流配送中心是以提供配送服务为核心的经济实体，具有一般企业的经济特征。因此，配送中心和其他类型企业一样，必须明确自身在市场中的竞争地位，并根据行业发展情况，结合自身条件，选择和调整经营模式，制定企业的经营发展目标。

不同的配送模式有各自的优缺点和适用范围。企业选择何种配送模式主要取决于以下因素: 配送对企业的重要性、企业的配送能力、市场规模与地理范围、保证的服务及配送成本等。一般来说，企业配送模式的选择方法主要有矩阵图决策法和比较选择法。

1. 矩阵图决策法

矩阵图决策法属于定性方法的一种。主要是通过两个不同影响因素的组合，利用矩阵图来选择配送模式，没有具体的量化数据可供参考。其基本思路是: 首先选择两种不同的影响因素，然后通过其组合形成不同区域或象限，根据各个区域或象限体现的特征进行决策。此处根据配送对企业的重要性以及企业的配送能力来分析如何选择配送模式，如图 3-6 所示。

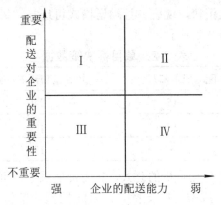

图 3-6 利用矩阵图决策

如图 3-6 矩阵图所示，根据企业的实际经营状况，把配送对企业的重要性分为重要和不重要两部分，企业的配送能力分为强和弱两部分，组合成了矩阵中的 Ⅰ、Ⅱ、Ⅲ、Ⅳ 四个区域，分别代表四种不同的运营情况。各自表示的内涵如下:

(1) 区间 Ⅰ。配送对企业的重要程度较高，同时企业具备较强的配送能力。在市场集中度较高、配送区域较小、配送成本比较低的情况下，企业可以选择自营配送模式，以提高对客户的服务水平。

(2) 区间Ⅱ。配送对企业的重要程度较高，但企业的配送能力较弱。此种情况下企业可以考虑加强配送能力。比如，加大配送系统的建设，增强配送能力，发展自营模式；进行必要的投入，采用共同配送模式；采用第三方配送模式，外包给专业企业来操作。一般在市场规模比较大、客户相对集中、配送范围不是很大、投资不是太大的情况下，企业可以选择自营模式；否则可以采用共同配送、互用配送或第三方配送模式。

(3) 区间Ⅲ。企业的配送能力较强，但配送在企业中的地位却不是很重要。此时企业可以利用在配送方面的资源优势发展对外业务，提高资源利用率，获得额外利润。若企业的配送优势很明显，则可以考虑向专业的第三方配送模式发展，既服务于本企业又服务于社会上的其他企业。

(4) 区间Ⅳ。企业在配送能力和对配送的需求方面都比较弱。此时考虑外包给第三方是比较好的选择，企业集中精力于优势项目，提高自己的核心竞争力，通过第三方的专业化操作，达到配送作业满足客户需求的目的。

2. 比较选择法

比较选择法属于定量方法的一种。主要是通过对企业配送活动的成本和收益比较而确定配送模式，以客观、量化的数据作为参考。一般有确定型决策、非确定型决策和风险型决策三种方法。

1) 确定型决策

确定型决策是指一种配送模式只有一个确定的结果，只要比较各个方案的结果，就可以做出相应的决策。该决策类型又可分为单目标决策和多目标决策两种。

(1) 单目标决策。该决策方式即在决策过程中仅考虑单方面的因素，比较简单，仅需评价单个因素的影响，比较最终值即可。

例 3-1 某企业为扩大销售，现有三种配送模式可选择，每种模式所需要的配送成本与可能实现的销售额，如表 3-2 所示。

表 3-2 单目标决策数据

配送模式	配送成本 C / 万元	预计销售额 F / 万元	价值系数 $V = F / C$
自营配送	15	240	16
共同配送	10	180	18
第三方配送	8	120	15

表 3-2 中的 $V = F / C$ 是价值分析的公式，V 为价值系数，可以理解为采用某种模式的配送，每支出一万元的配送成本可以支持多少万元的预计销售额。能够支持的销售额越高，越是最优选，即价值系数越大，该种模式的配送价值越高。表 3-2 中价值系数最大的是共同配送模式，因此选择共同配送模式作为该企业的最优选。

(2) 多目标决策。该决策方式与企业的实际运营比较接近，企业对配送模式的选择往往要考虑多个因素的影响。此时，模式的选择需要参考各模式的综合价值系数，综合价值系数越大，对应的配送模式价值越高。综合价值系数计算公式如下：

$$V_i = \sum_{j=1}^{n} F_j * Z_{ij}$$

其中：V 为综合价值系数，F_j 为权重数，Z_{ij} 为规范化后的属性值，且 $0 \leq Z_{ij} \leq 1$。

引入 Z_{ij} 的原因在于各目标按不同的基准赋值，不具备可比性，因此需要对各方案对

应的属性值规范化后进行比较。对成本型目标，令 $Z_{ij} = \dfrac{X_{jmax} - X_{ij}}{X_{jmax} - X_{jmin}}$；对效益型目标，令

$Z_{ij} = \dfrac{X_{ij} - X_{jmin}}{X_{jmax} - X_{jmin}}$。其中 X 为不同方案的属性值。

例 3-2 某企业在选择配送模式时，主要考虑以下 4 个目标，各目标的值以及权重系数如表 3-3 所示。

表 3-3 多目标决策

模式与权重	成本费用/万元	预计销售额/万元	利润额/万元	客户满意度(%)
	0.3	0.2	0.3	0.2
自营配送	10	220	25	99.5
共同配送	8	200	16	98.5
第三方配送	6	180	20	99

根据综合系数计算公式，计算结果如表 3-4 所示。

表 3-4 综合价值系数

模式与权重	成本费用/万元	预计销售额/万元	利润额/万元	客户满意度(%)	V 值
	0.3	0.2	0.3	0.2	
自营配送	0	1	1	1	0.7
共同配送	0.5	0.5	0	0	0.25
第三方配送	1	0	0.44	0.5	0.53

从计算结果可知，采用自营配送的模式比较合适。

在采用确定型决策选择配送模式时，要注意以下问题：要有明确的决策目标；至少有两种以上的模式可供选择；未来有一个确定的自然状态或一组确定的约束条件；各备选方案的自然状态或约束条件的效益值可以确定。

2) 非确定型决策

非确定型决策是指一种配送模式可能出现几种不同的结果，而又无法知道各种结果发生的概率时所进行的决策。该类型决策的条件是：决策者有明确的期望目标；存在着不以决策者的意志为转移的两种以上状态；具有两个或两个以上可供选择的配送模式；不同模式在不同状态下的损益值可以获得。虽然该决策方式具有一定的主观性，但还是有一些公认的准则可作为参考。

例 3-3 某企业计划通过提高配送效率，满足客户对配送的要求，扩大企业的经营规模。现有三种配送模式可供选择，在未来几年内，企业对配送市场规模无法做出准确的预测，仅能大体估计出三种情况，且估算出三种配送模式在未来几年内三种自然状态下的成本费用，但不知道这三种情况发生的概率，如此该如何决策？如表 3-5 所示。

表 3-5　非确定型决策　　　　　　　　　　　　　　万元

自然状态	配 送 模 式		
	自营配送	共同配送	第三方配送
配送市场规模大	80	85	95
配送市场规模一般	62	60	65
配送市场规模小	35	32	30

(1) 按乐观准则来决策。首先在每种模式中选择成本最小的一个看作是必然发生的状态，然后在这些最小成本的模式中，再选择一个成本最小的，作为最优选。即分两步选择，每一步选择都是最优的，则最终结果即为最优选。该例中，三种模式的最小成本分别为：35 万元、32 万元、30 万元；其中又以第三方配送模式的 30 万成本为最小，即可作为最终选择。该方法一般适用于把握较大、风险较小的情况。

(2) 按悲观准则来决策。该方法与乐观准则存在一定的相对性。先在每种模式中选择成本最大的一个看作是必然发生的状态，然后在这些最大成本的模式中，再选择一个成本最小的，作为最优选。即分两步选择，第一步选择成本最高的，第二步从最高中再选择出成本最低的，则最终结果即为最优选。该例中，三种模式的最大成本分别为：80 万元、85 万元、95 万元；其中又以自营配送模式的 80 万元成本为最小，即可以作为最终选择。该方法一般适用于把握较小、风险较大的情况。

(3) 按折中准则来决策。该法又称"赫维斯准则"，该方法讲究"中庸"。乐观或悲观准则都是极端的做法，应该在两者之间寻求平衡。具体方法是根据决策者的估计，确定一个乐观系数 $\alpha(0 < \alpha < 1)$，给最好的结果和最坏的结果分别赋予相应的权值 α 和 $1-\alpha$，中间结果不予考虑。折中值的计算公式可以表示为：

$$Z = \alpha \times C_i + (1 - \alpha) \times C_j$$

其中：C_i 表示最好时的成本值，C_j 表示最坏时的成本值。

在本例中，决策人员经过分析，认为配送市场规模大的概率为 60%，乐观系数即为 0.6，三种配送模式的折中值分别为：62 万元、63.8 万元、69 万元，可以看到自营配送的成本最低，为最优选。

(4) 按等概论准则来决策。该法又称"拉普拉斯准则"，该准则认为：在非确定型决策中，各种自然状态发生的概率是未知的，按最好的或最坏的结果进行决策都缺乏依据。解决的办法是给每种可能出现的结果都赋予相同的权数，每种状态发生的概率相等，且和值为 1，然后计算出各方案在各自然状态下的加权平均值，选择加权平均值最低的方案为最优方案。本例中各种状态发生的概率为 1/3，则不同模式的加权值为：自营模式 80 × 1/3 + 62 × 1/3 + 35 × 1/3 = 59；同理，共同配送模式为 59；第三方模式为 63.3。可以看到按此决策自营模式与共同配送模式的值相等，都是成本最低，均可作为最优选，可再结合其他因素进行综合判定从而做出最终选择。

(5) 按最小后悔值准则来决策。该法又称"沙万奈准则"，该方法以每种模式在不同自然状态下的最小成本值为最优目标。如果在该状态下，没有选择这一理想模式，会使成本增加，而产生"后悔"。则每个自然状态下的其他模式的成本值与理想值之差所造成的损失值就是后悔值。然后按模式选出最大的后悔值，在最大后悔值中再选出其中最小的后悔值，该值对应的模式就是企业的最优选。采用这种方法相对比较保险。根据例题 3 给出的数据，按上面的方法计算出的后悔值，如表 3-6 所示。

表 3-6 后 悔 值 表

自然状态	配 送 模 式		
	自营配送	共同配送	第三方配送
配送市场规模大	0(80 − 80)	5(85 − 80)	15(95 − 80)
配送市场规模一般	2(62 − 60)	0(60 − 60)	5(65 − 60)
配送市场规模小	5(35 − 30)	2(32 − 30)	0(30 − 30)

从表 3-6 可以看出三种模式的最大后悔值为 5、5、15，其中自营配送和共同配送的后悔值都最小，可以作为企业的最优选，可再结合其他因素进行综合判定从而做出最终选择。

从上面介绍的几种方法来看，同一个问题可以产生不同的结果，因此企业在进行决策时可以以此为参考再结合其他相关因素进行综合判定。

3) 风险型决策

风险型决策是指在目标明确的情况下，依据预测得到不同自然状态下的结果及出现的概率所进行的决策。由于自然状态并非决策所能控制，因此决策的结果存在一定的风险。该类型决策通常采用期望值准则。一般先根据预测的结果及出现的概率计算期望值，然后根据指标的性质及计算的期望值结果进行决策。产出类性质的指标，一般选择期望值最大的方案；投入类性质的指标，一般选择期望值最小的方案。

例 3-4 某企业欲通过一定的手段扩大市场规模，增加销售量，现有三种配送模式可供选择，相关资料如表 3-7 所示。请问，企业选择哪种配送模式更合适。

表 3-7 风险型决策表　　　　　　　　　　　　　　万元

市场需求规模	概率	销 售 量		
		自营配送	共同配送	第三方配送
大	0.4	1000	1200	1500
一般	0.3	800	900	1100
小	0.3	500	450	300

根据上表的数据，三种模式下的销售量分别为：

$$0.4 \times 1000 + 0.3 \times 800 + 0.3 \times 500 = 790(万元)$$

$$0.4 \times 1200 + 0.3 \times 900 + 0.3 \times 450 = 885(万元)$$

$$0.4 \times 1500 + 0.3 \times 1100 + 0.3 \times 300 = 1020(万元)$$

根据计算值可知第三方配送模式的期望值最大，可以作为企业的最优选。

总之，不管是采用定性的方法还是采用定量的方法，或是两者结合使用，配送模式的确定是一个多因素互相影响、综合评价的结果。

● 经典案例 ●

零售企业如何选择物流配送方式

物流管理包含仓储、运输、包装、配送等多方面内容，对任何零售企业来讲，每个环节的精细化管理都至关重要，而其中商品配送环节的管理对于主营绩效的提高具有重要意义。

1. 不可复制的沃尔玛

随着世界500强之首沃尔玛在中国大陆市场的迅速扩张，越来越多的人将眼光聚焦于沃尔玛成功的秘诀。人们通常把快速转运、VMI(供应商管理库存)、EDLP(天天平价)当作沃尔玛成功的三大法宝。其中商品的快速转运往往被认为是沃尔玛的核心竞争力。于是不少企业纷纷效仿，大力加快建设配送中心的步伐，认为只要加强商品的配送与分拨管理，就能像沃尔玛一样找到在激烈的商战中制胜的法宝。但经过一段时间的运营之后，效果却不尽如人意，究其原因，主要是曲解了沃尔玛的运营管理模式。沃尔玛之所以能成功，主要有以下原因：

(1) 独特的历史背景。1962年，当沃尔玛第一家店在阿肯色州的一个小镇开业时，由于其位置偏僻，路途遥远，供应商很少愿意为其送货，因此，山姆·沃顿不得不在总部所在地——本顿威尔建立了第一家配送中心。显然，一家店不可能单独支撑一个配送中心的运营成本，于是以该配送中心为核心，在周围一天车程即500公里左右的范围内迅速开店。获得成功后，又迅速复制该运营模式。而同期的凯玛特、伍尔柯等大连锁公司，基本位于美国大城市，有大量的经销商为他们提供完善的物流等方面的专业化服务，因此也就不会把商品配送视为自己的核心竞争力。

(2) 强大的后台信息系统。随着IT技术的迅猛发展，沃尔玛以最快的速度把世界一流的信息技术运用到实践中。其耗资7亿多美元的通信系统，是全美最大的民用电子信息系统，甚至超过了电信业巨头美国电报电话公司。其数据处理能力仅次于美国国防部，EDI(电子数据交换系统)及条码等现代物流技术的使用，更为全球每个门店的销售分析、商品的分拨及进销存管理等，提供了最强有力的武器。反观国内零售企业，门店数量少，销售量低，单店利润差，很少有实力能投资完善的信息系统。一套系统的研发少则几百万，多则几千万甚至过亿，使不少的小型零售企业望而兴叹。

(3) 门店数量众多。约100多家门店才能支撑一个现代配送中心的巨额费用。在门店数量不足时，配送中心的巨额费用往往会成为一个企业的经济负担。当沃尔玛进入中国时，也同样复制了美国的运营模式，在广东与天津分设了两个配送中心。经过多年的苦心经营，到目前为止，沃尔玛尚未实现全面盈利。不少业内人士认为与其完全照搬美国本土的运营模式有关。美国本土的商店选址大都位于小镇，而在中国开的店大都位于中心城市，大量的供应商可以提供专业化服务，集中配送反而难以体现高效率。

2. "善变"的家乐福

沃尔玛的商品配送模式是绝大部分国内企业都无法模仿的。与沃尔玛不同，另一艘世界零售航母家乐福，选择的却是相反的商品配送模式。由于家乐福的选址绝大部分都集中于上海、北京、天津及内陆各省会城市，且强调的是"充分授权，以店长为核心"的运营模式，因此商品的配送基本都以供应商直送为主。这样做的好处主要有以下几方面：

(1) 送货快速、方便。由于供应商资源多集中于同一个城市，上午下订单下午商品就有可能到达，将商品缺货造成的失销成本大幅降低。为了减少资金的占用及提高商品陈列空间的利用效率，超大卖场基本都采取"小批量，多频次"的订货原则，同城供应商能帮助家乐福更有效地践行该原则。相对而言，沃尔玛的许多商店坚持的是中央集中配送的模式，由于路途的原因，虽然有信息系统的强大支撑，但商品到货的速度还是相对缓慢，因此在有的门店，"此商品暂时缺货"的小条在货架上随处可见。

(2) 便于逆向物流。商品的退换货是零售企业处理过时、过期等滞销商品的最重要手段。如果零售商采用的是供应商直送的商品配送模式，零售商与供应商的联系与接触非常频繁，因此商品退换货处理也非常迅速。但如果采用中央配送模式，逆向物流所经过的环节大为增加，因此速度也相对变缓。

3.　国内配送因地而异

沃尔玛与家乐福的商品配送模式，基本代表了目前国内零售企业的两种不同经营思想。由于各有利弊，因此较成熟的零售商大都根据自己企业的特征制订了相应的商品配送方案。可见，零售业态的分类、商店的选址、商店的数量、商店是否配有内仓等，都是影响零售企业商品配送模式的重要因素。概括起来，主要可以从以下几方面进行考虑：

1) 中心城市宜直送

我国现阶段物流行业发展不成熟，东部与西部、沿海与内陆经济发展水平差距较大，相关法律法规不健全，部分地区地方保护主义思想较为严重，各地消费者商品偏好差异较大，物流行业又尚未完全对外资开放，加之门店数量不太多，这些因素都导致进行全国性的商品分拨与配送会产生低效率。家乐福目前成为中国市场发展最快、效益最好的零售商，核心竞争力就是以店长经营绩效为中心的管理体制，由此而产生的能迅速适应市场变化的本土化经营方式。

采用供应商直送的商店，较容易产生的一个问题是商品结构的同质化。目前基本所有国内中心城市的商业竞争都进入了白热化阶段，商品毛利率每年都在下降，如果所有商品均从当地采购，商品的差异化将难以体现。因此中心城市的零售商在坚持本地采购为主的同时，还应适当保持部分中央采购的商品，这部分商品可占到商品总量的 20%～30%之间，主要以进口商品、自有品牌及一些时尚商品、应季商品为主。

2) 二线城市宜配送

二线城市的供应商资源较为有限，主要以生鲜和一些地方特色的食品供应商为主。如果大部分商品不能从中心城市配送，该门店商品对当地消费者的吸引力必然会大幅下降。因此，联华等大零售商选址一般都先在中心城市开店，中心城市的采购队伍及供应商资源较为成熟后，再向二线城市扩张，这样能较为有效地从商品结构上确保连锁经营的特色。

当然，在选择仓储与运输方式时，又有自营与外包两种模式可以选择。这主要取决于本企业的资金实力以及是否有丰富的物流管理经验，如果本企业没有足够的资金建设仓库及运输车队，或者自营效率低，业务少，并缺乏相关成熟经验，就可考虑把上述业务外包给第三方物流公司进行，充分利用社会化分工带来的成本节约。

3) 社区店、折扣店须有高效配送中心

社区店、折扣店一般面积较小，主要经营生鲜、食品、洗化等日用消费品，购物的便利性是这类小店生存的基础，如果缺货断货，必然会对这类商店的销售带来巨大影响，因此补货的及时性成为这类商店最重要的工作之一。但这类商店由于面积及空间极其有限，不可能进行大量屯货，因此配送中心能否及时补货构成了这类商店成功的关键。为了达到此项目标，通常可以采用以下手段：

(1) 正确的配送中心选址，可以缩短送货的时间，提高商品配送的效率。试想一下，如果某折扣店在北京的门店数量达到 300 家，一天送一次鲜奶等日配商品，每家配送中心的选址能带来一个商店节约 10 分钟的效果，对保证到货的及时性起到重要作用。

(2) 确定合理的配送路线，对于布点较多的社区店有较大帮助。具体可以采用方案评价法进行定性分析，也可以采用数学模型进行定量分析。当然同时还要考虑门店对商品品种、规格、数量、时间的需求，配送中心现有的可支配运力等诸多因素。

(3) 进行合理的车辆配载。各门店的销售情况不同，订货也会有不同。实行轻重配装，既能使车辆满载，又能充分利用车辆的有效体积，大大降低运输费用。

(4) 建立完善的计算机管理系统。在社区店的物流作业中，分拣、配货要占全部劳动的 60% 以上，而且较容易发生错误。如果在配货中运用计算机管理系统，就可以使拣货快速、准确、高效，从而提高生产效率，节省劳动力，有效降低物流费用。

随着每个零售企业工作流程管理的日益精细，将有越来越多的人更加关注商品配送模式的设计与选择。

思考题 1：为什么称为"不可复制的沃尔玛"配送模式？

思考题 2：家乐福的"善变"体现在哪些方面？其配送模式与沃尔玛有何区别？

思考题 3：影响配送模式选择的因素主要有哪些？

3.2 物流配送中心设立的程序

作为一个基本建设项目，物流配送中心的规划必须按照国家或地方的行政法规及有关规定，遵循一定的建设程序。在上一章介绍了项目管理的五个过程：起始过程、规划过程、执行过程、控制过程和收尾过程。在运作物流配送中心项目时，通常可以把这五个过程再划分为三个阶段，即项目前期工作阶段(起始过程与规划过程)、项目实施阶段(执行过程与控制过程)和项目竣工验收生产准备阶段(收尾过程)。

3.2.1 物流配送中心项目设立前期工作阶段

物流配送中心项目设立前期工作是指建设项目从谋划确定到开工建设之前所进行的全部工作。它是整个项目建设程序中非常重要的阶段，直接决定项目能否开展及为后期开展打下坚实的基础。主要包括形成建设意向、编制项目建议书、编制项目可行性研究报告并论证、筹措资金、规划设计、办理项目开工报告等工作。

1. 形成建设意向

企业根据自身的经营战略，结合仓储物流业务的现实情况与未来预期，同时参考国家的相关政策方针，以及综合其他有关因素而提出建设物流配送中心的设想。有此意向后，通常企业会成立一个专门的物流配送中心建设筹备组(此时的筹备组通常在功能、结构等方面还不健全)。筹备组搜集各种资料，进行多方面的分析，进一步确认建设物流配送中心的必要性，为编制项目建议书准备充足、准确的材料。同时，还要确定物流配送中心的类型、配送模式等大方向上的内容。

2．编制项目建议书

项目建议书又称为项目立项申请书或立项申请报告，是由物流配送中心项目的负责人就建设该项目而提出的建议文件，对拟建项目提出框架性的总体设想。项目建议书的形成，一般是建立在对该物流配送中心大量相关资料的调查分析与技术研究基础之上，是项目投资方向其主管部门上报的文件，可供项目审批机关做出初步决策。上级主管部门对项目建议书的审批关系到项目能否继续进行。项目建议书的编制可以减少项目选择的盲目性，为下一步可行性研究打下基础。一般情况下，项目建议书主要由以下几个部分组成：

(1) 总论。包含项目名称、项目主体(申报单位、实施单位)、背景分析(项目的来源、形成过程、理由、必要性、优劣势分析等)、投资主体与投资结构(投资方名称、投资额、各投资方的投资比例等)、项目性质和类别归属、项目时限(前期准备时间、启动时间、完工时间)、项目实施地点(简要的选址介绍)、项目规模(主要规模指标、技术指标、规划条件等)及项目总投资与收益分析(项目总投资估算、净现值、投资回收期、盈亏平衡点、内部收益率等)等内容。

(2) 选址分析。包括项目所在区域概况(土地性质、周边建筑物、征拆迁条件、交通情况、配套设施等)、周边同类型项目分析、与本项目特点相关的其他选择条件说明等。

(3) 项目实施方案。包括项目的初步设计方案、总平面布局、功能区介绍、初步的各种规划参数、管理团队、WBS 表、初步的各阶段时间点估算的甘特图、项目的风险分析与控制措施等。

(4) 投资估算及资金筹措。包括初步的建设投资估算、流动资金估算、编制投资估算表、初步融资方案(资金筹措渠道、方式、成本等)等内容。

(5) 经济和社会评价。经济评价包括项目计算期、经营期，项目的收入与成本估算表，现金流量表，损益与利润分配表，总投资收益率，投资各方收益率，偿债能力分析，初步盈亏平衡分析等。社会评价包括带来的就业机会、给区域物流带来的影响、项目的示范效应等。

(6) 结论与建议。总述对项目初步方案的结论和建议。

3．编制项目可行性研究报告并论证

可行性研究报告是在投资决策之前，对拟建项目进行全面技术经济分析的科学论证。在此基础上，综合论证项目建设的必要性、财务的盈利性、经济上的合理性，技术上的先进性和适应性以及建设条件的可能性和可行性，从而为投资决策提供科学依据。

物流配送中心项目立项后，需要对该项目涉及的诸多资料进行进一步的梳理与完善，重点对物流配送中心项目的技术可行性和经济合理性进行研究和论证。主要包括：物流配送中心的需求分析、市场竞争 SWOT 分析、客户群分析、市场调查与预测分析、政策环境分析、成本收益分析、投资回收期分析、资金情况分析、物流配送中心的总体布局、各功能区规划、物流配送中心功能的设定、欲采用的设备、设施布置情况等内容。经过不同领域专家不同角度、全面的分析论证和多个方案的比较，最终通过资源整合确定最优的物流配送中心规划方案，为下阶段的工程设计提供依据。

可行性研究报告的编制通常由建设单位委托具有相应资质的规划、设计和工程咨询单位承担，也可以由项目组组织有关物流专家、市政建设专家、建筑设计专家、物流设备专家、运输配送专家、物流信息技术专家等共同组成编制小组，在项目经理的协调下，进行可行性研究报告的编制。

当可行性研究报告编制完成后，需要做必要的论证。一般由物流配送中心项目投资主体组织有关专家对报告进行评审。评审的内容主要包括报告的准确性、项目的经济可行性、技术先进性、投资合理性等，并出具评审意见。建设单位根据评审意见确定是否需要建设该项目，发改委相关部门根据评审意见确定是否对该项目进行审批。

4. 筹措资金

当物流配送中心项目可行性研究报告经研究论证，获得批准后，投资主体就要着手进行筹资。资金的来源可以是多方面的，一般在可行性研究报告中对筹资方式、阶段、金额等都有计划，在该阶段主要是促使资金及时到位。

5. 规划设计

物流配送中心规划设计的审批各地规定不同，有的由发改委审批，有的由行业主管部门审批。在进行规划设计时，一般委托有资质的设计单位按批准的可行性研究报告对项目工程进行具体设计，形成建筑施工图，建设单位以此为依据建设物流配送中心。

6. 办理项目开告报告

在项目开工前需要办理各种繁杂的手续。比如要到文物、水利、工业安全、环保、园林、消防、卫生等部门办理相关手续。当项目开工报告审批完成后，即可以根据物流配送中心的规划设计进行开工建设。

从项目前期阶段的几项主要工作内容来看，项目建议书及可行性报告的获批很关键，特别是项目可行性报告具备纲领性文件的作用，是物流配送中心项目建设的主要依据。

在一些发达国家的工程项目建设程序中都非常重视可行性研究，投入巨大的精力对项目进行调查研究和全面的技术经济分析论证，因此出现投资失控的现象比较少。而我国许多投资者、业主对此重视程度不是很高，对可行性研究的重要性认识不够，容易造成投资失控或留下隐患。有些项目为了追求"降低成本"甚至放弃前期的可行性研究工作或者简单地进行形式上的工作，导致对项目的估计和认识不足，造成资源浪费。因此，从观念上必须改正"重施工轻前期"的错误认识，切实把未雨绸缪的项目前期工作做扎实、做深、做细。

◆ 经典案例 ◆

××物流配送中心可行性研究报告(目录)

第一章总论
1.1 项目名称
1.2 项目建设单位
1.3 报告编制单位
1.4 报告编制的依据
1.5 项目概况
1.6 主要技术经济指标

从上述目录内容可以看到可行性分析报告所涉及的专业领域相当多，内容很丰富，但以上内容仅把物流配送中心作为一个建筑物的建设工程对待，没有涉及物流配送中心业务运作的内容，因而还应该包含以下内容：物流配送中心作业流程规划、内部布局规划、信息系统规划、作业能力估算、作业技术水平分析等运作管理方面。

思考题：通过上述内容的了解，熟悉可行性研究报告的大体内容框架，请通过查询相关资料，阅读一份完整的报告，体会具体的内容组成。

3.2.2 物流配送中心项目实施阶段

此处的项目实施阶段及后面的竣工验收阶段均是指物流配送中心作为建筑物的建筑施工阶段及建筑物竣工验收而言。项目施工阶段分为施工准备工作和施工期间的管理工作两个部分。

1. 施工准备

施工准备主要包括：通过招标确定施工承包单位和工程监理单位，并明确各自的职责；准备施工图纸、安排各种建筑施工所需设备设施到位、组织施工人员、施工的推进计划；资金的组织与到位等。其中，招标工作是一项非常重要的工作。为了确保工程质量，防止腐败等现象的发生，必须严格执行一定的招标程序。通过发布招标公告、投标、评标、确定中标单位、对中标单位进行必要的审查等程序，并与各工作项的中标单位签订正式合同。

2. 施工期间的管理

施工准备工作到位后，就可以进行项目施工。由施工单位进行项目施工，监理单位监督工程的进度、质量和投资，同时物流配送中心项目组也应该跟进项目的施工情况，确保工程项目按照设定的进度和质量标准在投资预算内完成建设。期间涉及的建筑质量管理、技术管理、物资采购管理、安全管理、综合管理等都是建筑施工领域比较专业的内容，物流配送中心项目组的干预能力可能是有限的，有时也无法从专业的角度来提出意见，因此要充分发挥中标单位的自主能动性，通过一定的技术指标、质量指标、时间指标等进行限定与考核，严格按照项目前期的规划内容执行。在项目施工管理阶段经常采用优化各种要素配置和动态管理的方法，以确保施工项目的质量(Quality)、成本(Cost)、工期(Delivery)和安全(Safety)达到管理目标，可以称之为 QCDS 生产优化技术。该过程的管理图，如图3-7 所示。

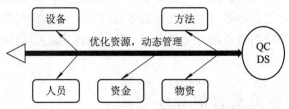

图 3-7　QCDS 生产优化技术过程管理

3.2.3 物流配送中心项目竣工验收及生产准备阶段

竣工验收是指建设工程项目竣工后开发建设单位会同设计、施工、设备供应单位及工程质量监督等部门，对该项目是否符合规划设计要求以及建筑施工和设备安装质量进行全面检验，取得竣工合格资料、数据和凭证。

1．工程验收的人员组成

组成验收小组的人员结构要合理，一般由建设单位的法人代表或其委托代理人担任组长，副组长可设多名，但至少要有一人具备工程技术专长。其他成员一般由以下人员组成：建设单位上级主管部门、建设单位项目负责人、建设单位项目现场管理人员及勘察、设计、施工、监理单位，与项目无直接关系的技术负责人或质量负责人，也可以邀请有关专家参加。

2．竣工验收的主要任务

项目验收组负责审查工程建设的各个环节，听取各有关单位的工作报告，审阅工程档案资料并实地察验建筑工程和设备安装情况，并对工程设计、施工和设备质量等方面做出全面的评价。不合格的工程不予验收，对遗留问题提出具体解决意见，限期落实完成。

项目竣工验收至少需要做到以下三点：一是，建设单位、设计单位、施工单位等分别对该项目的检查和论证、勘察和设计及施工的全过程，进行最后的评价，实事求是地总结各自在工程项目建设中的经验和教训；二是，办理物流配送中心工程的验收和交接手续，办理竣工决算和竣工结算，办理工程档案移交、工程保修手续等；三是，建设单位持有关资料、证件到房管部门办理房屋所有权登记证。

建设单位在进行竣工验收的同时，还包括各种设施设备的调试，比如消防设施、排风设施等。当作为物流配送中心的建筑物及其附属设施都符合要求的时候，就可以进行安装货架、分拣设备、库区布线等一些库区内部的建设工作。这些工作内容的规划与运作也是物流配送中心规划的重点。

3.3　物流配送中心选址

物流配送中心选址是指在一个具有若干供应点和需求点的经济区域内，选一个或多个地址设置物流配送中心的规划过程。较佳的选址方案使得货品通过物流配送中心的汇集、中转、分发、直至运输到需求点全过程的效益最好。

物流配送中心的选址与仓库的选址具有很大的相似之处，需要考虑的因素类似，只是物流配送中心在功能上比仓库多，更靠近所服务的客户，会更多考虑运输问题等。本书仅对物流配送中心选址的鲜明特点进行必要说明，关于仓库选址的具体知识，参见《电子商务与现代仓储管理》一书。

3.3.1　物流配送中心选址的方法

近年来，物流配送中心选址理论发展迅速，产生了多种选址方法。特别是信息技术在选址中的应用，为选址方案的研究和分析提供了强有力的支持。下面简单介绍几类常用的选址方法。

1. 解析法

解析法即通过建立数学模型进行选址，通过计算得出最佳的选址方案。采用该类方法，需要根据所研究问题的特征、外部条件和内在联系建立数学模型，通过代数方法求解模型，得出最优解。重心法是该类方法的典型代表，根据运输距离、运输量等条件，以物流配送中心的位置为因变量，采用数学方法求出其坐标值。该类方法的优点是模型简单，容易理解，且能够求得精确的最优解。但这种最优解并没有与实际的地理条件相结合，可能会出现理想地点实际并不可选的情况。而且对于较复杂的选址问题难以建立恰当的模型，或建立的模型求解困难。在实际运用中，解析法通常用来剔除一些不合适的备选方案，不适用于较复杂的选址问题。

2. 启发式方法

启发式方法是针对模型求解方法而言，是一种逐次逼近最优解的方法。应用启发式方法得到的解可能不是最优解，因为其计算不是精确式的，但只要处理得当，可得到与最优解非常接近的可行解。物流配送中心选址中常用到的鲍姆尔-沃尔夫(Baumol-Wolfe)法就是一种启发式方法。该方法适用于物流配送中心待选数目多，不易建立数学模型或模型求解复杂的情况；同时还适用于解决由若干个工厂经若干个物流配送中心向若干个客户配送货品使之成本最小的运输路线规划问题。

在使用启发式方法进行物流配送中心选址时，通常要遵循以下步骤：定义计算总费用的方法，拟定判断准则，规定改进途径，给出初始方案；然后迭代求解。

3. 仿真法

仿真法是指运用计算机软件系统来模拟运行物流配送中心的选址方案，通过对仿真运行过程的观察和统计，估计和推断实际选址的真实参数。实际上仿真法就是通过系统模型尽可能真实地展现物流配送中心选址在某处后的运作情况，而避免可能造成的投资失误。

选址人员应用该技术方法可以通过改变作业方法、不同参数的组合、多方面的影响因素等方式，多次试运行以评价不同选址方案的优劣，并有针对性地进行改进，实用性非常强。但该方法对选址人员和计算机设备的要求比较高，而且仿真方法只是对已有方案的评价，从中选出最优，却不能对已有方案进行调整，以形成新的最优方案。因而，对备选方案的质量要求很高。

4. 综合因素评价法

综合因素评价法是一种综合考虑多种影响因素进行物流配送中心选址的方法。应用该方法通常是根据影响因素的重要性不同对选址方案进行评价、打分，以选择出最优的方案。该方法涉及的影响因素多，能够较全面、客观地反映出方案的综合情况，可行性与可信度都较高。但决策结果受评分人员工作经验、知识结构等方面因素的影响较严重，在指标量化方面，准确性、客观性方面有所欠缺。

上述四类选址方法各有优缺点，在实际应用中，需要根据项目的具体情况，有针对性地选择合适的方法。通常需要几种不同的方法综合运用，以使得出的选址方案更具可行性。

3.3.2　物流配送中心选址的注意事项

物流配送中心通常选址在环状公路与干线公路或铁路的交汇点附近，充分考虑货品运输的便利性与合理性。但是对于不同类型以及经营不同货品的物流配送中心，在选址时又有各自的特点，需要选址人员区别对待。而且选址人员在进行选址资料搜集和整理的时候，有些资料的实用性需要特别注意。

1. 不同类型物流配送中心选址的注意事项

(1) 流通型配送中心。该类型配送中心以商品流通为主，商品快进快出，周转比较快，且使用多式联运方式。一般设置在城市边缘地区，交通比较便利的区域。

(2) 储存型配送中心。该类型配送中心以商品的存储为主，商品周转比较慢，多会经过一定时间段的库内保管。一般设置在城市边缘地区或更远的城郊，交通比较便利的区域，能够满足水陆联运的地段最好。

(3) 流通加工型配送中心。该类型配送中心的选址需要根据流通加工物品的种类和数量而定。比如加工钢材类的配送中心适合选在离客户近的区域，而加工食品类的配送中心适合选在离食品产地近的区域。

(4) 城市配送中心。该类型配送中心以所服务的某个城市为主要配送范围，且对配送效率要求高，多批次、小批量要求明显。因此，尽可能选择靠近市中心区域，并且要考虑交通的便利性、地价、有无现成的建筑可以改造等因素。

(5) 区域配送中心。该类型配送中心配送服务的范围广，且库存较充足，规模较大。其在服务大客户的时候，可能还会服务于一些小区域范围内的小客户，因而建在服务范围的中心区域比较好。另外，还需要衡量交通条件和配送量。

2. 经营不同物品物流配送中心选址的注意事项

(1) 食品配送中心。其所配送的食品类特别是蔬菜水果类的运输应该尽量缩短距离，减少运输过程中的各种损耗。同时，这类物资大多由城郊或城市以外的基地运输而来，因此选在入城主干道附近的区域比较好。

(2) 冷藏品配送中心。其往往选择在城郊地区，靠近冷藏物产地或加工地，对所在地的环境会产生一定的影响。

(3) 建材配送中心。其所配送的物资周转量比较大，占地面积大，对防火有特殊的要求。一般选择在城市边缘区域，临近交通运输干线。

(4) 危险品配送中心。其所配送的危险品如石油、天然气、煤炭等易燃易爆物品，对防火有特殊要求，应该选择远离城区的城郊独立地段，附近无居民区、其他重要设施等，并且要注意当地的气象条件，如这类物品的配送中心不能处在上风位。

3. 处理选址资料的注意事项

1) 真实性与系统性

物流配送中心选址时，项目人员要搜集、整理、分析大量的资料。首先要明确建设物流配送中心的必要性、目的、方针及范围，然后有针对性地进行各种资料的处理。项目人员需要处理的选址资料包括地质条件、气候条件、交通条件、周边设施、区域政策等，在此基础上，通过一定的选址方法，得出选址范围及候选地址。在处理选址资料时，要特别注意资料的真实性及他们之间的相关性，还要分清不同资料影响的重要程度，应用系统性的思维，使选址结果更具科学性和合理性。

2) 定量方法的运用

在运用定量的方法选址时，基本思路是通过计算成本，选择成本最低的方案为最优方案。也就是将运输费用、配送费用和基础设施费用模型化，采用约束条件和目标函数建立数学公式，通过计算，推导出最优方案。此时，需要对作业量和作业成本进行正确的分析和判断。

(1) 作业量分析。进行作业量分析时，要注意收集以下数据：供应商到物流配送中心的作业量，配送中心到客户的作业量，物流配送中心的保管量，保管量的波动规律，不同配送路线的作业量及其均衡性等，并对未来一段时间内的作业量做好估算。

(2) 作业成本分析。进行作业成本分析时，要注意收集以下数据：供应商到物流配送中心的运输成本，配送中心到客户的运输成本，与物流设施、土地相关的各种费用及用工成本、装卸成本等；涉及随运输量和运输距离变化的成本，要换算成单位成本；涉及成本由固定成本和可变成本组成的，要进行综合成本分析。

(3) 与定性分析相结合。定量分析的结果虽然很有说服力，但现实操作过程中，要结合定性分析的结果，才具备可行性。比如通过定量方式选择的地址，虽然具有明显的成本优势，但与该区域的政府规划相冲突或者周边配套设施短时间内难以配齐，则不能作为最优方案列为首选。另外，在定量分析中，可能会涉及设定不同影响因素的权重问题，通常难以量化确定的，可以采用定性分析的方式，确定不同的权重值。

经典案例

葛兰素史克公司物流配送中心选址分析

葛兰素史克(GSK)公司总部设在英国，以美国为业务营运中心，主要经营处方药、非处方药、疫苗和消费保健品等。公司在上海设有葛兰素史克(上海)公司。

1. 建立物流配送中心的必要性

葛兰素史克建设药品物流配送中心对完善企业供应链有直接的好处。一方面能将上游药厂以及下游医院和药店的库存基本整合到自己的配送中心里来,直接承担各大医院的医药物流的配送体系,降低药品的流通成本,突显本地化运作行动迅速的运作优势。另一方面也能够进军上海地区医药第三方物流市场,为市场上众多小型的、没有条件建物流配送中心的医药企业承担配送任务,进一步整合资源,构建 GSK 在中国的现代医药物流系统。

2. GSK 物流配送中心选址需求分析

由于葛兰素史克(中国)公司未来的发展战略,考虑到上海比我国其他地方发达,故先期布局于上海。未来的发展必然要由上海带动全国,以此来拓展内地广大的医药市场。所以筹建中的该物流配送中心功能应不仅满足于配送上海的几家大型医院、药房,其基础设施建设应充分考虑到未来几年公司战略发展的需求。

1) 交通条件

(1) 汽车运输是 GSK 物流配送中心的主要货运方式,故选址地点应靠近交通便捷的出入市区干道进出口,保持尽可能短的接入距离,建议在 5 km 以内。

(2) 从市内配送的角度而言,最佳的物流用地场址应尽量靠近"距离-流量重心点"。兼顾上海市区交通状况,靠近环线的位置将给予更大权重。

(3) GSK 物流配送中心物流用地周边应具有便利的规划道路条件,为确保未来物流中心总体线路规划具有较大的灵活性,最好该物流用地地块的各个边均有规划道路,道路宽度应满足大型车辆进出的要求。同时为适应 GSK 未来可能存在的多种运输方式,物流用地附近应具备其他公共运输资源。

2) 面积需求

需求分析的假设条件:

(1) 未来物流配送中心可支撑 120 亿元的年销售额。按每年销售额增长 10%、物流配送中心至少满足未来 5 年的发展需求计算,另外还要考虑到该物流配送中心一旦建成不但包括上海区,还需要辐射其他地区的功能;在此基础上,因整合业务与战略发展需求,承担其他一些小公司的配送任务。提供外包性的、具有现代物流内涵的第三方医药物流业,实现与各类本土医药企业物流资源的最佳整合。

(2) 储存设施。采用 AS/RS 自动化立体仓库存储模式,区面积需求 6500 平方米;单体库房面积需求 12000 平方米;物流用地面积需求 30 000 平方米;45 亩基于可扩展性及土地购置成本的平衡;GSK 物流配送中心物流用地地块面积在 60~80 亩(30%~60%的扩展预留)。

3) 土地价格

物流用地价格也是影响物流成本的重要因素之一,GSK 物流配送中心物流用地应符合既经济又便利的条件。

4) 园区环境

园区的整体环境是决定 GSK 物流配送中心是否进驻的关键问题。基于园区配套、服务及物流支持能力的考虑,应该优先考虑使用物流专业园区。园区内存在成熟的货运配载中心及货运信息交易平台，存在互补的社会性物流资源及物流支持能力。且园区内已有一定数量投入使用的物流企业，作为本物流中心项目实施参照物。

5) 地块地形及其他

应避免过于狭长的地块或极为不规整形状的地块；应避免物流用地内可能存在的建筑物拆迁；没有公用道路横穿物流用地地块；考虑到 AS/RS 仓库建筑物的广告效应，最好选址在进出上海的必经之处；员工上下班交通便利等。

3. GSK 物流配送中心选址评估标准设定

GSK 物流配送中心选址评估标准如表 3-8 所示。

表 3-8　评估标准目录权重表

项目名称	权重(%)
物流用地交通状况	25
物流用地基本构造	20
物流用地成本	30
物流用地园区环境	15
政策优惠	5
其他影响因素	5

其中，分项评估标准权重如表 3-9 等所示。

表 3-9　物流用地交通状况及基本构造权重表

物流用地交通状况		物流用地基本构造	
项目名称	权重(%)	项目名称	权重(%)
最佳选址点偏离度	20	物流中心用地面积	45
交通主线接入点距离	35	物流用地地块形状	35
用地周边交通条件	35	未来物流动线灵活性	20
其他运输资源状况	10		

表 3-10　物流用地成本及园区环境权重表

物流用地成本		物流用地园区环境	
项目名称	权重(%)	项目名称	权重(%)
土地购置成本	60	园区物流支持能力	50
后期开发费用	15	园区性质及集群效应	30
土地增值因素	25	园区物流参照项目	20

表 3-11　其他影响因素表

项目名称	权重(%)
土地获得对项目进度的影响	60
附加价值	20
员工上下班交通条件	20

4. 三个备选方案对比分析表

三个备选方案对比分析如表 3-12 等所示。

表 3-12　物流用地交通情况对比表

评估标准	西北物流园区	川桥路	莘庄工业区
最佳选址点偏离度	最小	大	最大
交通主线接入点距离	直通曹安路沪杭高速接入点距离为 3 公里，5 分钟车程；与市外公路网连成一体	距外环线 10 公里	距外环线 10 公里
用地周边交通条件	周边祁连山路方向/绥德路方向可根据需要开通物流中心入出口	在川桥路及金豫路设物流中心出口	华元路已修建完毕
其他运输资源状况	铁路南何支线	无	无

表 3-13　物流用地基本构造对比表

评估标准	西北物流园区	川桥路	莘庄工业区
物流中心用地面积	地块面积 60~80 亩，可满足需要	面积约 38 亩，后期扩大面积，需调整建筑物	面积最大，约 300 亩
物流用地地块形状	较为规整	L 型地块	规整
未来物流动线灵活性	较大规划自由度	对物流规划有一定限制	规划自由度最大

表 3-14　物流用地成本对比表

评估标准	西北物流园区	川桥路	莘庄工业区
土地购置成本	50~60 万元/亩	50 万元/亩	20 万元/亩
后期开发费用	开发成本较小	开发成本较小	后期开发成本较大
土地增值因素	已经形成集聚效应，且未来增值潜力巨大	增值空间略低	最低

表 3-15　物流用地园区环境表

评估标准	西北物流园区	川桥路	莘庄工业区
园区物流支持能力	有成熟的省际货运配送市场及交易平台，有较强的运输、仓库、流通加工等物流支持能力	有限	有限
园区性质及集群效应	重点发展的物流园区，聚集大量著名的物流企业	高新技术开发区	工业区
参照项目	存在	很少	极少

表 3-16　园区政策优惠表

评估标准	西北物流园区	川桥路	莘庄工业区
政策优惠	有一定的优惠政策	非物流园区	非物流园区

表 3-17　其他方面情况表

评估标准	西北物流园区	川桥路	莘庄工业区
土地获得对项目进度的影响	无影响	可能存在建筑物调整	开发周期较长
附加价值	进沪必经之地，具有巨大的广告效应	无	无
员工上下班交通条件	交通条件较好	交通便利性尚可	最差

4.1　基础资料的收集

对物流配送中心规划基础资料的分析与处理是项目前期的重要工作，是项目能否取得成功的关键因素。首先要对基础资料进行收集，而收集基础资料不是盲目的，需要建立在对收集基础资料方法、种类的确定等基础上。

4.1.1　基础资料的收集方法

收集基础资料有多种方法，根据物流配送中心规划所需资料的特点，着重介绍调查法、实验法和个案研究法，并将这三种方法进行对比分析。

1．调查法

调查法是一种有目的、有计划地运用观察、问卷、访谈、测试等手段获得事实资料的描述性研究方法。该方法的显著特点是，在事物的自然状态下收集反映实际情况的资料，对调查对象不加以控制，因而得到的资料具有很高的可信度。

通过调查法，项目管理人员可以得到与物流配送中心规划相关的第一手资料和数据，使管理人员明确所执行项目的现状与存在的问题和矛盾。项目人员通过一定的技术手段对这些资料和数据进行分析和总结，进而为不同层次的决策提供事实依据，并提出解决问题的思路与见解，为项目的顺利执行奠定基础。

1) 根据调查形式的不同，调查法可分为问卷法和访谈法

(1) 问卷法。它是指项目人员通过向被调查者分发由一系列问题构成的调查表进行信息收集的方法。问卷法主要用于了解调查对象对某些问题或现象的认识、看法或态度。调查对象的答案一般是根据自己的真实情况做出的回答，可信度高，同时为了保证调查结果的真实性，问卷可以采用匿名的方式。一般情况下，在了解配送中心客户的期望、掌握特定客户的特点等方面适合采用该方法。

问卷法主要具有以下优点：标准化程度高，节省时间、财力和人力；调查对象在答卷时间上具有一定的自由度；有很好的匿名性；具有一定设计水准的问卷可以很大程度上避免产生偏见；便于项目人员处理和分析调查结果。同时该方法也存在以下几个主要缺点：项目人员不能够保证调查对象答卷的真实度；问卷的回答率难以保证；回答者需要具备一定的行业背景和知识水平。

在采用该方法时，通常需要注意下列问题：设计问卷问题具有很强的技巧性，需要提前确定哪些问题适合采用哪种指标，是封闭式作答还是开放式作答等；问卷中避免出现专业性很强的术语、含糊不清的字眼、带有偏见的问题、带有导向性的问题等，例如"你是否认为配送价格高于市场价是不对的？"、"通常认为，较低的配送价格和优秀的配送服务两者不可兼得，你同意吗？"等；项目人员要注意对问卷效度和信度的检验。所谓效度是指问卷问题和答案设计的有效程度。从问卷内容方面看，所设计的问题能否提供所希望得到的调查信息；从问卷结构方面看，所有问题构成的总体结构是否在围绕着欲调查问题的中心展开。所谓信度是指调查结果所能够反映调查对象实际情况的真实程度，也就是调查

对象答卷的可信程度。

(2) 访谈法。它是指项目人员通过与调查对象的交谈来了解访谈对象某些方面情况而进行信息收集的方法。应用访谈法耗时、耗力，因而主要用于对特殊人群和特殊问题的调查。项目人员通过与调查对象的交谈，能够很好地把握现场的进度与问题的深度，根据调查对象的反应适时做出调整，所以这种调查方法往往能使项目人员获得一些高价值的资料。一般情况下，对于关键性项目节点、流程节点、关键性人员意见等方面的资料调查，适合采用该方法。

根据访谈形式的不同，可以分为个别访谈(与调查对象逐个谈话)和集体访谈(以座谈会的形式)；也可以分为面对面访谈和电话访谈；还可以分为正式访谈(有一定的计划和问题)和非正式访谈(双方自由交谈，根据现场情况可灵活掌握)。

不论哪种形式的访谈，大体都会遵循以下几个步骤：

① 拟定调查问题的提纲，准备记录方式。

② 明确调查对象并与之取得联系。

③ 与调查对象确定具体的访谈形式、时间、地点、主要内容等事项。

④ 访谈开始，向调查对象说明访谈的目的和基本要求。

⑤ 项目人员根据访谈提纲逐步提出问题，并记录调查对象的回答。项目人员要把握现场的节奏与进度及掌控访谈问题的范围。

⑥ 访谈结束后，项目人员要专门对材料作整理，形成陈述性材料，并作进一步的统计性整理分析。

⑦ 最后得出结论性的访谈成果物。

2) 根据调查范围不同，分为全面调查法和抽样调查法

(1) 全面调查法。它是指对需要研究的对象进行逐个调查。该调查的结果反映了研究对象的总体情况。虽然全面调查的对象范围广、内容多、数据完善，但是会耗费大量的人力、物力和时间，所以要根据所收集物流配送中心系统规划基础资料的类型有选择地使用该方法。例如对企业历史经营商品进销存数据、订单类型、订单品类数量等资料的收集就适合采用全面调查，然后通过一定的分析方法，找出商品流动的规律。

(2) 抽样调查法。它是指从全体研究对象中抽取一部分作为样本进行调查与分析，并根据该样本的调查结果来推测总体对象的特征。一般情况下，当调查对象数量太大，内容繁杂，人力、财力和时间等无法满足时，宜采用此类调查法。比如收集企业历史经营商品特性的资料，针对于不同品牌的同类商品就适宜采用抽样调查法。

采用抽样调查法，利用概率论和数理统计原理，以一定的概率保证推算结果的可靠性，在一定程度上可以保证调查结果的精度。正因为该方法是从总体中抽取一部分具有代表性的样本，既减少了调查费用，又提高了调查效率，还不至于使调查结果与实际情况偏差过大。要使得真实值与调查结果之间的差异变小，需要注意下列问题：

① 随机误差不可避免，但可以通过数学方法进行修正，而系统误差受多种因素的影响，要尽量减少系统误差对调查结果的影响。

② 要确保所抽取的样本具有代表性，能够反映出总体特征。

③ 采用科学的抽样方法，确定合理的样本量。

④ 划清调查对象的范围，剔除非正常数据，做到不遗漏、不误取。

3) 根据调查数据的来源不同，可分为文献调查法和实地调查法

(1) 文献调查法。它是指项目参与人员通过收集各种文献资料、摘取有用信息并研究有关内容为本项目提供数据支撑的一种方法。文献调查的对象是文献，需要项目参与人员对文献的种类和来源有深刻的把握。对于物流配送中心规划的不同阶段、不同内容，需要参考的文献也不同。例如在做项目可行性分析的时候，需要查阅国家统计局和项目所在地统计部门定期发布的物流行业统计公报、定期出版的物流统计年鉴等权威性的一般综合性资料文献；再如在做物流配送中心业务运作流程规划的时候要参考行业内知名企业的运作流程、组织结构等通过公共途径可以获得的信息，甚至可以参考知名企业的作业规范等更系统的资料。

采用文献调查法主要具有以下几个优点：

① 文献调查不受时间和空间的限制。项目人员通过参考中外近期和远期的各种文献，通过整理分析能够得出更加合理的各种规划数据。这也是文献调查法的一个显著特点。

② 文献调查能够提供更可靠、更准确的信息。如果文献是经过正规的途径获取，经过专业人员加工，并且是有价值的，不但能够加快资料收集和分析的效率和质量，还能够通过对文献价值的汲取提升整个项目的质量。

③ 减少了与调查对象直接接触可能带来的沟通问题。当项目人员与调查对象直接接触时，两者在沟通过程中可能会出现这样那样的不协调，以使沟通结果出现误差。项目人员直接研究文献资料则恰好避开了这种状况，况且文献资料所表述的内容是客观的，不掺杂临时性的情感因素。

④ 文献调查收集资料的起点高。中外专家的研究成果、典型企业的经验教训等可以直接拿来使用，甚至可能是免费的，这样就大大缩短了项目人员摸索和可能的试错过程。从经费、人力、时间和决策质量等方面考虑，这都是一种高效率的调查方法。

⑤ 对项目规划具有很强的指导作用。该方法更倾向于对事物发展趋势和演变过程的研究。一般物流配送中心项目的投资额大、投资回收期长、项目经历的时间周期长，因此在前期进行规划时，要充分参考国内外一个相当长时间段内成功企业的经验，分析各种变量对运营模式的影响等因素，以确保项目的成功。

⑥ 与问卷法、访谈法等相比，文献调查法具有方便、灵活性好、费用低等特点。互联网强大的数据搜索功能，使项目人员能够很方便地搜寻、对比、分析各种文献资料，而且很多都是免费的。另外项目人员可以利用移动存储读取设备、纸质文献等随时随地研究资料，不受研究对象、场所和情景等因素的限制。

采用文献调查法通常有两种方式：一种是文字资料调查法，主要是对文献中所包含的文字信息进行调查、分析与整理；另一种是数据资料调查法，主要是对文献中所包含的数据信息进行调查、分析与整理。不管采用哪种方式或者两种方式相结合，都需要项目人员具有敏锐的信息捕获和分析能力、超强的信息整合能力和一定的创新能力。

项目人员除了要具备上述的能力外，还要注意如何从浩如烟海的文献资料中选择出对项目有价值的资料。只有确保收集的资料是正确的且含金量高，才可能得出有价值的结论。通常人们在收集文献过程中要满足以下几个基本要求：

① 资料要具备有用性。一方面所收集的资料是项目所必需的，有一定的用途；另一方面资料是有价值的，能够经得起推敲，而不是简单的罗列，甚至是误导性的资料。

② 资料内容和形式要具备丰富性、多样性。丰富性体现在要包含国内、国外资料，历史、当前资料，描述性、分析性资料，正面、反面资料，文本、视频资料，表格、图表资料等。所收集资料内容和形式上越丰富、多样，越有利于产出成果物。

③ 资料要具备时间性。一方面在选择资料的时间上要具有连续性，能够体现出事物发展变化的过程；另一方面资料要具备新鲜性，与项目相关的各种新政策、新信息、未来的规划等都要及时收集、整理。同时还要特别注意国外同类项目的发展历程与之适应的宏观、微观环境，国内外的区别分析等因素，以提高项目调查研究的时效性和实用性。

(2) 实地调查法。它是指项目参与人员到调查对象的所在地进行实地调研，收集现场第一手资料的方法。实地调查的对象是现实中的人或物，需要项目参与人员具有较高的专业水平，有时还可以采用外包的方式。之所以考虑到采用外包的方式，是因为物流配送中心的建设和规划涉及的领域非常广泛，项目组成员并不能做到样样精通。为了提高项目的质量和进度，很多的子项内容可以采取外包的方式。例如在物流配送中心选址时，就必须采用实地调查的方法，以获得现场的第一手资料，同时结合有关文献调查才能够做出有说服力的选址分析报告。如果将选址工作外包给专业的第三方公司，不仅能够加快项目的进度，还能够充分利用第三方公司的专业资源，提高选址的质量。

采用实地调查法主要具有以下几个优点：

① 收集的资料贴近现实且价值高。由于是项目人员在现场收集的第一手资料，因而资料的时效性和真实性都有保证，具有很强的参考价值。同时该方法还能使项目人员比较深入地研究调查对象的特征，能够根据现实场景，对调查对象做出系统性的分析与总结。

② 具备很强的灵活性。项目人员在实施问卷或访谈调查前，都会制定出调查计划、提纲等内容，这些内容往往是根据经验设置的，可能会存在与现实不匹配的情况。实地调查法则可以根据实际情况，对调查内容、调查对象等做出调整，甚至还可以临时性地增加必要的有关调查。

③ 能够充分发挥调查人员的综合素质。实地调查强调调查人员与调查对象的现场互动。在互动过程中，调查人员可以充分发挥自己的经验、魅力、想象和智慧，透过现象把握本质，从而得出高价值的调查结论。

采用实地调查法得出的结论并不能作为最终结论来对待，但具有很强的参考价值，项目人员需要慎重对待调查结果。因为实地调查法还是以定性分析为导向，缺少详实、大量的统计性数据作为支撑，因而采用该方法得出的结论往往是主观性的，不够客观和精确。

实地调查法通常有两种方式：一种是现场观察法，主要是调查人员通过自己的眼睛或借助其他工具，调查现场正在发生的现状；另一种是实地询问法，与上文提到的访谈法类似，主要是调查人员以口头或书面的形式向被调查者提出询问，以获得所需要的调查资料。在使用询问法时，调查人员要特别注意：一方面要能够收集到真实合格的调查资料，另一方面还要给调查对象留下良好的印象，以树立公司的形象。

2．实验法

实验法是指在既定条件下，通过实验对比，对研究对象中某些变量之间的因果关系及其发展变化过程加以观察分析的一种资料收集方法。在物流配送中心规划与运作中，通常采用该方法对一些基础资料进行再加工来获得所需要的一些基本信息。例如对物流配送中心作业流程的规划、各流程间信息的传递及单据的流转、配送据点的布局等方面的设计和优化都需要通过实验法来得到适应企业运营的最优选。由于物流配送中心项目的复杂性和特殊性，对于实验成本高或难以通过实验手段实现的事项可以考虑应用物流仿真软件来辅助实施。

1) 应用实验法的主要方式

(1) 事前事后对比实验。在此我们以对物流配送中心作业流程的规划为例来说明该实验方式的应用。在一定的条件下，实验前对当前的作业流程进行梳理，收集必要的运营数据；然后在相同的条件下，采用新的作业流程，收集与实验前(事前)相同类型的运营数据。从而对比事前事后两组数据的差异，通过分析得出差异的原因，并在此基础上寻求可能的最优流程；再次进行对比实验，直到找出最优流程为止。

(2) 控制组同实验组对比实验。在此我们以物流配送中心的货架布局为例来说明该实验方式的应用。控制组是指非进行实验已确定的货架布局方式，实验组是指欲进行实验的货架布局方式。货架布局方式不同，拣选路径和仓储空间都会受到一定的影响。常见的货架布局方式是横向或纵向，实验中可以尝试横纵向混合的方式、扇形方式、鱼骨形方式等。确定一定的参数，通过实验组的实验结果同控制组的数据进行比较，就可以得到合适的货架布局方案。采用这种实验方法时，实验组与控制组可以在同一时间内进行事件运行对比，不需要按时间顺序分事前事后。

2) 实验法的主要优缺点

(1) 实验法的主要优点。在某一事件规划中，项目人员能够观察、分析得出某些关联因素间的影响关系及程度；能够通过不同实验间的影响因素分析，找出关键矛盾点，得出解决问题的合理方案；通过实验得到的数据真实、客观，能够在一定程度上避免物流配送中心运营中的错误。

(2) 实验法的主要缺点。很多现实中的因素，在实验中无法体现，这些因素会对实验结果产生一定的影响；有些实验成本很高，但实验结论在实际运用中存在一定的局限性，对实验实施人员的专业素质要求高。

3) 实验法中用到的物流仿真软件

物流仿真是指针对物流系统进行系统建模，在计算机上编制相应应用程序，模拟实际物流系统运行状况，并统计和分析模拟结果，用以指导实际物流系统的规划设计与运作管理。目前常用的仿真软件主要有 FlexSim、Witness、Automod、Arena、Classwarehouse等。在我国，物流仿真技术还是个比较新的概念，大多数企业对物流仿真技术应用状况及其意义了解并不多。

◆ 经典案例 ◆

了解仿真软件 FlexSim

FlexSim 是由美国 FlexSim 公司基于 OpenGl 开发的，迄今为止世界上第一个在图形环境中集成了 C++ IDE 和编译器的仿真软件。它具有完全的 C++ 对象指定性、超强的

3D 虚拟现实功能、直观易懂的用户接口及卓越的柔韧性。

　　FlexSim 是工程师、管理者和决策人对"关于操作、流程、动态系统的方案"进行试验、评估、视觉化的工具。它能使决策者轻易地在个人计算机中建构及监控任何工业及企业的分布式流程。FlexSim 基础架构的设计不仅能满足使用者现今的需求，其架构的理念更是为了企业的未来而准备。

　　在这个软件环境，C++不但能够直接用来定义模型，而且不会在编译中出现任何问题。这样，就不再需要传统的动态链接库和用户定义变量的复杂链接。要应用模板里的某个对象，只需要用鼠标把该对象从库里拖出来放在模型视窗即可。对象可以创建、删除，而且可以彼此嵌套移动，它们都有自己的功能或继承来自其他对象的功能。这些对象的参数可以把任何制造业、物料处理和业务流程快速、轻易、高效地描述出来。同时 FlexSim 的资料、图像和结果都可以与其他软件共用(这是其他仿真软件不能做到的)，而且它可以从 Excel 表读取资料和输出资料(或任何 ODBC DATABASE)，可以从生产线上读取现时资料用以分析。FlexSim 也允许用户建立自己的实体对象(Objects)来满足要求。

　　FlexSim Chinese 7.3.4 试用版的打开界面如图 4-1 所示。

图 4-1　仿真软件 FlexSim 的打开界面

　　FlexSim 的主要特性如下：

　　1. 模型

　　FlexSim 采用经过高度开发的部件(Object)来建模。部件表示商业过程中的活动、行列，即代表着时间、空间等信息。建立模型时，只需要将相应的部件从部件库拖放到模型视图(View)中，各个部件具有位置(x, y, z)、速度(x, y, z)、旋转角度(rx, ry, rz)和动态的活动(时间)等属性。部件可以被制造、消灭，也可以相互移到另一个部件里，除了具有自身的属性外还可以继承其他部件的属性。部件的参数可以简单、快速、有效地建立生产、物流和商务过程模型的主要机能。通过部件的参数设置，可以对几乎所有的物理现象进行模型化。例如，AGV、分拣员、输送机、叉车、仓库、货架、托盘、周转箱等全都可用 FlexSim 来建立模型，信息情报等"软"的部分也可以很容易地使用 FlexSim 功能强大的部件库来建模。简单的几个模型如图 4-2 所示。

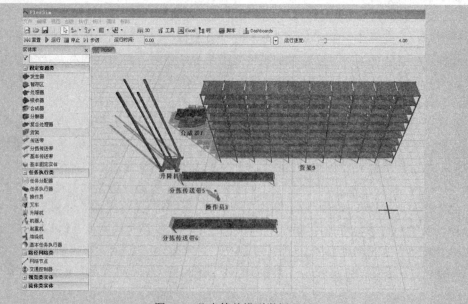

图 4-2 几个简单模型举例

2. 层次结构

FlexSim 可以让建模者使模型构造更具有层次结构。建立模型的时候，每一部件都使用继承的方法(即采用继承结构)，可以节省开发时间。FlexSim 可以让用户充分利用 Microsoft Visual C++的层次体系特性。

3. 量身定制

目前在市场上，像 FlexSim 一样能让用户自由自在地量身定制的仿真软件非常罕见。软件的所有可视窗体都可以向定制的用户公开。建模人员可以自由地操作部件、视窗、图形用户界面、菜单、选择列表和部件参数，可以在部件里增加自定义的逻辑、改变或删掉既存的编码，也可以从零开始建立一个全新的部件。

值得一提的是，不论是用户设定的还是新创建的部件都可以保存到部件库中，而且可以应用在其他模型中。最重要的是在 FlexSim 中可以用 C++语言创建和修改部件，同时利用 C++ 可以控制部件的行为活动。FlexSim 的界面、按钮条、菜单、图形用户界面等都是由预编译的 C++ 库来控制。

4. 可移植性

因为 FlexSim 的部件向建模者公开，所以部件可以在不同的用户、库和模型之间进行交换。可移植性与量身定制相结合能带来超快的建模速度。定制的部件保存在部件库中，建模时，只要从部件库中拖放相应部件，就能在新模型中再现这些部件。可移植性与量身定制延长了部件和模型双方的生命周期。

5. 仿真

FlexSim 具有一个非常高效的仿真引擎。该引擎可同时运行仿真和模型视图，并且可以通过关闭模型视图来加速仿真的运行速度。仿真运行时，利用该引擎和 Flexscript 语言准许用户在仿真进行期间改变模型的部分属性。

FlexSim 能一次进行多套方案的仿真实验。这些方案能自动进行，其结果存放在报告、图表里，这样人们可以非常方便地利用丰富的预定义和自定义的行为指示器来分析每一个情节。同时很容易把结果输出到如微软的 Word、Excel 等大众应用软件里。另外利用 ODBC(开放式数据库连接)和 DDEC(动态数据交换连接)可以直接对数据库进行数据读写。

6. 可视性

FlexSim 的虚拟现实动画以及模型视图可以表达非常丰富的含义。FlexSim 能利用包括最新的虚拟现实图形在内的所有 PC 上可用的图形。扩展名为 3DS、VRML、DXF 和 STL 的 3D 立体图形文件，可以直接调用到 FlexSim 模型中。FlexSim 的 VR(虚拟现实浏览窗口)放映装置允许用户调节光源、雾以及虚拟现实立体技术等场景元素。FlexSim 的演示功能可以提供模型的艺术性表演。用 FlexSim 的 AVI 记录器能快速生成 AVI 文件，无论怎样的模型都能复制或记录在 CD 上，紧急时可邮送发给任何人观看。

7. 输出

FlexSim 具有强大的商务图表功能。海图(Charts)、饼图、直线图表和 3D 文书能尽情地表现模型信息，而且可以随时取得需要的结果。FlexSim 的 open architecture 允许用户连接 ODBC 数据源进行读和写，可以实时的连接 Word 和 Excel。

利用 FlexSim 软件规划的某物流配送中心部分场景如图 4-3 所示。

图 4-3　某物流配送中心部分场景规划图

3. 个案研究法

个案研究法是指研究一个或几个物流配送中心规划与运作的案例，从中得出有价值的资料的一种方法。个案研究的案例既可以是成功的案例也可以是失败的案例，两者都选择，可以进行对比分析，使从中汲取的信息具有更高的参考价值。

项目人员对物流配送中心规划个案研究的过程属于分析、信息整理的范畴，形成的个案研究结果属于判断的范畴，而将研究结果应用于现行项目属于分析与判断的共同范畴。因而，一方面需要选择的个案具有典型性、与个案相关的资料必须真实详尽；另一方面进行个案研究的人员需要具备很强的专业知识与综合素质，能够从资料的分析中，透过事实找出问题的本源。因此，由行业专家、案例中的主人公或具备操作多个项目成功经验的人员担任个案研究人员。

一般来讲个案研究的资料都比较系统，项目人员通过对研究对象系统地了解与分析，能够加深对研究对象的理解。但是个案研究的方式也存在一定的局限性，通常包括以下几点：

(1) 个案的代表性差。虽然我们可以尽可能地去收集典型案例，但个案毕竟是个案，即便是几个个案也不能代表普遍性的规律。项目人员的思路有可能会受到个案的影响而丧失一定的创新能力。

(2) 研究结果带有个人风格。个案研究结果所代表的是分析性的结论，带有一定的主观性和偏见，有可能偏离事实的真相。

(3) 研究技术的局限。如个案中物流配送中心作业流程的规划、组织结构的设计、拣选路径的规划等信息，难以用一种标准化的数据来衡量；不同研究者可能得出的分析结果大相径庭；取得同一种结论可能应用了不同的分析思路；证据的提出和数据的解释带有可选择性等。这些都体现了个案研究技术的局限性。

(4) 个案的质量难以考究。除非是亲身参与并且主导某个物流配送中心的规划项目，否则难以正确、全面地把握项目的整个流程和所有环节。所以，一方面个案资料难以收集，另一方面个案资料的全面性、真实性难以衡量，最终导致个案的质量难以保证。

4．三种方法的比较分析

上文介绍了收集资料常用的三种方法：调查法、实验法和个案研究法。它们之间存在着一定的区别和联系。

其中调查法是一种"基本法"，很多基础资料都是通过调查法取得，经过一定的加工、整理、分析程序后，形成新的有价值的资料。比如应用实验法研究货架的布局，就需要采用调查法得到货架的材质、承重量、层数、配套的拣选工具、不同存储物的特点等信息，在大量信息综合分析的基础上，研究最适宜的布局形式。同时，上文中介绍到的不同调查方法，可以综合应用，也可以分别应用，还可以交叉应用。比如在确定物流配送中心选址时，可以先采用文献调查法确定选址的原则、大体方位、地区水文条件等信息，然后采用实地调查法对选址区域进行实地考察，期间还可以采用访谈法获得需要的资料等。采用不同的调查方法还可以对调查结果起到相互印证的作用，一旦出现同一事件采用不同调查方法得出不同结论的情况，可以提醒项目人员做进一步的分析求证。

应用实验法一般是以一些基础性的资料为依据，通过一定的实验方法，得出新的有价值的资料。这些新资料有些可以作为结论性的数据应用，有些作为求证某一结论或事件的基础资料，有些作为对新资料数据的分析用以验证基础资料的正确性等。

一般通过调查法获得一些需要的个案，项目人员通过研究个案得到一些有价值的信息。通常个案是实际的已经发生的案例，或是成功的，或是失败的，能够给项目人员提供现实的参考价值。在研究个案过程中，对于个案中的一些做法，还可以通过实验法以验证其正确性或通过实验得出更好的解决方案。

总之，这三种方法不是孤立存在的，而是相互关联、相互交织，各自又有自身的侧重点。当然收集物流配送中心规划资料的方法并不仅限于此，实际操作中希望项目人员能够发散思维，采用多种方法以取得事半功倍的效果。

4.1.2　基础资料的种类

在物流配送中心项目规划前期，收集到各种详实的基础资料是十分必要的。项目人员可以制定出详细的收集计划，并明确收集方法，以使得收集工作按照既定的步骤顺利推行。此外，还需要把所有资料按照一定的标准进行分类，按照不同的类目分别开展收集工作。按时间顺序，可以把基础资料分为现行规划需求资料和未来规划需求资料。

1. 现行规划需求资料

(1) 基本运营资料。其主要包括业务类型、经营范围、营业额、员工数量、车辆类型及数量、客户类型与数量等。

(2) 商品资料。其主要包括商品类型、特性、品类数量、保管与运输条件要求等。其中商品特性所涵盖的内容比较广，包括包装物、包装规格、体积、重量、受温湿度影响情况、效期限制等。

(3) 订单资料。其主要包括订单商品的种类、数量、配送时效、交易方式、客户下单的频率等。为了能够分析出订单信息所内含的规律，需要尽可能多地收集订单资料。尽量以年度为单位进行收集，按月度、年度分类分别统计、分析订单信息。

(4) 销售资料。其主要包括在一个相当长的时间段内商品的销售出库信息。可以从多个角度来整理销售资料，比如按单品、地区、客户、时间段、渠道等条件分别统计。

(5) 作业流程资料。其一般包括采购、到货检验、入库、储存、分拣、补货、出库复核、出库、配送、退货等流程资料。另外还有流通加工、盘点、理货、货位调拨等仓储辅助作业资料。

(6) 单据及其流转资料。物流配送中心作业的很多环节都伴随着单据，比如采购单、入库单、拣选单等。每一种单据的格式、内容、交接方式等都有特别的规定和既定的流程。

(7) 物流配送中心设施资料。其主要包括物流配送中心的选址地点、结构与规模、布置形式、地理环境与交通情况、消防等设施的布置、配送中心的生产能力等。

(8) 物流配送中心仓库的内部布局资料。依据仓库的设备情况、作业流程及方式等资料，合理规划仓库内部的布局形式，并确定库内分区、设备定位等情况。

(9) 装卸搬运资料。其主要包括商品进货和出货数量、库存周转率、装卸搬运的设备配置、工作量的波动情况、商品进出库的特点等。

(10) 作业情况统计资料。其主要包括组织结构形式、岗位职责、各岗位间的协作关系、作业人员的数量和素质及不同岗位人员的配置比例、作业工时、作业标准等。

(11) 供应商资料。其主要包括供应商的规模与优势、所供商品的品种与数量、供货的及时性与商品质量情况、供应商的账期、供应商的地域分布情况等。

(12) 配送网点与布局。其主要包括配送网点的规模与分布、配送线路的组织、交通状况、对客户需求的满足程度等。

当然，物流配送中心规划的资料不仅限于上述内容，还有应收与应付账款、安全管理、车辆管理等。在实际操作中，需根据物流配送中心项目的现实情况具体组织所需求的各种资料。

2. 未来规划需求资料

物流配送中心项目的运作不仅是为了满足当前的需求，更是为了满足未来一个较长时间段内(如 3～5 年)企业运营的需要，因此规划物流配送中心项目要具有前瞻性。项目人员要充分考虑到未来时间段内各种因素的变化情况，能够收集到充足的反映未来发展趋势和需求变化的相关资料。

(1) 国家宏观政策与市场环境预期。其主要包括国家经济发展和产业政策走向、行业市场环境的变化趋势、国际现代物流配送技术及国外相关行业的发展趋势等。

(2) 企业运营策略和中长期发展规划。其主要包括企业发展战略和经营规划、企业目标、企业文化建设及企业是否能够保持竞争优势等。

(3) 销售预测。其主要包括当前商品销售增长率及未来的消费增长率、未来市场容量预测、未来的销售预期等。

(4) 商品及替代品分析。其主要包括未来商品在品种、类型等方面的可能变化趋势以及出现替代品的可能性分析。

(5) 增值功能分析。其分析未来是否会增加或扩展物流配送中心的增值功能，比如增加包装环节、开展简易加工、提供信息分析等。

(6) 物流配送中心发展分析。其主要包括物流配送中心的生产任务极限、是否可以通过改进作业设备适应业务发展需要、预测未来可就地扩展的可能性或另外新建物流配送中心的地址和面积等事宜。

4.2 基础资料的分析

通常人们收集到的基础资料在准确性、系统性及针对性等方面都有所欠缺，项目人员在分析资料之前需要先整理资料。整理后的资料是合格的、有实用价值的，项目人员对这些资料做必要的分析，会得到满意的结论。在进行资料分析时，通常采用定量分析和定性分析相结合的方法，以使得到的结论更科学、合理，具有更高的实用价值。

4.2.1 基础资料整理

所谓基础资料整理，是指根据物流配送中心项目规划研究的需要，运用科学方法对收集的大量原始资料进行审核、检验、分类、汇总、列示等，或对二手资料进行再加工的工作过程。通过整理基础资料使得资料更具有综合化、系统化、层次化，为进一步分析资料提供支持。如果把收集资料比作是制作产品的原材料和辅料准备阶段，那么整理资料就是生产成半成品、初级产品阶段，而分析资料就是形成最终产成品阶段。资料加工与产品加工类比如图 4-4 所示。

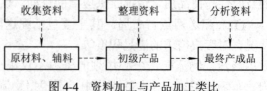

图 4-4　资料加工与产品加工类比

1. 资料整理的意义与原则

1) 资料整理的意义

(1) 有价值到高价值。由多个项目相关人员，用多种方法，从多个途径收集来的大量资料具有一定的价值，但难免会存在重复、矛盾、虚假、差错等方面的问题。通过整理资料达到去粗取精、去伪存真、由表及里挖掘价值的目的，就能够大大提高资料的使用价值。

(2) 独立性到相关性。收集到的资料之间存在一定的独立性，各项资料分别反映了所描述对象的表象内容，而不能说明项目的总体情况及资料间的相互关系。通过整理资料则可以使资料间具备逻辑与事实上的关联性。

(3) 感性到理性。收集到的资料难免会带有一定的感性色彩。资料收集人员对调研对象的认识起初是不深刻的，而且在收集资料的过程中还会用到一些感性的方法。通过整理资料，是项目人员对调查对象由偏感性的认识向理性认识迈进的过程。

(4) 使用性到保管性。收集到的资料不仅要用于当前的项目规划，而且还要在项目进行中和项目完成后进行系统、完整的保管。整理后的资料，不管是在形式还是内容上都要利于保管、便于查阅。

2) 资料整理的原则

(1) 真实性。在收集资料的时候，坚持真实性是第一道关口。在分析资料的时候，重点是使用已整理过的资料数据，因而在整理资料的时候要把好真实性的第二道关口。这也是最基本的一项原则。

(2) 系统性。项目人员在整理资料的时候不仅要注意单个调查对象的资料，还要注意单个调查对象在项目系统中的作用与位置，放在整个项目的框架中来考虑如何整理资料，最后使所有资料都能够为整个项目系统服务。例如，各调查对象数据统计的口径、单位等要统一起来，才具有实际的使用价值。

(3) 简明性。在一定程度上，为了保证项目基础资料的广度与深度，往往出现所收集资料的丰富性有余，而简明性不足的情况。简明性的资料使用起来更方便、高效。例如，有些数据用表格表现效果好于文字描述，用图表表现效果好于表格，一张优秀、简明的图表所表达的内容无论从形式还是内容上都要胜过冗余的文字。

(4) 准确性。收集到的资料可能是真实的，但在语言描述或数据表达上存在含糊不清的情况，这样的资料缺乏准确性，在使用上也大打折扣。在整理资料的时候，项目人员要注意到这种容易忽略的问题。如果存在不确定的内容，一定要对原始资料进行二次跟踪、复核，否则会给后面的应用带来麻烦和误导。

 想一想：根据整理资料的意义和原则，请读者试着总结收集资料应遵循哪些原则？

2. 资料整理的步骤与方法

通常，整理资料可以参考以下步骤与方法：

1) 审核

审核是指项目人员对收集到的所有资料进行总体检验。主要检验资料的真实性、准确性和完整性以及决定是否采用某项资料或只采用其部分等。在审核资料的过程中，或接受正确的、符合要求的资料，或修正有错误的资料，或复核有疑问的资料，或将不符合要求的资料丢弃，或补充、完善相关资料等。

2) 分类

分类是指项目人员根据项目规划的要求，把审核合格的资料按照一定的规则和标准，分成不同的类型和组别。为了提高资料分类的效率，减少不必要的重复劳动，一般在审核过程中就需要按照一定的标准对资料进行预分类。可以把不同性质、类型和使用阶段的资料区别开；可以把相同性质、类型和使用阶段的资料归纳在一起；也可以按照子项目的特定需求将不同资料按项目内容整合在一起，从而满足项目人员使用资料的要求。

在资料分类时需要注意以下几个问题：

(1) 把握好分类的尺度。资料分类的标准过于宽泛，会造成某些资料信息的错失，从而影响到分析的准确性及深入性；而资料分类的标准过于细化，会增加分析的复杂程度。所以，需要根据项目的实际需要对不同类型的资料设定合理的分类标准。

(2) 要明确分类标准。分类标准的含义要具备确定性、不可混淆性，避免出现某项信息在不同分类中同时出现的情况。如果某项信息的某些特性既具备 A 类的特征，又具备 B 类的特征，那么它应该属于 C 类。例如，商品的外包装规格属于影响货位安排的因素，也属于影响选择分拣方式的因素，还属于影响选择装卸方式的因素，将之归于上述任何一类都不合适，它属于商品基本资料类，其他分类方式中需要此信息时可以调用。

(3) 注意类别之间的相关性。所有资料都是为物流配送中心项目的规划与运作服务的，它们之间或多或少都存在一定的关系。在进行资料分类时，在不同的类别之间要体现出这种相关性。另外，关联性强的资料要在同一类中体现或不同类别之间的资料按照相关性的强度安排。

3) 编码与录入

为了整理、分析和统计资料的方便，或者便于计算机的存储和软件计算与分析，需要将一些资料进行编码或录入到计算机中。编码时多采用数字或字符的形式对不同类型的数据按照一定的规则赋予特定的代码。

4) 汇总

汇总是指项目人员根据项目规划的要求，把资料中分散的内容、数据等信息整理汇集起来的工作。资料汇总是对原始资料的再加工，是为了让信息更具可用性。此阶段可以输出一些数据的汇总表、分析图、部分资料的分析结论等信息。但是这里的汇总分析仅是小范围内的资料分析，很少含有不同分类标准下资料间的相关性分析和组合信息分析。

4.2.2 基础资料分析

项目人员根据物流配送中心项目规划的目标和研究要求对整理后的资料进行判断，决定是采用定量分析法还是定性分析方法，或是综合分析法，以及采用什么样的分析思路去阐明资料的因果关系和产生结果的原因等。在分析资料的过程中，项目人员要本着系统科学的思想，准确把握局部与系统的关系。基础资料的分析主要包括 EIQ 分析、物品特性与包装分析、货态分析、作业流程分析、事务流程分析、作业时间分布分析及自动化水平分析等。

1. EIQ 分析

物流配送中心的运作围绕着订单处理进行，没有订单的物流配送中心是不存在的，而没有高水准订单处理能力的物流配送中心也难以在竞争中胜出。项目人员面对复杂多样的订单及大量的出库数据，往往感觉无从下手。日本的铃木震先生倡导的 EIQ 分析法在订单出货规划方面很有成效。

1) EIQ 分析的含义

EIQ 中，E 代表订单件数(Entry)、I 代表货品种类(Item)、Q 代表数量(Quantity)。EIQ

分析即是利用 E、I、Q 这三个物流关键要素，从客户订单的品项、数量、订货次数等方面出发，来分析物流配送中心系统的配送和出货特性，以进行基本规划。EIQ 的分析项目主要有：订单的订货数量(EQ)分析、订单的订货品项数量(EN)分析、单品的订货数量(IQ)分析和单品的订货次数(IK)分析。通常，EIQ 分析表格式如表 4-1 所示。

表 4-1　EIQ 分析表(单日)

数　量		订单订货品项				订单订货数量	订单订货品项数量
		I_1	I_2	I_3	…	EQ	EN
客户订单	E_1	Q_{11}	Q_{12}	Q_{13}		Q_1	N_1
	E_2	Q_{21}	Q_{22}	Q_{23}		Q_2	N_2
	E_3	Q_{31}	Q_{32}	Q_{33}		Q_3	N_3
	…						
单品订货数量	IQ	IQ_1	IQ_2	IQ_3			$N.$
单品订货次数	IK	IK_1	IK_2	IK_3			$K.$

表中：

$Q_1 = Q_{11} + Q_{12} + Q_{13} + \cdots$

$N_1 = $ 计数$(Q_{11}, Q_{12}, Q_{13}, \cdots) > 0$ 者

$IQ_1 = Q_{11} + Q_{21} + Q_{31} + \cdots$

$IK_1 = $ 计数$(Q_{11}, Q_{21}, Q_{31}, \ldots) > 0$ 者

$N.$(所有订单的发货总项数) $= $ 计数$(IQ_1, IQ_2, IQ_3, \cdots) > 0$ 者

$K.$(所有产品的总发货次数) $= IK_1 + IK_2 + IK_3 + \cdots$

通常，我们需要分析一个或几个时间周期内的订单资料，此时需要在上表的基础上加入时间参数 T。那么，EIQ 分析表的格式如表 4-2 所示。

表 4-2　EIQ 分析表(时间参数)

日期	数　量		订单订货品项				订单订货数量	订单订货品项数量
			I_1	I_2	I_3	…	EQ	EN
T_1	客户订单	E_1	Q_{111}	Q_{121}	Q_{131}		Q_{11}	N_{11}
		E_2	Q_{211}	Q_{221}	Q_{231}		Q_{21}	N_{21}
		E_3	Q_{311}	Q_{321}	Q_{331}		Q_{31}	N_{31}
		…						
	单品订货数量	IQ	IQ_{11}	IQ_{21}	IQ_{31}		Q_1	N_1
	单品订货次数	IK	IK_{11}	IK_{21}	IK_{31}			K_1
T_2	客户订单	E_1	Q_{112}	Q_{122}	Q_{132}		Q_{12}	N_{12}
		E_2	Q_{212}	Q_{222}	Q_{232}		Q_{22}	N_{22}
		E_3	Q_{312}	Q_{322}	Q_{332}		Q_{32}	N_{32}
		…						
	单品订货数量	IQ	IQ_{12}	IQ_{22}	IQ_{32}		Q_2	N_2
	单品订货次数	IK	IK_{12}	IK_{22}	IK_{32}			K_2
…	…							
	单品订货总数量	IQ	IQ_{1N}	IQ_{2N}	IQ_{3N}		Q	$N.$
	单品订货总次数	IK	IK_{1N}	IK_{2N}	IK_{3N}			$K.$

表中：

$Q_1 = Q_{11} + Q_{21} + Q_{31} + \cdots$

$Q = Q_1 + Q_2 + \cdots$

$K_1(T_1$ 期所有产品的总发货次数$) = \text{IK}_{11} + \text{IK}_{21} + \text{IK}_{31} + \cdots$

$K($各期所有产品的总发货次数$) = K_1 + K_2 + \cdots$

例 4-1　假设某物流配送中心在某日的发货订单资料分解后如表 4-3 所示，试对其进行 EIQ 分析。

表 4-3　某物流配送中心某日发货订单资料统计表　　　　　　　　　箱

品项 订单	I_1	I_2	I_3	I_4	I_5
E_1	200	800	300	100	300
E_2	500	400	500	700	0
E_3	800	0	1000	0	0
E_4	0	0	0	400	600

解:

订单发货量为

$Q_1 = 200 + 800 + 300 + 100 + 300 = 1700$(箱)

$Q = 500 + 400 + 500 + 700 + 0 = 2100$(箱)

同理，可得 $Q_3 = 1800$(箱)，$Q_4 = 1000$(箱)

订单发货品项数为

$N_1 = 5$，$N_2 = 4$，$N_3 = 2$，$N_4 = 2$

单品发货数量为

$\text{IQ}_1 = 200 + 500 + 800 + 0 = 1500$(箱)

$\text{IQ}_2 = 800 + 400 + 0 + 0 = 1200$(箱)

同理，可得 $\text{IQ}_3 = 1800$(箱)，$\text{IQ}_4 = 1200$(箱)，$\text{IQ}_5 = 900$(箱)

单品发货次数为

$\text{IK}_1 = 3$；$\text{IK}_2 = 2$；$\text{IK}_3 = 3$；$\text{IK}_4 = 3$；$\text{IK}_5 = 2$

所有订单的发货总项数 $N = 5$

所有货品的总发货次数 $K = 3 + 2 + 3 + 3 + 2 = 13$

得 EIQ 分析表如表 4-4 所示。

表 4-4　某物流配送中心某日发货订单资料 EIQ 分析表　　　　　　箱

数量		订单单品种类					发货数量	订货品项数量
		I_1	I_2	I_3	I_4	I_5	EQ	EN
客户订单	E_1	200	800	300	100	300	1700	5
	E_2	500	400	500	700	0	2100	4
	E_3	800	0	1000	0	0	1800	2
	E_4	0	0	0	400	600	1000	2
发货数量	IQ	1500	1200	1800	1200	900	6600	
发货次数	IK	3	2	3	3	2		13

2) EIQ 分析的步骤

(1) 订单资料取样。一般物流配送中心每天处理的订单量以成百上千计，每一张订单包含多个品项，而且订单间可能存在很大区别。按天、周、月、季度与年等不同周期统计出的数据所显示的订单规律意义不同，而且越庞大的数据量得到的结论越有代表性；但是越庞大的数据量，分析过程越费时、费力而且难以做到。

实际操作中可以先按以日为单位的出货量作初步分析，找出可能的作业周期和波动幅度。若各周期内出货量大致相当，则可以缩小订单资料的范围，对较小周期内的资料进行分析；若各周期内订单波动的趋势相近，但作业量有很大的差异，则需对资料进行适当分组，再从群组中找出代表性的资料进行分析。在订单取样时，找出可能的作业周期是关键性的工作。比如按周或按月为周期进行资料取样。

另外，还可以根据商品特性、客户特性等因素将资料分组，然后对不同的组分别进行 EIQ 分析；或者以有代表性组别、合理抽样方式取得组别等的分析结果，通过数学方法得出总体的订单规律。这时需要注意取样资料的特征能够反映订单资料的总体特征。

(2) 订单资料分解。资料分解主要用于 EN、EQ、IQ 和 IK 四个类别的分析。可按照表 4-1 的格式将订单资料进行分解与数据汇总。

(3) 统计分析。经过处理的订单资料，采用一定的方法，形成图表、表格等分析结果。常用的分析方法有：柏拉图分析、次数分布、交叉分析、平均值、最大最小值、ABC 分析等。

(4) 图表数据分析。项目人员根据图表等数据信息，结合其他相关资料，运用交叉分析的方法对数据进行解读，得出综合的判断结果。

◆知识链接◆

柏拉图分析与次数分布

柏拉图是用来表示项与量之间关系的分析图。把大量的数据按照一定的标准整理，经排序后，以图表的形式展示数据的分布情况。通常柏拉图展示两种数据：一种是项与量之间的关系图，另一种是项与累积量之间的关系图。某物流配送中心某日货品的出库数据整理后如表 4-5 所示，对应表中数据的柏拉图如图 4-5 所示。

表 4-5　货品数据整理表

货品名称	出库量/箱	累计出库量/箱	出库量占比(%)	累计占比(%)
3	780	780	24	24
8	556	1336	17	41
5	520	1856	16	57
7	406	2262	12%	69
4	330	2592	10	79
1	300	2892	9	88
2	240	3132	7	95
6	108	3240	3	98
9	72	3312	2	100

表 4-7　IQ 数据分布图类型分析

IQ 数据分布图类型	分　析	主要规划思路
Q 曲线图，标注 A B C 分区，横轴 *E*	这是一般物流配送中心常见的单品数据分布形式，可对单品做 ABC 分类	单品在库区内部的存储位置、货位优化、存货水平控制等均可根据此分类进行规划
Q 曲线图，横轴 *E*	多数单品的出库量变化比较平稳，少数单品的出库量比较大或比较小	可以对多数单品实施统一规划管理，优先分配优势资源；对少数单品实施特别管理
Q 直线下降图，横轴 *E*	各单品出库量呈渐减趋势明显，单品出库量无明显波动	可采用通用的货架及分拣、搬运设备等，增加物流系统的弹性，比如货区、货位、岗位人员配置等方面都可以根据单品发货情况，适时调整
Q 平缓下降图，横轴 *E*	各单品出库量分布较均匀，变化趋势平滑，少数单品出库量较少	大部分单品可以采用统一的进销存管理方式，可单独管理少数单品
Q 阶梯下降图，横轴 *E*	单品出库量集中于特定数量，且不是连续性递减。一般操作起来比较简单，可能是固定批量发货或高价值物品少量发货等情形	考虑整件、组成装卸单元批量处理等方式规划物品的存储与发货

🔊 **想一想**：订单 1 由 100 个商品 A、50 个商品 B 和 20 个商品 C 组成，订单 2 由 50 个商品 A，30 个商品 B 和 90 个商品 C 组成。从商品出库的总数量看，他们都出库 170 个商品，重要程度相同；从各商品出库情况看，商品 A 出库 150 个，商品 B 出库 80 个，商品 C 出库 110 个。请分别用 EQ 和 IQ 来分析这两个订单，再用 EQ 结合 IQ 来分析，得出的商品重要性结论有何不同。

　　在实际应用中，单日的 IQ 分析与某个时间周期内的 IQ 分析不同。通常项目人员在规划拣货区时，需参考单日的 IQ 分析数据；在规划存储区时，需参考一个周期内(一年为宜)的 IQ 分析数据。不同时间范围的分析数据之间可能存在较大的差别，此时需要将两组数据进行交叉分析。两组数据的不同组合特点，使物流配送中心的规划具有不同的特征，主要如图 4-7 所示。

　　① 明星货品。规划在最方便进出库的存储位置且储位固定，缩短进货周期，合理确定安全库存量。进出库系统的规划以这类货品为重点。

　　② 特殊货品。货品出库时间集中，进货时间也集中，可规划弹性储位，并实施特殊的拣选规则。但要注意控制订货提前期。

图 4-7　不同时间范围货品出库特征

③ 惰性货品。通常这类货品的品种多，占有的储位多，影响储位的饱满度。可以考虑弹性储位、存储区与拣选区共用、降低存货水平、缩短进货周期、实施特别盘点政策等规划措施。

④ 重点货品。进出频繁，主要影响拣选效率，需要重点规划存储与拣选方式。进出库系统的规划以这类货品为核心。可采取固定储位、适当加大存货量、合理设置进货周期等规划措施。

(3) EN 分析。通过订单品项数量(EN)分析，项目人员可以明确客户订购商品品种数的情况，从而可以为商品存储区的规划和拣选方式的选择提供支持。比如项目人员根据客户订货品种数的分布情况，可以在选择采用批量拣选方式还是按单拣选方式时提供主要的判断依据，进而确定拣选人员的数量等信息。

以 Q_{ei} = 数量(订单 e，品项 i)符号表示单一订单订购某品项的数量。那么：

① 单一订单出货品项数。计算单一订单中出货量大于 0 的品项数，也就是单一订单拣选作业的拣选次数。

N_1 = 计数(Q_{11}，Q_{12}，Q_{13}，…)＞0；

N_2 = 计数(Q_{21}，Q_{22}，Q_{23}，…)＞0；

…

② 总出货品项数。计算所有订单中出货量大于 0 或出货次数大于 0 的品项数。

N = 计数(IQ_1，IQ_2，IQ_3，…)＞0 或计数(IK_1，IK_2，IK_3，…)＞0，且有 $N \geq Ne$；

N 值表示实际出货的品项总数，其最大值就是物流配送中心内的总品项数。

③ 订单出货品项累计次数。所有订单出货品项数加总的和值。

$GN = N_1 + N_2 + N_3 + \cdots$，且有 $GN \geq N$。

一般在做 EN 数据分布图时，会把单一订单出货项数少、EN = 1 的订单占比高的情况和单一订单的出货项数多、EN≥10 的情况分别做图。根据 EN 图结合与总出货品项数 N、订单出货品项累计次数 GN 及物流配送中心内经营货品总品项数的数据比较，形成如表 4-8 的分析。

表 4-8　EN 分布图类型分析

EN 分布图类型	分　析	主要规划思路
	图中表示单一订单的出货项数较少，EN = 1 的订单占比高，总品项数不多，且与总出货项数差距小	该情况订单品项重合度一般，适合按单拣选的方式，或者批量拣选、边拣选边分单的方式作业
	图中表示单一订单的出货项数较多，EN≥10，总出货项数及累积出货项数均仅占总品项数的小部分	这种情况下的订单可以采取按订单拣选的方式，考虑到拣选路线可能较长，可以采用优化品项货位或分割订单分别拣选再组合的方式

(4) IK 分析。通过单品订货次数(IK)分析，项目人员可以了解各单品的出库频率，如果再结合 IQ 分析就很容易确定拣选方式，同时该分析结果还可以作为划分存储区、设定存储货位等内容的参考。例如单品 A 与 B 的出库量相同，但单品 A 的出库频率远高于单品 B，那么单品 A 较适合人工小批量拣选的方式，而单品 B 较适合自动化批量拣选的方式；同时 A 适合于存放在位置有利于拣选作业的"黄金"货位，B 适合于存放在较偏的位置。IK 数据分布图及分析如表 4-9 所示。

表 4-9　IK 数据分布图类型分析

IK 数据分布图类型	分　析	主要规划思路
Q ⌐‾‾‾‾‾‾ A｜B｜C 　　　　　E	这是一般物流配送中心常见的单品数据分布形式，可对单品做 ABC 分类	单品在库区内部的存储位置、货位优化、存货水平控制等均可根据此分类进行规划
Q ⌐‾‾‾‾‾‾ 　　　　　E	多数单品的出库次数变化比较平稳，少量单品的出库次数比较大或比较小	可以对多数单品实施统一规划管理，优先分配优势资源；对少数单品实施特别管理

想一想：参考单日与时间周期 IQ 的分析方式，试着对 IQ 与 IK 的数值高低的不同进行交叉分析，以选择合适的拣选方式。

综上所述，EIQ 分析实际上就是对 EN、EQ、IQ 和 IK 四个分析项目的结果进行综合考量而得出分析结论，为物流配送中心规划提供数据依据。

4) EIQ 分析的用途

项目人员通过 EIQ 分析，可以提炼出很多有价值的信息，对物流配送中心规划具有重要的意义。EIQ 分析的用途主要体现在以下方面：

(1) 分析订单特性。项目人员分析不同客户的订单特点、物流配送中心所接收到订单的特征与规律、客户订购货品的品种及数量方面的规律等特性。

(2) 选择物流系统模块。组成一个物流配送中心的各子系统及要素，如拣选系统、货架系统、叉车、托盘等，都有一定的规则可遵循。通过订单资料的 EIQ 分析可以得到选择子系统及要素等的一些条件，根据这些条件可以选出合适的物流配送中心运作系统的各模块，可以节省大量设计时间。

(3) 选择物流设备。选择不同的物流设备需要满足不同的条件，以确保所选设备的适用性。项目人员通过 EIQ 分析，得出一定的满足设备选择的条件，有针对性地选择出所需的物流设备。

(4) 仿真分析。EIQ 分析的资料是日常物流资料，利用仿真分析系统，能够得出作业所需人员、时间等方面的信息。

(5) 进行物流系统的基础规划。由 EIQ 分析所得到的信息是对历史数据的总结及对未来趋势的预测，将这些信息与组成物流配送中心系统的各模块及要素相对应，可以得到概略性的系统方案。这些方案可能不只一个，然后再将入库条件、库存条件、投资预算、建筑法规等条件考虑进来，就可以使得规划方案更加具体、清晰。

2. 物品特性与包装分析

1) 物品特性分析

物品特性是影响物品存储条件与位置确定、拣选方式与用具选择等方面的重要因素。通常，物品特性包含以下内容：

(1) 单品规格：包括外观尺寸(长、宽、高)、重量、基本单位、形状特征等。

(2) 单品性质：包括物态(固体、液体、气味等)、保管特性、温湿度要求等。

2) 包装分析

包装是为在流通过程中保护物品、方便储运、促进销售，按一定技术方法而采用的容器、材料及辅助物等的总体名称。通常，包装包含以下内容：

(1) 单品包装规格：如基本包装单位(个、瓶等)、包装尺寸、体积、包装材料等。

(2) 中包装、外包装规格：中包装即为多个单品集合体的包装，外包装即为多个中包装集合体的包装，如基本包装单位(箱、包、托盘等)、包装单位个数(分别包含几个中包装或单品包装)、包装材料等。

3. 货态分析

货态是指货品的基本储运单位及其形状、尺寸与重量等。货态分析主要是以货品的基本储运单位为研究对象，分析物流配送中心系统各作业环节的规划。在物流配送中心系统的作业过程中，各个作业环节以各种包装单位作为作业基础。不同作业环节间可能存在包装单位转换的问题，而不同包装单位的物品对人员、设备的需求可能有所差别，对应的规划也会有所不同，如表 4-10 所示。

表 4-10　货品物流特性与各主要作业环节包装单位转换关系表

进货	入库	储存	拣选	出库	物流特性
P	P/C	P/C	P/C	P/C	
C	C/P	C/P	C/P	C/P	整进整出
B	—	—	—	—	
P	C	C/B	B	B	
C	C	C/B	B	B	整进零出
B	—	—	—	—	
P	—	—	—	—	
C	—	—	—	—	零进零出
B	B	B	B	B	
P	—	—	—	—	
C	—	—	—	—	零进整出
B	B	B	C	C	

表中：P—托盘，C—箱子，B—单品；整进表示整托盘或整件进货；整出表示整托盘或整件出货；零进表示按单品包装进货且不够一件货；零出表示按单品包装出货且不够一件货。

注意：单品的零进与零出并不意味着不需要其他包装物或容器，而是就单品的原整件包装而言。另外还要注意整与零同时存在的进出情况。

一般来说，货品入库的包装单位需要配合储存包装单位的要求，考虑到货品到货运输包装问题，在货品检验入库环节需要进行必要的货态转换。例如将大包装货品分解为中包装货品。储存包装单位需要配合拣选包装单位的要求，根据货品拣选单位的情况，可以确定是否需要在储存与拣选作业之间进行货态转换。例如企业的订单资料中包含各种出货形态，包括整箱出货、零散出货和整箱与零散混合出货，根据出货形态的数据分析，以合理规划存储区、拣选区及货品包装形态等需求。

另外，可以采用 EIQ—PCB 分析的方式，以物流配送中心订单的包装单位为分类依据，对订单资料分别进行 EIQ 分析，以得出物流包装单位特性。在此基础上再配合相关物性、包装特点等因素，进行关联与交叉分析，则更有助于对仓储区、拣货区及拣选系统等项目的规划。

4．作业流程分析

不同的货品与产业，物流配送中心的作业流程可能有所差别，但是都会遵循一些基本的物流规律。按照货品从进入物流配送中心到配送到客户手中的整个物流过程，可以从以下几个方面入手分析作业的基本流程，如图 4-8 所示。

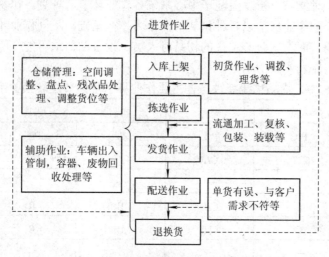

图 4-8　物流配送中心作业基本流程

(1) 进货作业：包括到货方式及装卸方式的安排、货物卸载与检验、完善货物标识等内容。

(2) 入库上架：包括货品入库交接、入库抽检、储位安排、货品上架合理摆放等内容。

(3) 拣选作业：包括拣选方式、工具选择，拣选节拍控制等内容。为方便拣选作业，需要根据作业情况及时进行补货、调拨和理货等补充作业。

(4) 发货作业：包括货品复核、单货差异处理、货品包装和装载等内容。如有需要还可以对货品进行简单的流通加工、集货等作业。

(5) 配送作业：包括车辆调度、路线安排、货品交接和回收货款等内容。

(6) 退换货作业：包括退换货确认、验收、处置等内容。

在整个作业流程中还会贯穿仓储管理、辅助作业等内容，也要作为重点分析项目：

(1) 仓储管理：包括作业空间调整、盘点作业、残次品管理、货位调整、5S 管理等内容。

(2) 辅助作业：包括车辆出入管制、停泊管理，容器回收、废物回收处理等内容。

5．事务流程分析

物流配送中心的运作过程是复杂的物流与信息流结合的过程，而且货品品项繁多，订单量大，中间涉及大量的表单和资料传递。如果信息流与物流不同步或信息流不能够给物流提供必要的数据支持，必然会影响到物流配送中心的运营水平。下面分别从物流支持作业、一般事务作业和决策支持作业三个方面来了解事务流程分析的内容。

1) 物流支持作业

(1) 采购作业：包括供应商资料管理、采购订单管理、单品或品类采购数据分析、货品在库时间分析、采购资料变更与日志管理等内容。

(2) 进货作业：包括进货数据处理、进货与订货差异处理、进货时间管理等内容。

(3) 接单作业：包括客户资料管理、订单数据接收与转化、订单组合计算、订单数据变更、客户咨询服务、退货数据处理、订单分析查询等内容。

(4) 拣选作业：包括订单拣选时序管理、拣选方式处理、配送计划安排等内容。

(5) 出货作业：包括出货数据处理、出货资料维护、出货与订货差异处理、出货单品与订单分析等内容。

(6) 库存管理：包括货品资料管理、库存数据处理、不动销天数预警管理、货品效期管理、储位数据处理、盘点管理等内容。

(7) 配送作业：包括配送路线分析与规划、车辆调度管理、车况基本资料、运费基本资料等内容。

2) 一般事务作业

(1) 财务会计作业：包括进销存账务处理、成本核算、损耗核算、出具相关财务报表、相关单据保管与查核等内容。

(2) 人力资源管理：包括人力资源规划、人事考核、考勤数据管理、绩效管理、教育培训等内容。

(3) 行政管理：包括门禁管理、安全管理、设备维护与使用管理、办公物资与费用管理、合同管理等内容。

3) 决策支持作业

(1) 效益分析：包括物流成本分析、营运绩效分析、员工作业效率分析、设备利用率分析等内容。

(2) 决策支持管理：包括企业现状分析、战略发展分析、市场趋势分析等内容。

6．作业时间分布分析

物流配送中心运营过程中的作业时间分布是指不同作业内容或相同作业内容的作业时间安排情况。在进行物流配送中心作业时间规划的时候要根据所收集的资料整理出各作业内容在时间安排上的规律与特点以及作业特性，运用统筹方法，分析出合理的时间分布，以充分利用各种作业资源，提高运营水平。例如，通过研究作业资料发现，在某个时间段内月台区域内既有进货行为又有出货行为，那么就可以考虑是否将进货时间与出货时间段错开，以有利于月台空间的利用，避免进出货的交叉进行。

在对各项作业内容时间分布的研究中通常以日为单位来进行，为了方便分析与直观展示，常采用甘特图的形式表现时间分布情况，如表 4-11 所示。

表 4-11　某物流配送中心日作业项时间分布

作业内容	作业时间(单位：小时)																				
	7	8	9	10	11	12	13	14	15	16	17	18	19	20	21	22	23	24	1	…	6
订单处理	■	■	■	■	■	■	■	■	■	■					■	■	■	■			
分配订单		■	■	■	■	■		■		■	■			■							
拣选		■	■	■	■	■	■	■	■	■											
复核打包		■	■	■	■	■	■	■	■	■	■										
发货交接			■	■	■	■	■	■	■	■	■	■	■	■							
派车			■	■	■	■				■											
配送		■	■	■	■	■	■	■	■	■	■	■	■	■	■	■	■	■			
退换货			■	■	■	■	■	■		■											
收货验收							■	■	■	■	■										
入库上架								■	■	■	■	■									
补货		■	■	■									■	■	■	■	■				
库存管理	■	■	■	■	■	■	■	■	■	■	■	■	■	■	■	■	■	■			
数据处理															■	■	■	■	■	■	■

想一想：根据表中的作业时间分布，请逐项分析各作业内容的特点，并总结一下该物流配送中心的运营特色。

7. 自动化水平分析

自动化水平是指物流配送中心内系统设备的自动化程度。项目人员可以对现有系统设备、人力资源的情况以及人与设备结合的状况进行分析，同时结合企业发展的预期、设备投资和运作成本的权衡等资料，为选择自动化设备提供数据支持。不同的作业内容用到的设备可能不同，对自动化的需求程度也不一样。一般可以把自动化水平划分为下述几类：纯人工、机械配合人工、半自动机械化、自动化但需要人工监控及智能化等。在物流配送中心作业自动化水平分析中，可采用分析表的形式，如表 4-12 所示。

表 4-12　物流配送中心作业自动化水平分析表

流程分类	作业内容	自动化水平				
		纯人工	机械配合人工	半自动	自动化+人工监控	智能化
进货作业	卸货、分类					
	检验					
	问题品暂存					
	入库交接					
入库上架	货品整理					
	抽检复核					
	上架					
理货作业	补货					
	调拨、整理					
拣选作业	按单拣选					
	批次拣选					
	集货与分货					
发货作业	流通加工					
	复核					
	包装					
	发货检验					
	交接					
	装载					
配送作业	车辆调度					
	规划路线					
	配送					
	送达交接					
库存管理	空间调整					
	盘点					
	货位管理					
	残次品管理					

　　总之，围绕 EIQ 分析、物品特性与包装分析、货态分析、作业流程分析等方面，采用科学的方法，做好物流配送中心基础资料的收集与分析工作，为物流配送中心后面的规划打好基础。

小　结

　　本章首先介绍基础资料收集的方法，包括调查法、实验法及个案研究法，并对三种方法进行了比较分析；然后介绍了基础资料的种类，包括现行规划需求资料和未来规划需求资料；而后介绍基础资料的分析，其中包括基础资料的整理与分析两个部分。在基础资料分析中，重点介绍 EIQ 分析的理论与应用，另外还涉及货态分析、作业流程分析、事务流程分析等方面的内容。

练 习

一、填空题

1. 在基础资料调查中，根据调查形式的不同，基础资料调查方法可分为____和____。

2. 采用实地调查法一般有两种方式：一种是____，另一种是____。

3. 对于基础资料的收集，需按照不同的类目分别开展收集工作。按照时间顺序，可以把基础资料分为____和____。

4. 在 EIQ 分析的过程中，订单资料分解主要用于____、____、____、____四个类别的分析。

5. 货态分析主要是以货品的基本储运单位为研究对象，以各种包装单位作为作业基础，其中 P 代表____，C 代表____，B 代表____。

二、选择题

1. 下列( )是文献调查法的优点。

A. 不受时间和空间的限制　　　　　　　B. 收集资料的起点高　　　　　C. 标准化程度高

D. 对项目规划具有很强的指导作用　　　E. 灵活性好、费用低

2. 在物流配送中心规划中，基础资料收集整理时应遵循( )原则。

A. 准确性　　　　　B. 真实性　　　　　C. 系统性　　　D. 简明性　　　E. 层次性

3. 在事务流程分析中，下列( )属于一般事务作业的内容。

A. 配送作业　　　　B. 财务会计管理　C. 人力资源管理

D. 效益分析　　　　E. 行政管理

4. 下列( )属于物品特性分析的内容。

A. 外观尺寸　　　　B. 重量　　　　　　C. 形状特征　D. 包装单位　E. 温湿度要求

三、判断题

1. 根据调查数据的来源不同，可分为文献调查法和抽样调查法。　　　　　　　( )

2. 通过调查法进行资料收集的显著特点是，在事物的自然状态下收集反映实际情况的资料，对调查对象不加以任何控制，因而得到的资料往往具有很高的可信度。　　( )

3. 在进行 EN 分析时，单一订单的出货项数较多，EN≥10，总出货项数占比总品项数小，该种情况下适合按单拣选或批量拣选的方式进行作业。　　　　　　　　　　( )

4. 通过单日的 IQ 分析与某个时间周期内的 IQ 分析后，明星货品规划在最方便进出库的存储位置且储位固定，缩短进货周期，进出库系统的规划以这类货品为重点。

四、简答题

1. 问卷调查法的优点有哪些？

2. 访谈调查法的一般步骤是什么？

3. 实验法的主要优缺点有哪些？

4. 简述资料整理的步骤和方法？

五、讨论分析

1. 讨论调查法、实验法和个案研究法这三种方法之间的区别和联系。

2. 讨论 EIQ 分析的用途。

第5章 物流配送中心总体规划

5.1 物流配送中心总体规模规划

物流配送中心的总体规模包含两个方面的意思：一个是物流配送中心的占地总面积，另一个是物流配送中心的总货物吞吐量。规划物流配送中心的总体规模，需要从这两个方面入手，如果规划的是多个物流配送中心，还要考虑到多点布局的问题。本节以介绍单个物流配送中心的总体规模规划内容为主。

规划物流配送中心的总体规模需要考虑多种影响因素，主要表现在以下几个方面：企业当前的业务情况，如业务量、业务性质及作业要求等；企业未来的发展规划，如经营范围、市场拓展、物流配送中心的覆盖范围等；基础资料分析中与规模相关的其他因素，如占地面积、借鉴国内外成功案例等。

1．测算当前及未来的业务量

首先要明确所经营货品的品种，确定划分货品重点与次要属性的因素(可结合多个因素)，然后做出货品的 ABC 分类，根据分类结果保证 A 类货品的备齐率为 100%、B 类货品为 95%、C 类货品为 90%。再根据货品的在库时长、最高入库量、最高出库量等数据，大体测算出物流配送中心的平均储存量和最大储存量。

根据企业的中长期规划、当前货品的年销售增长率(如 8%)、当前货品的生命周期(如5 年内某货品会逐渐退出市场)等因素，概算出未来一定时期内物流配送中心的吞吐能力。

2．确定占地面积

一般来说，整个物流配送中心可以分为生产作业区、生产作业辅助区和办公生活区。如果物流配送中心的规模比较大，还可能会有不止一个生产作业区和生产作业辅助区。而生产作业区又可分为收货验收作业区、存储保管作业区、拣选作业区、复核区、配送待发区等，通过各生产作业区的面积加总，就可以得到作业区的建筑面积。通常，辅助生产区建筑面积占物流配送中心建筑面积的 5%～8%，办公生活区建筑面积占物流配送中心建筑面积的 5%左右。于是，通过以上数据的加总就可以测算出物流配送中心的总建筑面积。结合本市城建规划部门规定的建筑覆盖率和容积率的规定，可基本上得出物流配送中心的占地面积。

通常规划物流配送中心的占地面积还要考虑到库区的建筑物形式、楼层净高、地面负荷能力及柱跨度等因素。

(1) 建筑物形式。常见的物流配送中心库区建筑物形式分为钢筋混凝土结构和轻钢结构两种。前者的建筑成本较低，但施工工期长，库内柱子多、空间利用率低，采光差，库区扩展性差；后者的空间利用率高，作业动线灵活、顺畅，但需要定期维修。

(2) 楼层净高。楼层净高是指库内存储区从地面向上至障碍物的距离，属于库区可利用的有效高度。障碍物主要有照明灯具、喷淋系统、排风系统等设施。规划楼层净高可参考以下数据，如表 5-1 所示。

表 5-1 物流配送中心库区楼层净高参考值   m

库区类型		楼层净高
单层库		8～10
多层库	一层	5.5～6
	二层	5～6
	三层	5～5.5
	四层	4.5～5

(3) 地面负荷能力。地面负荷能力是指库区地面的平整度和承载能力。只有在地面负荷能力的范围内，才能够保证安全作业。一般要考虑地基承重强度、货物种类、货架高度及承重量、装卸工具等条件。

规划地面负荷能力可参考表 5-2。

表 5-2 物流配送中心库区地面负荷能力参考值   t/m²

楼层 地面负荷	地面负荷强度
一层	2.5～3
二层	2～2.5
三层	1.5～-2

备注：考虑到作业机械作业时对地面的冲击力，一般需预留 1.3～1.5 倍的负荷能力；另外还要注意地面的平整度。

(4) 柱跨度。柱跨度是指从库区内一根柱子的中心线到另一根柱子的中心线之间的距离。合理的柱跨度能够有效提高物流配送中心的储存效率和运作效率，规划时需要重点考虑存储设备的选型和托盘的尺寸。

3．参考横向对比数据

目前国际上还没有一套较成熟的确定物流配送中心规模的方法，一般可以通过横向对比国内外已有的物流配送中心的类型、建设规模、经营货品的类型等条件，为确定新建物流配送中心的规模提供数据支持。

▶ 知识链接 ◀

国外物流配送中心规模参考

根据 St Quintin 对英国配送中心用地规模的研究，地方性配送中心的用地规模一般为 0.115～1.15 万平方米，平均在 0.8 万平方米左右；区域性配送中心用地约为 1.1～11.5 万平方米。

通过查询 AWC(Affiliated Warehouse Companies Inc)网上资料，以有明确服务范围和用地规模为标准，筛选获得美国 50 多个配送中心的资料。这些配送中心兼具仓储、配送功能，具有一定代表性。据统计，美国地方性配送中心用地规模一般为 1～5 万平方米，以存储和配送食品及日用百货等生活性资料为主；区域性配送中心用地规模多在 1～10 万平方米，最大规模不超过 40 万平方米，以存储、配送食品、化工产品、机械产品、木材等大宗生产生活性资料为主，如表 5-3 所示。

表 5-3　美国不同类型配送中心用地规模

服务范围	用地规模/万平方米	个数	配送产品类型(由主到次)
地方性	1～5	9	食品、日用百货
	1～5	16	食品、日用百货、冷冻品、酒类
区域性	5～10	16	食品、化学产品、机械产品
	10～15	2	工业产品、日用百货
	15～20	6	食品、木材、危险品、家电、计算机、化学产品(除食品外无主次之分)
	20～40	3	冷冻、冷藏食品及饮料，日用百货

此外，AWC 网上还有有关加拿大、法国、墨西哥等一些国家物流配送中心的资料。这些物流配送中心多是保税仓和集装箱货运场站，一般用地规模均在 5 万平方米以内。从上述可以看出，一般来说，地方性配送中心用地规模多在 5 万平方米以下；区域性配送中心用地规模多在 1～11.5 万平方米之间。从产品类型来看，大宗生产资料的配送中心用地规模较大，多在 5 万平方米以上。不过，国外配送中心的占地规模并无特别严格和统一的标准，是由其所服务市场的需求量的大小、运输距离与费用以及配送中心的规模经济等因素综合决定的。也可以说与每个配送中心的空间服务范围、在商品配送网络中的地位、经营的产品类型等有关。

5.2　物流配送中心作业功能需求规划

主要从两个方面来进行作业功能需求规划：一个是不同区域的功能规划；另一个是不同区域的作业能力规划。区域功能规划建立在作业流程分析的基础上；区域作业能力规划以物流作业区为主，并遵循一定的流程顺序。

5.2.1　区域功能规划

物流配送中心划分为生产作业区、生产作业辅助区和办公生活区，而每一个区域又可以细分为多个功能区。在进行区域功能规划时，从细分的功能区入手，主要分析其功能及规划要点。

1. 生产作业区

1) 收货验收作业区

收货验收作业区是货物进入物流配送中心的必经之处，主要用于验收供应商到货或客户退货。其主要功能体现在以下方面：

(1) 具备装卸平台，到货后车辆停靠卸货。

(2) 卸货区域够用，便于货品分类。

(3) 能够满足一定数量的货品同时到货。

(4) 便于清点与检验货品。

(5) 具备合格品入库交接区、疑问货品暂存区。

2) 存储保管作业区

存储保管作业区是物流配送中心存储保管货品的区域。该区域占库区面积比例大，作业内容复杂，属于重点规划区域，主要功能体现在以下方面：

(1) 货品入库保管。

(2) 合理安排货品的存储货位，提高货位利用率，提高仓容利用率。

(3) 确保货品的先进先出。

(4) 提供符合要求的货品保管条件。

(5) 用于进行日常的理货作业，方便分拣、盘点等作业的要求等。

3) 拣选作业区

拣选作业区是物流配送中心执行分拣作业的区域。根据物流配送中心作业方式的规划，分拣作业区可以是独立区域，也可以与存储保管区共用，主要功能体现在以下方面：

(1) 根据订单内容拣选出满足需求的货品。

(2) 能够支持高效率、高准确率拣选的要求。

(3) 满足不同拣选方式的要求。

(4) 通过二次拣选等方式达到每一个订单与货对应，满足货品复核的要求等。

4) 复核区

复核区是物流配送中心复核已拣选订单及包装出库货品的区域。其主要功能体现在以下方面：

(1) 复核单货一致性。

(2) 进行货品打包、封箱等作业，便于货品运输。

(3) 标识货品外包装，便于发货及送达客户等。

5) 配送待发区

配送待发区是物流配送中心按照一定的规则存放待出库货品的区域。其主要功能体现在以下方面：

(1) 暂存待出库货品。

(2) 待出库货品与配送人员交接。

(3) 货品按一定的规则存放，便于装车等。

6) 退换货区

退换货区是物流配送中心执行供应商及配送客户退换货作业的区域。其主要功能体现在以下方面：

(1) 接收客户退货。

(2) 退货给供应商。

(3) 检验并判断退货品的处理方式。

(4) 检验并判断换货品的处理方式。

各区作业功能规划的要点如表 5-4 所示。

表 5-4　一般物流作业区主要分区规划要点

作业分区	主要作业功能	规 划 要 点
收货验收区	停车卸货	装卸平台的高度、宽度适宜；配有辅助设施，能够满足不同车型的停靠；注意进货口与出货口的设计是共用还是相邻，避免进货与出货的冲突；研究到货量、货品特性、送货供应商的数量、单车卸货的时长等因素，合理规划空间大小
	货品分类	空间大小能够满足货品分类的需要；考虑分类工具如托盘、周转箱等规格尺寸；货品分类以方便清点和检验为前提，根据物品特性和作业效率合理规划
	货品清点与检验	掌握必要的检验标准与处理方法，加快货品检验的效率和准确率，能够灵活处理不同状况下的异常事件
	合格品入库交接	合格品快速办理入库手续与入库上架人员交接，上架人员注意单货的抽检；加快货品流动速度，加大收货空间的利用率
	疑问品暂存待处理	加快疑问品处理的效率，即使暂存也要尽快由相关人员确定处理方式，避免暂存区的货品堆积
存储保管区	入库上架	单品上架储位以系统指定为主，结合实际存储情况可适当调整并在系统中更新；注意原有库存货品与新到货品的存放先后顺序；注意上架货品的包装要求；选择合适的上架辅助工具，加快作业效率和准确率
	合理利用储位	储位利用率达 95% 以上；注意储位与货品的大小、位置高低等的匹配度
	选择保管条件	以降低货品在库保管期间的损耗为导向；对有特殊保管要求的货品要针对性地采取必要措施，如划定特殊区域
	合理利用仓容	在条件允许情况下，尽量增加保管区的面积；在不影响货品流动的情况下，尽量减少通道所占的面积；储位存货的饱满度管理是一个容易忽视的重要因素
	日常理货	通过理货作业加强货品先进先出管理、促进分拣效率等
	盘点	针对日常盘点和固定时间盘点规划不同的作业方式与盘点资源梳理；注意盘点期间单品的账物处理方式与准确率的管控
拣选区	按单拣货	规划拣选路线是核心要素；控制规划好订单拣选时间、节拍及订单量等；注意拣选工具的选择及辅助物的方便易得性
	拣选方式选择	选择合适的拣选方式以方便、快捷、可行、灵活为导向，规划出适合实际情况的拣选方式或组合拣选方式
	二次拣选	相对于已经过初步拣选的货品而言，协调好与初步拣选的关系及必要性分析，同时为货品的复核环节提供便利
复核区	复核单货一致性	复核作业准确率及效率的研究分析；复核方式的选择；差异处理的流程与办法
	货品打包	要选择合适的包装物，做好出货量与货品包装物的研究分析，避免在包装环节影响效率，增加货品损毁的概率
	货品外包装标识	标识位置固定、清晰、不易被损坏、内容完整

作业分区	主要作业功能	规 划 要 点
配送待发区	货品暂存	规划好分类与存放位置、垛高等因素，便于清点和出库
	出库交接	交接完毕即可出库，选择好交接方式，确保准确无误
	装车	按照规划好的配送路线，合理安排订单的装车
退换货区	接收客户退货	规划好流程、时间点、手续办理等事项
	退货给供应商	注意退货给供应商的处理流程以及退货与进货之间时间、货品量、金额等之间的关系；注意与采购部门之间退货业务的协调
	检验并判断退换货品的处理方式	制定检验标准；明确不同情况下退换货品的处理方式

2. 生产作业辅助区

1) 流通加工作业区

物流配送中心的流通加工作业属于简单的加工，是为了提高存储、配送等方面的效率和效益而开展的生产辅助作业。其主要功能体现在以下方面：

(1) 按照分拣货品的需要，进行必要的拆箱作业。

(2) 一般根据需要将同类货品或同客户的不同货品集合成独立包装，便于配送。

(3) 为配合运输配送需求，将货品的外包装加固、加防护物等，如用打包带将整箱的货品打包加固，用油纸及蛇皮袋包裹货品外箱以防水、防潮等。

(4) 为配合运输配送需求或核算运费等，将出库或入库货品进行称重作业。

(5) 为配合运输配送需求，将出库或入库货品的外箱或外包装印制有关条码文字。

(6) 为配合货品管理及客户需求，将含有特定信息的标签贴于指定的位置。

流通加工区各作业功能规划的要点，如表 5-5 所示。

表 5-5　流通加工区各作业规划要点

作业分区	主要作业功能	规 划 要 点
流通加工区	拆箱	对于拆零分拣为主的物流配送中心，拆箱作业可在月台完成，同时还要把握拆零的程度。如拆零后的单品上架并不一定优于拆零后的中包装上架
	集装	货品集中要掌握适度、便利配送作业的原则；要处理好集装区域与配送待发区的关系，避免货品混淆、增加搬运作业量等情况的发生
	外包装加固	不同货品或包装形式等的外包装加固方式与用料要区别对待；注意加固完成后货品配送信息标识的完整与清晰
	货品称重	注意规划好称重作业的流程与区域设置及前后流程的衔接
	打印条码文字	注意规划好条码文字印制的内容、格式、位置等要素
	印贴标签	注意研究印贴标签的必要性；规划好印贴标签的内容、格式、位置等要素

2）物流配合作业区

物流配合作业区主要是物流配送中心内部为配合物流作业的顺畅完成而规划的区域。以物流配送中心仓库外部和内部为分类依据，其主要功能体现在以下方面：

（1）进出物流配送中心车辆管理、车载货物出入管理、车辆停泊管理等。

（2）周转箱、托盘等的回收、分类、存放。

（3）不同作业过程中产生废料的处理、报废物品的处理等。

（4）不同作业工具的使用与存放、作业设备的充电等。

物流配合作业区各作业功能规划的要点，如表5-6所示。

表5-6　物流配合作业区各作业规划要点

作业分区	主要作业功能	规 划 要 点
物流配合作业区	车辆管制	外来车辆与自由车辆、空驶车辆与载货车辆的管理，车辆的停靠位置及时间管理，包括外来车辆司机行为的管理等
	容器回收	规格、分类、存放的标准；损坏容器的修复等
	废料回收处理	不同作业区域、作业过程中产生废料的处理方式、时间、人员等因素的确定；废料的判定与分类；废料的处理方式与流程等
	作业用具的存取	提高作业用具的利用率；做好用具分类；尽量避免用具闲置

3．办公生活区

1）办公事务区

办公事务区是处理日常物流配送中心办公事务的区域。其主要功能体现在以下方面：

（1）处理物流配送中心的各项办公事务，如供应商预约入库、货品入系统账、打印订单、处理客户投诉等。

（2）接待来宾，如企业客户、供应商等。

（3）员工培训，如培训员工作业技能、思想教育等。

（4）员工会议，如主题活动讨论、奖惩意见征询等。

（5）储存运营资料，如各种业务往来单据、公司文件等。

（6）管理与应用信息系统，包括各种软件、硬件等的应用与维护及数据处理。

2）生活事务区

生活事务区是物流配送中心员工日常生活活动的区域。其主要功能体现在以下方面：

（1）员工就餐，如员工餐厅或就餐处等。

（2）员工休息，如员工可在休息时间予以饮水、休息等恢复性活动，另外规模大的企业还可以配备健身娱乐室等。

（3）医疗处理，如可对员工工作中的伤害进行急救处理。

（4）方便员工的日常盥洗如厕。

（5）方便员工换工装作业。

（6）美化环境，如对物流配送中心园区内外部的绿化、照明、标识等的规划。

办公生活区各功能规划要点，如表5-7所示。

表 5-7　办公生活区各功能规划要点

作业分区	主要作业功能	规 划 要 点
办公事务区	各项进销存办公业务	根据业务流程、性质等规划事务处理区域，避免迂回；做好时间管理，统领作业现场
	接待来宾	设有专门的接待处，并远离作业区
	员工培训	可与会议室共用
	员工会议	可与培训室共用
	储存资料	根据实际需要可考虑单据资料存放于办公区或在存储区单独设定位置；注意资料的查询权限与保存方式
	管理与应用信息系统	包括计算机、扫描枪等硬件的选择与配置标准，软件系统的选择与作业系统的匹配性等
生活事务区	员工就餐	可根据企业规模、员工数量来确定是否需要独立的就餐处
	员工休息娱乐	休息区应与作业区临近，娱乐区的设定视企业规模、员工情况等因素而定，一般远离作业区，靠近宿舍区
	医疗处理	紧邻作业区、办公区，确保急救的及时性；注意药品、药具的充足与效期管理
	日常盥洗	合理规划其位置与数量，一般临近作业区、生活区
	更衣	一般设在库区入口处
	美化环境	注意企业 CI 的设计与展示

5.2.2　区域作业能力规划

通常，区域作业能力的规划以生产作业区为主，在此基础上再进行其他相关区域的规划。对生产作业区作业能力规划，一般按照预定的作业流程逐区规划，但有时会遇到相关信息不足的情况，可重点对存储保管区与拣选区的作业能力进行分析与规划，然后再规划它们的前端及后续工序作业区域。

1．存储保管区运转能力规划

1）按周转情况估算

存储量按周转情况估算的公式为

$$存储量 = \frac{年存储运转量}{年周转次数} \times 安全系数$$

其中：(1) 年存储运转量是指将物流配送中心各项进出货品的单位统一换算成与单元负载的相同单位(如托盘、周转箱等单位)，以此单位为当前或预期规划使用的仓储作业基本单位，然后加总各货品全年的进出总量后，就可以得出物流配送中心的年运转量。为了方便计算，实际操作中也可以将经营货品按一定的标准分类，分别计算再加总。

(2) 年周转次数是指制定出未来物流配送中心存储量的年周转次数目标。通常，不同行业货品的周转次数都有一个大概的范围可供参考。另外，企业还可以结合所经营货品的价值、特性及缺货成本等因素，确定合理的周转次数。

通过年存储运转量与周转次数的比值就可以得出初步的估算存储量，但此时的存储量未考虑物流配送中心实际运作中货品的进出库波动情况，因此需要引入安全系数对该值予以修正，以得出规划存储量。

(3) 安全系数是指设定一个合理数值，用以反映物流配送中心实际运作中出入库货品量的波动情况。如果安全系数值设定得过高，就会增加存储空间的面积，加大资金投入；如果该数值设定得过低，就会使得存储空间紧张，影响到中心的正常运转。有些资料建议该值的范围在 1.1～1.25 之间，实际操作中可供读者参考。

 想一想： 对经营货品周期性变化明显的物流配送中心，如何避免存储量的巨大波动而可能引起的仓储空间过剩、投资浪费的情况？

应用该方法规划存储量存在以下特点：

① 简单快捷，较实用。

② 精确性欠佳。

③ 对经营货品波动性强，季节性、周期性强的物流配送中心，需要考虑的因素较多。

2) 按送货周期估算

存储量按送货周期估算的公式为

$$存储量 = \frac{年存储运转量}{年出货天数} \times 送货周期 \times 安全系数$$

其中：(1) 年存储运转量是指将物流配送中心各项进出货品的计量单位统一换算成与单元负载单位相同的年运转总量。

(2) 年出货天数是指物流配送中心所经营各类货品的出库天数。每一种单品的出库天数可能是不同的，如果统计成千上万种单品各自的出库天数，数据量大，而且也不易操作。通常可以设定几个包含不同天数的时间段，将不同单品归类于各时间段。

(3) 送货周期是指不同供应商在一定时间内送货时间的平均间隔期。

(4) 安全系数是指设定一个合理数值，用以反映物流配送中心实际运作中出入库货品量的波动情况。

应用该方法规划存储量存在以下特点：

① 应用该方法时要注意单品量、时间段等范围的统一性，通过分类、核算、加总等步骤完成规划存储量的估算。

② 存储量的估算值具有较好的精确性。

③ 当部分货品出货天数少且集中于某几天出货时，会造成核算出的存储量偏高，使存储空间闲置或库存积压。

2．拣选区运转能力规划

1) 日均拣选能力

拣选区作业主要考虑单日出库货品的拣选，单日伴随拣选作业的往往还有补货作业，因此拣选区的规划可不必包括当日所有的货品出库量，当必要时可由专人从存储保管区向拣选区补货。拣选区运转能力规划主要考虑日均拣选量所需的拣选作业空间。

日均拣选量公式为

$$日均拣选量 = \frac{年拣选量}{年出货天数}$$

其中：(1) 年拣选量是指将物流配送中心各项进出货品的单位换算成相同拣货单位，并统计出各货品的年拣选量。

(2) 年出货天数是指物流配送中心所经营各类货品的出库天数，并统计出各货品的年出货天数。

2) 拣选区货品存储量分析

为了合理规划拣选区的货品存储量，提高其运转能力，可对日均拣选量、年拣选量和年出货天数进行综合 ABC 分析。现把日均拣选量和年拣选量分别按照大、中、小三种类别综合考虑，把年出货天数分为多、中、少三种类别，形成如表 5-8 所示的分类表。

表 5-8 货品拣选量、出货天数综合 ABC 分类

出货天数分类 拣选量分类	多	中	少
日均拣选量大，年拣选量大	Ⅰ	Ⅰ	Ⅴ
日均拣选量大，年拣选量小	—	—	Ⅵ
日均拣选量小，年拣选量大	Ⅱ	Ⅶ	—
日均拣选量小，年拣选量小	Ⅲ	—	Ⅵ
日均拣选量小，年拣选量中	Ⅳ	Ⅶ	—

(1) Ⅰ类情况。其表示货品的日均拣选量大，年拣选总量也大，且出货天数偏多。因而属于拣选出货的主要货品品类，拣选区的货品存量可以保持偏高水平，且储位固定。

(2) Ⅱ类情况。其表示货品的日均拣选量小，但年拣选总量大，且出货天数多。因而拣选区的货品存量可以保持偏低水平，补货要及时，宜采用固定储位。

(3) Ⅲ类情况。其表示货品的日均拣选量小，年拣选总量小，且出货天数多。因而拣选区的货品存量可以保持较低水平，库存可集中于拣选储位，且储位固定。

(4) Ⅳ类情况。其表示货品的日均拣选量小，年拣选总量适中，且出货天数多。因而拣选区的货品存量可以保持偏低水平，补货要及时，宜采用固定储位。

(5) Ⅴ类情况。其表示货品的日均拣选量大，年拣选总量也大，但出货天数少。因而属于特殊性的拣选货品，宜采用临时储位、集中到货集中出货。

(6) Ⅵ类情况。其表示货品的年拣选总量小，出货天数少。对于日均拣选量大的货品可以采用临时储位、集中到货集中出货的方式；对于日均拣选量小的货品可以采用弹性货位、保持适量库存量的方式。

(7) Ⅶ类情况。其表示货品的日均拣选量小，年拣选总量偏大或适中，且出货天数适中。因而属于拣选出货的主要货品品类，拣选区的货品存量水平可以保持偏高，且储位固定。

在实际规划过程中，上述分类的方式及每种分类的特点可作为参考，仍需根据货品的特性、出库特点等因素综合考虑而定。

 想一想：根据上表的分类，有些货品是否可以省略拣货区，做到存拣货在同一个储位进行？这样的货品需具备哪些特点？另请大家以"日均拣选量中"为例，分别根据年拣选量和出货天数的不同情况，分析其属于哪类情况下的拣选及存储管理策略。

3. 作业能力平衡规划

所谓作业能力平衡规划，是从物流作业系统的角度出发，整体考虑物流各环节的作业能力是否能达到节拍一致、相互配合、相互支持的平衡状态。在进行物流作业能力平衡规

划分析时，要注意所研究对象属性的可比性，例如相同的搬运单位才具有可比性。

在规划中，要根据预定的作业流程列出各流程物流量的大小，把各流程中不同货品的特征、数量、单位等要素整理出来，通过大量的数据分析，使物流各作业环节的作业能力达到平衡。在实际物流作业过程中，由于受订单量、作业周期、时序安排、作业熟练程度等因素的影响，出现作业节拍混乱、某些环节堵塞等现象是难以完全避免的，因此也要规划出一定的处理机制，使物流作业系统回到平衡运行的状态。

以某批发型物流配送中心为例，在进行物流作业能力平衡规划分析时，主要考虑以下几个要素，如表 5-9 所示。

表 5-9　物流作业能力平衡主要要素分析

作业流程	指标	作业标准	规划值	安全系数	调整值	备注
采购进货	送货商数					
	送货量					
	送货品种					
	入库效率					
存储保管	库存金额					
	库存品种					
	库存箱数					
	储存区面积					
	托盘数量					
	作业车规格					
	货架规格					
拣选	订单量					
	订单周期					
	订单品项					
	订单分布					
	分拣工具					
	分拣方式					
	分拣效率					
	分拣准确率					
复核待发	复核效率					
	复核准确率					
	打包分类效率					
	暂存时间					
	差异处理					
配送	客户分布					
	路线规划					
	出库交接					
	装车安排					
	配送效率					
	服务质量					
	退货处理					

备注：设定安全系数以应对业务量的高峰；对于不能具体量化的指标，可根据实际情况制定相应的衡量标准。

5.3 物流配送中心设施设备规划

设施是为某种需要而建立的机构、系统、组织、建筑等，如物流配送中心的库房、站台、消防系统等设施。设备是可供企业在生产中长期使用，并在反复使用中基本保持原有实物形态和功能的劳动资料和物质资料的总称，如物流作业中用到的托盘、货架、叉车等设备。而物流设施设备是用于储存、装卸搬运、运输、包装、流通加工、配送、信息采集与处理等物流活动的设施设备的总称。

5.3.1 规划设施设备的原则与分类

通常一个完整的物流配送中心包含多种设施设备，且设施设备的投资大、安装过程复杂、对作业的影响非常大。因而，在规划时需要遵循一些基本原则，以确保规划方案的科学性与可行性。另外，还可以把设施设备分为不同大类，以更有利于对其进行规划。

1．规划设施设备的原则

(1) 单元化。装卸搬运、储存等环节的单元化操作可以大大提高作业效率和准确率，同时还能降低损耗。在物流配送中心作业中，典型的单元化方式是采用托盘作业。

(2) 简单化。一方面体现在作业流程的简单化，另一方面体现在设施设备操作的简单化。同时，还要注意设计设施设备的必要性。

(3) 标准化。基础设施要符合国家标准、行业标准，规划选择各种标准化的作业工具。

(4) 机械化。在可以承受的投资范围内，尽量选择机械化的作业设备，在提高作业效率和准确率的同时还能降低人力资本的投入。同时机械化的程度也是衡量一个物流配送中心是否具备现代化特征的一个重要条件。

(5) 流程化。所有的作业内容按照既定的流程执行，各流程间衔接紧密、顺畅，并且要防止迂回运输、货品回流等情形的发生，同时还要研究流程的可优化性。

(6) 人机结合。按照人体体能、身高、动作难度等因素，规划物流作业设备，使人与设备高效结合。

(7) 节约资源、绿色环保。在物流作业中尽量节约能源，减少作业设备对环境的污染，排放物要符合国家环保要求。充分利用重力、光照等资源支持物流作业。

(8) 充分利用作业空间。在有限的空间内可以向立体、横向等多方位拓展有效作业面积，如采用重型货架、堆高车等设备扩展仓库内部的实际存储面积。

(9) 系统的柔性。能够适应作业内容的较大变化，从容处理各种异常事件，业务支持、作业空间等具备一定的可扩展性。

(10) 信息化。现代物流配送中心运作的一个突出特色就是信息化在物流作业及管理中的应用。采用信息化管理手段对搬运系统、拣选系统、存储系统等作业内容进行实时的管理与反映，实现对物流的信息控制。

(11) 易于维护。对设施设备的维护与保养要操作简单，不影响日常工作，不支出过多的费用，且设施设备的抗用性好。

2. 设施设备的分类

1) 物流作业区设施设备

在系统规划阶段，由于库房布置尚未定型，规划物流作业设备以所需求的功能、数量和选用的型号等内容为主，主要包含以下几类设施设备：

(1) 容器类。其主要包括装卸搬运、存储保管、拣选和包装配送用的容器，如纸箱、托盘、周转箱等。

(2) 存储保管类。其主要包括存储保管货品的设备，如各种货架、托盘等。

(3) 拣选类。其主要包括拣选订单商品的各种设备，如扫描枪、语音拣选设备等。

(4) 装卸搬运类。其主要包括装卸搬运各种货品的自动化、半自动化或人工设备，如输送带设备、堆卸托盘设备、垂直搬运设备等。

2) 辅助作业区设施设备

顾名思义，辅助作业区设施设备是对物流配送中心的作业起到辅助作用的设施设备，主要包含以下几类：

(1) 流通加工类。其主要包括物流配送中心内部进行货品流通加工的各种设备，如分类打包设备、条码打印设备、拆箱设备、称重设备等。

(2) 物流配合类。其主要包括物流整理设施、楼层流通设施、废料处理设施、容器暂存设施等，如工作台、整理架、货梯、升降台、废料处理机、轻型料架等。

(3) 办公类。其主要包括日常用到的各类办公设备，如复印机、打印机、文件柜等。

(4) 信息系统类。其主要包括支持日常作业的各类信息处理设备，如计算机、服务器、监控器、网络设施等。

(5) 生活服务类。其主要包括员工日常生活中用到的设施设备，如就餐处、盥洗处、休息处等。

3) 库房建筑及周边设施

库房建筑及其周边设施主要可分为以下几类：

(1) 库房结构。它是指构成库房的主体及辅助部分，主要包括梁柱结构、屋面形式、地面构造、墙体材质、屋顶结构、门窗要求等。

(2) 库房内部附属设施。它是指设于库房内部为正常生产作业提供支持和保证的附属部分，主要包括消防设施、通风设施、照明设施、电气设施、防雷电设施等。

(3) 周边设施。它是指设于库房周边或整个物流配送中心周边为企业正常生产运营提供支持和保证的设施，主要包括月台、给排水设施、供热与燃气设施、围墙、门卫室、花坛等。

知识链接

常用分拣设备简介

在对分拣系统进行规划时，可考虑以下几个方面：首先是根据物流系统的总体业务需求和场地面积，进行工艺流程设计、效率分析和设备布局；其次是根据处理物件种类和规格、要求系统设备应达到的处理效率和分拣格口数来确定分拣设备类型和相关技术参数。下面介绍几种常用的分拣设备。

1. 斜导轮分拣机

该设备以结构简单、价格便宜及扩容性好而备受青睐。分拣格口可单侧或双侧设置；缺点是分拣效率相对较低，一般为 2500～3000 件/小时。主要用于物件规格相对规整、分拣效率要求不很高的箱包类物件，如纸箱、周转箱等。

2. 推块式分拣机

推块式分拣机是目前物流系统中较常用的设备之一，具有处理物件规格范围大(最长可达 1200 mm)、分拣效率高等特点，一般为 5000～10 000 件/小时，适合分拣物件规格尺寸变化较大、包装相对规范的物件，常用于快件、医药、图书、烟草、百货等行业。该设备一般为直线型布局，分拣格口可单侧或双侧设置。

3. 交叉带分拣机

该设备也是物流系统中较常用的设备之一，具有分拣效率高、可设置格口数多、布局灵活等特点，最大分拣效率可达 15 000 件/小时，分拣格口可设置多达 400 个。适合不同类型物件特别是软包装(如袋状物)物件的分拣，常用于邮政、机场、配送中心等领域。交叉带分拣系统一般为环形布局、双向格口布置。

5.3.2　物流设备的选择分析

在不同的作业环节中，用到的作业设备可能差别很大，也可能同一种设备用在不同的作业环节。在此，分别从进货作业、入库作业、存储作业和分拣作业四个方面来分析作业设备的选择问题。

1. 进货作业

进货作业主要是指到货卸车、货品分类、检验、清点、入库存账等作业内容。在该环节中，设备的选择主要考虑货品的货态及方便作业，如表 5-10 所示。

表 5-10　进货作业设备选择分析

主要因素	特点	描　述	常见适用设备
货态	单元集装	如托盘运输货品	手动、电动叉车
	箱装	整件货品，可考虑单元化集装	手动叉车、电动叉车、输送机
	不规则装	如袋装、混合装等，可考虑单元化集装	手动叉车、输送机、手推车、台车
	散装	不规则包装，可考虑单元化集装	手动叉车、手推车
	外形尺寸	根据货品外形规格判断合适设备	手动叉车、输送机、手推车、台车
	重量	根据货品重量判断是否需要集中、采用何种设备	手动叉车、电动叉车、输送机、手推车

2. 入库作业

入库作业主要是指合格品的合理上架作业。在该环节中，设备的选择主要考虑货品与货位的匹配性、充分利用库容、保证先进先出、方便分拣货品等因素。根据进货环节选择合适的设备，注意货品上架过程中根据实际工作需要考虑是否更换其他物流设备。如使用手动叉车将货品运输到上架区，由于作业空间的限制需要改为手推车，分批次将货品上架。

3. 存储作业

存储作业主要是指货品的存储、保管、理货等作业内容。在该环节的作业设备主要是货架。货架的选型主要考虑以下因素：

(1) 货品特性。货品的外形规格、重量等因素直接决定货架的选型。例如尺寸长的大件物品就不适合存储于自动立体货架。

(2) 货品物流情况。需要考虑包括货品的物流量、物流频率、物流单位等因素。例如货品的物流量大且频率高，就不适合存储于高层重型货架。

(3) 与相关设备的配套性。特别是要与装卸搬运设备匹配起来，因为货架存储货品的作业必须由装卸搬运设备完成。

(4) 与相关设施的配套性。特别是要与库房结构和地面承重能力匹配起来。例如库房的梁下有效作业高度、地面平整度及强度等都会直接影响到货架的选型，像重型货架对地面的承重能力要求就非常高。

4. 分拣作业

分拣作业主要是指根据订单拣选出需要的货品。拣选设备包括普通拣选设备、计算机辅助拣选设备和自动拣选设备。选择何种拣选设备与所选择的拣选方式直接相关，还与拣货区与存储区的位置关系等因素相关。例如采用按单拣选方式与按批次拣选方式所用的设备就不同。除此以外，在选择拣选设备时，还需考虑所拣选货品的以下因素：品种数、体积、重量、订单批量大小、单品发货频率等。

(1) 品种不多、体积小、重量轻、订单批量小、发货频率低的货品，可选择轻型货架存储，人工手推车拣选的方式。

(2) 品种多、体积规则、重量参差不齐、订单批量小、发货频率高的货品，可选择中型货架和平库区存储，人工直接拣选或借助扫描枪，可采用手推车或叉车拣选的方式，并可通过机械化输送设备辅助拣选作业。

(3) 体积大、重量大、发货频率低的货品，可选择叉车等搬运设备辅助拣选作业。

(4) 对于发货频率高、包装规则的货品，可采用自动拣选设备系统。

◆ 知识链接 ◆

物流配送中心常用设备选型

1. 托盘

托盘是使用最广泛的物流设备，也是最容易忽视的，很多物流配送中心的运作效率就是因为托盘选择不当而受到影响。在选择托盘时，应确定托盘的材质、规格、载荷，是一次性使用还是多次使用以及是否仅在本配送中心内部流通等。从承重方面来看，所有类型材质的托盘都能满足要求。纸托盘、塑木、胶合板以及其他复合材料托盘的价格浮动区间较大。存储货物的特性决定了托盘的材质，有的货物不允许有任何挥发性物质，可以选择钢托盘；有的货物容易发霉，最好选择塑料托盘。

2. 周转箱

主要材质有塑料和纸质两种。其中塑料周转箱使用的最广泛。在选用时，除了周转箱的大小，还应注意是斜插式还是标准式，带盖的还是不带盖的，折叠的还是不折叠的。例如斜插式的节省空间，但存储量会有影响。

3. 仓库笼

一般都是钢铁材质的。购买时注意脚轮材质、是否为万向轮等。

4. 货架

采购货架时，要根据 EIQ 分析的结果，确定存储单元的尺寸、重量，也就是托盘货物的最大长宽高、重量，箱货物的最大长宽高、重量。

5. 辅助拣选设备

目前常用的拣选方式有表单拣选(纸张拣选)、RF 拣选、PTL 拣选、语音拣选、自动拣选等。RF 在一般场合都可以选用，也是目前物流配送中心使用广泛的拣选辅助设备。手持式 RF 最大的缺陷是无法双手灵活地搬运货物。采购 RF 时要注意键盘的键数，是否有汉字输入需求；要确定是长距离扫描还是短距离扫描；条码是一维还是二维；是否有防水要求等。

6. 叉车

叉车是物流配送中心使用最广泛的搬运设备，也是最主要的搬运设备。采购叉车时应注意以下几点：

(1) 环境要求。室外作业或者环境恶劣的物流配送中心宜选用内燃式叉车，反之宜选用电瓶式叉车。

(2) 载荷。叉取货物的重量决定了叉车的载荷。一般电瓶式叉车的载荷不超过 3 吨，超过 3 吨的最好选用内燃式叉车。

(3) 通道宽度。平衡重式叉车要求通道宽度最大，但作业速度最快。前移式叉车次之。

(4) 举升高度。托盘搬运车、堆垛车、前移式叉车、平衡重式叉车的应用场合有所不同，一般根据举升高度和搬运距离来选择。平面搬运一般采用托盘搬运车，举升高度 6 米以下的宜选用平衡重式叉车，举升高度大于 6 米的宜选用前移式叉车；另一方面，根据举升高度来确定是两级门架还是三级门架。

(5) 货叉要求。要确定货叉是否需要侧移，是否配专用夹具，货叉长度是否有特殊要求等。

(6) 轮胎。根据地面和清洁的要求，选择不同的轮胎。一般有橡胶轮胎和聚氨酯轮胎两类。橡胶轮胎摩擦系数大，但容易留下胎痕；聚氨酯轮胎不会留下胎痕，但在光滑硬质地面容易打滑。

(7) 是否有防爆要求。

(8) 充电要求。有的叉车充电电压是 220 V，有的是 380 V；有的是整车充电，有的是把电池组卸下来充电等。

(9) 作业强度和班次。电瓶式叉车一般按 8 小时作业量来配备电瓶，如果作业强度大，两班制或三班制作业，就要考虑配备备用电瓶。

(10) 价位。一般电瓶式叉车比内燃式叉车贵，VNA 叉车比前移式叉车贵，前移式叉车比平衡重叉车贵。

7. AGV

AGV(自动导引运输车)在物流设备中属于"奢侈品"，适用于自动化程度较高的配送中心或者对人体有害的环境。选择时首要考虑安全性、可靠性；其次是载荷、尺寸、自重、速度等。不同场合选用不同导引方式，在有叉车作业的场合不宜选用磁带式，因为磁带容易被叉车轮胎损坏，可选用电磁式；路径需要经常变化或者路径复杂的场合可选用激光式。

8. 输送设备

输送设备适合于按规定路线连续地或间歇搬运的场合，托盘货物、箱货物和零散货物都适用。选择输送设备时应注意以下几点：

(1) 货物的特性。货物的形状是否规则、是否易碎、外形包装是否规则等，这些会影响到输送设备的配置。

(2) 流量。流量直接决定了输送系统的速度和效率。另外，由于输送系统本身是一个复杂的系统，系统效率是各个单机设备效率的综合，因此，应综合考虑输送设备的效率。

(3) 安全性和稳定性。输送设备作为现代化物流中心重要的作业设备，其运行的稳定性是保障作业顺畅进行的基础。要注意输送设备对人的安全防护和对货物的安全保护。

9) 周边设备

液压平台和滑升门作为物流配送中心的周边辅助设备，是整个作业设备系统的有机组成部分。在选用过程中，除了需要考虑和外来车辆、叉车作业等之间的配合外，关键是要结合月台的高度。

5.4 物流配送中心信息系统规划

物流配送中心信息是物流配送中心各种活动的数据、文件与图像等的总称。而物流配送中心信息系统则是计算机技术、网络技术、自动化技术等在物流领域的应用，这也是现代物流配送中心发展的主要趋势之一。广义上的物流配送中心信息系统是指包括物流业务过程中的各个环节通过计算机网络、软件及高科技物流设备等组合而成的一个供应链动态互动系统。狭义上的物流配送中心信息系统特指企业用于管理物流活动的软件系统。

5.4.1 规划信息系统的主要原则

物流配送中心的信息系统是整个物流配送中心运营的灵魂。因而，需要规划人员应用系统的思维方式，从整体出发，结合现状与未来，以系统软件先进、硬件适中、综合资源协调的思路做好物流配送中心的信息系统规划，保持和推动企业在市场中的竞争力。其中需要遵循以下主要原则：

1. 以生产流程为基础

信息系统是生产流程的数字化反映，同时也是指导和支持生产作业的决策部分。研究货品从供应商接收订单预约送货到入库、分拣，直至出库配送给客户的整个过程存在哪些可以优化的空间，在此基础上规划合适的信息系统，才能达到信息流与物流的统一和畅通。所以从整体流程的角度来规划分析物流配送中心的信息系统是必须遵循的原则之一。

2. 以企业策略目标为导向

要提高物流配送中心的流通效率，关键是信息系统的支持，要保持信息系统的适用性与先进性，就必须结合企业未来经营的策略、目标来规划。如果不能够结合企业未来的发展变化，信息系统所能够提供的服务和竞争优势将严重滞后，甚至影响到企业的生存。

3. 以企业经营业务目标为依据

既要考虑企业当前的业务范围，也要考虑未来的业务范围，如经营货品的范围、市场覆盖的范围、配送对象的选择等。由企业经营业务目标来确定信息系统所能够处理数据的范围及其扩展性，这样后续信息模块的添加或二次开发等作业才能在可控的范围内有序进行。

4. 与组织结构及管理方式相互适应

信息系统是一种管理工具，也是一种管理方式，其势必会影响和渗透到物流配送中心运营的方方面面。例如购买的第三方物流配送中心信息管理软件，该软件的设计与运行可能与企业的实际情况差别很大，需要磨合的地方很多，有些还可能存在根本性的差异，此时的信息系统就会给企业的组织结构和管理方式带来巨大的冲击。因此在进行信息系统规划时，要做到与组织结构和管理方式之间的协调，在有利于企业运行的大前提下，两者都可以做出必要的调整。

5.4.2　信息系统的一般架构

从不同的角度看，物流配送中心的信息系统具有不同的架构形式。本节分别从信息系统的整体作用、功能的角度以及各子系统组成、功能的角度来理解其一般架构。

1. 从整体作用和功能角度考虑

按照信息的作用、加工程度及利用目的不同，物流配送中心信息系统可分为基础作业层、管控层、决策层和战略层，如图 5-1 所示。

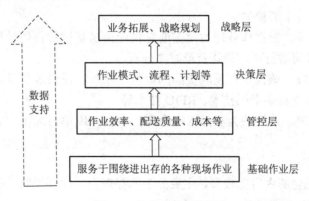

图 5-1　信息系统结构层次

(1) 基础作业层。其主要包括物流配送中心日常运营所需要的各种信息，这些信息的传递贯穿于整个作业活动中。例如接收到的订单信息、订单的合单与分解、客户信息、配送进度、客户退货等。

(2) 管控层。其主要包括管理人员进行日常作业管理与监督所需要的信息。有时需要对信息做一定的加工处理，得到有参考价值的数据。通过这些信息的收集，管理人员能够掌握作业情况，并实施必要的管理措施，保证运营目标的顺利实现。例如作业效率、准确率的高低、员工的出勤率、岗位人员配置、库存成本控制、配送效率分析等。

(3) 决策层。其主要包括对各种基础信息经过一定的程序和手段处理后，所得到的有特定价值的信息。这些信息可以为优化作业流程、模式，创新资源配置，决策设施投资等方面提供数据依据。

(4) 战略层。其主要包括提供给企业高层制定运营目标、方针、计划、战略规划的各种信息。如是否需要扩建物流配送中心、是否需要进行新市场的开发等。

2. 从各子系统的组成与功能考虑

通常物流配送中心的信息系统主要由以下几个部分组成，如图 5-2 所示。

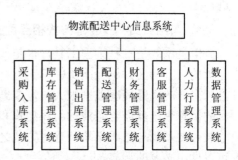

图 5-2 信息系统的组成

1) 采购入库系统

采购入库系统主要分为采购管理和入库管理两部分。

(1) 采购管理部分主要模块。

① 采购计划管理。该模块可自动生成货品采购计划，供采购人员参考；同时具有编制计划、审核计划、修改计划等功能。

② 采购价格管理。根据权限不同，该模块可进行货品价格的审批、修改等操作。

③ 供应商管理。该模块可记录供应商的各种信息，如名称、编号、信誉度等。

④ 采购合同管理。该模块具有生成合同、录入合同、查询修改合同、审核合同、反映合同执行状况等功能。

⑤ 采购订单管理。该模块具有生成、跟踪、修改采购订单及订单分析、辅助结款等功能。

(2) 入库管理部分主要模块。

① 送货预约管理。根据作业能力及需要对供应商送货进行预约管理，该模块可与采购订单模块关联，并可进行供应商送货准时率分析。

② 货品验收管理。该模块可反映货品的数量、品种、质量等信息，并可与采购订单形成比较分析。其可支持条形码技术、RFID 技术等。

③ 货品入库管理。该模块为货品入库存账，生成入库单，为供应商结款、货品上架等提供书面凭证。

2) 库存管理系统

库存管理系统包含的内容比较多，主要分为库存查询、库存控制、在库管理等。

(1) 库存查询部分主要模块。

① 库存日志。该模块提供经营时间段内各种单品进货、出货、存货情况的日志记录。

② 在库时长。该模块反映各种单品的在库时长查询及按条件分类汇总等信息。

③ 效期管理。该模块针对于对效期有要求的货品管理，可以提供效期查询等功能。

(2) 库存控制部分主要模块。

① 库存量管理。该模块提供不同单品最高库存量、最低库存量的设定与预警，与采购管理部分关联密切。

② 非正常品管理。该模块可实现如对残次品、客户退货品、退给供应商货品等的管理。

③ 先进先出管理。该模块可结合入库时间、货品效期、库位管理等条件，确保货品的先进先出。

(3) 在库管理部分主要模块。

① 库位管理。该模块包括库位设定、库位更改、智能库位指派等功能。

② 库存条件管理。该模块按照货品的属性、分类、保管条件等要求，实行有区别的保管条件管理。

③ 盘点管理。该模块提供日常盘点、定期盘点、随机盘点、盘点分析等功能。

④ 补货管理。根据拣选量与拣选货位的库存量等条件，该模块在一定的时间段智能生成补货明细单。

3) 销售出库系统

销售出库系统主要提供从接受订单到货品完成打包待出库过程中各种作业环节的功能支持，包括订单处理、分拣货品、复核打包货品等部分。

(1) 订单处理部分主要模块。

① 接收订单。该模块接收到客户的订单，并转化为系统识别的信息，按照系统设定的条件形成拣选单。

② 处理订单。根据系统设定的条件与规则，从作业效率的角度考虑，该模块对客户订单进行不同程度的分类、组合、优先级排序等系统操作。

(2) 分拣货品部分主要模块。

① 选择分拣模式。从作业效率和准确率的角度考虑，对不同属性的订单，该模块可智能选择合适的分拣模式。

② 提供分拣路径。根据一定的算法结合订单情况，该模块可智能生成最优拣选路径。

(3) 复核打包部分主要模块。

① 纠错机制。通常是通过扫描设备读取订单号及所对应分拣的货品明细，然后与软件系统的对比匹配，发现拣选错误。

② 打包机制。根据订单货品的品种、数量、性状等特征，该模块可智能推荐合适的包装物、包装方式。

③ 分类机制。该模块主要是针对已打包完毕待发货品的暂存问题，按客户分类方便出货交接，提高待发暂存区的使用效率，可以通过一定参数的设定由系统智能安排。

4) 配送管理系统

配送管理系统主要提供从出库货品装车到送达客户过程中各作业环节的功能支持，其包括配送线路规划、装车规划、配送中信息管理、送达客户管理、退换货处理、车辆调度管理等几个部分。

(1) 配送线路规划部分主要是根据客户分布情况、订单量等因素确定配送车辆的类型及配送线路。配送线路的确定一般结合系统根据设定的约束条件自动生成最优路径，再结合配送司机的经验，形成合理的解决方案。

(2) 根据确定的配送线路和车辆规格，制定出科学的装车方案。一般是根据线路安排、送达的时间先后顺序及订单货品的特点，由系统智能生成，再结合送货人员的经验，形成合理的解决方案。

(3) 配送过程中的信息管理是指在配送作业过程中，对配送进度、现状等信息的反映以及由此而形成的配送优化方案，以进一步提高配送的效率。这些信息的可控性对配送效率的影响很大。通常信息系统可结合地理信息系统(GIS，Geographic Information System)和全球定位系统(GPS，Global Positioning System)使用。

(4) 送达客户管理主要是指在正确的时间将正确的货品送达到正确的客户，同客户做好货品交接，提升客户的服务体验。有些送达客户可能还会涉及退货业务。

(5) 退换货处理主要是指配送客户产生的退换货，送货人员要根据既定流程和系统模块做好退换货的交接处理。

(6) 车辆调度管理主要是针对大型物流配送中心而言，自有多辆运输车或外租车辆，为了充分利用运力，通过信息系统的支持进行合理的调度管理、运费结算、运输信息查询等方面的操作。

5) 财务管理系统

财务管理系统与配送管理系统相关联，可以输出应收账款单；与采购入库系统相关联，可以获取货品入库资料、输出应付账款单；还可以输出各种财务报表，供营运管理人员参考。

6) 客服管理系统

客服管理系统包括对供应商及客户各种信息的管理，是物流配送中心提高服务水平和竞争力的有效手段。具备现代特征的客户服务管理系统通常包括以下模块：

(1) 网上下单。在有业务需求时，客户通过互联网下订单；同时物流配送中心也可以通过网络向供应商下订单。

(2) 货品跟踪。客户可以根据订单号等信息，通过物流配送中心的网络系统实时跟踪自己货品的配送状态。

(3) 网上支付。在支付系统、法律法规等的支持下，物流配送中心可以通过网络与客户和供应商进行网上结算。目前我国网上支付的条件越来越成熟，未来可能会成为一种主要的支付方式。

(4) 客户关系管理。该模块主要是根据客户下单数据分析、配送情况、退货情况、投诉信息等诸多数据指标，通过售后回访、意见记录与解决、订货方案推荐等方式，维持和巩固与客户的合作关系。

7) 人力行政系统

人力行政系统主要包括人力资源管理、绩效管理、行政管理等内容。

(1) 人力资源管理部分主要模块。

① 人力资源需求计划。该模块包括员工需求(例如数量、学历、年龄)、员工培训、轮岗等方面的计划。

② 管理工具。其主要是指各种管理表格、考勤系统等。

③ 岗位配置与分析。其主要指各岗位人员数量、技能的配置与合理化分析。

(2) 绩效管理部分主要模块。

① 数据统计。该模块针对不同作业环节的员工进行工作内容的量化数据记录与统计。

② 绩效核算。该模块按照设定的公式，进行工作绩效的核算，与财务系统对接，生成工资方案。

③ 绩效分析。该模块通过各种作业数据的统计分析，为管理人员制订运营决策与方针提供支持。

(3) 行政管理部分主要模块。

① 档案资料管理。该模块包括各种电子数据资料的分类管理及其他资料的编码化管理。如员工合同档案及员工的个人信息等。

② OA 办公系统。该模块保证物流配送中心日常运营的各种办公事务等。

8) 数据管理系统

数据管理系统主要是后台数据的处理及权限的设定等。

5.4.3　规划信息系统的要点

物流配送中心的上游连接供应商，下游连接客户、终端消费者，起着桥梁和纽带的作用。在物流配送中心内部，信息系统指挥调度生产流程，协调生产环节的关系；在配送作业中，信息系统承担着掌握市场动态、把握客户需求、提供现场服务的任务。因此，可以说信息系统是物流配送中心的灵魂。在进行信息系统规划时要特别注意以下要点：

1. 软件系统的选型

首先要确定是自主开发系统还是采用第三方提供的现成软件。两种方式各有利弊。自主开发系统还可分为本企业自己研发或外包给专业的第三方开发。自主开发企业全程参与，具有开发周期长、一次性投资大、需要多种资源的有效整合且难度大等缺点，但具有贴近企业的实际需求、可扩展性强等优点。采用第三方软件具有与企业流程融合性差、二次开发难度大等缺点，但具有一次性投资少、短期内即可投入使用、有利于发现企业运行中的一些问题等优点。不管选择何种软件系统，都要考虑多种因素，综合确定最合理的方案。

2. 从供应链的角度进行规划

在供应链系统里，物流配送中心仅是其中的一个节点。要明确中心所处的环节与位置、供应链系统运行的特点等因素，在此基础上再结合中心内部的运作流程，进行系统化的规划。例如，以往供应链的反应速度是当日接单次日发货，效率比较高；而随着信息技术的发展、市场竞争的加剧、企业经营方式的转变，当日接单当日发货的反应能力日益加强。物流配送中心信息系统的规划就要顺应这种趋势。

3. 具备柔性

未来企业的配送向多品种、多批次、小批量、高效率、优质服务体验方向发展的趋势，已经得到了很多人的认同。物流配送中心信息系统的更换需要耗费大量的人力物力，因而在规划时就要使信息系统具备相当程度的柔性，不仅能够支持和适应当前的要求，也能够通过升级等手段满足未来的需求，甚至可以通过系统的统领作用，引领企业业务的发展，取得市场领先的竞争优势。

4．具备易操作性

作业流程越简单、作业环节越少、作业操作越容易，就越能被作业人员接受，越能够提高作业效率和准确率。当前大部分的物流配送中心还离不开人力与设备的配合作业，有些还以人力作业为主，因此在规划信息系统方面，人力参与的作业必须要考虑操作的简单化、易操作性。

◆ 经典案例 ◆

上海联华生鲜食品加工配送中心信息化管理

1．企业简介

上海联华生鲜食品加工配送中心有限公司是联华超市股份有限公司的下属公司，于1999年12月在上海市闸北区合资注册成立，注册资本500万元。主营生鲜食品的加工、配送和贸易，拥有资产总额近3亿元，是国内具有一流水平的现代化的生鲜加工配送企业。公司总占地面积 22 500 m²，其中包括生产车间、冷库、配送场地、待发库、仓库(地下室)、办公楼等。冷库容量8700吨；运输车辆46辆(其中24辆为制冷保温车)保证商品安全生产，快速流通。在生产加工的同时配送中心还从事水果、冷冻品以及南北货的配送任务。

2．信息系统简介

联华的信息化建设于 1996—1998 年在门店层次形成了基于 POS 的管理体系。1997年底，联华开始了 EDI 自动订货系统的全面建设。2001 年 2 月，联华开始实施"供应商综合服务平台"模块。通过该模块，联华的采购中心可以通过自动传真、发 E-mail 和 EDI等多种方式迅速将订货信息传递给供应商。供应商也可以到此平台上查询自己商品的销售和库存等信息。2002 年 10 月，联华开始在各门店与采购中心之间、各门店与供应商之间建立全面的大规模网络系统。为了适应发展的需要，联华超市又进行了 BI(商业智能)系统建设。该系统主要具有以下几个特点：

(1) 企业级的数据仓库。超市的各个门店以及供应商之间每天都有大量的数据要传递和处理，数据仓库可以统一不同数据来源间的差异，清理在线系统中的不合理数据，保证了数据的准确性、及时性和响应速度。数据仓库还可以智能地执行数据加载、清洗、转换过程，大大降低后续维护人员的工作量。

(2) 多维分析报表(OLAP)。数据仓库只是对数据的搜集和储存，对于数据分析功能，该 BI 系统提供了多维分析模型和多维分析报表，运用 .Net 技术来提供报表分析，同时充分满足了各业务部门定制报表和灵活查询的分析需求。

(3) 特定主题分析。特定主题分析是指针对零售业的特点而开发的一些主题分析，包括 KPI(Key Performance Indication，关键业绩指标)指标仪表盘、门店综合绩效评估、特定商品促销效果定量分析，以及不同时期、不同业态商品的角色跟踪、对比分析等。

(4) 经营分析指标。经营分析指标包括零售库存保本保利分析预算、成长达成率指标分析、生产率分析指标、资本安全性分析指标、收益率分析指标等。

3. 信息系统应用举例

(1) 订单管理。门店的订单通过联华数据通信平台，实时传输到生鲜配送中心，在订单上标明各商品的数量和相应的到货日期。生鲜配送中心接收到门店的要货数据后，立即在系统中生成门店要货订单，此时可对订单进行综合查询，生成订单后，对订单按到货日期进行汇总处理，系统按不同的商品物流类型进行不同的处理。例如：

① 储存型商品。系统计算当前的有效库存，比对门店的要货需求以及日均配货量和相应的供应商送货周期，自动生成各储存型商品的建议补货订单，采购人员根据此订单和实际的情况作一些修改即可形成正式的供应商订单。

② 加工型商品。系统按日期汇总门店要货，根据各产成品/半成品的 BOM 表计算物料耗用，比对当前有效的库存，系统生成加工原料的建议订单。生产计划员根据实际需求做调整，发送采购部生成供应商原料订单。

各种不同的订单在自动生成或手工创建后，通过系统中的供应商服务系统自动发送给各供应商，时间间隔在 10 分钟内。供应商收到订单后，会立即组织货源，安排生产或做其他的物流计划。

(2) 物流计划。根据门店汇总订单，物流计划部根据第二天的收货、配送和生产任务制定物流计划。计划包括线路计划、人员安排、车辆安排、配货计划、送货计划等。

① 线路计划。根据各线路上门店的订货数量和品种，做线路调整，保证运输效率。通过在公司的数据处理中心进行处理，充分掌握每辆送货车、每条送货线路的送货量、往返时间、送货里程、油耗等信息，并根据电子排单系统，生成优化的送货清单。

② 人员安排。其包括配货人员、加工包装人员、司机及押运人员安排等。根据实际上班人员数、订单量将订单任务及时分配到位，从而减少不必要的支出，提高配送效率。

③ 车辆安排。通过合理安排车辆出车的时间表调配车辆，安排车辆使用数及到场装运时间。并根据客户的不同要求和货物不同的特性安排相应车辆，以满足客户个性化的需求和保证货物的质量。对所有门店配送的路线，系统提供自动排车功能，同时也允许人工调整排车结果，每天的配车时间约 1 小时完成。

④ 配货计划。根据批次计划，结合场地及物流设备的情况，做好配货的安排。如针对门店类型的配货限量控制、针对业务类型的配货限量控制等。而且系统可以实现拣货差错、串位、破损落实到人。

⑤ 送货计划。商品分拣完成后，堆放在待发库区，按正常的配送计划进行配送。在货物装车的同时，系统能够自动算出包装物(笼车、周转箱)的各门店使用清单，装货人员也据此来核对差异。在发车之前，系统根据各车的配载情况出具各运输的车辆随车商品清单，各门店的交接签收单和发货单。商品到门店后，由于数量高度准确，在门店验货时只要清点总的包装数量，退回上次配送带来的包装物，完成交接手续即可。

4. 信息化系统给企业带来的好处

(1) 硬件设施的更新，应用软件的完善，使企业的日常工作信息化程度有了较大发展，极大提高了工作效率和经济效益，使企业的日常管理更为科学化、规范化、准确化，锻造了企业的核心竞争力。

(2) 通过实施企业信息化工程，使企业的管理工作更上一个档次，提高了商品入库、商品配送和销售的效率，拓展了产品的销售渠道，锻炼了各级管理人员。

(3) 在供应链管理系统中，总部可以通过网络即时了解各门店的销售情况；供应商可以通过联华网络轻松地看到自己商品的销售、库存与周转，以便及时组织货源；门店实现了网上要货，所有账目自动生成，减轻了手工记账等劳动强度。实施供应链管理，使联华超市的总成本下降了10%；供应链上的节点企业生产效率提高10%以上。

思考题 1：请根据上述案例的介绍，总结物流配送中心信息化管理主要由哪几部分组成。

思考题2：除案例中提到的物流配送中心信息化管理的好处，你还能总结出哪些好处？

5.5　物流配送中心功能区布局规划

物流配送中心功能区布局规划主要涉及功能区分类、各项作业活动之间的关系分析、各功能区之间的相对位置、各功能区的面积规划等四个方面。结合这四个方面的内容就可以得出功能区的布局图。

5.5.1　功能区汇总与作业活动关系分析

根据上文对物流配送中心区域功能的规划，结合物流配送中心所具有的典型功能，对各功能区进行汇总，并分析各功能区的作业活动关系，为实现各功能区的合理布局提供依据。

1．主要功能区汇总

对各主要作业功能区的汇总如图5-3所示。

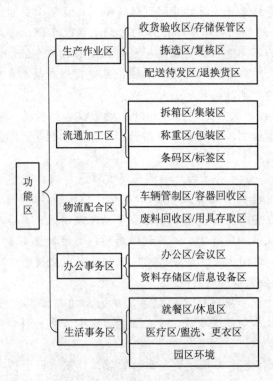

图 5-3　物流配送中心功能区汇总

2．作业活动关系分析

物流配送中心的各项作业活动之间的关系主要可以分为四种类型，如表 5-11 所示。

表 5-11　作业活动关系表

关系类型	关系描述
流程关系	围绕物料流、信息流而建立的关系
组织关系	各部门间、部门内部之间形成的关系
功能关系	各区域之间因功能需要而建立的关系
环境关系	因操作环境、安全需要而建立的关系

在进行物流配送中心规划时，要考虑到各区内部以及区与区之间的这四种关系。其中生产作业区规划以作业流程为主线；生产作业辅助区规划以考虑信息流和有关组织、功能及环境等方面的辅助配合关系为主要考虑因素；办公生活区规划要体现出总领与配合的关系。其中办公事务区作为指导整个中心运作的枢纽，要充分体现出其信息中心的作用；生活事务区要配合物流配送中心的整个作业体系。

作业活动的相关性分析主要是分析不同活动间关系的密切程度，根据密切程度来布置各区域的相关关系。关系越密切的区域越应该靠近布置，例如货品待入库区与存储保管区；而关系不密切的则不必靠近布置，例如员工更衣区与存储保管区。

一般可以把相关区域的关系密切程度分成不同的级别，按级别的不同来规划区域间的位置。可以把区域间的关系分为：非常必要(A，4)、很重要(E，3)、重要(I，2)、一般(O，1)、不重要(U，0)、不可接近(X，−1)等六种。其中字母代码表示等级，数字代码表示量化的分值。另外还要注意结合规划区域的特性综合考虑区域布置。

一般情况下，各作业区域间的两两关系密切程度可以通过下面的关联线图表示，如图 5-4 所示。

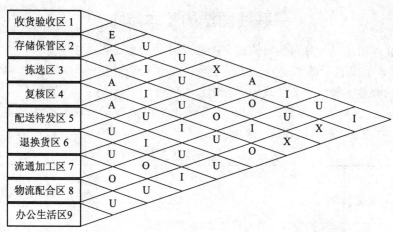

图 5-4　区域密切度关联线图

在绘制关联线图的时候，通常要考虑两个方面的因素：一个是物流因素，另一个是非物流因素。物流因素主要是围绕物的流动量与方式而考虑，主要针对生产作业区而言。例如全部货品都要由收货验收区接收，80%的货品进入存储保管区，20%进入流通加工区，100%的货品经由复核区、配送待发区出库等。非物流因素主要是针对生产作业辅助区和办公生活区而言。例如考虑组织与管理关系、作业安全因素等。物流与非物流的主要因素如表 5-12 所示。

表 5-12　物流与非物流的主要因素

物流因素	非物流因素
货品往返流动的路线重合度	共用区域、共用人员的可能性
人员往返路线的频繁度	组织与管理的关系
作业流程的衔接度	作业环境、安全方面的相似性
使用设备的共享程度	
不同人员接触的频繁度	

需要注意的是，任意两个区域的关系密切度，分别考虑物流因素和非物流因素所得到的等级划分往往不同。例如考虑收货验收区与物流配合区的物流因素，两者的关系度可能是 U 级，而考虑非物流因素两者的关系度可能是 I 级。通常物流关系与非物流关系的比例在 3∶1 到 1∶3 之间，用不同的关系图分别表示。例如根据各种因素的综合判断，某物流配送中心区域规划物流因素和非物流因素的比例为 0.6∶0.4，还是采用上面收货验收区与物流配合区，考虑两种因素的关系度划分等级，它们的综合关系度可以表示为：0(U 级) × 0.6 + 1(I 级) × 0.4 = 0.4。

 想一想：按照图 5-4 列出的某物流配送中心各主要功能区，请分别考虑物流因素和非物流因素画出各区域的关联线图，并按照物流与非物流因素 0.6∶0.4 的比例，核算出各区域的综合关联度。根据综合关联度分值了解不同区域间的关系。

知识链接

关联线图法的基本步骤

运用关联线图法进行库内各作业区平面布置时，需要遵循以下步骤：

(1) 搜集各作业区的基本资料，通过定性、定量或两者相结合的方式，确定各作业区间的关系密切程度，绘制出关联线图，如图 5-4 所示。

(2) 将关联线图所体现各作业区间的关系转化为以关联度为分类条件的各区列表，如表 5-13 所示(以图 5-4 所示的各区关系为例)。

表 5-13　各作业区关联度表

区域\关联	1	2	3	4	5	6	7	8	9
A	6	3	2,4	3,5	4	1			
E	2	1							
I	7,9	4,6	5,8	2,7	3,7	2,9	1,4,5	3	1,6
O		7	7	9		8	2,3,8	6,7	4
U	3,4,8	5,8	1,6	1,6,8	2,6,8,9	3,4,5,7	6,9	1,2,4,5,9	5,7,8
X	5	9	9		1				2,3

备注：图 5-4 中各区的名称在本表中仅用后面的数字表示。

(3) 选定第一个进入布置的作业区。从具有最多"A"关联的作业区开始。若有多个作业区同时具备此条件，则按以下顺序加以选定：具有最多"E"的关联区、最多"I"的关联区、最少"X"的关联区。如果还无法选定，则在这些条件完全相同的作业区中，任意选定一个作业区进入第一个布置。因此，根据表5-13所示，本处应该选作业区4(复核区)第一个进入布置。

(4) 选定第二个进入布置的作业区。第二个被选定的作业区是与第一个进入布置的作业区相关联的未被选定的作业区中具有最多"A"关联的作业区。如果有多个作业区符合此条件，则参考步骤(3)中的选择顺序予以选定。如果最后还是无法选定，则在与第一个进入布置的作业区相关联的这些条件完全相同的作业区中，任意选定一个作业区作为第二个进入布置的作业区。因此，本处应该选作业区3(拣选区)第二个进入布置。

(5) 选定第三个进入布置的作业区。第三个被选定的作业区要与前两个被选定的作业区都具有最高的接近程度。与前两个作业区关系组合的优先顺序依次为 AA、AE、AI、A*、EA、EE、EI、E*、II、I*，其中符号*代表与"O"或"U"的关联。如果多个作业区具有相同的优先顺序，则仍采用步骤(3)中的方法处理。因此，本处应该选作业区 2(存储保管区)第三个进入布置。

(6) 选定第四个进入布置的作业区。第四个作业区选定的过程与步骤(5)相同，被选定的作业区应该与前三个作业区具有最高接近组合关系。组合的优先顺序为：AAA、AAE、AAI、AA*、AEA、AEI、AE*、AII、AI*、A**、EEE、EEI、EE*、EII、EI*、E**、III、II*、I**。因此，本处应该选作业区5(配送待发区)第四个进入布置。

(7) 以此类推，选择剩下的其他各作业区逐一进行布置。本例中各作业区的布置顺序为：4、3、2、5、1、6、7、9、8。该布置过程如图5-5所示。

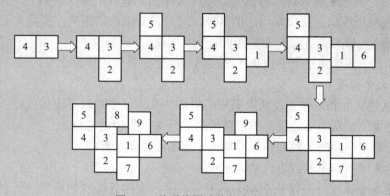

图 5-5　关联线图法的基本步骤

在绘制关联图时，可使用图 5-5 所示的方块样板来表示每个作业区。在确定相对位置后，可按照各作业区的实际规模，完成最终布置。样板的放置过程受主观因素的影响，会产生多个布置方案，另外，各区作业面积的不同以及区域长宽比的变化都会产生多个布置方案。因而，在实际应用中，要特别注意这些情况。

5.5.2　功能区位置布置与面积规划

对各功能区作业活动之间的关系分析后，它们之间的相对位置基本可以确定，然后结合各区域的性质和物流动线形式，就可以进行位置布置；而后再确定各功能区的面积及长宽比例，就可以基本得到各功能区的初步布局。

1. 位置布置

1) 物流动线形式

通常物流配送中心的物流动线基本形式分为以下几类，如表 5-14 所示。

表 5-14　物流动线基本形式

动线类型	动 线 图 示	动线类型	动 线 图 示
直线式		U 形	
双直线式		分流式	
锯齿形或 S 形		集中式	

(1) 直线式。物流配送中心的入货口与出货口分别在库房的两端，货品的流动通过库房全程。适合于作业流程简单、规模较小的物流作业。

(2) 双直线式。作业流程和区域布置与直线式类似，通常是在直线式基础上货物流动的再细化。例如两条动线，一条进出整件货品，一条进出零散货品等。该形式在货品处理方式上更灵活、高效。

(3) 锯齿形或 S 形。该形式通常适用于多排货架并列的存储保管区和拣选区的货品流动。

(4) U 形。该形式的入货口与出货口在库房同侧，适合货品流动量大、频繁的情况，可以充分利用靠近库房进出口端附近的区域，缩短货品流动的距离，提高作业效率。

(5) 分流式。该形式适用于批量拣货的分流作业。

(6) 集中式。该形式适用于波次拣选后的二次分拣所做的集货作业。

2) 确定大体位置

各功能区的大体相对位置及所占面积的粗略估算，可参考以下步骤执行：

(1) 确定物流配送中心连接外部道路的形式及进出货口的方位。

(2) 确定库房空间的大致面积及长宽比，可不必详细计算。

(3) 确定库区内部货品的进出动线形式。

(4) 根据作业流程及各作业活动关系的密切度，安排各区域的位置，可以优先安排占地面积大且长宽不易变动的区域，而后再向四周扩展到其他区域。其中，面积较小且长宽比例容易调整的区域可采取插入布置的方式。例如确定进货验收区后，可插入布置进货不合格品暂存区。

(5) 确定办公区与物流仓储区的关系。一般分两个层次：一个是大型的物流配送中心通常将办公区与物流仓储区分离，以独立办公楼的形式存在；另一个是在物流配送中心仓库内部的入货口附近设置集中办公区域，也可根据作业需要在出货口或库区内部设置具有专项职能的办公区。办公区设置的主要原则是：便捷和空间利用率高。

想一想：办公区设于物流配送中心库房内部，有何安全隐患？

2. 面积规划

合理规划物流配送中心的区域面积是物流作业空间发挥最大效益的关键。规划区域面积主要考虑以下几个因素：设备类型、作业量与作业特性、建筑物特性等。通过这些因素的综合分析，确定各区域作业空间的面积及它们之间的比例关系。需要注意的是，所得值并不是不可改变，可以以此为参考，在区域布置规划时，根据相关数据进行必要的修正。规划各作业区的面积通常遵循以下步骤：

(1) 确定各区域的设备形式与数量。整理出设备的长、宽、高数据以及与设备的配套设施等，从而估算出设备及其辅助设施所需的面积。

(2) 确定各区域作业活动、操作设备、货品暂存、预留通道等面积，并确定一定的面积安全系数。这部分面积的确定需要考虑作业形态、货品性质、建筑体特性等因素。

(3) 确定各区域面积的长宽比。不同的长宽比才能够满足安置不同设备的需求，否则会出现面积合适但长宽不合适的情况，影响到设备的安装，导致重新规划。另外，在相同的面积下，合理放置设备，安排好设备的长宽放置方式，也能够加大面积的利用率。

(4) 根据各区面积加总出总面积，再对各区域的面积进行修正。此时主要考虑各区面积安全系数的设定与扩充性、长宽比的调整、其他活动需求的面积等因素。

◆知识链接◆

直线形布置功能区

以直线形的物流动线形式为例，来进行某库区各功能区的布置。功能区由以下几部分组成：月台(进货、出货分离)、暂存区(进货、出货分离)、流通加工区、集货区、货架存储区、平库区、拣选区、复核区、办公区(综合、出货分离)。在布置各功能区时，可遵循以下步骤：

(1) 大体确定各区域的模板面积大小和长宽比。

(2) 确定进出货月台位置及库区物流动线。

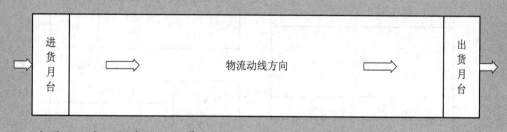

(3) 布置面积大且长宽比例不易变动的区域。

进货月台	货架存储区		分拣区	复核区		出货月台

(4) 布置面积较大且长宽比例可变动的区域。

进货月台		货架存储区	平库区		分拣区	集货区	复核区		出货月台

(5) 布置面积较小且长宽比例可变动的区域。

进货月台	暂存区	货架存储区	平库区	分拣区	集货区	复核区	出货暂存区	出货月台
			流通加工区					

(6) 布置行政办公区域。

进货月台	暂存区 / 办公区	货架存储区	平库区	分拣区	集货区	复核区	出货暂存区 / 办公区	出货月台
			流通加工区					

3. 功能区布局规划图举例

通过对上述功能区规划内容的理解，基本可以确定初步的功能区布局规划图。以某连锁超市的物流配送中心为例，其库区内部大体的功能区布局图如图5-6所示。

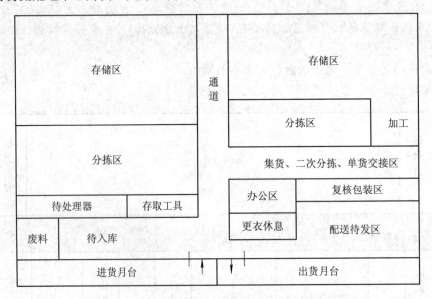

图5-6　某物流配送中心库房功能区布局图

想一想：请根据上图的布局描述货品的进出库是如何流动的？

总体来说，物流配送中心的总体规划主要包含：总体规模规划、区域定位选址、作业功能需求规划、设施设备规划、信息系统规划和功能区布局规划六个部分的内容。在规划中会形成多个待选方案，需要设定一定的指标对各方案进行比较分析，最终选择最合适的规划方案。

小　结

本章首先介绍物流配送中心总体规模规划的相关知识，主要涉及影响总体规模规划的关键因素；然后介绍物流配送中心作业功能需求规划方面的内容，主要涉及区域功能规划和区域作业能力规划两个方面；而后介绍了设施设备规划方面的知识，主要涉及设备规划的原则、设备选择的要素分析等内容；紧接着，又介绍了物流配送中心信息系统规划方面的内容，主要涉及信息系统的一般架构、各子系统的主要功能等；最后，介绍了各主要功能区布局规划方面的内容。

练　习

一、填空题

1. 物流配合作业区的主要功能规划包括_____、_____、_____、_____和_____。

2. 在送货周期估算法中，设定一个合理数值，用以反映物流配送中心实际运作中出入库货品量的波动情况，这个合理数值叫做_____。

3. 在存储量计算中，送货周期是指不同供应商在一定时间内送货时间的_____。

4. 拣选区运转能力规划主要考虑_____所需的拣选作业空间。

5. 在物流配送中心分拣作业规划中，拣选设备主要包括_____、_____和_____。

6. 从整体作用和功能角度考虑，物流配送中心信息系统的架构包括_____、_____和_____。

二、选择题

1. 生产作业区是物流配送中心日常大部分作业活动的集中所在，属于重点规划功能区域。下列属于生产作业区规划内容的是(　　)。

A. 收货验货作业区　　　　B. 储存保管作业区　　　C. 拣选作业区

D. 配送待发区　　　　　　E. 退换货区

2. 下列属于物流设备的是(　　)。

A. 仓库　　　　　　　　　B. 托盘　　　　　　　　C. 货架

D. 叉车　　　　　　　　　E. 月台

3. 在物流配送中心信息系统规划中，主要遵循下列(　　)原则。

A. 以生产流程为基础

B. 以企业策略目标为导向

C. 以企业经营业务目标为依据

D. 与组织结构及管理方式相互适应

三、判断题

1. 拣选区的规划必须包括当日所有的货品出库量，当必要时可由专人从存储保管区

向拣选区补货。 （　　）

2．为了合理规划拣选区的货品存储量，提高其运转能力，可对日均拣选量、年拣选量和年出货天数进行综合 ABC 分析。 （　　）

3．AGV 在物流设备中属于"奢侈品"，适用于自动化程度较高的配送中心或者对人体有害的环境。 （　　）

4．信息系统承担着掌握市场动态、把握客户需求、提供现场服务的任务。因此，可以说信息系统是物流配送中心的灵魂。 （　　）

四、简答题

1．简述存储保管区的规划要点。

2．流通加工作业区规划的主要功能包括哪些？

3．在存储作业货架的规划中，主要考虑哪些因素？

4．在进行信息系统规划时要特别注意哪几个要点？

五、讨论分析

通过物流配送中心的功能区规划的内容、方法和注意事项的学习，参考本章教材中图 5-5 的图示，规划一个物流配送中心的功能区布局图。

第6章 物流配送中心系统规划

📖 本章目标

- 熟悉园区道路网规划的基本内容

- 掌握库区内部通道规划的基本内容

- 掌握收货验收区空间规划的基本内容

- 掌握存储保管区和拣选区空间规划的基本内容

- 掌握复核区空间规划的基本内容

- 掌握生产作业辅助区空间规划的基本内容

- 掌握办公生活区空间规划的基本内容

- 掌握不同作业系统规划的基本内容

6.1 道路交通系统规划

物流配送中心的道路交通系统可以分为两个部分来理解：一个是针对于物流园区形式的配送中心，需要规划园区内的道路网；另一个是针对物流配送中心仓库的内部，需要规划库内通道。本节将分别介绍这两种形式的道路交通系统规划。

6.1.1 园区道路网规划

园区道路网的规划主要任务是计算道路的基本通行能力，根据预估的物流量，得出车流量，从而确定车道数；另外根据园区物流的特点确定道路网的连接形式与网络布局。

1. 园区道路的分类

(1) 主干道。一般主干道连接园区外部通道，辐射园区的主要功能区，属于园区的"动脉"，车流量大，应具有较大的通行能力。常见的主干道有双向四车道、六车道、八车道等。

(2) 次干道。次干道一般与主干道相连，车流量偏小，属于各职能区的主要道路，连接职能区内部各组成部分，分担主干道的车流量，通行能力稍弱。

(3) 支路。支路包括引道、搬运通道及其他用途通道等。引道是园区内仓库、堆场等物流设施及生活设施的出入口与主干道、次干道相连接的道路；搬运通道是用于搬运货物完成物流作业的通道；其他用途通道主要是为消防、安全等要求而专门设立的通道。

2. 规划道路网的基本要求

(1) 与园区总体布局协调。一个园区好的道路网系统至少应该包含以下几个特点：路线简单，架构清晰，分级明确，系统协调。园区内仓库、办公楼等用地的布局与分配要与道路网分割的用地及形状相互协调，满足各自的用地需求。园区内部的环境美化、绿化设施等用地要与道路网、园区建筑设施等自然融合，有利于呈现园区的整体风貌。

(2) 满足物流及人流的交通需求。在保证道路通畅、安全、确保物流效率的前提下，道路的走向、宽度、类别等都要根据物流量及人流情况的需求而定。需要分析园区内部各区的物流量、人流量情况以及流动方向、性质、速度等因素，并且综合考虑园区物流与人流量的分流、合流问题，在此基础上确定道路的分布与规格。

(3) 注意道路相交的方式与交通规则。通常各道路间采用正交和网格式的布局，以便于园区内各区域间的物流运输。道路交叉时，还要注意交叉口或转弯处满足车辆转弯半径及视距的要求，确保运输车辆的安全。

(4) 符合园区可持续发展的要求。一方面要考虑园区未来扩建的可能，另一方面还要考虑未来园区经营范围、货物品种、业务量等方面的扩张。这些都会对当前规划道路网的适用性产生重大影响，因此要站在可持续发展的角度进行规划。但同时也要考虑当前资源的利用程度，避免资源浪费。

(5) 符合有关国家规定及行业要求。国家对于基础设施及其辅助设施建设有相关的标准与规定，必须予以遵守，否则就会留下安全隐患。例如应满足消防、环保、安全等方面的要求，否则容易因为道路网线规划的不合理而造成安全隐患；再例如一些危险品尽量避免在园区内穿越、迂回运输。

3. 影响道路通行能力的要素分析

道路通行能力分析是指在特定的交通、道路条件及人为度量标准下，单位时间能通过的最大交通量。理想的道路条件是：车道宽度不小于 3.65 m，路旁的侧向余宽不小于 1.75 m，视野开阔，具备良好的平面线形和路面状况。影响物流配送中心园区通行能力的因素主要表现在以下方面：

(1) 道路情况：表现在主干道、次干道和支路各自的车道宽度及车道数；园区道路的布局形式与车道的几何线形；是否设有附加车道等方面。

(2) 交通情况：表现在园区内通行车辆的类型组合及主流通行车辆的类型；园区内允许车辆通行的最高时速；不同类型车道的组合比例关系；车道方向的分布等方面。

(3) 气候情况：表现在风、雨、雪、雾等恶劣天气对园区内外部道路通行的影响。

(4) 作业情况：表现在园区内的物流作业有无季节性或时段性的波动，造成物流量的不均衡；日常物流作业的时间周期是否均衡、有序，如某些货品验收时间长，直接导致送货车辆的排队，影响车辆的通行量；不同库区的作业相互间不会产生干扰等方面。

某物流配送中心园区的道路布置如图 6-1 所示。

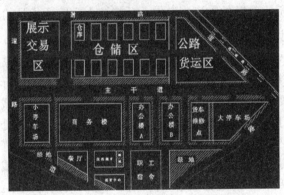

图 6-1　某物流配送中心园区道路布局图

6.1.2　库区内部通道规划

物流配送中心库区内部的通道规划是保证货品高效率流动的重要条件，而且通道所占用的面积与其他作业区域面积的比例关系，也直接影响到库区面积的利用率，因此必须予以重视。

1. 库区内部通道的种类

(1) 作业通道，是指库区人员作业、货品出入库的通道，又可分为主作业通道和辅助作业通道。主作业通道一般是指库内沿长度方向、道路较宽且连接库房进出口的通道，是人和货品流动最频繁的区域，一般宽度在 3.5 m 到 6 m 之间，可以双向通行。辅助作业通道一般是指库内沿宽度方向、道路较窄、与主作业通道垂直、连接库内各作业区的通道，一般单向通行。

(2) 员工通道，是指员工进出库区及有特别规定的库内各区通道，一般比较窄，处于监控设施的监控范围内。设有员工通道的区域，不允许员工从其他通道出入。

(3) 其他通道，如消防通道、紧急逃生通道、某些公共设施专属通道等都属于其他通道。这类通道需要严格管理，严禁出现堵塞、占用等情况。

2. 通道规划的基本要求

(1) 物流距离最短化。货物在库内的流动过程是影响物流效率的一个关键因素。在规划通道时，要尽量避免货物在库内迂回流动，但有时会遇到仓容利用率与货物迂回流动相矛盾的情况，需要规划人员进行权衡，在合理的情况下确保物流距离最短。

(2) 空间利用最大化。在一定程度上，通道所占面积与物流作业区所占面积成反向关系，与货物流动效率成正向关系。在确保物流效率的基础上，应该尽量扩大物流作业区的面积，使得库区空间利用最大化。

(3) 作业安全最优化。安全生产是根本。规划人员要在确保安全的前提下设计通道。一方面要保证日常作业行为的安全，另一方面要保证通道时刻保持畅通无阻，一旦发生危险情况，便于人员撤离和逃生。

(4) 通道互联便利化。要确保各个通道之间不相互干扰，但同时也要保证通道之间的关联关系，避免出现"死胡同"。主作业通道、辅助作业通道等之间的贯通有利于货物的流通，特别是在分拣拆零频繁的物流配送中心，能够大大缩短货品的拣选路线。

3. 影响通道规划的要素分析

(1) 影响通道类型、数量及布局的因素。有些通道必须根据国家的相关标准设定，如消防通道、逃生通道等；有些通道需要根据物流配送中心运营的实际情况考虑是否设定及设定的数量和位置，如有叉车作业的库区就必须设定叉车作业通道或员工通道，而有些小型物流配送中心，员工通道与其他通道共用，并没有明确指定。此处主要介绍作业通道的设定。主作业通道所占的库内面积大，所以在够用的情况下越小越好，主要视装卸搬运工具、货品种类、货物进出库量等因素而定。通常以库区内部的横向或纵向中轴线为基准按一定的宽度设定。辅助作业通道分散于库内，按一定的规则与主作业通道相交(通常是垂直或斜向相交)，主要视货架的选型、货品进出库的形式、作业工具的选择等因素而定。通常数量越少、宽度越窄，越有利于提高仓容利用率，但到一定程度会使作业效率下降。

(2) 影响通道宽度的因素。规划通道的宽度主要考虑托盘规格、货品规格与特性、搬运车辆的型号及其转弯半径的大小等因素。同时，还要考虑货物的堆放方式、拣选方式、车辆通行方式等因素。常见的库区通道宽度值参考，如表 6-1 所示。

表 6-1　常见库区通道宽度值参考

通道种类及作业方式	宽度/m	通道种类及作业方式	宽度/m
中型货架间，人工存取方式	0.9～1.0	重型平衡叉车	3.5～4
货堆之间	0.7～1.25	直线单行堆垛机	1.5～2
小型台车搬运	车宽+0.5～0.7	直角转弯堆垛机	2～2.5
手动叉车搬运	1.5～2.5	堆垛与墙面通风通道	>0.3
人行道	0.5～0.75	货架间可通行轻便手推车	1.5～1.8
主作业通道	3.5～6	侧面货叉型叉车	1.7～2.0

4．通道与库房空间的比例

库区内部不同的通道空间形式所占用的空间比例不同，而通道空间的形式与库内的布局相关。从库内空间利用率的角度来看，尽可能地缩小通道所占用的空间是最佳选择，但可能不利于作业效率与效益，因此需要从综合的角度考虑通道空间与库内布局的关系。下面列举几种不同的库内布局情况，通道空间相对于库房空间的比例关系，分别以 15 m × 60 m 和 30 m × 30 m 的库房区域为例。如图 6-2 所示。

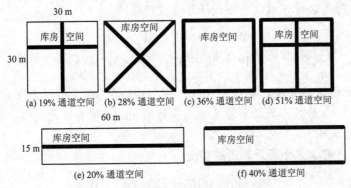

图 6-2　通道空间形式占库房空间比例

以某物流配送中心库区的通道规划及布局为例，其具体的布局形式，如图 6-3 所示。

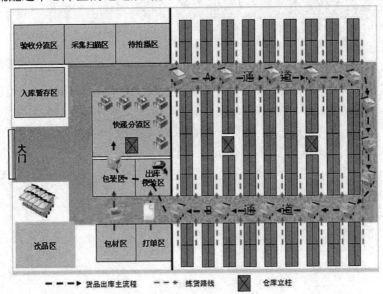

图 6-3　某物流配送中心某库区的通道规划及布局图

———◆ 知识链接 ◆———

不同运行方式下叉车通道宽度的计算方法

不同型号、规格的叉车以及配合不同尺寸的托盘，对通道宽度的要求不同，在规划通道宽度时要根据具体情况而定。在此，选择以下几个要素的数据为研究对象：

叉车规格：载荷为 500～3000 kg；

叉车侧面余量尺寸用 C_0 表示，可取值 150～300 mm；

两辆叉车相会时的侧向最小间距用 C_m 表示，可取值 300～500 mm；

货物之间距离的余量尺寸用 C_p 表示，可取值 100 mm。

1) 直线行使叉车通道宽度

分为单行通道和双行通道两种，通道的宽度取决于叉车宽度、托盘宽度和侧面余量尺寸三个要素。单行道通行可用以下公式计算通道宽度：

$$\begin{cases} W = W_p + C_0 & (W_p > W_b) \\ W = W_b + 2C_0 & (W_p < W_b) \end{cases}$$

其中：W 为直线通道的宽度，单位为 mm；W_p 为托盘宽度，单位为 mm；W_b 为叉车宽度，单位为 mm；C_0 为叉车侧面余量尺寸，单位为 mm。需要注意的是，托盘上的货品不能超出托盘边缘。

双行道通行可用以下公式计算通道宽度：

$$\begin{cases} W = 2W_p + 2C_0 + C_m & (W_p > W_b) \\ W = 2W_b + 2C_0 + C_m & (W_p < W_b) \end{cases}$$

其中：W 为直线通道的宽度，单位为 mm；W_p 为托盘宽度，单位为 mm；W_b 为叉车宽度，单位为 mm；C_0 为叉车侧面余量尺寸，单位为 mm；C_m 为两辆叉车相会时的侧向最小间距。需要注意的是，托盘上的货品不能超出托盘边缘。

2) 丁字形通道宽度

通道的宽度取决于叉车的最小转弯半径、托盘长度和叉车侧面余量尺寸等要素，可用以下公式计算通道宽度：

$$W = R + X + L_p + C_0$$

其中：W 为丁字形通道的宽度，单位为 mm；R 为叉车最小转弯半径，单位为 mm；X 为旋转中心到托盘的距离，单位为 mm；L_p 为托盘长度，单位为 mm；C_0 为叉车侧面余量尺寸，单位为 mm。

3) 最小直角通道宽度

当叉车直角转弯时，要保证通道宽度能够满足转弯的要求，最小直角通道宽度可用以下公式计算：

$$W = R_f - \frac{B - W_p/2}{\sqrt{2}} + C_0$$

其中：W 为最小直角通道宽度，单位为 mm；R_f 为叉车最小转弯半径，单位为 mm；B 为旋转中心到车体中心的距离，单位为 mm；W_p 为托盘宽度，单位为 mm；C_0 为叉车侧面余量尺寸，单位为 mm。

以上各通道的简略图如图 6-4 所示。

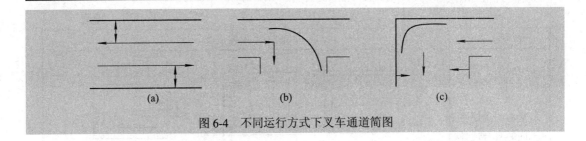

图 6-4 不同运行方式下叉车通道简图

6.2 生产作业区空间规划

本节主要介绍生产作业区中的收货验收区、存储保管区、拣选区和复核区的空间规划等内容。其中的内容主要是针对物流配送中心总体规划中相关内容的细化,从具体设计、计算的角度了解有关规划方面的知识。

6.2.1 收货验收区空间规划

收货验收区又可细分为进货区、验货区、入库待交接区和暂存区。通常为了方便作业,进货区与验货区连为一体。进货区通常是指库房的月台,货物通过月台进入到库房内部。而货物离开库房也必须通过月台,可见月台在物流配送中心的重要性。

1. 月台规划

进出货区是货物进库和出库的必经之处,通常是指进出货的月台。规划进出货月台主要从以下几个方面考虑:进货与出货月台的位置关系,月台数量的确定,月台的样式,停车遮挡的形式以及计算月台的长度、宽度和高度值。

1) 进货月台与出货月台的位置关系

一般可以根据作业性质、库房的平面布置以及货品在库内的流动路线来决定进出货月台的位置。常见的位置关系有:进货与出货共用一个月台;进货与出货使用不同的月台,但两者相邻;进货与出货使用不同的月台,且两者不相邻;具有多个进出货月台。进货月台的位置关系如表 6-2 所示。

表 6-2 进出货月台的位置关系

位置关系	图示及物流形式
进货与出货共用一个月台	
进货与出货使用不同的月台,但两者相邻	

续表

位置关系	图示及物流形式
进货与出货使用不同的月台，且两者不相邻	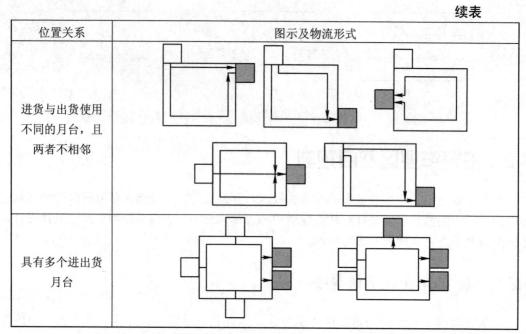
具有多个进出货月台	

注：□ 表示进货月台；■ 表示出货月台；—→ 表示库区物流方向。

2) 影响月台数量的因素

在规划物流配送中心月台时，通常设置的数量都会比较多，在实际使用时分析开放合适数量的月台，但都需要考虑以下几个方面的影响因素：

(1) 货物的吞吐量。由于物流配送中心所有货品的出入库都是通过月台实现的，因而月台数量与日常的货物吞吐量有着非常强的正相关关系。

(2) 日物流量的峰值与均值。可以参考以天、小时为单位的物流车辆进出月台高峰期的车流量和物流量，以及日均的车流量与物流量。在满足物流需求的基础上分析需要配合的月台数量。它们之间也存在着非常强的正相关关系。

(3) 季节性物流量的高值与低值。一个具有季节性物流量波动的物流配送中心，应该以满足旺季的需求为先决条件规划月台的数量。

(4) 车辆的规格、数量等因素。一方面要考虑送货与配送车辆的规格和数量，另一方面要考虑货品入库搬运车辆的规格和数量。例如大型送货车的货运量大，装卸货、验收的时间也长，需要的月台数量就多；再如入库搬运的叉车型号单一、数量不足，就需要较多的月台满足出入库的要求，避免车辆排队等候。

(5) 货物的特性。货物的尺寸、形状和包装等特性直接影响月台的数量。例如不规则货品的卸货速度慢；再如有些货品需要展开检验，占用一定的月台空间；又如有些货品在卸货时需要进行标准化集装，降低卸货效率等。

(6) 进货与出货的时间关系。如果进货时间与出货时间的重合度比较高，在设备调配、空间占用方面的相互影响就会很明显，这一点在进货与出货共用一个月台和进货与出货月台临近的物流配送中心特别突出。因此进货与出货时间重合度比较高的情况下，应设置更多的月台以保证物流效率。

3) 月台的样式

常见的月台样式有两种：锯齿形和直线形，如图 6-5 所示。

(a) 锯齿形　　　　　　　　　　　　　　　(b) 直线形

图 6-5　常见的月台样式

(1) 锯齿形月台。月台如锯齿状，车辆停靠旋转纵深度较小，但占用仓库空间较大，装卸货布置不太容易，在相同的月台长度下，车位布置较少。

(2) 直线形月台。车辆可与月台平行停靠，也可与月台垂直停靠或纵深进入月台内，以减少停车占用车行道的面积。该类月台装卸货自由度大，占用仓库空间较小，装卸货布置简单，在相同的月台长度下，车位布置较多。但车辆停靠旋转纵深度较大，且需要较大的外部空间。

一般情况下，选择哪种形式的月台应按照物流配送中心的场地条件、进出货品的特点而定，建议尽量选择直线形的月台。

4) 停车遮挡的形式

设置停车遮挡主要出于遮阳、遮雨、防风雨进入仓库等方面的考虑。合适的停车遮挡既能够为物流作业提供便利条件，又能够保证货物的安全，因此需要设计符合物流配送中心实际情况的停车遮挡形式。通常，停车遮挡主要有以下几种形式，如图 6-6 所示。

(a) 内围式　　　　　　　　(b) 齐平式　　　　　　　　(c) 开放式

图 6-6　三种停车遮挡的形式

(1) 内围式。库房月台处于半封闭的建筑设施包围下，进出货的车辆可进入该区域进行作业。其优点在于物流作业不受天气影响，能够节约冷暖气等资源。

(2) 齐平式。月台与库房的侧边平齐，处于库房内部。其优点在于不占用行车道的面积，能够节约冷暖气等资源，造价偏低。

(3) 开放式。月台突出于库房之外，除顶部的遮挡装置外，无其他遮掩物。其优点在于作业效率高。

5）计算月台的规格

月台的长度、宽度与高度通常与库房的长度与宽度、车辆类型、货品种类、作业方式等因素相关。在规划时要综合考虑各方面因素的影响，同时结合量化的方式确定合适的数值。

（1）月台的长度。常见的月台形式如图 6-6 内围式停车遮挡中的月台形式，即整个月台呈梯形，靠近库房的两边为一定角度的平坡，其他为平面状，与库房墙体成直角相交，可以简化为如图6-7所示。

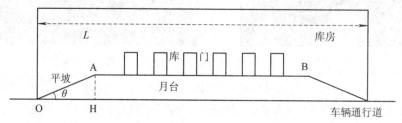

图6-7　库房及月台简图

通过图6-7可以看到月台的有效平台长度可以用如下公式计算：

$$AB = L - 2 \times OH$$

$$\tan\theta = AH / OH$$

其中：AB 为有效平台长度；L 为库房长度；θ 为平坡的角度；AH 为月台高度。

从这个角度来看，月台的平面长度取决于库房的长度及平坡的角度和月台的高度。

想一想：分析月台平面长度、库房长度、平坡角度及月台高度之间的影响关系是怎样的？对平坡角度有何建议？

知识链接

根据车位数核算月台长度

假设某物流配送中心的进货月台与出货月台分离，在此仅研究计算进货月台的长度。由于每天物流配送中心的进货是持续进行的，而且一天中各时间段的到货量不均衡，根据以往厂家送货及验收情况的统计，我们取一天中车辆到货最多、连续的 2 个小时为研究时间段，取进货峰值系数为 1.5。那么如果月台的长度能够满足此时间段的业务需求，就可以满足日常进货业务对月台长度的需求。在所取的 2 个小时时间段内，车辆到货及卸货情况的统计如表6-3所示。

表6-3　某时间段进货车辆及卸货情况统计表

进货车辆数/辆				卸货时间/分钟			
车吨位 货态	11t 车	4t 车	2t 车	车吨位 货态	11t 车	4t 车	2t 车
集装单元货	N_1	N_2	—	集装单元货	15	8	—
散货	N_3	N_4	N_5	散货	55	22	18

在 2 个小时内将进货车卸货完毕，假设所需车位数为 n，那么可以用如下公式得出 n 值：

$$n = \frac{(15 \times N_1 + 8 \times N_2 + 55 \times N_3 + 22 \times N_4 + 18 \times N_5) \times 1.5}{60 \times 2}$$

假设每个车位宽度为 4 m，那么月台的长度 L 即为 $n \times 4$ m。

(2) 月台的宽度。月台不仅是装卸货的平台，更是拆装、验收、暂存等作业的场所，因此规划月台的宽度都会留出一定的空间作为缓冲区。另外，还要考虑货物的性质和装卸工具的选择等因素。例如采用叉车装卸作业的要考虑到叉车的转弯半径以及至少两辆叉车同时交替作业的会车空间。常见的月台宽度在 2.5～6 m 之间。

(3) 月台的高度。一般月台的高度需要配合货车的车厢底板高度，但货车的种类不同，高度也不同，而且同一辆车空车与载重车的高度也不同，此时需要通过液压升降平台来辅助装卸。通常情况下，载重 2 吨的货车需要月台的高度约为 0.7 m，载重 4 吨的货车需要月台的高度约为 0.9 m，载重 11 吨的货车需要月台的高度约为 1.2 m，拖车、集装箱车需要月台的高度约为 1.3 m。另外，为了避免月台被货车撞坏，在月台侧面正对通道处需安装防撞装置。如图 6-8 所示。

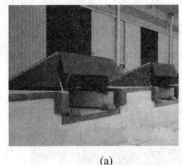

|(a)|(b)|(c)|

图 6-8　月台升降辅助设施及防撞装置

实际中，有多种类型车辆进出的物流配送中心，可以采用最大车厢高度与最小车厢高度的平均值来确定月台的高度，而后设置合理数量的液压升降平台装置来调整装卸车辆车厢高度与月台的高度差。通常液压升降平台的长度按倾斜角小于 15° 来设计。因此，月台高度和升降平台的长度可以用如下公式计算：

$$H = \frac{H_1 + H_2}{2}, \ A = \frac{(H_2 - H_1)/2}{\sin\theta}$$

其中：H 为月台高度；H_1 为满载时车厢最低高度；H_2 为空载时车厢最高高度；A 为升降平台长度；θ 为升降平台倾角。H、H_1、H_2、A 的单位为 mm。

2. 入库待交接区与暂存区规划

(1) 入库待交接区。它主要是已完成验收货品入库前与入库人员交接的区域。从作业效率的角度看，验收完毕的货品在入库待交接区停留的时间应该尽可能地短；从空间利用的角度看，入库待交接区的面积应该尽可能地小。在掌握这两个基本原则的基础上，结合货品特点、搬运工具及日平均到货量等因素，合理地规划该区域的空间面积。

(2) 暂存区。它主要是临时存放验收不合格或其他原因不能入库而又无法现场直接退给供应商的货品区域。由于该区域的货品并未入库存账，因此不能够暂存在存储保管区，而由收货人员临时性地予以保管，并报相关人员，等待处理意见。该区域的面积主要取决于每次未能入库货品的数量及对这些货品后续处理的效率。例如对于当日不能入库的货品采取及时通过第三方物流公司退给厂商或按残次品入库的方式，就可以迅速地清空暂存区。所以从空间利用的角度看，暂存区的面积应该尽可能地小，同时要加快暂存区货品处理的速度，避免越积越多，导致暂存区的空间不够用。

6.2.2　存储保管区与拣选区空间规划

将两个区域放在一起介绍，主要考虑到两者的关系密切且具有很多相同的规划内容。规划它们的空间需要考虑到如下因素：货品的尺寸、品种和数量；货架的类型、宽度、高度、数量及布局类型；托盘的尺寸；作业设备的型号、尺寸与数量；区域内及周边通道的宽度、长度和数量；建筑物的尺寸与形式；支撑柱的位置与数量；库内消防、排风等设施的位置和数量等。由于考虑的因素较多，本节将重点从以下几个方面介绍：两个区域的关系；规划原则；托盘及货架的占地面积计算；货架的布局类型。

1. 存储保管区与拣选区的关系

(1) 存储保管区与拣选区共用货架。常见的存储保管区与拣选区共用货架是指出于作业情况的考虑，拣选作业在存储保管货架上进行；或者货架的上层为存储保管区，货架的下层为拣选区，如图 6-9 所示。

(a)　　　　　　　　　　　　　　　(b)

图 6-9　存储保管区与拣选区共用货架

图 6-9 中的图(a)底层为拣选区，以上各层为存储保管区；图(b)中从底层开始的 1～3 层为存储保管区兼拣选区，最顶层为存储保管区。日常作业中当某拣选货位的货品数量不足时，需从上层的存储保管区向拣选货位补货。

采用存储保管区与拣货区共用的方式，一般适合于体积大、发货量大的货品且能够用集装单元管理货品的进出库；另外，对于体积小、进出货量一般、品种多的货品也适合采用该方式。

(2) 存储保管区与拣选区分离。存储保管货架与拣选货架不在同一个区域，由专人通过从存储保管区向拣选区补货的方式确保拣选作业的正常进行。这种方式较适合货品进出库量中等的情况，作业效率较高，而且不存在进货作业与拣选作业互相干扰的情况。存储保管区与拣选区分离的情况如图 6-10 所示。

(a)   (b)

图 6-10 存储保管区与拣选区分离

图 6-10 中的图(a)为拣选货架，拣选货品后可直接放在输送机上，随输送机进入到下一个处理程序；图(b)中的前端为拣选货架，后端为存储货架，可直接实现从存储保管区到拣选区的补货，大大降低补货的工作量。

总之，规划人员可参考以上两种方式，从作业模式、货品性质、作业效率等方面综合考虑选择合适的存储保管区与拣货区布置方式。

2．存储保管区与拣选区的空间规划原则

(1) 契合作业流程。存储保管区和拣选区都不是孤立存在的，对它们进行空间规划要站在整个物流配送中心作业流程的角度，使得货品的物流路线合理，流动距离最短，尽量避免重复性的搬运作业，确保运营的效率和效益。

(2) 合理利用库内空间。存储保管区和拣选区在整个库内面积中占有绝对的比例，是决定库区物流量的主要因素。要结合设施设备、布局的合理与美观、作业模式等因素，最大化地利用库内空间，增加库区的物流吞吐量，提高物流配送中心的经济效益。

(3) 符合安全要求。主要从作业安全、消防安全两个方面考虑，要确保作业人员的人身安全，杜绝作业过程中可能出现的隐患，还要符合国家关于设施设备消防安全方面的规定，实现安全生产零事故。

3．计算托盘的占地面积

设有平库区的物流配送中心，大部分采用托盘存储的方式，会占用一定的库内面积。通常，计算托盘的占地面积需要考虑托盘数量、规格和通道三个因素。

假设物流配送中心采用统一规格尺寸的托盘，托盘尺寸为 $p \times p$，那么根据货品包装的尺寸、托盘尺寸和码垛方式，可计算出每个托盘平均可堆放货品的数量为 N 箱。假设库内平均存货量为 Q，那么托盘占地面积 S 可用如下公式表示：

$$S = \frac{Q}{N} \times p^2$$

实际作业中，还要考虑到叉车作业所需的空间，一般叉车作业通道面积约占全部面积的 30%～35%，那么实际托盘存储区域的面积 A，可用如下公式表示：

$$A = \frac{S}{1-35\%} \approx 1.5S$$

4．计算货架的占地面积

(1) 以重型货架为例。假设所有货品全部通过托盘存储于重型货架上，那么根据托盘的面积与数量，通过与货架规格与层数、通道空间等数据的结合就可以计算得到货架的占地面积。以某物流配送中心的货架为例，其中取一组货架的前端底层，做出剖面图，如图6-11所示。

(a)　　　　　　　　　　　　(b)

图 6-11　重型货架存货示意图

假设货架的层数为 M，每个托盘可堆放的货品箱数为 N，平均存货量为 Q，那么存货需要的占地托盘数 P 可用如下公式表示：

$$P = \frac{Q}{MN}$$

从图 6-11 可以看出，每两排货架组成一组，纵向排列，两组货架之间有一条通道，且两排货架之间存在一定的空隙。每排货架两根货架柱之间的部分为一个隔断。如果确定每组货架和相邻一侧通道的面积，就可以确定存储保管区的面积。

假设图 6-11 中，货架宽度为 t，货架每个隔断的长度为 l，两排货架的间隙为 h，每组货架的隔断数为 m。从而可以得到每组货架的面积 s 为

$$s = (2t + h)lm$$

假设每组货架可存放的托盘数量为 W，那么可得出所需要的货架组数 Z 为

$$Z = \frac{P}{W}$$

那么货架所占的面积 S 为

$$S = sZ$$

根据货架组数和两组货架间的通道面积，再结合货架所占的面积，就可以得出货架区的面积。当然还需要考虑叉车进出通道所需要的转弯面积，根据库内的布局来确定是否将其纳入货架区面积。

(2) 以中型货架为例。中型货架以存放散货、小包装的货品为主，货品的量小、品种多。通常货架间的通道较窄，适合于人工作业，如图6-12所示。

在思路上，计算中型货架区的面积可以借鉴上面重型货架区的面积计算方法。两者的主要区别在于，规划中型货架的面积主要考虑在货架上存储或分拣货品的种类与数量。根据货品的规格、特点及进出库的频率和量，计算出货品所需的货位面积大小，结合每组货架的面积，就可以得出每组货架所能够存放货品的种类数，进一步地可以得出所需要的货

架组数，从而得出货架所占的面积。

(a)　　　　　　　　　　　　　　　　(b)

图 6-12　中型货架存货示意图

想一想：以图 6-12 中的货架形式为例，每个货位只能存储一种货品，货架的顶层仅作为储备货位对应存放其下各层货品数量多的部分。那么针对众多的货品其形态、数量各异，如何规划每组货架货位的数量，以解决货位管理的统一性与货品合理存储之间的矛盾？

5．货架的布局类型

货架在库内的布局形式主要有以下几种：

1) 垂直式布局

垂直式布局是指货架的排列方向与库房的侧墙面呈垂直或平行状。其又可细分为横列式布局、纵列式布局和纵横式布局三种形式。

(1) 横列式布局。它是指货架排列的方向与库房的长边呈平行状，如图 6-13 所示。这种布局的显著优点是：主通道长且宽，副通道短，整齐美观，便于存取查点，还有利于通风和采光。

(2) 纵列式布局。它是指货架排列的方向与库房的长边呈垂直状，如图 6-14 所示。这种布局的显著优点是：根据货品的进出库频率与量优化货位存储，例如频繁出入库且量大的货品放置在主通道两侧的货架上，以提高作业效率。

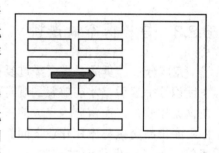

图 6-13　横列式布局

(3) 纵横式布局。它是指在库区范围内，既具有横列式布局又具有纵列式布局，如图 6-15 所示。这种布局可以兼具横列式与纵列式的优点。

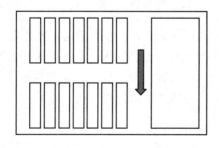 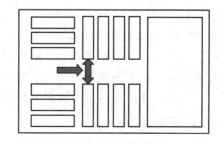

图 6-14　纵列式布局　　　　　　　　　　图 6-15　纵横式布局

2) 倾斜式布局

倾斜式布局是指货架的排列方向与库房的侧面墙或主通道成 60°、45° 或 30° 夹角。其又可分为货架倾斜式布局和通道倾斜式布局两种形式。

(1) 货架倾斜式布局。它是横列式布局的变形形式，货架与库墙和通道之间成一定夹角，如图 6-16 所示。这种布局的优点是：便于叉车作业、缩小叉车的回转角度，能够提高作业效率。但容易造成一些死角，影响库房面积的利用率。

(2) 通道倾斜式布局。它是指库房的通道斜穿存储保管区，而货架仍与库房的墙面垂直或平行。这种布局把库房分为具有不同作业特点的各区，如图 6-17 所示。这种布局的优点是：便于综合利用库房空间，具有灵活的进出路径，能够提升整体的作业水平。这种布局适合于品种单一、进出批量大、集中单元装载的货品作业。

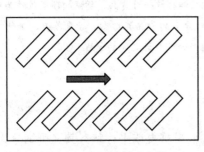

图 6-16　货架倾斜式布局

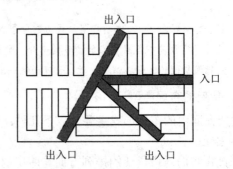

图 6-17　通道倾斜式布局

6.2.3　复核区空间规划

完成分拣的货品，需要经过复核、打包、加出库标识等手续后，才能放置到规定的位置待出库。在物流作业中，通常分拣完成的货品与复核作业、待出库货品交接与出库作业之间都会存在一定的时间差，为了确保作业的连贯性，需要设置一定的"缓冲区"。以复核作业为核心，可以把复核区分为以下三个区域：待复核区、复核作业区及待出库交接区，如图 6-18 所示。

图 6-18　复核区及关联作业区示意图

1. 规划待复核区

待复核区的功能主要是起到缓冲作用，通过该区域来平衡分拣作业与复核作业之间的工作节拍。另外，还可以作为拣选订单分类、多批次订单合并、优先级订单的处理等作业的场所。该区域一般参考货品的种类、出库量、出库方式、所选择的作业工具等综合因素来确定其面积的大小。通常该区域面积不宜过大，与拣选区和复核作业区紧密关联。

2. 规划复核作业区

复核作业区的功能主要是复核已分拣货品的单货一致性，并通过合适的方式打包、做好标识等工作。其面积的大小主要受以下几个因素的影响：货品的种类、出库量、复核方式、所选择的作业工具等。该区域面积不宜过大，通常以长条状布置，与待复核区和待出库交接区紧密关联。

3. 规划待出库交接区

待出库交接区的功能主要是将已复核完毕的货品，按照一定的规则摆放于特定的位置，复核区出库人员与送货人员交接完货品和单据后待出库。其面积的大小主要受以下几个因素的影响：货品的种类、复核作业完成待出库货品量及效率、货品出库量及效率之间的比例关系、对货品出库效率的约束等。该区域面积不宜过大，但要满足搬运工具对面积的需求，以靠近出库门为宜。通常还以一定的条件为依据，对该区域做进一步的细分，以满足货品高效率、高准确率出库的要求。

另外，在规划以上各细分区域时，如果采用机械化的设备进行作业，例如分类输送设备等，要在满足设备占地面积需求的基础上，考虑到整个库区的设备布局合理性，确定设备的具体布置。同时要充分利用设备的功能，尽可能地减少各区的面积。

6.3 生产作业辅助区空间规划

辅助性的生产作业内容决定了其分散、小规模、多样性的特点，因而有些辅助区独立存在且与其他区相邻，有些辅助区属于其他区内部独立的一部分，也有些辅助区兼具有多项作业功能等。对辅助区空间的规划需要从其功能、方便性、综合性等几个方面综合考虑，并注意它们的规划弹性。

6.3.1 生产作业辅助区规划依据

在物流配送中心总体规划章节内容中，介绍了生产作业辅助区的主要功能，在此我们以这些功能为基础，分别分析其区域规划依据，而后再分析其空间规划问题，如表 6-4 所示。

表 6-4 主要辅助作业区规划分析表

作业辅助区	细分区	建议设置的区域	规划依据
流通加工区	拆箱	月台	该作业多为后面的工序提供作业便利条件，因此在入库前就应该完成此项工作
	集装	月台/待复核区/待出库区	该作业多为入库、存储、分拣、复核、出库等作业的集装单元化提供便利，可根据实际情况在待复核区、待出库区内设置专门的集装区
	外包装加固	月台/复核区	该作业多为装卸搬运及运输中的货品安全提供便利条件，通常设置在验收作业的月台处及复核作业的打包处
	货品称重	月台/分拣区/复核区	该作业多为货品按重量验收及发货提供便利条件，根据实际情况分别设置在三个区域内的合适位置确保作业的准确率

作业辅助区	细分区	建议设置的区域	规 划 依 据
流通加工区	打印条码文字	办公区/复核区	该作业多为确保货品标识的正确性和齐全性以及出库信息的完整性、各种单据的流转等提供便利条件。通常办公区内可集中处理部分作业,复核区内设置专门的打印区域,以快速支持货品出库的各种文字、单据需求
	印贴标签	月台/复核区	该作业多是确保货品标识的正确性和齐全性以及出库信息的完整性等,通常处于入库和出库作业流程中,在其他作业中可同时完成此项工作,根据实际情况也可在待复核区单独划出一定的区域从事大量的辅助作业
物流配合作业区	车辆管制	门卫/停车区/进出货停车区	该区域适合于物流园区的设置,一般门卫处负责车辆的进出管理,为确保园区交通便利和有序,通常设置多处停车区,其他区域禁止停车
	容器回收	收货验收区/存储区/分拣区/复核区	容器回收分散在库区的很多区域内,主要为作业提供便利条件。特别是在拆零作业的物流配送中心库房内部,在诸多作业区设置合适数量的容器回收区有利于作业的衔接,提高作业效率与便利性
	废料回收	库房出入口处/存储保管区/分拣区/复核区	该区域分散在各区内部,独立设置,通常规划在产生废料、垃圾等的作业区附近,最后设置汇总区,以确定处理方式
	存取作业用具	收货验收区/存储区/待出库区	该区域主要为管理作业工具提供便利条件,根据工具特点和需求量,设置合适的区域

想一想 1: 请简述生产作业辅助各细分区的职能?

想一想 2: 请根据生产作业辅助各细分区的设置特点,分析如何灵活应用这些区域,以提高库房的空间利用率?

6.3.2 生产作业辅助区空间规划要素

以某物流配送中心库区内部的主要布局为例,来了解生产作业辅助区的各功能区布局情况,如图 6-19 所示。

通过对生产作业辅助区各分区功能的分析及各区域的布局情况可以看出,如果不受货品特点、作业需要等因素的影响,通常生产作业辅助区作为生产作业的补充,分散于各作业区区域内。在方便作业的前提下,设置适当的位置和面积,而且有些辅助区的面积还具备一定的弹性,可以在需要的时候设置,不需要的时候另作他用。在设置生产作业辅助区各分区位置及面积时需要重点考虑以下几个因素:

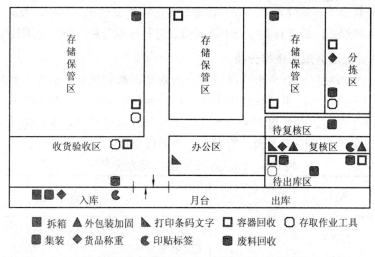

图 6-19　生产作业辅助区各功能区布局举例

1．从整个作业流程的角度考虑

围绕整体作业流程，首先考虑辅助区设置的必要性以及对作业的影响，而后再分析具体的设置位置及面积。这样就能够确保从系统的角度得出科学的方案。如果仅从某一个或几个流程考虑，可能会产生相同功能的辅助区重复设置、整体作业效率降低等情况。

2．不同的辅助区采取不同的规划原则

不同辅助区的功能与要求可能存在较大的差异，某些辅助区的设置具备一定的灵活性，而某些辅助区的设置一旦确定就不能轻易更改。例如图 6-19 中的某物流配送中心，充分发挥了月台的功能，除了入库验收、出库外，还为拆箱、集装、称重和印贴标签区等辅助作业提供场所，而这些辅助区的设置既没有特别规定其面积，也没有指定其固有位置。这样反而为作业的灵活性提供了很大的便利。再如分布于库区内的存取作业工具区的位置是为了作业的方便而设定，就不宜频繁改变位置。

3．掌握动态规划的原则

不管是从位置还是面积上看，很多作业辅助区都具备一定的柔性，这种柔性恰恰满足了物流作业效率、空间利用率等方面的要求。例如为了作业的方便，在库区内部设置了不少容器回收区，当到货量大，没有那么多容器可存放时，完全可以把这个区域临时作为存储保管区使用；或者根据货品的变化，随时调整容器存放的位置。

6.4　办公生活区空间规划

本节分两个部分介绍办公生活区的规划。一部分针对物流园区而言，设置于园区内的办公生活区；另一部分针对园区内部某库房而言，库房内部的办公生活区。从上述两个部分入手，以更全面地理解物流配送中心办公生活区的规划内容。

6.4.1　园区办公生活区空间规划

常见的物流配送中心园区有三种形式：一种是仅供本企业使用；一种是既供本企业使

用外，仍有空间剩余，将其外租；还有一种是直接出租给其他客户使用，收取一定的租金和管理费。不管哪种形式，都要对其办公生活区规划进行依据分析，然后再进行空间规划。

1．园区办公生活区规划依据分析

对物流配送中心园区的办公生活区规划，通常从有效利用园区面积、功能集中化的角度考虑，在条件允许的情况下尽量减少占地面积，充分利用土地上部的空间。为避免与园区的库区作业产生冲突，需要将园区的办公生活区与库区通过一定的设施或道路将两者分离开。在此，以某物流配送中心园区的规划为例进行分析，如表6-5所示。

表6-5 园区办公生活区规划分析表

园区办公生活区	细分区	建议设置的区域	规划依据
办公事务区	公司事务	一楼	便于快速处理各种公司事务，按照业务流程及业务量选择各业务区合适的面积及位置
	会客室	一楼	应处于办公楼内的靠近入口附近，以不接触企业内部运营环境为宜
	培训室	二楼	按照人员规模及采用的桌椅、设备规格而定，设计装修中还需采用一定的空间声音处理技术
	会议室	二楼	与培训室的依据相同，要考虑两者的通用性；其次要考虑设置的类型和数量，如有些会议不适合在较大会议室内进行
	办公室	二楼、三楼	根据部门、领导级别、部门间的业务关联度等设计不同办公室的位置及面积
	档案室	三楼	集中存放、管理一些必要的档案、文件等重要资料
	机房	三楼	单独管理并满足设备运行的条件，支持整个园区的网络运行
生活事务区	员工餐厅	二楼	方便员工的就餐，视员工规模及餐桌椅的规格设计面积，同时在建筑设计方面要考虑到与办公区的隔离问题
	娱乐室	三楼	视参与的人员规模而定，通常单个娱乐室不宜太大，可考虑多个娱乐项目
	洗手间	各楼层	各楼层都配有洗手间，视人员规模而定
	宿舍区	独立楼	视住宿人员规模而定，通常与库区、办公区分离
	垃圾处理	园区偏僻角落	主要处理园区内产生的生活垃圾，占地面积不宜过大，每日清理
	保安室	园区出入口处	紧挨园区出入口设置
	体育活动	宿舍区、办公楼广场	独立划定的区域，可进行一些项目的户外体育活动，以方便员工休息时间活动、安全为原则
	医务室	库区/办公区	以方便员工就医为原则

备注：办公楼可规划在园区的前部，也可规划在园区的后部。规划在园区后部时，通常需要单独设置进出口，以避免与货区的冲突。

2. 园区办公生活区空间规划布局

以某物流配送中心园区的空间规划为例，来了解办公生活区与整个园区的布局，如图 6-20 所示。另外以该园区办公楼为例，来了解各楼层的办公生活区布局，如图 6-21 所示。

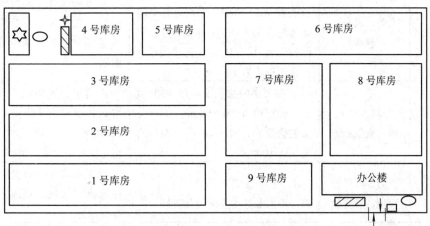

图 6-20 某园区整体规划简图

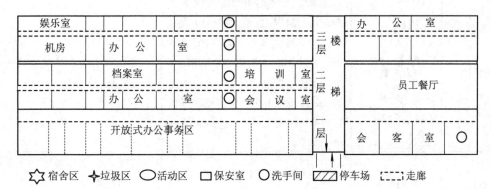

☆ 宿舍区 ✦ 垃圾区 ○ 活动区 □ 保安室 ○ 洗手间 ⊘ 停车场 ┄ 走廊

图 6-21 办公楼各区域分布简图

> 注意：图 6-20 和 6-21 并非真实建筑图纸，仅涉及主要项目且两张图所参考的比例值不同，面积不具有对比性，希望从布局的角度能给读者以参考。

在规划园区的办公生活区时，主要是要处理好作业区、办公区、生活区三者之间的位置关系，减少它们之间的相互干扰，杜绝安全隐患，尽量扩大作业区所占园区面积的比例。例如当图 6-20 中办公楼的位置处于 6 号库房位置时，就应该另外修建一个出入口，从而使得作业区与办公区的人员、车辆出入分开管理，避免了办公区的人员和车辆穿过园区的情况。

> 想一想 1：图 6-20 中宿舍区的位置是否合适，有无更好的布置方案？
>
> 想一想 2：办公生活区与作业区分别设置出入口的做法，有何优劣？

在规划园区办公楼内部各区域空间时，除了从作业流程和效率、部门职能等方面考虑其方位布置外，不同区域的面积可以参考以下数据，如表6-6所示。

表6-6　不同办公区域的面积规划

区域名称	主要决定因素	规划参考值	备　注
办公室	人数、设备、职级	办公室通道约为 0.9 m，人均办公面积 4.5～7 m²，两个办公桌间距离约为 0.8 m。主管领导办公室面积约为 14～28 m²，公司领导办公室面积约为 28～38 m²	本着沟通效率和节约资源的原则，在条件允许的情况下，尽量集中办公、减少办公室的面积
会议室	平均参会人数、会议频率	有办公桌的会议室，15～20 参会，面积约为 80～90 m²；无办公桌的会议室，50 人参会，面积约为 90～100 m²	按需求设置面积不同的会议室，会议室的会议桌可采用 U 形、H 形、环形等排列方式，并可考虑与培训室共用
开放式办公区	人数、业务流程项、业务量	按照办公室人均办公面积计算，不同业务内容间可加隔断	设置不同业务办公区域时，注意流程问题，以流水线形式办理业务
会客室	人数、频率	以 28～38 m²为宜	根据实际确定会客室的数量
洗手间	人流数	通常，大便器男 10 人以下 1 个、10～24 人 2 个、25～49 人 3 个、50～74 人 4 个、75～100 人 5 个、超过 100 人时每 30 人增加 1 个，小便器男每 30 人 1 个；大便器女每 10 人 1 个；洗手池、整妆镜男每 30 人 1 个，女每 15 人 1 个	要计算本企业员工及外来办公人员的总人流数量
餐厅	高峰用餐人数	每人用餐面积 0.8～1 m²；厨房面积为餐厅面积的 22%～35%	可考虑厨房与餐厅在上下两层，中间连通的设计方式，有利于打造良好的就餐环境
档案室	档案资料的数量及留存时间	主通道净宽不小于 1 m，两行装具间净宽不小于 0.8 m，装具与墙之间走道净宽不小于 0.6 m，装具背面与墙间距不小于 0.1 m，装具顶端与天棚间距不小于 0.5 m	宜用铁质档案橱，注意防火、防潮、防高温、防盗、防虫、防鼠、防光等
娱乐室	人数、项目	以娱乐项目和平均参与人数而定，单个娱乐室的项目不宜太多	注意日常管理与卫生
机房	设备规模	中级规模的机房约为 80 m²	注意防火、防潮、防高温等

6.4.2　库内办公生活区空间规划

一般来讲，库内的区域主要用于日常物流作业，因此在库内区域规划办公生活区将不利于库内面积的利用，而且从安全角度考虑，也存在一定的隐患。但是，有时从作业效率、作业便利性、办公成本等方面考虑，在库区内部设置一定的办公生活区又具有必要性。例如，在物流配送中心分拣作业时，可能会出现在分拣单显示的对应货位上没有商品的情况，此时需要在电脑系统查询库存情况进行分析，如果办公区距离库区很远，就会大大影响分拣单的处理速度。

通常，遵循必要性、安全性、占地面积最小等原则规划库内的办公生活区。常见的库内办公生活区分为以下几种类型：办公室、会议室、休息室、更衣室、进餐处等。原则上办公区应设于库区主出入口处，面积适当；还可考虑多个功能区的合并，例如会议室可承担休息室、进餐处等功能，以缩小办公生活区的规划面积，提高库区面积的利用率。下面以某物流配送中心的库内布局为例，来了解其库内办公生活区的规划，如图 6-22 所示。

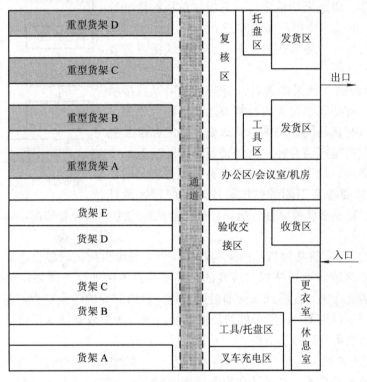

图 6-22 某物流配送中心库内布局

6.5 作业系统规划

根据货物流动的顺序，一般物流配送中心作业系统可以分为以下几个部分：订货作业系统、收货作业系统、存储作业系统、订单处理系统、分拣作业系统、出库作业系统、配送作业系统、退货作业系统、搬运作业系统。其中订货作业即采购货品，搬运作业贯穿于各作业系统，而诸多的作业系统又是通过信息系统将它们连接为一个整体。事实上，所有作业系统的规划都需要围绕着信息系统总体规划进行。在对各个作业系统进行详细规划时，在必要的情况下可以对总体规划的内容进行修改，但要确保系统的整体性不受影响。下面我们有针对性、有重点地介绍一些作业子系统规划内容。

6.5.1 订货作业系统规划

订货作业是指采购人员从供应商处订货到货品收货验收前的作业过程。通常订货作业遵循一定的基本流程，实际作业中可在基本流程的基础上，结合企业运营情况，进行有针对性的规划。

1．订货作业的基本流程

围绕着该过程包含很多与采购相关的作业内容，如寻找供应商、与供应商谈判、筛选供应商、签订供货合同、评估供应商等，还包括制作采购单、审核采购单、跟踪采购单进度、分析订单执行情况等内容。订货作业的基本流程，如图 6-23 所示。

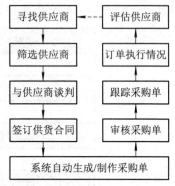

图 6-23　订货作业基本流程

订货作业的每一个环节在规划时都有一些关键点需要注意，具体如下：

(1) 寻找供应商。就采购而言，有些货品可以直接从生产商处采购，有些则必须通过经销商才能订购到货品。一般情况下，只有货品的年采购总量达到一定的标准才能够绕过中间商直接与厂商合作。与经销商合作的情况，要注意经销商的资质、经销范围等问题。例如有些货品的销售，每一个经销商都有不同的区域范围，不能跨区域订货，否则就会引起不必要的麻烦。所以，根据物流配送中心的经营情况，需要寻找到合适的供应商。

(2) 筛选供应商。就某种货品的采购而言，为了确保供应，一般会选择至少两家供应商，以降低采购风险，而所选择供应商的采购量各自占例如何，需要以总效益最优为指导，根据实际情况而定。在筛选供应商时要特别注意供应商的综合实力，需要综合衡量多方面的因素。例如供应商 A 所提供的价格最低，但其送货效率低或者结款周期短，此时就不能仅从价格的角度选择供应商 A，需要进行综合评定。

(3) 与供应商谈判。这是一个非常重要的环节，谈判的质量将会直接影响到采购战略的执行与采购成本的高低，甚至还会影响到物流配送中心的客户服务水平。与供应商的谈判是一个双方甚至多方的博弈过程，需要采购人员具有良好的谈判态度及掌握一定的谈判技巧，以便能够更好地控制谈判局势，掌握主动权，引导供应商达成自己希望的合作意向。其中谈判的主要内容包括价格、到货时间、退换货条款、结款周期等。

(4) 签订供货合同。当供需双方达成合作意向后，通过签订合同的形式明确各自的权利和义务，以促使双方的合作顺利，并且在出现争议时，提供处理依据。在合同具体执行的过程中，出现了合同未涉及的问题，还可以通过合同修订、补充条款等方式完善，以更好地维护双方的合作关系。

(5) 系统自动生成或人工制作采购单。比较常见的采购形式有以下三种：一种是电子采购单，即供需双方的信息化办公程度都比较高，且部分数据共享，需方根据软件系统的预设条件自动生成采购单，采购单按预定的程序自动传送到供方，供方依据此信息进行备货、发货；另一种是采购单由需方的系统自动生成，但不能够直接发送给供方，而是经过采购人员通过纸质或邮件等方式给到供方，供方依据此单进行备货、发货；还有一种就是由采购人员根据需求自行制作的采购单，通过传真、邮件等方式给到供方，供方依据此单进行备货、发货。采用何种下单方式一般根据信息系统的支持程度而定。

(6) 审核采购单。对于软件系统自动生成的采购单，由于设定条件、现实销售、供应商促销等方面的限制，很多时候采购单信息与现实需求存在一定的差异，因而需要人工进行复核修改，以使库存合理化。另外还要注意审核订货数量、价格、送货时间等信息是否正确。审核通过的采购单，是真实采购需求的反映，能在很大程度上防止采购失误。

(7) 跟踪采购单。这是确保采购单有效执行的重要保障。采购订单传给供应商之后很可能出现货品价格变动、供应商库存不足或供应商忘记备货等情况，此时若不及时与供应商沟通，将会耽误货品的按时到货。采购人员及时跟进采购单的处理进展，有利于及时发现问题，采取相应的应急措施，确保采购单的顺利执行。

(8) 订单执行情况。供方能够快速、完全地执行采购单内容是供需双方都希望看到的结果，但随着市场环境、企业经营环境、企业管理水平等因素的影响，实际上采购单的执行会存在一定的出入。例如经常出现到货数量低于采购数量、实际到货日期滞后于计划到货日期、到货品残次率高等情况。因此，需要对采购单的执行情况进行必要的分析。

(9) 评估供应商。与供应商合作一段时间以后(例如一个季度)，采购人员需要对该时间段内的合作情况进行评估。一般会选择一些比较关键的指标进行考核，例如到货准时率、订单满足率、到货残损率、退换货效率、价格波动情况等方面的指标。通过评估后发现问题与不足，并与供应商分析原因，以进一步提高合作水平。对于不符合企业要求且又无法改进的供应商，应停止合作，重新寻求新的供应商。

另外，订货作业中还会涉及编制采购计划、修改采购计划、价格修改审批、供应商信息管理、辅助结款等业务内容，它们穿插于订货作业的基本流程中，在实际作业中，同样需要予以重视。

2．订货作业与其他作业的关系

订货作业系统并不是孤立存在的，而是与其他部门或作业内容之间存在多种交叉关系，其中又以与仓储物流和销售的关系最为密切。

(1) 与仓储物流作业的关系。一般来讲，仓储物流部门的到货验收、货品退厂都会与供应商产生业务关联，采购部门就是他们之间沟通的媒介。而订货业务是以库存量为基础进行的，采购人员必须非常清楚库存货品的数量、批次、到货日期等信息，以便于做出正确的订货决策、优化库存品种与数量。

(2) 与销售作业的关系。订货作业会受到货品销售的直接影响。一方面货品配送出库后，需要不断地补充库存以确保货品的连续配送；另一方面，进行货品促销、旺季销售时，还要提前备好库存，以确保货品的正常配送。此外，财务部门与供应商的结款、对账等还需要采购部门的协助。

订货作业的这些特性也决定了进行订货作业系统规划时，既要站在本身业务流程的角度，又要站在业务相关内容的角度，确保整体作业系统的顺畅与高效。

 想一想：仓储物流部门可以与供应商直接进行业务沟通吗？

6.5.2 收货作业系统规划

收货作业是指收货人员接收到货并检验入库的作业过程。通常收货作业遵循一定的基本流程，实际作业中可在基本流程的基础上，结合企业运营情况，进行针对性的规划。

1. 收货作业的基本流程

围绕着该过程包含很多作业内容，如到货预约、到货信息确认、卸货、货品检验、不合格品处理、货品入库等。还包括接收退货、货品退供应商、供应商送货情况反馈等内容。收货作业的基本流程，如图 6-24 所示。

需要特别注意，此处把物流配送中心客户的退货处理划为收货作业的业务职能之一，是基于所有入库货品全部由专职收货人员进行处理的思路，实际操作中可根据业务流程灵活处理。

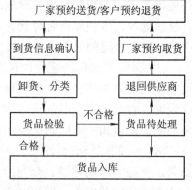

图 6-24　收货作业基本流程

 想一想： 物流配送中心客户的退货是否可以由保管人员接收处理？有何利弊？

收货作业的每一个环节在规划时都有一些关键点需要注意，具体如下：

(1) 厂家预约送货/客户预约退货。对于平时进货量和退货量比较大的物流配送中心这一点非常重要。收货人员可以根据预约情况，预先安排必要的人力、物力，而入库人员也可以做到合理安排好货位等事项。对于厂家送货预约事项，采购人员可以在采购合同中就预先约定，以避免实际送货过程中厂家送货人员与仓储物流部门之间的争议。

而对于客户预约退货的管理就存在一定的难度。物流配送中心的客户可能是多种多样的，他们的规模、经营方式、配送频率及货品品种、数量等方面存在一定的差异，在执行预约退货方面难以完全统一。从客户服务及客户配送体验的角度考虑，通过一定的方式引导客户采用预约的方式，而对于没有预约的特殊情况也要予以妥善处理。需要注意的是，在此环节预约人员对送货时间安排、送货厂家数量控制、客户退货品种控制等事宜要正确把握，避免打乱工作计划。而且按照实际需要，预约送货人员与预约退货人员完全可以分开管理。

(2) 到货信息确认。从现实的操作经验来看，这是一个必要的步骤。首先要明确需要确认信息的内容项，至少包含以下几种：是否已经预约(可提供预约号)、是否携带采购合同等必要送货单据、是否与预约送货货品相符。只有审核通过的送货才能够进入到收货程序，如此才能保证在正确的时间，由正确的送货商，送达正确的货品。需要注意的是，在此环节信息的确认建议由文职人员完成，确认无误后，再由收货人员进行下一个流程的工作。

而对于客户预约退货的情况，建议由配送人员初步进行退货信息的确认，而后再转给收货人员处理，以避免将不符合退货要求的货品返回仓库，增加人力物力成本的支出。但是这种做法会影响到配送效率，同时还要求配送人员具备一定的验货能力，实际操作中还需要找出更加合理的方式。

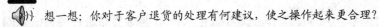
想一想：你对于客户退货的处理有何建议，使之操作起来更合理？

(3) 卸货、分类。这一环节将会直接影响到验收货品的效率和准确率。首先厂家可能同时送达多个采购单的货品，此时需要按照每一个采购单分别卸货；其次每一个采购单可能包含多种货品，需要将每一种货品单独分类。如此，将会大大方便检验工作的进行。需要注意的是，货品的堆放还要便于入库作业，尽量避免验收完毕后的二次搬运。

(4) 货品检验。货品检验主要检验以下几个方面的内容：货品的品种、规格、数量等是否与采购单相符，货品的外包装、内容物是否符合验收标准。检验合格的货品可办理入库手续，因各种原因检验不合格的货品可由厂家直接带回，或将货品转入暂存区待处理。需要注意的是，验收货品必须严格按照验收标准执行，确保入库货品都是合格品。对于无标准可参考，或不能把握的货品必须报直接领导，经相关领导确定后，才能够进行验收。

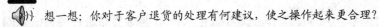
想一想：货品的价格需要检验吗？由哪个职能的人负责比较合适？

(5) 货品待处理。待处理货品是指货品验收过程中不满足入库条件，但又无法现场退给供应商的货品。待处理货品通常都是临时在暂存区存放，由收货人员上报采购等人员，等待处理意见。需要注意的是，暂存区的待处理货品需要相关人员尽快给出处理意见，否则将会增大收货人员管理货品的压力。待处理货品的处理意见通常分为两类：一类是可以入库，例如到货数量高于采购单的货品，另外补采购单入库；另一类是货品退给送货商，例如质量残次，即使折价也不能销售。

(6) 货品入库。符合验收标准的货品应该予以入库。此时的入库包含两个方面的内容：一个是合格品入库存账，出具入库单；另一个是保管人员将货品存入存储区的对应位置。入库存账的入库单作为送货商货物送达、后续结款的凭证，货品入库的入库单作为保管人员与收货人员交接货品入库上架的凭证，两者是不同的含义。

待处理货品根据处理意见需要入库的，按照正常的入库手续予以办理。需要注意的是，有些货品在暂存区存放的时间过长，一直未得到处理，当处理意见出来的时候可能已经不符合验收标准，此时需要收货人员及时反馈相关信息。

(7) 退回供应商。待处理货品经确认不能够入库的，需要及时将货品退给供应商，并且供应商应该承担相应的保管费、退货费等费用。通常，该工作由采购人员与供应商沟通尽快落实处理意见及退货方式等内容，收货人员要注意及时正确地反馈退货信息，做好后续的退货处理工作，并协助采购人员做好与供应商的沟通。例如退货需要供应商自取的，收货人员要协助采购人员做好退货的预约工作。

2. 收货作业与其他作业的关系

收货作业系统不是孤立存在的，而是与其他部门或作业内容之间存在多种交叉关系。其中又以与订货作业、入库上架作业、财务及文职方面工作等最为密切。

(1) 与订货作业的关系。物流配送中心的订货作业属于采购系统，收货作业属于仓储系统，两者的作业流程以及出发点不同，难免会出现矛盾、摩擦的情况。例如货品验收标准的确定很大程度上受到采购人员的影响，而作业流程是从仓储管理的角度出发制定的，往往出现供应商对验收标准很满意而对验收流程意见很大，此时就需要采购和仓储进行充分的沟通。另外，收货作业的主要依据就是采购订单，而在作业过程中出现的很多问题都需要与采购进行沟通。

(2) 与入库上架作业的关系。入库上架作业需要依据入库单据对货品进行抽检，以确认货品的正确性；收货作业时货品的包装、分类等要有利于上架作业进行，避免无谓劳动的付出。

(3) 与财务、文职作业的关系。货品验收合格的信息资料需要转给财务部门入库存账，财务部门审核入库资料的齐全性与准确性，因而收货资料的不清晰或不完整，都会影响到货品的正常入库。供应商送货预约、送货资料的审核、货品验收过程中需要完善的事项(如打印货品条形码)等通常都由文职人员予以完成。

收货作业的这些特性也决定了进行收货作业系统规划时，既要站在本身业务流程的角度，又要站在业务相关内容的角度，确保整体作业系统的顺畅与高效。

6.5.3 存储作业系统规划

存储作业是指货品在库内存储过程中的相关作业过程。通常存储作业遵循一定的基本流程，实际作业中可在基本流程的基础上，结合企业运营情况，进行有针对性的规划。

1. 存储作业的基本流程

围绕着该过程包含很多作业内容，如上架作业、理货作业、盘点作业、货位管理作业、残次品管理作业、库存调整、库内保管条件控制、安全隐患排查等。存货作业的基本流程，如图 6-25 所示。

存货作业是物流配送中心各作业中包含内容最丰富的环节，而且大部分的内容都是交叉并行的。存货作业系统运行的水平直接决定着整个物流配送中心仓储部分的管理水平，需要予以详细规划。

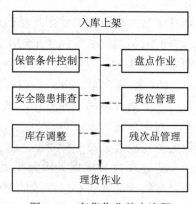

图 6-25 存货作业基本流程

存货作业的各主要作业内容在规划时都有一些关键点需要注意，具体如下：

(1) 入库上架作业。对于能够单元化集装的货品，不管是收货还是入库上架都可以通过叉车等设备比较高效率地完成装卸搬运，然而对于散货比较多的货品无论是收货还是入库上架都会比较繁琐低效。因此当货品上架不能够实现单元化托盘搬运的时候，就需要通过较多的人工或设备成本投入以实现上架作业的高效率和高准确率。

另外，上架作业货品的摆放要以方便货品的分拣和盘点等作业为原则，做到一次作业到位。例如上架货品行与列的摆放都有规律，则大大方便了后续的盘点工作；若货品已经完成了上架，但没有规律可循，在进行盘点作业时，还需要进行二次整理。

此外，上架货品要保证"先进先出"的原则，原有库存货品要确保处于货架的前端位置，而不是为了方便直接将新到货品压于原有货品之上。

还有，上架人员要准确把握单品货位容量与单品总量之间的关系。当原有货品的货位不能够满足到货的存储空间要求时，要适当予以调整存储位置，做到单品管理有序、"一品一位"。

(2) 理货作业。主要从两个方面理解理货作业的内容。一方面审查并适当修正上架作业的不当之处，使之符合作业标准；另一方面，由于不断地进行货品的进和出作业，货品的在库存储状态不满足仓储管理的既定规定，需要进行整理。例如某货品在分拣货位的摆放混乱，不利于分拣作业，此时需要理货人员予以修正，并提出意见。例如某分拣货位的货品随着分拣作业的进行，货位上货品的数量不断减少，为了保持分拣作业的连续性，理货人员需要及时将货品从存储货位向分拣货位补货。理货作业的核心在于一个"理"字，通过该作业环节，使在库货品的管理符合各种作业的要求，以提高其他作业的效率和准确率。在规划理货作业的内容和标准时，要特别注意工作职责与标准的制定，明确与相关作业内容的关系，杜绝因业务内容没有明确到位，而出现作业责任不分主次、模棱两可的情况。

(3) 保管条件控制。根据物流配送中心经营货品的种类，首先要明确其物理、化学性质，将适合相同保管条件的货品，在相同的环境下储存与管理；对于容易串味、变质、易挥发等货品的储存要满足特定的保管条件。然后，在日常管理中要注意检测保管条件的变化，确保将保管条件控制在符合要求的范围内。保管条件的控制往往随季节的变化而不同，而且还可能涉及多种保管设备的使用，需要保管人员将该工作日常化、例行化，并建立有效的监督机制。

(4) 安全隐患排查。该工作可以从两个方面来理解：一方面物流配送中心设置专门的安全管理岗位，通过安全管理人员的日常工作，达到消除隐患，增进安全生产的目的；另一方面，理货人员在库内日常作业中，要把安全隐患的排查与消除作为工作职责之一执行，从而能够第一时间发现危险因素。

安全管理人员与理货人员的岗位不同，其对安全管理的侧重点也不同。例如安全管理人员的安全排查主要体现在消防、交通、设备、防盗等内容，而理货人员的安全排查主要体现在对库内作业现场货品堆放、货架安全等方面。

想一想：理货人员赋予一定的安全职责是出于何种考虑？

(5) 库存调整。此处的库存调整主要是指库存账务的调整，与盘点作业结合进行，以确保库存货品的账物相符。通常库存调整工作都要设定一定的流程和审批权限，并且应该设定相应的奖惩措施，以加强账物管理的准确性。例如货品 A 与货品 B 外观相似，但不是同一种商品，出现货品 A 库存多一个，货品 B 库存少一个的情况，此时由保管人员经盘点后填写库存调整单。主管人员签字后，由财务部门进行核查，确认后进行账务调整。如果涉及的金额比较大，还需由更高级别的领导签字，需根据公司的授权范围而定。

想一想：相对于账务调整来说，该如何统计库存调整金额才更合理？

(6) 残次品管理。此处的残次品主要是指合格品入库后，货品在库产生的残次。对残次品管理的规划主要围绕以下几个方面进行：确定残次品的"发现"机制、分析残次品产生的原因、重新梳理作业流程或标准从源头杜绝产生残次品的可能、形成残次品的处理机制以及确定奖惩方案等。例如，上架人员在上架过程中发现残次品，可能是由于验收货品不仔细造成的；理货人员在理货过程中发现残次品，可能是由于保管条件不合适或分拣人员的失误等原因造成的；盘点人员在盘点过程中发现货品过期，可能是由于货品没有按先进先出的原则造成的等。由于残次品的损耗是对公司资产的直接损失，因此在规划其管理方案时必须坚持细化、责任明确、从源头处理的原则。需要注意的是，残次品的处理往往需要与采购人员的密切配合，以最大限度地降低公司的损失。

(7) 货位管理。货位管理主要包括货位规划、货位调整和货位分析三部分。在物流配送中心仓库运营前，根据货架规格、库内空间、分拣方式等因素进行货位设置的规划，在运营过程中，根据实际作业情况进行必要的货位分析，从而对货位规则、大小、不同货品的存放地点等信息进行必要的调整。货位管理是一项动态的、贯穿库内规划始终的工作，需要规划人员特别重视。另外，货位管理水平的高低将会直接影响到物流配送中心库区的存储量、货品的先进先出、分拣效率等方面的运营水平。

(8) 盘点作业。盘点作业是物流配送中心仓储管理的重要方面，通过盘点可以发现运营中存在的问题，能够不断促进作业流程及标准的合理性。盘点作业主要包括以下几个方面的内容：确定盘点方式、明确盘点周期、制定盘点计划、固化盘点标准、落实盘点后的账物处理方式及执行奖惩规则等。规划盘点作业主要是通过一定的方式方法使之常态化，并且形成监督机制，使之数据真实可靠，而后通过盘点数据的分析发现问题，并提出解决方案。

2. 存储作业与其他作业的关系

存储作业在物流配送中心的各种作业中处于比较中心的位置，与之相关的作业项也比较多，在进行存储作业系统规划时要考虑到这种相关性。

(1) 与订货作业的关系。订货作业除了要考虑销售因素外，还要考虑到仓储因素。例如需要考虑仓库的库存量、库存量的准确性和仓储空间的大小。如果库存量比较大，就需要少订货或者推迟订货时间；如果仓库的库存数据不准确，就会直接影响到货品订购数量的确定；如果采购人员不考虑到仓储空间的大小而大量备货，就会使得仓库面积紧张，从而影响到货品的进销存作业。

(2) 与收货作业的关系。按照"不重复作业、前道工序为后道工序提供方便"的原则，在收货作业阶段，货品的排列、摆放、包装规格等作业内容，就应该为方便上架作业及货品在货位的存储做好准备。按照"后道工序监督前道工序作业效果"的原则，存储作业的相关内容要对收货作业的效果做好监督。例如，通过上架人员的核查发现某货品入库数量与实际数量不符，从而进一步完善货品收货入库的准确性。

(3) 与分拣作业的关系。存储作业是分拣作业的基础，存储作业决定着分拣作业的方式、效率和准确率，而分拣作业的方式选择也直接决定着存储作业的方式，两者互相影响，互相制约。在规划存储作业时必须要考虑到分拣作业的影响。

另外，本着"充分利用库内空间、尽量增加存储空间"的原则，要在允许的范围内，加大存储区的面积，缩减其他作业区的面积，使库内面积的利用最大化。因而存储区的面积与位置也会直接影响到其他各作业区的面积和相对位置，需要予以重点考虑。

6.5.4 订单处理系统规划

订单处理作业是指从接到客户订货开始到准备拣货为止的作业过程。通常订单处理作业遵循一定的基本流程，实际作业中可在基本流程的基础上，结合企业运营情况，进行有针对性的规划。

1. 订单处理作业的基本流程

围绕着该过程主要包括以下作业内容：确定订单处理方法、接收订货信息、整合订单、输出订单、分配订单等。订单处理作业的基本流程，如图 6-26 所示。

订单处理作业连接着客户需求与分拣作业，是准确把握客户需求、高效处理客户订单的重要环节。作为提高配送效率的首要环节，订单处理作业的效率、准确率及合理性将会直接影响到客户的服务体验。

在规划订单处理作业的各主要作业内容时都有一些关键点需要注意，具体如下：

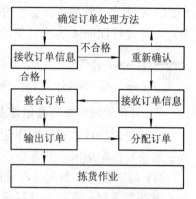

图 6-26　订单处理作业基本流程

(1) 确定订单处理方法。通常有两种方法供选择：人工处理和计算机处理。人工处理方式具有灵活性、人性化等特点，但处理速度慢，且容易出错，较适合于少量订单的处理。计算机处理方式具有速度快、效率高、准确率高、成本低等特点，但对硬件和软件的要求比较高，较适合于大量订单且对订单处理的速度要求高的情况。根据物流配送中心的现行发展状况，结合具体运营情况，建议采用计算机处理为主，人工处理作为补充的方式，以最大程度提高物流配送中心的订单处理水平。

(2) 接收订单信息。通常有两种方式供选择：人工方式和计算机方式。人工方式即主要通过人工参与的方式处理客户的订货信息。例如通过电话、邮件、微信等方式接收到客户的订货信息，然后再将信息录入到计算机信息系统中，通过信息系统打印出的单据给客户备货。计算机方式即主要通过计算机系统自动运行的方式处理客户的订货信息。例如客户从某物流配送中心的网站上直接下单，信息系统自动接收订货信息。相对来讲，后一种方式对客户和物流配送中心的软硬件要求高，且需要两者的软件系统打通，共享部分数据；而前一种方式对双方的软硬件要求都比较低。在规划时，要注意到这种条件的限制。

经过人工或计算机系统筛选，认为合格的订单，则进入下一个处理程序；而由于各种原因不合格的订单，需要重新向客户确认；重新确认后的订单，需要根据实际情况采取适当的处理方法。

(3) 整合订单。这一点在业务量大的物流配送中心非常有必要，特别是小批量、多品种、多客户订单的操作。通过订单整合，可以大大提高作业效率，减少不必要的人力、物力消耗，但是整合订单对计算机软件系统的要求比较高，需要提供合理的算法，切实起到积极的效果。在做这方面规划时，要注意软件的功能支持，以及探索高效的订单整合算法。整合订单的过程实际上就是根据多个约束条件，软件系统经过运算而得出最优的订单处理方案的过程。需要注意的是，软件系统的运行逻辑遵循一般的规律，但不能够处理一些突发情况或紧急订单，因此需要根据实际运营情况进行必要的人工干预，以实现对订单处理的最优化。

(4) 分配订单。分配订单主要是指客户订单信息经过处理后，变成分拣作业的分拣单,由于不同分拣单的货品种类、存储区域、货量等情况都不同,因而有必要按照特定的规则对分拣单进行分配。通过这种分配形式,能够提高客户订单的分拣效率和准确率,而且还能够平衡分拣人员的工作量,避免订单处理的不经济行为。例如根据软件系统的运算规则,A 客户订购的货品分别分布在三张分拣单内,只有三张分拣单都能够高效率地完成分拣,才能够保证 A 客户订单的迅速完成。

> 想一想:请根据上述内容的介绍结合基本流程,分析图 6-26 中"输出订单"与"开始按单拣货作业"及"接收订单信息"与"分配订单"之间的虚线箭头所表达的是何种含义?

2. 订单处理作业与其他作业的关系

订单处理作业与后勤类作业的关系比较密切,主要是对客户订单信息的处理,使之成为能够被物流配送中心的各作业系统识别、读取的信息。

(1) 与销售、客服人员作业的关系。当客户信息系统与物流配送中心的信息系统不能共享某些数据时,客户的订货通常通过销售、客服等人员来完成与物流配送中心系统的对接。例如 A 客户通过物流配送中心的客服订货电话订购 B 货品 100 个,客服人员需要跟客户确认货品名称、数量、价格、送货日期等事项,确认完毕后将订货信息输入计算机系统,进行后续的作业。

(2) 与分拣作业的关系。订单处理属于前道工序,分拣作业属于后道工序,只有当订单的整合和分配作业做到科学合理,才能够保证高效率的分拣作业。而通过对分拣效率的分析与对比,能够重新审视订单处理的科学性,从而进行必要的优化。

(3) 与文职类作业的关系。其主要与分拣单或出库单的打印关联比较大。在没有完全脱离纸质分拣单的物流配送中心内,当订单数量比较多时,文职人员的打印单据工作就变得非常关键。若不能够正确处理单据打印顺序或掌握好打印时间,将会影响到分配订单的进行。

总之,订单处理作业虽然看上去比较简单,但在实际操作中如果处理不当将会影响到物流配送中心的运营效率与水平。

6.5.5 分拣作业系统规划

分拣作业是指分拣人员根据分配的拣选单将货品从货位中分拣出来,整理后待复核单货一致性的作业过程。通常分拣作业遵循一定的基本流程,实际作业中可在基本流程的基础上,结合企业运营情况,进行有针对性的规划。

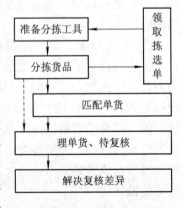

图 6-27 分拣作业基本流程

1. 分拣作业的基本流程

围绕着该过程主要包括以下作业内容:领取分拣单、准备分拣工具、分拣货品、匹配单货、整理单货待复核、解决复核差异问题等。分拣作业的基本流程,如图 6-27 所示。

分拣作业的效率和准确率是影响物流配送中心配送效率的关键因素。只有在满足货品高效率、高准确率分拣的前提下，才能确保后续作业环节的优化与调整。因而，在物流配送中心的现实运营中，该工作环节是重要的研究和规划环节。需要规划人员选择最合适的分拣作业方式，将该环节的每一项作业子项进行细分，研究出最合理的作业流程和动作。

分拣作业的各主要作业内容在规划时都有一些关键点需要注意，具体如下：

(1) 领取拣选单。该工作紧承接分配订单环节。通常的作业场景是：分拣人员按一定的规则领取拣选单，按单进行分拣作业，当完成某单或某批单的分拣作业时，进入下一个领单程序，开始新的分拣作业。该工作项的规划主要是严格按照分配拣选单的规则领取，但同时要注意不同分拣人员工作量的均衡问题，涉及绩效考核的，既要保证员工绩效的公平合理性，又要保证分拣作业的有序性，确保不仅能够按时按量完成拣选任务，还能够按照轻重缓急的顺序依次完成。

(2) 准备分拣工具。分拣工具主要由在库货品的种类和货品的特性而定，只有选择合适的分拣工具才能提高分拣作业的效率，同时也可以降低货品因放置不当造成损坏的潜在风险。因而规划分拣作业时，要预先考虑到如何选择合适的分拣工具这一因素，以确保为分拣作业做好辅助支持。

(3) 分拣货品。传统分拣货品凭经验、靠熟练的方式不能够满足现代物流配送中心对货品分拣的速度和效率要求，而且在多品种、多客户、大量订单的情况下，传统的分拣作业做法难以应付。而比较先进的分拣方法如条形码拣选技术、**RFID** 拣选技术、语音拣选技术等都依靠先进的软件系统支持，而软件系统设置的分拣逻辑全部是设定条件下的最优选。因此在规划货品分拣作业时需要特别注意以下三个方面：一是，参考成熟的分拣模式、分拣路径规划的方法及作业动作标准等内容，掌握其运作实质，并与本企业的货品情况、人员配置等因素有机结合，得出符合本企业的分拣方式；二是，分拣人员在作业中要注意思考、管理人员要注意观察与分析，不断优化作业流程与标准；三是，管理人员要在规划前和实施中注意数据分析，根据数据分析的结果调整分拣策略。

(4) 匹配单货。匹配单货是指为了提高作业效率，某客户一个订单的货品可能分散在几个拣选单中，需要根据客户需求，将货品进行二次组合，做到货品与客户订单的需求相匹配。需要注意的是，匹配单货的环节需要依据物流配送中心的具体分拣情况而定，并不是必须的。在规划该作业内容时，要注意空间的大小、位置选择要合适，要切实能够提高分拣效率。

在无需进行单货匹配的情况下，可参考图 6-27 中的虚线箭头指向，将完成分拣的货品和单据直接进入到待复核环节。

(5) 理单货待复核。从理想的角度考虑，分拣作业与复核作业应该是"供需平衡"的。理想的场景如下：当某一单货品即将复核完成后，分拣作业新一单货品已经完成，处于待复核状态。但现实的作业中，受多种因素的影响，这种平衡状态难以达到。一般可以在规划中采用复核作业略滞后的思路安排人员配置，使部分订单处于待复核状态。此时要注意单货的匹配性，避免出现 A 单对应 B 货的情况。

该项工作内容，作为货品在库到货品准备出库的临界处，实际工作中有很多细节需要关注，因此在规划时从空间、流程等方面要特别注意，不能忽视。

(6) 解决复核差异。当复核货品发现单货不符或者货品损坏等情况时，需要分拣人员对该差异进行确认，协同复核人员共同解决差异问题。常见的差异情况有：发错货、货品损毁不符合出库标准、多发货或少发货、复核人员复核错误等。需要针对不同的差异情况采取不同的处理方法，切忌盲目纠错，而忽视错误产生的原因及追查错误的真实性。处理差异会大大降低分拣及复核双方人员的工作效率，因而需要规划出合理的流程和作业标准以最大限度减少失误的产生。另外，还要制定快速合理的处理差异的流程与方法。

2. 分拣作业与其他作业的关系

与分拣作业关系密切的主要是存储作业和货品出库前的复核作业。

(1) 与存储作业的关系。分拣作业实质上就是将存储在货位的货品取下的过程，因而合理的存储作业将直接关系到分拣作业的效率与准确率。分拣作业涉及的主要作业要素如货位号、条形码、分拣路径等都是存储作业主要要素的直接体现。它们之间也是前后工序的关系，而且在进行分拣作业的同时也在进行存储作业，如盘点、上架、理货等，因而两者也存在一定的并行关系。在作业规划中，两者并行作业内容的交叉进行比较难梳理，需要予以重视。例如在某个时段的某个区域内，分拣、上架和理货作业在同时进行，那么如何使它们不冲突，不影响各自的作业效率，或者如何减少它们产生冲突的概率，都是需要仔细研究的问题。

(2) 与复核作业的关系。分拣作业与复核作业是前后工序的关系，工作节拍相互影响，特别是分拣作业效率低的话，直接导致复核作业的空闲，出现不经济的现象。另外当复核作业或分拣作业产生失误，出现单货不一致时，将会占用双方的时间去核对。规划中，往往需要把两者联系在一起，即作业标准分别设计，作业有交叉的环节需要把它们结合在一起，综合考虑。

总之，分拣作业作为影响配送效率的关键性因素，既要研究分拣作业本身，又要从系统的角度出发，研究与之相关的存储作业和复核作业，从相互融合、相互影响、相互协调的角度做好流程和细节等方面的规划。

6.5.6 出库作业系统规划

出库作业是指分拣货品经复核包装后，按照配送计划，将货品配送出库的作业过程。通常出库作业遵循一定的基本流程，实际作业中可在基本流程的基础上，结合企业运营情况，进行有针对性的规划。

1. 出库作业的基本流程

围绕着该过程主要包括以下作业内容：复核单货一致性、按单打包、粘贴标识、货入待发区、发货交接、货品装车等。出库作业的基本流程，如图6-28所示。

出库作业作为货品出库前的最后一个程序，对出库货品的正确性、合格性以及包装负有主要责任，而且出库作业的效率和准确率将会直接影响到配送的效率和准确率。在对此部分作业内容进行规划时，不能因为处于配送前的末端环节而忽视其重要性。

出库作业的各主要作业内容在规划时都有一些关键

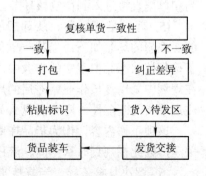

图6-28 出库作业基本流程

点需要注意，具体如下：

(1) 复核单货一致性。通常有三种方式复核单货的一致性：手工方式、机械设备方式、手工与设备相结合的方式。手工方式即通过人工核对的方式复核客户订单信息与出库货品的一致性，多应用于传统的业务量小或整箱出货的物流配送中心；机械设备方式即通过自动化的机械设备，无需人工核对，设备自动识别出库货品与客户订单信息的一致性，多见于信息化程度高、业务量大、管理方式先进的物流配送中心；手工与设备相结合的方式即通过人工操作一定的设备，两者相配合识别出库货品与客户订单信息的一致性，我国现行大多数的物流配送中心都采用这种方式。在规划中，不管采用哪种方式，一定要考虑到货品种类、管理手段、软硬件设备投资情况等因素，以准确、高效为主要目标。

在规划复核作业流程与标准时，要切实体现复核纠误的职能、体现出复核环节的价值，防止作业疏漏。另外，要注意研究出现单货不一致时的纠错机制，从作业流程与标准上，提高处理效率，从而加快货品出库的效率。

(2) 打包。打包作业是为了货品在搬运、配送过程中的牢固及便于搬运和运输，同时还能够确保货品的安全。因而，不管是散货还是整件货的配送都要进行必要的打包作业过程。现实中，往往出现打包不合格，导致搬运效率的降低、包装内货品损毁等情况，所以在规划该作业过程时，要注意细化标准、制定不同货品及其组合的包装规则。例如打包 A 客户某订单的多种货品，使用 B 规格的包装箱略大，使用 C 规格的包装箱略小。显然使用 B 包装箱将会导致货品运输过程中在箱内晃动，使用 C 包装箱将会使货品受到挤压变形。比较好的做法是，使用 B 包装箱并在箱内加适当填充物。

对于从事多品种、小批量、多客户货品配送业务的物流配送中心，打包环节作业的效率和合理性对配送效率的影响非常大。在规划中，要仔细研究货品特点及客户订单的规律，从而制定符合实际运作情况的打包作业流程和标准。

(3) 粘贴标识。为了配送的方便，需要在外包装的箱体上粘贴信息标识单，用以描述客户名称、客户地址、订单号、该订单由几箱货组成等信息。出库人员和配送人员可以根据此信息单结合出库单交接货品。在规划该作业时，要注意明确信息单粘贴的位置，以加快交接速度；信息单所包含的内容方面要依据实际情况而定。

(4) 货入待发区。待发区也就是货品出库前的暂存区。此时已经做好了订单货品出库前的所有准备工作，等待与出库人员的交接。通常配送货品以客户为单位，因而货品在待发区的暂存也应该按照以客户为单位摆放，摆放的方式要以方便与配送人员的交接及搬运出库为原则。

(5) 发货交接。配送人员承担货品配送的责任，需要与出库人员交接客户订单及对应的货品。通常交接的主要内容包括：客户名称、订单数量、每份订单的货品件数等。这也就是为什么在粘贴标识和货入待发区环节要规划好作业标准的部分原因，能够为货品交接的快速进行提供便利条件。

(6) 货品装车。装车环节并不是简单地将货品装上配送车辆，而是需要遵循一定的规则。例如按客户配送的先后顺序装车，装车时要注意重不压轻，要注意规则包装和不规则包装的装车技术等。在规划初期，可以制定一些基本的原则，在具体的操作过程中，根据实际情况可以开发出一些实用的装车技术，并可以根据作业现状，对包装物、包装方式等提出改进措施。

2. 出库作业与其他作业的关系

与出库作业关系密切的主要是分拣作业、配送作业和客服作业。

(1) 与分拣作业的关系。其主要是与复核作业之间的关系，在上面介绍分拣作业时已涉及这方面的内容，在此不再重复。有些物流配送中心有流通加工的业务，根据具体情况可能会放在分拣作业的环节，也可能会放在复核打包的环节，在规划作业流程时，要注意分析其合理性。

(2) 与配送作业的关系。其主要涉及配送人员与出库人员的单货交接，以及货品配送给客户时，与客户交接单货过程中出现的差异，需要与出库人员沟通确认。出库人员应该尽可能地为配送人员快速交接提供便利条件。另外，原则上，配送人员与出库人员交接单货完毕后，货品的管理责任转由配送人员承担，但在配送过程中出现客户的单货不符情况时，出库人员有义务协助追查原因。因此在规划时，既要明确责任，又要明确义务。

想一想： 为确保出库的准确性，便于区分责任，整件原包装货品出库与散货二次包装货品出库，该如何规划交接方式比较合适？

(3) 与客服作业的关系。从流程上讲，在复核打包环节没有发现单货不一致的情况下，就认为单货是相符的。但配送人员与客户交接货品时，有时会出现单货不符的情况，此时需要客服人员、出库人员协助处理。在规划时，要明确客服人员的责任及处理流程。

想一想： 一般来讲，货品出库时整件的、原包装的需要配送人员确认，而多种散货混装在一个包装箱的，配送人员只负责确认有没有这件货，不负责再重复确认包装箱内的货品明细。配送过程中散货出现单货不符问题的处理比较麻烦，既影响配送效率，又影响客户体验，还难以落实责任。那么如何规划处理流程和责任划分比较合理？

总之，出库作业要把好货品出库前的最后一关，做到准确无误，同时提高作业效率。除了规划好本作业环节的工作流程与标准外，还要注意与上下游工序的配合。

6.5.7 搬运作业系统规划

首先，搬运作业串联起了物流配送中心的作业活动，通过不同形式的搬运活动，货品完成了在库内的流动。其次，货品搬运成本约占物流配送中心总作业成本的 30%～75%，通过完善的搬运作业系统分析与设计可以降低物流配送中心 15%～30%的营运成本。由此可见，搬运作业系统的复杂性与重要性。

货品搬运不是简单的搬搬抬抬，可以说它既是一门科学又是一门艺术。其科学性表现在可以利用工程设计的方法，通过数学模拟和计算机辅助设计等方式来确定合理的规划方案；其艺术性表现在合理的搬运系统还依赖于规划者的一线操作经验和主观方面的分析和判断。鉴于此，我们从以下几个方面介绍搬运作业系统规划方面的内容。

1. 搬运作业系统规划的原则与目标

1) 原则

以物流配送中心的某库区为例，搬运作业可以理解成：在有限的空间内，以节约成本为前提，合理运用相关设备，高效完成各作业环节的货品移动。下面分别从空间、成本、设备、作业、货品移动等几个方面分别来看其规划原则，如表 6-7 所示。

表 6-7　搬运作业系统规划的原则

类别	原则	阐述
空间	利用最大化	既要考虑水平方向的空间，也要考虑垂直方向的空间，在此基础上设计搬运系统的水平和立体结构
	存储面积最大化	尽量扩大存储区的面积，增加吞吐量，搬运系统要能够适应并且支持这一目标
	空间布局协调化	搬运系统设计的布局形式，要与库内的整体布局相协调
	动态化	搬运系统不仅要适应当前的库内布局与作业要求，还能够适应未来库内作业系统的变化
成本	合理化	在搬运作业系统方面的过高投入显然不合适，但是如果过度节约成本，减少必要的投资，将会大大影响到整体的运营水平，因此要将搬运作业系统的成本控制合理化，并适当超前
设备	符合人体工学	根据人体能力和限制，设计货品搬运设备和程序，以使人员能够有效率地适应搬运系统
	投资适当化	设备投资与物流配送中心的经营方式、货品种类、规模、战略规划等方面的因素相关
	设备利用最大化	机械设备应该保持经常性的运转状态，并且各功能能够充分发挥，才能避免机械设备使用率低的情况，因而在设备数量、功能等方面，要合理设计
	维护制度化	为确保设备的正常运转，要建立日常维护与保养制度、专人负责，并设定有效的监督机制
作业	标准化	尽可能使选择的搬运方法和搬运设备标准化
	流程化	按一定的作业流程设计搬运系统的运作
	机械化	作业过程中，尽可能地采用机械设备搬运货品，以提高搬运的效率和经济性
	柔性化	日常作业并非一成不变的，搬运系统尽可能地适应不同状况下的不同工作方法和设备选择
	简单化	删除、减少、合并不必要的作业程序和移动设备，使搬运作业最简化
	平衡化	整个作业系统中，如果存在瓶颈，则会影响到整体作业。在规划搬运系统时要考虑到平衡问题，实现效率的最大化
	一步到位	根据作业流程，货品的搬运尽可能地做到一步到位，避免二次搬运情况的发生
货品移动	单元化	根据货品形态、数量等因素尽可能设计货品的单元化搬运，设定必要的容器、托盘等辅助物，以提高搬运效率
	水平直线流动	货品从 A 位置到 B 位置的搬运过程，直线最短。而迂回的搬运造成时间、人工等成本的浪费。但是水平的布置有时会增加动线交错的机会，需要根据实际情况寻求合理的搬运路线设计
	简单化	主要从包装方面考虑，避免过度包装，防止不必要容积和重量的增加
	利用重力	克服重力因素必然引起能量的付出，在人员安全、货品安全的前提下，尽量利用重力的作用搬运货品
	安全第一	一切搬运作业都要围绕着安全进行，制定详细的规章制度，总结现场操作经验，设计安全的作业方法，引进安全性高的搬运设备

2) 目标

货品搬运系统的设计与物流配送中心各项作业的关系密切，影响到所有作业设施的规划，而且搬运成本在运营成本中占有很大的比重。因而，设计规划搬运作业系统应该主要围绕着以下几个目标：

(1) 在保证搬运效率的前提下，降低搬运成本。

(2) 能够准确、及时、安全、全方位地提供货品流动。

(3) 能够确保搬运设施、设备的使用效率，以增加生产力。

(4) 具备相当高的安全作业水平。

2. 搬运活性理论

搬运活性是指货品的存放状态对搬运作业难易程度的影响。通常用搬运活性指数来表示。搬运活性指数是自然数(通常为 0~4)，指数越大表示搬运活性越高，即货品越容易搬运；指数越小表示搬运活性越低，即货品越难搬运。货品存放状态与搬运活性指数的关系，如表 6-8 所示。

表 6-8 货品存放状态与搬运活性指数的关系

常见存放状态	图 示	活性指数	货品移动的机动性
直接置地		0	需依靠人力搬运到运输工具。需要做集中、搬起、提升和运走四种作业，活性最差
置于容器		1	需依靠人力一次搬运，重量合适，宜适于散货，不便于使用机械。需要做搬起、提升和运走三种作业，活性稍高
置于托盘		2	宜适于机械搬运，方便快捷。需要做提升和运走两种作业，活性较高
置于车内		3	无需借助其他机械设备即可搬运。需要做运走作业，活性很高
置于传送带		4	货品处于移动状态。无需作业，活性最高

从理论上讲，活性指数越高越好，但却难以实现。例如在大多数的物流配送中心，不可能出现货品一直置于车内和置于传送带的情况。为了说明和分析货品搬运的活性情况，可以采用平均活性指数的方法。也就是对某一个物流过程货品所具备的活性情况，累加后计算其平均值，根据平均值的大小来判断搬运方式的可改进空间。该平均值通常用符号 δ 表示。δ 值的大小与所反映的信息内容，如表 6-9 所示。

表 6-9　不同 δ 值所反映的信息

δ 值区间	反映的信息	采取的改善方式
$\delta \leqslant 0.5$	所分析搬运系统半数以上处于活性指数为 0 的状态，即大部分货品处于散放状态	可采用料箱、手推车等方式存放货品
$0.5 < \delta \leqslant 1.3$	所分析搬运系统大部分货品处于集装状态	可采用叉车或动力搬运车
$1.3 < \delta \leqslant 2.3$	所分析搬运系统大部分货品处于活性指数为 2 的状态	可采用单元化的货品流动
$\delta > 2.3$	所分析搬运系统大部分货品处于活性指数为 3 的状态	可采用拖车或机车车头拖挂的装卸搬运方式

3．货品搬运系统方程式

物流配送中心搬运系统的复杂性决定了其在设计时要遵循一定的规律，以制定出可行性方案。在规划时，可参考如图 6-29 所示的方程式。

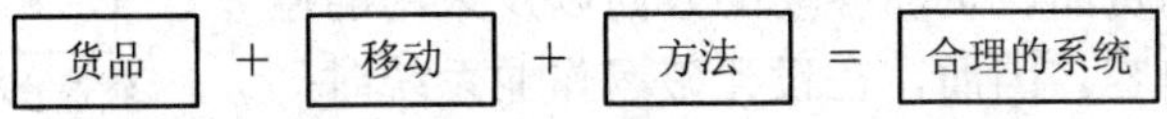

货品　＋　移动　＋　方法　＝　合理的系统

图 6-29　货品搬运系统方程式

下面采用 6W1H 的方式，进一步说明该方程式的含义，如图 6-30 所示。

图 6-30 中，Why 表示为什么要搬运，为什么要采用这种方式搬运，为什么用这种工具搬运等；What 表示要搬运什么，具备什么样的特征，有多少数量，需要什么搬运工具等；Where 表示要搬到哪里，什么地方应该使用搬运设备，什么地方存在搬运问题等；When 表示什么时候搬运，什么时候能够完成，什么时候需要用到搬运设备等；How 表示如何搬

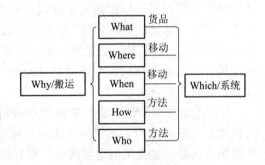

图 6-30　6W1H 组成示意图

运，如何使用设备，如何避免发生意外等；Who 表示谁来搬运，谁来设计流程，谁来操作设备等；Which 表示受哪些因素影响，哪些是主要矛盾，可以采用哪些搬运方案等。

4．货品搬运系统的分析方法

不管是新设计一个搬运作业系统，还是对原有搬运作业系统的优化，都需要遵循一定的流程和分析方法。通常我们从规划阶段、规划步骤和方法运用三个方面来设计和分析货品搬运系统。

1) 搬运系统设计的阶段分析

物流配送中心的搬运系统或某个搬运项目的设计，从提出问题到方案实施，一般需要经历 4 个阶段：外部条件分析、设计总体方案、设计详细方案和实施方案。

(1) 外部条件分析。分析与物流配送中心搬运作业相关的一些外部条件，例如物流配送中心内的各条道路是否需要整改、外部交通是否有管制条件等。确保物流配送中心内外部交通条件相协调，把它们作为一个整体来看待。另外，在此阶段还要掌握整个物流配送中心或规划区域的全部货品搬运情况，做到心中有数。

(2) 设计总体方案。此阶段主要设计货品搬运的基本路线、搬运设备选型、运输单元选型等内容。同时确定物流配送中心库区各主要区域之间的搬运方法。

(3) 设计详细方案。此阶段主要设计物流配送中心各主要区域内部的货品搬运，包括搬运方法、各作业点之间的搬运路线、所采用的搬运设备等内容。

(4) 实施方案。此阶段首先应该为实施方案提供必要的条件，例如搬运设备是否到位、人员是否到位且已完成培训等；然后对方案设计的搬运项目进行系统调试，并确定搬运设施设备的合格性；最后针对运行情况，可对方案进行适当的调整，以更符合实际运作情况。

通常，这四个阶段需要依次进行，但在操作过程中，根据实际情况也不排除各阶段设计内容存在交叉进行的情况。

2) 搬运系统规划的步骤

通过货品搬运系统的方程式可以看到，规划搬运系统主要考虑所要搬运的货品、货品移动的方向以及采用的搬运方法三个方面的内容。因而，在设计搬运作业系统时，通常遵循以下几个步骤，如图 6-31 所示。

(1) 货品分类。这是首要的工作。货品分类后既可以简化分析工作，又可以把搬运系统规划问题划分为若干部分逐一解决。常见的货品分类有状态之分(固体、液体、气体)，有形态之分(散装、包装件、单元化集装等)，还可以通过尺寸、重量、形状、物流的数量特征、时间特征、管理方式等条件划分类别。

(2) 货品移动分析。进行货品移动分析之前，应该先对系统布置进行分析。系统布置决定了搬运起点与终点之间的距离。从节省费用的角度考虑，很有可能对现有布置进行二次设计。研究系统的布置情况，主要从以下几个方面入手：每次搬运起点和终点的具体位置，在规划之前是否已经确定了某些搬运路线或搬运方式，货品在库内流动时沿路的库房建筑物特点如何(如地面负荷、柱间距、库房高度等)，货品进出各作业区所进行的工作分别是什么，作业区内部已有怎样的布置等。当对某部分区域进行搬运分析时，要对照该区域的布置图进行，最终方案的确定也必须要与具体布置相协调。

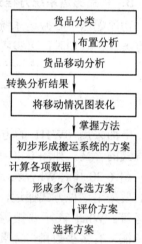

图 6-31　规划搬运系统的步骤

进行货品移动分析时，主要是在货品分类的基础上，分析搬运路线和搬运活动(物流)。搬运路线即搬运起点到终点的线路，可以分别用符号、字母等来表示每一条路线。要注意分析搬运路线的形态(如水平、倾斜、曲线、折线等线形)、路线的拥挤程度和路面情况(如交通是否拥挤等)、搬运路线的周边环境(如库内或库外搬运、易爆区搬运等)和起止点的具体情况(如起点和终点的数量、具体布置情况)等。分析搬运活动主要针对物流量和物流条件两个部分。所谓物流量是指在一定时间内在一条具体路线上移动货品的数量。货品间差异比较大的情况下，难以准确衡量货品物流量的大小，例如 A 货品重量轻但体积大，B 货品重量大但体积小。在这种情况下，一般需要先把货品统一在一个标准下进行度量，以得出符合实际水平的物流量。所谓物流条件主要包括以下几个方面的内容：数量条件(如每次搬运的件数多少、季节性的数量波动等)、管理条件(如搬运活动的规则制度、责任分工等)和时间条件(如对搬运快慢和缓急程度的要求、每天搬运的规律性是否明显等)。

通常采用流程分析法和起讫点分析法来分析货品的移动情况。

流程分析法是指每次只观察一类货品,并跟随其沿在库内的整个物流过程收集移动资料。因而需要对库内的每一种或每一类货品都进行一次分析。该方法适用于货品品种少的情况。以某物流配送中心的 A 货品 20 件从供应商送货卸车开始到存储到货位的流程为例,其作业流程如表 6-10 所示。

表 6-10 A 货品移动分析流程表

工序号	工序名称	数量 箱	距离 米	时间 分钟	符 号					备注
					○	⇨	□	D	▽	
1	从货车置于斜板	2		2	●	⇨	□	D	▽	
2	从斜板滑下搬于托盘	0.5		2	○	➡	□	D	▽	
3	等待检验	—		3	○	⇨	□	D	▽	
4	检验			10	○	⇨	■	D	▽	
5	等待入库	—		5	○	⇨	□	D	▽	
6	入库至货架处	15		3	○	➡	□	D	▽	
7	搬于货位上	1.5		2	●	⇨	□	D	▽	
	合计	19		27	2	2	1		2	

注:○表示操作,⇨表示运输,□表示检验,D表示停滞,▽表示储存;实心表示动作正在进行。

起讫点分析法又可以分为两种:搬运路线分析法和区域进出分析法。搬运路线分析法是指通过观察货品每项移动的起讫点来收集资料,编制搬运线路一览表,每次分析一条路线,每条路线编制一个搬运路线表。该方法适于货品品种少的情况,如表 6-11 所示。

表 6-11 搬运路线一览表

货品类别		路线情况			搬运活动		等级依据
名称	类别代号	起点	路程	终点	物流量	物流条件	

区域进出分析法是指每次观察一个区域,收集该区域货品进出的有关资料,针对每一个区域编制货品进出表。该方法适于货品品种多的情况。如表 6-12 所示。

表 6-12 区域货品进出表

运 进				来自	区域	运 出				去往
品种或类别	每单位时间数量					品种或类别	每单位时间数量			
	单位	平均	最大				单位	平均	最大	

为了把所收集的资料进行汇总,达到全面了解物流配送中心货品搬运情况的目的,可

以通过编制搬运活动一览表的方式。搬运活动一览表通常包含以下几个方面的内容：

① 列出所有路线，并排出每条路线的方向、距离和具体情况。

② 列出所有货品类别。

③ 列出各项移动的物流量(如每小时搬运的件数)、物流条件(可用 a、b、c 等不同等级表示)、运输工作量(如每天搬运的件数)、搬运活动的具体状况、各项搬运活动的相对重要性等级(如用 A、E、I、O、U 表示)等。

④ 列出所有货品及每种货品的总物流量、各自物流量，总运输工作量、各自运输工作量，每种货品的相对重要性等级等。

⑤ 列出总线路及每条线路的总物流量、各自物流量，总运输工作量、各自运输工作量，每条线路的相对重要性等级等，如表 6-13 所示。

表 6-13　货品搬运活动一览表

路线				货品类别						按路线合计		物流量等级
				A 货品		B 货品		C 货品				
单向运输 □ 双向运输 □			距离 m	物流量	物流等级	物流量	物流等级	物流量	物流等级	物流量	运输工作量	
路线编号	起点	讫点		物流条件	运输工作量	物流条件	运输工作量	物流条件	运输工作量			
1												
2												
按类别合计	物流量											
	运输工作量											
	物流量等级											

(3) 将货品移动情况图表化。对各项货品的移动情况分析后，根据分析的数据指标，为了能够更直观地表现移动情况，可以用图表的形式将之表达出来。物流图表化通常有以下三种方法：

① 物流流程简图。即用简单图表反映出物流过程。该图中体现的内容比较简单，一般较适合于货品品种少的情况。

② 在布置图上绘制物流图。布置图上都标有精确的位置，因而这种物流图能够表明每条路线的距离、物流量和物流方向，可作为选择搬运方法的依据。以 A 货品在某物流配送中心库内的流动为例，其物流图如图 6-32 所示。

③ 坐标指示图。即将每一项搬运活动按其距离和物流量用一个具体的箭头线标明在坐标图上。其中箭头线表示物流方向，标明的数字分别表示物流量和物流距离，横、纵坐标轴对应的节点表示货品流经的地点，如图 6-33 所示。

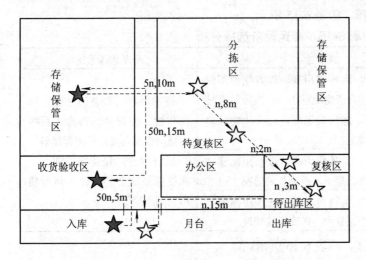
图 6-32　某单品在布置图上的进出库物流图

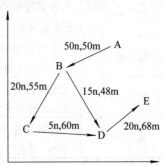
图 6-33　坐标指示图

想一想：该图所表示的含义如下：A 货品到货 50 件，卸车后，搬运 5 米的距离待检验；验收合格后，搬运 15 米的距离入储存货位；由储存货位向分拣货位补货 5 件，搬运 10 米；分拣出 1 个货品，搬运 8 米进入待复核区；而后搬运 2 米进入复核区复核；复核完毕后搬运 3 米进入待出库区；最后搬运 15 米后，货品 A 出库装车。根据以上流程和数据，有何优化方式，以减少搬运距离？

(4) 初步形成搬运系统的方案。一般情况下，物流配送中心的搬运作业采用不同的搬运方法，诸多搬运方法的组合就形成了搬运方案。而搬运方法实际上是货品、路线、设备和搬运单元几项要素的总和。

首先，了解搬运路线的常见类型，如表 6-14 所示。

表 6-14　常见的搬运路线

路线类型	简图	描述	适用情况
直接型	A → B	从起点直接搬运到终点，两点之间直线距离最短	物流量大，距离短或中等
渠道型	A → D B → C	货品在预定路线上移动，来自不同起点的货品沿同一路线，抵达同一个终点	物流量小或中等，距离中等或较长，库内布置不规则分散型的情况
中心型	A D B C	货品从不同起点到某个中心，从中心处再分拣或分拨，而后至终点	物流量小，距离中等或较长，管理水平高更能发挥优势
环型	A → D B → C	与渠道型、中心型类似，但路线呈环状	物流量小或中等，距离中等或较长

想一想：当物流量大且距离长时，该如何搬运？是否合理？问题出在哪里？

其次，了解搬运设备的选择，如表 6-15 所示。

表 6-15　搬运设备选择分析

设备分类	描　述	考虑因素
简单搬运	设备投资少，运转费用高，以方便使用快速搬运为主，适合于物流量小，距离短的情况	技术因素：设备的性能、可操作性、方便性、与搬运系统的适应性及与货品匹配程度等
复杂搬运	设备投资多，运转费用低，适合于物流量大，距离短的情况	
简单运输	设备投资少，运转费用高，按长距离移动设计，适合于物流量小，距离长的情况	经济因素：投资回收期、一次性投资额、性价比、运行费用及利用率等
复杂运输	设备投资多，运转费用低，按长距离移动设计，适合于物流量大，距离长的情况	

最后，了解搬运单元的选择，如表 6-16 所示。

表 6-16　搬运单元选择分析

搬运状态	描　述	考虑因素
散装搬运	简单易行，费用低，要求物流量要大	货品不受损坏，周围环境不受影响
单件搬运	简单易行，设备投资少，无需增加容器费用及作业工序	要求货品尺寸大、外形不规则，易损坏，易抓取
单元搬运	大部分搬运活动宜采用这种方式，将单独货品进行集合，提高效率，减少搬运费、装卸费，利于标准化作业	合理安排搬运设备和集装单元

根据物流配送中心经营货品的特点，对以上三种要素分析后，就可以初步确定搬运方案。即将所确定的搬运路线系统、搬运设备及搬运单元(容器)的组合用图例符号或工作表表达出来。

(5) 形成多个备选方案。对初步形成的搬运方案，要进行必要的研究与分析，通过计算一些数据，根据实际的限制条件，进行一定修改，从不同的角度考虑，形成多个(2～5个)备选方案。在对初步搬运方案进行修改时，通常要考虑以下几个方面的内容：

① 前期已确定的同外部衔接的搬运方法。

② 满足当前生产的需要，以及适应未来发展的变化。

③ 与作业流程及设施设备的协调性，具备安全性。

④ 利用现有设施设备保证搬运计划实现的程度。

⑤ 现有搬运方案对库区面积、空间、建筑物结构等条件的要求。

⑥ 库存管理制度以及存放货品的方法及设备。

⑦ 投资的限制及规划进度与完成期限等。

(6) 评价方案、选择方案。首先，对于每一个备选方案，需要重点说明以下内容：

① 每条搬运路线上每种货品的搬运方法。

② 除搬运方法以外其他必要的变动，如更改布置、作业流程、建筑设施等。

③ 计算搬运设备、人员的需求量。

④ 计算投资金额及预期费用等。

然后，对几个方案进行比较分析。通常，采用费用或财务比较法、优缺点比较法及因素加权分析法。

① 费用或财务比较法。该方法主要是比较各方案的投资费用和经营费用。其中投资费用是指用于购置和安装的全部费用；经营费用主要包括资金费用(投资利息、折旧费)、管理费、保险费、工人工资及设备维修费等。

② 优缺点比较法。该方法主要是列出各方案的优缺点，并进行比较。

③ 因素加权分析法。该方法主要是列出影响搬运系统的主要因素，然后将各因素按照重要性赋予不同的权值，各方案针对不同的因素进行打分，最终得出得分最高的方案。

在实际操作中建议采用量化的费用对比结合定性化因素综合考虑的方式，最终确定合理的搬运方案。

小　结

本章首先介绍道路交通系统方面的基本规划内容，其中分为园区道路网规划和库区内部通道规划两个方面；然后介绍生产作业区空间规划的基本内容，其中分为收货区、存储区和拣选区、复核区三个方面；之后介绍生产作业辅助区空间规划的基本内容，其中分为规划依据和规划要素两个部分；而后介绍办公生活区空间规划的基本内容，其中分为园区办公生活区和库内办公生活区两个方面；最后介绍了物流配送中心各主要作业系统规划的主要内容。

练　习

一、填空题

1. 规划园区的道路网主要是计算道路的基本通行能力，根据预估的物流量，得出车流量，从而确定车道数，园区道路一般分为＿＿、＿＿和＿＿。

2. 在库区道路规划中，人工存取方式中型货架间的宽度设置在＿＿到＿＿米。

3. 在物流配送中心月台规划中，常见的月台样式有＿＿和＿＿。

4. 设置停车遮挡主要是出于遮阳、遮雨、防风雨进入的考虑，常见的停车遮挡主要有＿＿、＿＿和＿＿三种形式。

5. 规划平库区的物流配送中心，大部分采用托盘存储的方式，计算托盘的占地面积需要考虑＿＿、＿＿和＿＿三个因素。

6. 在存储作业系统规划中，货位管理主要包括＿＿、＿＿和＿＿三部分内容。

二、选择题

1. 手动叉车搬运设置通道宽度的区间范围在(　　)。

A. 0.7～1.25 m　　　B. 1.5～2.5 m　　　C. 0.5～0.75 m　　　D. 3.5～6 m

2. 下列属于存储保管区与拣选区规划原则的有(　　)。

A. 契合作业流程　　　　　　　　B. 合理利用库内空间

C. 符合作业安全要求　　　　　　D. 以生产流程为基础

3. 货架在库内垂直式布局主要包括下列( )几种形式。

A. 横列式布局　　B. 通道式布局　　C. 纵列式布局　　D. 纵横式布局

4. 规划库内办公生活区须遵循的原则有( )。

A. 系统性原则　　B. 必要性原则　　C. 安全性原则　　D. 面积最小原则

三、判断题

1. 从作业效率的角度看，验收完毕的货品在入库待交接区停留的时间应该尽可能的短；从空间利用的角度看，入库待交接区的面积应该尽可能的小。　　　　　　( )

2. 入库待交接区主要是临时存放验收不合格或其他原因不能入库而又无法现场直接退给供应商的货品区域。　　　　　　( )

3. 中型货架以存放散货、小包装的货品为主，货品的量小、品种多。通常货架间的通道较宽，适合于人工作业。　　　　　　( )

4. 复核作业区的功能主要是起到缓冲作用，通过该区域来平衡分拣作业与复核作业之间的工作节拍。　　　　　　( )

5. 在规划园区的办公生活区时，主要是要处理好作业区、办公区、生活区三者之间的位置关系，减少它们之间的相互干扰，杜绝安全隐患。　　　　　　( )

6. 订货过程中，采购人员与供应商谈判的质量将会直接影响到采购战略的执行与采购成本的降低，甚至还会影响到物流配送中心的客户服务水平。　　　　　　( )

四、简答题

1. 简述规划物流园区道路网的基本要求。

2. 简述仓库内部通道规划的基本要求。

3. 在规划物流配送中心月台时，需要考虑的因素有哪些？

4. 在设置生产作业辅助各区位置及其面积时需要重点考虑的因素有哪些？

5. 订货作业的基本流程包括哪些？

6. 分拣作业的各主要作业内容在规划时需要注意的关键点有哪些？

五、讨论分析

1. 讨论分析影响道路通行能力的要素都有哪些。

2. 讨论分析存储保管区与拣选区之间的关系。

3. 分析收货作业的每一个环节在规划时需要注意的关键点有哪些。

4. 讨论搬运活性指数并分析货品存放状态与搬运活性指数的关系。

第7章 配送作业管理

本章目标

- 了解车辆调度的原则
- 掌握车辆调度的方法
- 了解车辆配载的方法
- 掌握配送线路优化的方法
- 掌握配送服务的规范标准
- 了解退货管理的原则
- 掌握退货流程管理和策略管理
- 了解我国配送业务的发展趋势

以用图上作业法直观画图求解时，便可以将各元素列成图表，得出初始方案，然后通过检验数来验证这个方案，否则可采用闭合回路法进行方案调整优化，直到得到最优方案为止。这种通过列表得到最优配送方案的方法称为表上作业法。

知识链接

闭合回路法

闭合回路法是指从负检验数的位置出发，沿水平或垂直方向，遇到合适的数字格旋转90°，继续前进，最后能回到出发点，则形成一个闭合回路。从某一空格出发，一定可以找到一条且只存在唯一一条闭合回路。在采用闭合回路法进行调整时，如遇到两个或两个以上检验数为负数时，则选择最小的负检验数所对应的空格为调入格。

下面是几种常见的闭合回路，如图 7-6 所示。

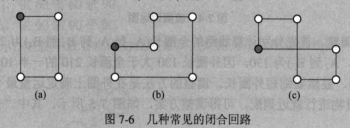

图 7-6　几种常见的闭合回路

运用表上作业法需遵循以下步骤：

(1) 判断某一配送方案是否供需平衡。若是，则列出供需平衡表和运价表。

(2) 确定初始方案。用最小元素法或西北角法求出初始可行解。在本书中主要介绍最小元素法(即运费最小的元素尽可能优先供应)。

(3) 判断初始方案是否为最优方案。可采用位势法或单纯形法进行判断。本书主要介绍单纯形法。方案判断的标准为：计算所有空格的检验数，若所有检验数都大于等于零，则为最优方案；反之，则不是最优方案。

(4) 若不是最优方案，需采用闭合回路法进行调整，直至获得最优方案。

(5) 确定最优方案后，计算最优解。

例 7-3　某物流公司给四个客户 A、B、C、D 配送货物，配送需求量分别为 3、6、6、7；该物流公司共有三个物流配送中心甲、乙、丙为其配货，供应量分别为 8、4、10；因物流配送中心与客户的距离不同，所以货物配送单价也不同，具体价格表如表 7-2 所示。请利用表上作业法，求出该物流公司最优的调配方案。

表 7-2　单位运价表

	A	B	C	D
甲	4	12	4	11
乙	1	10	2	8
丙	8	5	11	6

解：由题意可知，该物流公司的配送总量与供应总量相等，则供需平衡。

(1) 列出基本资料汇总表。根据供应量、需求量和单位运价，将供需平衡表和单位运价表整合到一张表上，列出基本资料汇总表，如表 7-3 所示。

表 7-3　基本资料汇总表

	A	B	C	D	供应量
甲	4	12	4	11	8
乙	1	10	2	8	4
丙	8	5	11	6	10
需求量	3	6	6	7	22

(2) 确定初始调运方案。用最小元素法确定初始调运方案。一般情况下，初始方案在供需平衡表上所填的格子数是供应方数 a 加需求方数 b 减 1，即 a+b-1。但在最小元素法求解的过程中，可能会遇到不需供应或供给不足的情况，会出现空格现象，此时用 0 填补。具体步骤为：

① 从表 7-3 中找出最小运价 1。这意味着先将运价 1 对应的物流配送中心乙的货物运给 A，乙的供应量是 4，A 的需求量是 3，供应能够满足需求，乙剩余 1，在运价 1 的位置填上数字 3，在乙供应量 4 的位置填上数字 1，同时划去运价 1 所对应的列(需求量满足划去对应列，供应量无剩余划去对应行)，如表 7-4 所示。

表 7-4　最小元素法求解初始可行解(一)

	A	B	C	D	供应量
甲	4	12	4	11	8
乙	1　3	10	2	8	4　1
丙	8	5	11	6	10
需求量	3	6	6	7	22

② 在未被划去的元素中，再找出最小运价。此时，最小运价为 2。乙的供应量为剩余的 1，C 的需求量为 6，供应不能够满足需求，在运价 2 的位置填上数字 1，在 C 需求量 6 的位置填上数字 5，同时划去运价 2 所在的行，如表 7-5 所示。

表 7-5　最小元素法求解初始可行解(二)

	A	B	C	D	供应量
甲	4	12	4	11	8
乙	1　3	10	2　1	8	4　1
丙	8	5	11	6	10
需求量	3　0	6	6　5	7	22

③ 重复上面的步骤，直到单位运价表中所有的元素都被划去，最后得出一个初始方案，如表 7-6 所示。

表 7-6　初始方案表

	A	B	C	D	供应量
甲			5	3	8
乙	3		1		4
丙		6		4	10
需求量	3	6	6	7	22

(3) 检验初始方案是否为最优方案。检验的基本思想是：计算非基变量(表 7-6 中未填上数值的格，即空格)的检验数，若全部大于等于零，则此方案为最优方案；反之，则不是最优方案，需要进行调整。此处采用单纯形法求检验数。

根据表 7-2 运价表及表 7-6 初始方案表列出矩阵，在矩阵中基变量(表 7-6 中所填数字)的位置以"*"标注。在求解过程中使得所有的基变量为 0，如果此时非基变量全部大于等于 0，则为最优解；若出现负值，则不是最优，需要调整。

$$\begin{bmatrix} 4 & 12 & 4^* & 11^* \\ 1^* & 10 & 2^* & 8 \\ 8 & 5^* & 11 & 6^* \end{bmatrix} \begin{matrix} \\ +2 \\ +5 \end{matrix} \rightarrow \overset{-3 \quad -10 \quad -4 \quad -11}{\begin{bmatrix} 4 & 12 & 4^* & 11^* \\ 3^* & 12 & 4^* & 10 \\ 13 & 10^* & 16 & 11^* \end{bmatrix}} \rightarrow \begin{bmatrix} 1 & 2 & 0^* & 0^* \\ 0^* & 2 & 0^* & -1 \\ 10 & 0^* & 12 & 0^* \end{bmatrix}$$

从矩阵求解中可以看出，非基变量出现 –1，还存在负检验数，说明原方案还有降低总运价的可能，所以初始方案不是最优方案，需要进行调整。

(4) 方案调整。采用闭合回路法调整方案。以负检验数所在的空格为第一个奇数顶点，从该顶点开始，按顺时针或逆时针进行(+)或(–)号依次标注，并将所有负数对应的最小运价为调整数，即在正号位置加上调整基数，负号位置减去调整基数，如表 7-7 所示。

表 7-7　闭合回路调整

	A	B	C	D	供应量
甲			5(+1)	(–1)3	8
乙	3		1(–1)	(+1)	4
丙		6		4	10
需求量	3	6	6	7	22

通过闭合回路法调整后的方案如表 7-8 所示。

表 7-8　方案调整表

	A	B	C	D	供应量
甲			6	2	8
乙	3			1	4
丙		6		4	10
需求量	3	6	6	7	22

对改进后的方案，再用如上方法计算检验数，看所有的检验数是否为非负。

$$\begin{bmatrix} 4 & 12 & 4^* & 11^* \\ 1^* & 10 & 2 & 8^* \\ 8 & 5^* & 11 & 6^* \end{bmatrix} \begin{matrix} -11 \\ -8 \\ -6 \end{matrix} \rightarrow \overset{+7 \quad +1 \quad +7}{\begin{bmatrix} -7 & 1 & -7^* & 0^* \\ -7^* & 2 & -6 & 0^* \\ 2 & -1^* & 5 & 0^* \end{bmatrix}} \rightarrow \begin{bmatrix} 0 & 2 & 0^* & 0^* \\ 0^* & 3 & 1 & 0^* \\ 9 & 0^* & 12 & 0^* \end{bmatrix}$$

从矩阵求解中可以看出，所有的非基变量均大于等于 0，即检验数大于等于 0，调整后的方案为最优方案。

(5) 比较初始方案与最优方案的运费。

初始方案运费为：$3 \times 1 + 6 \times 5 + 5 \times 4 + 1 \times 2 + 3 \times 11 + 4 \times 6 = 112$

最优方案运费为：$3 \times 1 + 6 \times 5 + 6 \times 4 + 2 \times 11 + 1 \times 8 + 4 \times 6 = 111$

优化后的配送方案可以节省费用：112 – 111 = 1

 想一想：如果存在多个空格的检验数为负数时，该如何求解？

7.1.2 车辆积载管理

车辆积载是指对货物在配送车辆上的配置与堆装方式做出合理安排。遵循一定的积载原则，选择合适的积载方法，能够降低车辆的空载率，从而提高配送车辆的载运能力，降低配送成本，提高配送服务水平。

1. 影响车辆积载的因素

(1) 货物特性。货物特性对车辆积载的影响很大，不同特性的货物具有不同的车辆吨位利用率，而且差别可能很大。比如轻泡货物的吨位利用率就比较低。所谓轻泡货物是指每立方米体积重量不足 333 千克的货物，其体积按货物(有包装的按货物包装)外廓最高、最长、最宽部位尺寸计算。由于车辆的容积限定和运行高度限定，轻泡货物在车辆吨位上利用率较低。

(2) 货物包装。配送货物一般都是多品种配载，货物的包装规格、形状大小不一，车厢的尺寸一般不与货物包装尺寸成倍数关系。

(3) 拼装减载。按照有关规定有些货物不能拼装配送，如化学品和食品就不能拼装，易造成渗透、串味等；有些货物必须减载运行，如易燃易爆的危险品必须减载运送才能保证安全。

(4) 吨位满载。车辆满载率是指运营车辆运载货物的平均满载程度。满载率是合理安排运力的重要依据之一，由于装载技术原因，不能满足吨位装载的情形也是影响车辆积载的重要因素。

2. 车辆积载的原则

(1) 轻重搭配。为了保证运输安全，防止货物受损，在装载货物时需要将重货放于底部，轻货放于上部，做到重不压轻，轻重搭配。

(2) 大小搭配。为了防止车辆亏载，提高车厢容积利用率，需将包装大小不一的货物进行合理搭配装载，以减少厢内空隙。

(3) 货物性质搭配。考虑到货物的化学性质和物理特性，防止货物之间在配送过程中发生反应，禁止将容易相互影响的货物装载在同一车厢内。例如不能将具有挥发性的化学物品和具有吸附性的食品一同运送等。

(4) 科学摆放。考虑到有些货物的形状特殊，需要进行科学摆放。如装载易滚动的卷状、桶状货物，最好垂直摆放。

(5) 严禁超载。不能超过车辆装载的最大载重量，严格禁止超载。

(6) 重量分布均匀。车辆积载时，车厢内的货物应按照重量均匀分布，避免出现前重后轻或前轻后重等情况。

(7) 防止碰撞。在配载时，有些货物与货物之间应留有空隙，必要时需加上衬垫，以防止货物在配送过程中发生碰撞，导致货物受损。

(8) 后送先装。后送先装即最后送达的货物先装车，以提高配送效率。

🔊 想一想：在日常生活中车辆积载的时候，潜意识中都遵循了什么原则？

3. 提高车辆积载率的方法

(1) 根据不同货物的性质、包装规格和客户的分布，结合各类车辆车厢的装载标准，合理安排装载顺序，努力提高装载技术和操作水平，力求满足车辆的额定吨位。

(2) 根据配送路线及所装载商品的品种和数量，调派合适的车型配送。物流配送中心需根据库内商品的品类、特性和日常配送数量、次数等因素配备合适的车型。

(3) 凡是可以拼装配送的，尽可能拼装配送。

(4) 尽量优先配装质量体积与车辆容积系数相近的货物。

◆知识链接◆

装载量的计算方法

装车时既要考虑车辆的载重量，又要考虑车辆的容积。箱式货车有确定的车厢容积，车辆的载货容积也是确定值。设车辆载重量为 W，车辆容积为 V，现要装载单位重量体积分别为 R_a、R_b 的两种货物，使得车辆的载重量和车辆容积都被充分利用。以运送两种货物为例：

设两种货物的装载重量分别为 W_a、W_b，则：

$$\begin{cases} W = W_a + W_b \\ V = W_a R_a + W_b R_b \end{cases}$$

解以上方程可得：

$$W_a = \frac{V - W R_b}{R_a - R_b} \qquad W_b = \frac{V - W R_a}{R_b - R_a}$$

例如，某物流配送中心需要向某客户配送两种货物 A 和 B。其中 A 类货物的容重为 10 千克/立方米，A 类货物的单件体积为 2 立方米/件；B 类货物的容重为 7 千克/立方米，B 类货物的单件体积为 3 立方米/件。车辆的载重量为 1030 千克，车辆的最大容积为 130 立方米。为使车辆的载重量和容积都充分利用，这两种货物应分别装载多少？

解：根据上面的公式和题目给出的条件，可知 $V = 13$ 立方米，$W = 103$ 千克。

假设装载 A 类货物为 X 件，装载 B 类货物为 Y 件，且车辆的载重量和容积都达到额定，则

$$2X + 3Y = 130$$
$$10 \times 2X + 7 \times 3Y = 1030$$

解上面的两个方程式可得：

$$X = 20, \quad Y = 30$$

即货物 A 装载 20 件，货物 B 装载 30 件，使得车辆的载重量和容积都能充分利用。

上面的例题需要满足一个条件，即车辆的容载系数(1030/130=7.92)要介于车辆的容重

比之间(7＜7.92＜10)。如果车辆的容载系数都大于或小于车辆的容重比，则车辆容积或载重量必有一个得不到充分利用。当存在多种货物时，车辆的容载系数和容重比较接近的先配装，剩下较重和较轻的货物搭配配装，或者先配装需要保证数量的货物，再配装不定量的货物。

想一想： 除了以上介绍的几种方法外，还有哪些方法能够提高车辆装载配送的效率？

7.1.3 线路优化管理

线路优化即整合影响配送运输的各种因素，适时、适当地利用当前的配送工具和道路状况，及时、安全、方便、经济地将货物准确无误地送到客户手中。在优化配送线路的过程中，需根据不同客户群的特点和要求，选择不同的线路优化方法，最终达到节省时间、运距和降低配送成本的目的。

1. 单车单点的线路优化

对于单个始点和终点的配送线路选择问题，最简单、直接的方法就是最短线路法。最短线路问题一般描述为：在一个网络图中，确定始点和终点后，找出一条线路，使得从始点到终点的距离最短。

最短线路法的解法思路：从始点或终点开始，寻找与该点相连的所有点距离最近的点，从而得到第二个点；再找与第二个点相连的距离最近的点，得到第三个点；以此类推，直到到达终点或始点，得到一条最短的路径。

需要注意的是，"不能走回头路"，即前面已经找过的点不能再重复去找。另外，在开始计算最短路线时，只有始点和终点是已解的，其他的节点都被认为是未解的，即都不确定此节点在配送线路上。

例7-4 某物流配送中心 A 向客户 J 配送货物，途经比较复杂的公路网，如图 7-7 所示。B、C、D、E、F、G、H、I 是网络中的节点，节点与节点之间由线路连接，图上数据为两点之间的距离所运行的时间(用分钟表示)，要求确定一条从 A 到 J 运行时间最短的线路。

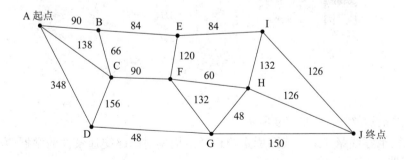

图 7-7 公路网配送示意图

解：(1) 已知起点 A 为已解节点，与 A 点直接相连的未解节点为 B、C、D，其中 B 点为与 A 相连的最近的节点，记为 AB = 90。由于 B 点为唯一可解点，所以 B 点为已解的节点。

(2) 此时 A 和 B 都为已解点，找出与 A、B 直接相连的距离最近的未解节点，有 AC、BC。因此 C 点也成了已解的节点。

(3) 现在 A、B 和 C 都成了已解的节点，找到与 A、B、C 直接相连的距离最近的未解节点，有 D、E、F，从起点到这三个未解点所需的最短时间分别为 AD = 348，AE = AB + BE = 90 + 84 = 174，AF = AC + CF = 138 + 90 = 228，其中连接 BE 的时间最短，所以 E 点为已解节点。

重复上面的迭代过程，直到到达终点 J，可以得出最优线路为 A-B-E-I-J，最短路线时间为 384 分钟。

在节点比较多时手工计算比较繁琐，可以把有关节点信息和线路距离输入到数据库中，通过计算机求解较为简便。对于实际问题，还可以采用电子地图来确定最短路径，并根据对城市道路交通情况的熟悉程度来确定最优的配送线路。

例 7-5 从青岛市某物流配送中心向青岛市市南区某超市配送一批货物，如何通过电子地图的方式来确定最优的配送路线。

解： 我们可以使用相关地图软件搜索路线图，并根据城市线路交通拥堵状况来确定一条最佳的配送线路。在此以使用百度地图为例。

(1) 打开百度地图。输入起点和终点名称，选择"驾车"，进行搜索。一般搜索出来的是推荐路线，如图 7-8 所示。

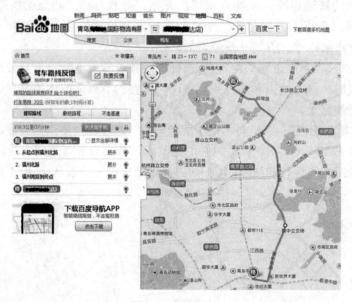

图 7-8 搜索线路

(2) 查看最短路程，如图 7-9 所示。

(3) 比较推荐线路和最短线路所走的路径，根据对道路交通条件的掌握情况，选择合适的配送线路。

本例题中，福州北路和南京路的交通条件相似，一般情况下，不会出现交通拥堵的情况，可选择路程近、用时短的南京路线路。但如果在上下班高峰期配送，南京路的拥堵情况要比福州北路严重，此时选择福州北路线路配送较合适。

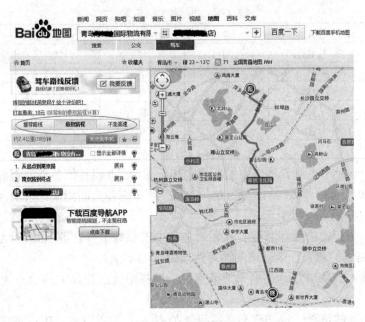

图 7-9　最短路线

2．单车多点的线路优化

单车多点路线又称循环式配送路线，即某些客户的货物装载在同一辆车上进行配送，经过每个客户一次且仅有一次，送完所有客户的货物后再回到物流配送中心，使其行走的路线最短。单车多点线路在电商企业的物流配送中尤为常见，如目前的快递配送业务大部分属于单车多点线路配送。

单车多点线路优化主要采用最近插入法选择最佳的配送路线，下面通过例题来讲解此种方法的应用。

例 7-6　某物流配送中心 A 用一辆箱式货车向 B、C、D、E 四个超市配送货物，配货后，箱式货车要返回物流配送中心。物流配送中心到各超市以及各超市之间的距离，如图 7-10 所示。

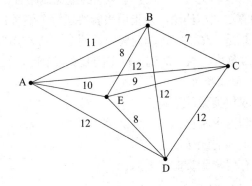

图 7-10　多点间的距离

解：(1) 确定距离矩阵。从图中已知物流配送中心到各超市以及各超市之间的距离，画出距离矩阵表，如表 7-9 所示。

表 7-9　距 离 矩 阵 表

	A	B	C	D	E
A	0	11	12	12	10
B	11	0	7	12	8
C	12	7	0	12	9
D	12	12	12	0	8
E	10	8	9	8	0
∑	45	38	40	44	35

(2) 确定每一个节点到其他节点的距离之和。如 A 点到其他各点的距离(A-B、A-C、A-D、A-E)之和为 45，同理得出 B、C、D、E 到其他各点的距离之和分别为 38、40、44、35，如表 7-9 最后一行所示。

(3) 确定一个初始的循环路线。从距离之和中选取数值排在前三位的 A、D、C 三点作为初始循环路线的节点，则初选的循环路线为 A-D-C-A。

(4) 确定插入其他节点。在剩余的节点中，选择距离之和最大的节点为插入点。本例题中为 B 点。

(5) 确定插入的位置。从初选循环路线 A-D-C-A 上可以看出，B 点可能插入的位置为 A-D、D-C 和 C-A 之间，具体插到哪个位置，需通过计算循环回路的里程增量，得出最少增量的线路作为插入点。里程增量的计算公式如下：

$$Z_{AD} = L_{AB} + L_{BD} - L_{DA} = 11 + 12 - 12 = 11$$
$$Z_{CD} = L_{BC} + L_{BD} - L_{CD} = 7 + 12 - 12 = 7$$
$$Z_{CA} = L_{BC} + L_{AB} - L_{AC} = 7 + 11 - 12 = 6$$

所以，B 点应插入里程最小的 C-A 之间，此时的循环线路为 A-D-C-B-A。

(6) 以此类推，将剩余的不在循环路线上的节点按照最近插入法确定插入位置，可得最终循环路线 A-D-E-C-B-A，最佳路线的里程数为 47。

3. 多车多点的线路优化

多车多点的线路配送是指有多个客户点需要配送，客户的位置及需求状况已定，但是不能够采用一辆车装载，需要多车配送。优化多车多点的配送线路时，一般采用节约里程法。

节约里程法又称节约算法或节约法，是指用来解决运输车辆数目不确定问题的启发式算法。节约里程法的核心思想是：依次将运输问题中的两个回路合并为一个回路，每次使合并后的总运输距离减小的幅度最大，直至达到一辆车的装载限制时，再进行下一辆车的优化。

1) 节约里程法的基本假设条件

(1) 配送的是同一种或相类似的货物。

(2) 每个客户的位置和需求量已知。

(3) 物流配送中心有足够的配送能力。

(4) 方案能够满足所有用户到货时间要求。

(5) 车辆不能超载。

(6) 每辆车每天的总运行时间和里程数符合规定要求。

2) 节约里程法的基本原理

P 点为物流配送中心所在地，A 和 B 为客户所在地，由物流配送中心 P 向客户 A 和 B

配货，三者之间的距离分别为 a、b、c，可以有两种配送方式，如图 7-11 所示。

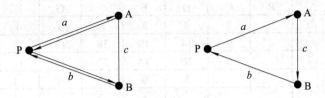

图 7-11 节约里程法示意图

从上图可知：第一种配送方式车辆的运行距离为 $2a+2b$，第二种配送方式车辆的运行距离为 $a+b+c$。当道路交通状况良好的情况下，节约的里程数为 $(2a+2b)-(a+b+c)=a+b-c$。根据数学定理，三角形两边之和大于第三边，$a+b-c>0$，则这一节省的配送距离称为"节约里程"。

3) 节约里程法的步骤

(1) 计算最短距离；

(2) 计算节约里程；

(3) 按照节约里程排序；

(4) 安排配送。

4) 节约里程法的应用案例

例 7-7 有一物流配送中心 P，A-J 为物流配送中心附近的客户，( )内数字表示配送需求量(吨)，如图 7-12 所示。现有载重量为 2 吨和 4 吨的货车为其配送，并且限制车辆运行的最远配送距离为 30 公里。假设送到时间均符合客户要求，求该物流配送中心最优的送货方案。

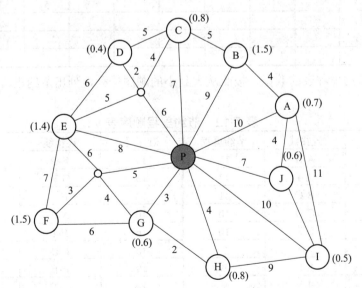

图 7-12 物流配送中心 P 到客户各点的路线图

解：(1) 计算物流配送中心到客户以及客户到客户各点之间的最短距离，列出最短距离表。如表 7-10 所示。

表 7-10　最 短 距 离 表

	P	A	B	C	D	E	F	G	H	I	J
P		10	9	7	8	8	8	3	4	10	7
A			4	9	14	18	18	13	14	11	4
B				5	10	14	17	12	13	15	8
C					5	9	15	10	11	17	13
D						6	13	11	12	18	15
E							7	10	12	18	15
F								6	8	17	15
G									2	11	10
H										9	11
I											8
J											

(2) 通过最短距离表，利用节约里程法计算客户与客户之间的节约里程。例如 $L_{AB}=$ $PA+PB-AB=10+9-4=15$，列出节约里程表，如表 7-11 所示。

表 7-11　节 约 里 程 表

	A	B	C	D	E	F	G	H	I	J
A		15	8	4	0	0	0	0	9	13
B			11	7	3	0	0	0	4	8
C				10	6	0	0	0	0	1
D					10	3	0	0	0	0
E						9	1	0	0	0
F							5	4	1	0
G								5	2	0
H									5	0
I										9
J										

(3) 根据节约里程表的数据，按照从大到小的顺序排列，列出节约里程顺序表，如表 7-12 所示。

表 7-12　节约里程顺序表

顺序号	连接线	节约里程	顺序号	连接线	节约里程
1	A-B	15	13	F-G	5
2	A-J	13	13	G-H	5
3	B-C	11	13	H-I	5
4	C-D	10	16	A-D	4
4	D-E	10	16	B-I	4
6	A-I	9	16	F-H	4
6	E-F	9	19	B-E	3
6	I-J	9	19	D-F	3
9	A-C	8	21	G-I	2
9	B-J	8	22	C-J	1
11	B-D	7	22	E-G	1
12	C-E	6	22	F-I	1

(4) 根据节约里程排序表、车辆的载重量和车辆行驶的限制里程，逐步绘制出最佳配送线路图。

① 初始方案。按照车辆从物流配送中心 P 出发，分别到 10 个客户后再返回 P 的方案绘制出初始线路图，如图 7-13 所示。共有线路数：10 条；总配送距离：148 千米；使用车辆台数：2 吨车 10 台。

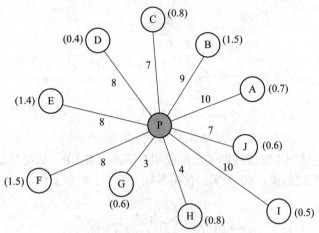

图 7-13　配送线路初选方案

② 二次解。按照节约里程的大小顺序，连接 A-B、A-J、B-C，同时去掉 P-A、P-B 连线，形成 P-J-A-B-C-P 闭合回路，如图 7-14 所示。此时共有线路数：7 条；总配送距离：109 千米；使用车辆台数：2 吨车 7 台，4 吨车 1 台。

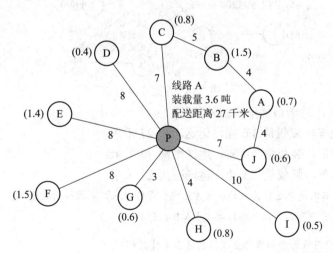

图 7-14　配送线路 A

③ 三次解。按照节约里程的大小顺序，连接 D-E、E-F、F-G，其中由于限制 D 客户不能连接在线路 A 中，客户 A、B、J 为已解配送客户，线路 A-I、I-J、B-J、B-D、C-E 不能再形成新线路。同时取消 P-E、P-F 线路，形成闭合回路 P-D-E-F-G-P，如图 7-15 所示。此时共有线路数：4 条；总配送距离：85 千米；使用车辆台数：2 吨车 2 台，4 吨车 2 台。

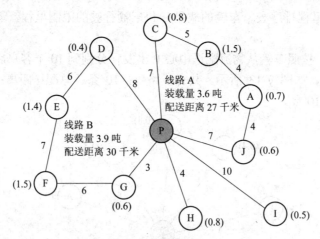

图 7-15　配送线路 B

④ 最终解。连接 H-I 组成线路 C，形成闭合回路 P-H-I-P。如图 7-16 所示。此时共有线路数：3 条；总配送距离：80 千米；使用车辆台数：2 吨车 1 台，4 吨车 2 台。

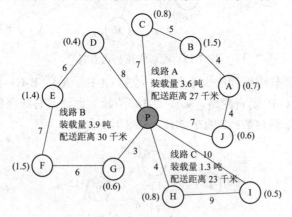

图 7-16　配送线路 C

通过以上求解，总结最优配送线路如下：

线路 A：4 吨车，装载量 3.6 吨，运送距离 27 千米；

线路 B：4 吨车，装载量 3.9 吨，运送距离 30 千米；

线路 C：2 吨车，装载量 1.3 吨，运送距离 23 千米。

想一想 1：本例题中还有其他的求解方法吗？另外，在二次求解的过程中，客户 D 为什么不连接在线路 A 中，即为什么不走线路 P-J-A-B-C-D-P？

想一想 2：应用破圈法和节约里程法的区别是什么？

7.2　配送服务管理

配送服务是直接连接客户的物流活动，是物流服务的形式之一。优质的配送服务能够减少客户抱怨，满足客户对商品品质及配送效率的要求，提升客户体验。由此可见，配送服务在整个物流管理过程中占据着举足轻重的地位。

7.2.1　配送服务概述

服务是指在同顾客接触中，通过提供有偿或无偿的活动，来满足顾客的需要。服务的目的在于及时解决客户的问题，而配送服务的目的是在降低配送成本的前提下，努力提高客户的服务水平。

1．配送服务的定义

配送服务的定义可以表述为：在物流配送过程中为满足客户需求所实施的一系列配送活动过程及其产生的结果。配送服务包括与配送业务活动密切相连的基本服务和针对客户需求所提供的其他服务。另外，配送服务还是有效连接供应商、制造商、批发商和零售商的重要纽带。

2．配送服务的主要内容

(1) 备货保证。即拥有客户所期望的商品，且不能出现以次充好、以假乱真等备货情况的发生，确保商品质量。备货是决定配送成败的初期阶段，备货不及时、不合理或者不正确，会直接降低配送的效率。

(2) 品质保证。即符合客户所期望的质量。品质保证主要体现在两方面：一是商品自身的品质，二是配送的质量。这里讲的品质主要侧重于第二个方面，配送过程中要确保在途商品无破损、无劣化、无差错等情况产生，及时高效地将商品送到客户手中。

(3) 输送保证。即将商品在客户要求的时间内准确地送到客户指定的地点，按照配送服务标准将商品送到客户手中。

(4) 安全保证。即要确保配送人员和所配送的货物在配送过程中的安全。

配送服务的具体内容及相关项目如表 7-13 所示。

表 7-13　配送服务构成要素

要　素	项　目	内　　容
备货保证	在库商品服务	A 类商品立即备货，B、C 类商品不能保证立即备货
输送保证	订单处理服务	有效订单的准确率、设备利用率、货损率等
	交货速度	当天到、隔日达、三天以后
	订货单位	瓶、箱、桶、打、盒、散装等
	交货频率	一日一次、一日两次、两日一次等
	时间指定	指定具体时间、休息日配送、午休或下班后配送
	紧急出货	具体情况具体安排
品质保证	保证配送质量	保管或配送过程中品质劣化等化学性损伤(如葡萄酒需在适宜的温度下储存，过冷或过热都会对酒质产生变化，影响口感)、包装破损等物理性损伤、配送差错、数量差错等
安全保证	保证人、货、车安全	配送过程中确保配送人员、配送车辆和配送货物的安全

3．配送服务的作用和意义

(1) 合理的配送服务有助于提高企业物流系统运行的经济效益。配送成本和配送服务水平之间存在效益背反规律。即当降低配送成本时，配送服务水平也会降低；当提升配送服务水平时，配送成本也会升高。配送是企业物流经营战略的重要一环，具有显著的经济特征，所以确定适当的配送服务水平是企业经济活动和战略决策的重要内容。

(2) 配送服务是实现供应商、制造商、批发商和零售商之间有效联结的重要手段。供应商、制造商、批发商和零售商是供应链上的节点企业，通过配送可以将上下游的企业联结起来，如供应商向制造商配送原材料、制造商向批发商配送半成品或产成品、批发商向零售商配送成品等。

(3) 配送服务是体现企业差别化经营战略的重要内容。消费者的需求日益呈现多样化，企业只有不断满足不同层次、不同需求的消费者，对不同的客户实行不同的服务策略，才能在竞争激烈的市场中脱颖而出。作为客户服务重要组成部分的末端配送服务，便成为企业差异化经营的重要方式和途径。

7.2.2　配送服务标准

物流标准化是我国现代物流发展的重要组成部分，它可以统一物流概念，规范物流运作，提高物流效率。同样，配送服务也需要制定一定的标准，规范配送业务流程，对流程中的作业细节提出操作要求，从而提高配送效率和客户服务水平。下面以同城配送、快递投送服务为背景，对配送流程、配送人员及配送的异常处理介绍具体的作业要求和服务标准，使整个配送过程更加规范化和标准化。

1. 电话预约

在配送前，要与客户进行电话预约。在电话预约时，通常会遇到以下几种情况：

(1) 预约成功，正常送货。

(2) 电话联系不上，如无人接听、停机、不在服务区、关机等。

(3) 客户因个人原因，要求改天送货。

(4) 客户临时要求变更送货地址。

配送人员要根据预约情况，灵活处理。需要注意的是，在实际的配送过程中，电话预约是在配送途中完成，而不是在出车前完成。

 想一想：如遇到电话联系不上客户的情况，该如何处理？

2. 在途运送

在途运送时需要注意以下问题：

(1) 严格按规定的时间发车，按计划路线行驶。

(2) 配送过程中要保证车辆安全行驶并有效控制路途行驶时间。

(3) 配送过程中如遇到堵车或其他原因不能在约定的时间内送达，应及时与客户进行电话沟通，并表示歉意。

(4) 配送过程中要保证唛头、封条的完好，对发生物品散落、损坏、捆绑不牢等情况时，应及时采取措施，对货物加以整理，必要时更换车辆，并及时登记备案。

(5) 配送途中不得进行不必要的停顿及与配送无关的作业操作。

想一想：在实际的配送过程中，什么情况下可以不按照原计划路线行驶？如不按原计划路线行驶，会产生哪些问题？

3. 送达服务

1) 人员要求

(1) 应着装整齐干净，最好能统一穿着带有企业 LOGO 的工装；形象良好，男士不留长发，不留胡须，女士不浓妆艳抹，不留长指甲；语言表达清楚，语句流畅，语气委婉温和，礼貌待人。

(2) 工作认真负责，态度端正，爱护配送货物。

(3) 货物配送一定要送货上门，原则上配送员不允许进入客户家中，在门口完成货物的交接签收过程，如有需要，需带鞋套。

(4) 雨天配送时，要配置、携带好避雨器具，以免配送货物被雨淋湿。

(5) 门到门配送，搬运上楼，搬运过程中要轻拿轻放，防止出现磕碰现象。

(6) 要确保货物按时、按质、按量、准确安全地配送到客户手中。

(7) 配送人员能够在失误发生的同时迅速解决问题，减少客户的抱怨。

2) 按址送货

(1) 按照装车单上收货人的详细地址进行送货。

(2) 在与收货人交接货物时，主动出示身份证件，如工作证等，并自报家门。

(3) 必要情况下，应有礼貌地让收货人出示相关证件，证明收货人身份。

(4) 提醒客户查看唛头、封条、外包装的完好，协助客户检查货品数量，检查货品是否有破损。

(5) 收货人应在客户签收单上签字确认，送货人用手持终端扫描回执信息。如收货人拒绝签收货品，需在客户签收单上写明原因。

(6) 签收单签字确认后，应将货物递交给客户，并将客户签收单的客户联留给客户，其他几联带回物流配送中心。

(7) 送货人员应将签收信息及时反馈到物流配送中心的信息系统，包括收货人姓名、货物名称、收货时间、物品完好性、是否退货等。

4. 配送异常处理

在实际配送的过程中，有时会出现无法送达的情况，此时应将货物返回物流配送中心。无法送达的情况属于配送异常，一般包括以下几种类型：

(1) 收货人的联系方式书写错误导致无法联系或联系方式正确但联系不上。遇到此种情况，要按原地址进行送货，如果仍无法联系到客户，贴好"送达返回单"，单上填写好客户姓名和送达时间。

(2) 收货人临时变更了送货地址。此时要看变更的新送货地址是否在配送范围内，如是，需把该情况反馈给调度员，调度员根据新地址重新安排路线，并把新线路反馈给配送员；如不是，配送员需把情况告知客户，变更送货日期。

(3) 收货人拒绝签收货物。如果因货物破损等原因客户拒绝签收，此时应让客户在签收单上写明拒收原因，送货员将货物打包好，及时向物流配送中心反馈客户信息，并向客户表示歉意。

 想一想：除以上介绍的配送异常处理情况外，还有其他特殊的配送异常情况吗？如何处理？

5. 信息服务

信息服务主要包括以下几方面：

(1) 车载 GPS，满足客户对商品在途运送过程中信息的查询。

(2) 做好信息的维护工作，确保信息的准确性、实时性、有效性。

(3) 根据配送作业标准要求，及时将客户签收及退货信息反馈给物流配送中心。

(4) 防止客户信息泄露及不正当使用。

7.2.3 配送服务质量管理

配送活动有极强的服务性质，整个配送过程的质量目标，就是其服务质量。不同客户对服务质量的要求也不同。这就需要了解和掌握客户需求，如商品质量的保存程度，批量及数量的满足程度，配送额度、间隔期及交货期的保证程度，配送、运输方式的满足程度等。

1. 配送服务质量管理概述

1) 配送服务质量的含义

配送服务质量是指反映配送服务活动过程中满足客户明确和隐含需要的能力总和。一般来讲，配送服务普遍体现在满足客户要求方面。这一点难度很大，各个客户的服务要求不同，有些要求甚至超出了企业的能力，要实现这些要求，就需要企业有很强的适应性及柔性，而这些又需要有强大的软硬件系统和有效的管理系统来支撑。

当然，对客户服务的满足不能是消极被动的，因为有时候客户提出的某些服务要求会增大成本或出现其他问题，这对客户实际是有害的，盲目满足客户的这种要求不是高质量服务的表现。物流配送中心的责任是积极、能动地推进服务质量。

2) 配送服务质量的要素

配送服务质量的要素与表现量度，如表 7-14 所示。

表 7-14　配送服务质量的要素与表现量度

要素	含　义	典型的度量单位
产品的可得性	它是配送服务最常见的度量，一般以百分比获得存货量	可得百分比
备货时间	从下达订单到收到货物的时间长度，一般情况下，产品的可得性与送货时间结合成一个标准，如 98% 的货物 3 天内到达	速度一致性
配送系统信息	配送信息系统对客户的信息需求反应的及时性与准确性	信息的准确性、详细性
配送系统的纠错能力	配送系统程序出错的恢复时间	反应需要的时间
服务后的支持	交货后对配送服务支持的效率，包括客户配送方案和配送服务的修订与改进	应答时间与应答质量

3) 配送服务质量的形成

配送服务质量的形成，主要来源于以下三个方面：

(1) 设计来源。即分析客户的需求和客户类型。

(2) 供给来源。即设计好配送服务的方式提供给客户。

(3) 关系来源。即配送人员和客户之间的关系。

配送服务质量还会受配送技术质量和配送功能质量的影响，而被客户感知的配送服务质量要受到企业形象、质量预期、质量体验三方面内容的影响，具体体现如下：

(1) 企业形象。客户在选择配送服务之前，受到企业形象宣传的影响，以及曾经的体验或相关人士体验后的口碑宣传，对选择的配送服务已有一个初步的了解。同时，对所选择的配送服务已有一个心理预期。

(2) 质量预期。客户购买商品后，在未收到商品前会对配送服务质量有个预期，这个预期会直接影响到客户收到商品时的服务质量体验。

(3) 质量体验。在客户收到商品后，会不自觉地将自己得到的体验与预期的体验相比较，从而得出该配送服务质量的优劣。但客户的最终评价往往会受到企业在客户心目中的形象的影响。如某配送服务一直在业界有较好的口碑，偶尔的配送失误造成的损失，通常情况下客户也可以原谅。

2. 配送服务质量评价指标

在配送服务质量的考核和评价中，最直接最有效的方法就是对业务流程的考核及对配送服务质量的评价，通常有下面几个评价指标：

(1) 货品精确率。即实际配送商品和订单描述商品相一致的程度，包括货品的规格、型号、品种、数量等因素。其计算公式为

$$货品精确率 = \frac{正确的货品数量}{所配送的货品总数量} \times 100\%$$

(2) 货品破损率。即货品在配送过程中的损坏程度。通常用货品的外包装破损及内部商品破损占全部货品的比例表示。其计算公式为

$$货品破损率 = \frac{破损货品个数}{配送总货品个数} \times 100\%$$

(3) 货品遗失率。通常用货品在配送过程中遗失的数量占全部货品的比例表示。其计算公式为

$$货品遗失率 = \frac{遗失货品件数}{配送总货品件数} \times 100\%$$

(4) 订单妥投率。通常用配送员成功投递的订单数占总订单数的比例表示。其计算公式为

$$订单妥投率 = \frac{投送成功的订单数}{配送总订单数} \times 100\%$$

(5) 配送准时率。通常用按照客户的要求，在规定的时间内成功完成配送的订单量占总配送订单量的比例表示。其计算公式为

$$配送准时率 = \frac{规定时间内成功投递的订单数}{配送总订单数} \times 100\%$$

3. 配送服务质量常见的问题与对策

1) 送货不准时，送货速度不能达到客户的要求

对此问题的建议对策如下：

(1) 制定合理的配送管理规章制度和作业规范，并严格按照制度执行。

(2) 重新测算配送所需要的时间，调整配送路线。

(3) 严格执行配送车辆的检修和保养制度，避免行车配送过程中出现故障。

(4) 加强配送人员的业务标准培训，提高配送人员的素质，防止出现在配送时间内做与工作内容无关事情的情况。

(5) 调整商品品种，适当增加容易缺货商品的库存量，避免某订单因缺某种商品而迟迟不能发货。

(6) 调整配送作业流程，进一步提高配送作业效率。

想一想：除了配送人员自我管理、自我约束外，还可以通过哪些方法约束配送人员在配送中做与工作无关事情？

2) 服务过程中缺乏与客户有效沟通的途径

为了解决与客户之间的沟通问题，提高客户满意度，可以通过学习、宣传配送服务的理念，强化员工的服务意识，增强关心服务质量和保护服务质量的自觉性，真诚有礼地与客户进行有效沟通。另外，还可以从以下几个方面加强与客户的有效沟通：

(1) 在企业网站主页上公布查询系统界面，并向客户公布查询的信息。

(2) 在企业网站主页上公布客户服务电话和人员名单及投诉处理程序。

(3) 建立覆盖整个物流配送的信息网络，实时更新物流配送信息。

3) 配送商品的品质问题

解决配送商品品质问题主要从以下几个方面入手：

(1) 严格验收。首先商品在进入物流配送中心前要进行严格验收，保证商品及其包装的质量完好。如对吸湿性强的商品要检测其含水量是否超过安全水分标准，以防止商品在入库前便发生质量变化。

(2) 科学分类与分区。需要配送的商品在装车前要放在暂存区，在暂存保管时也要注意对商品的温湿度控制。如怕潮湿和易霉变、易生锈的商品，应存放在较干燥的区域；怕热易熔化、发粘、挥发、变质或易发生燃烧、爆炸的商品，应存放在温度较低的阴凉场所。此外，性能相互抵触或易串味的商品不能在同一区域混存，以免产生相互不良影响。

(3) 加强温度控制。温度和湿度对商品质量的影响极大。各种商品由于其本身特性，对温湿度一般都有一定的适应范围，超过这个范围，商品质量就会发生不同程度的变化。配送作业中，可对配送车辆进行温湿度控制，如冷链配送；也可通过商品包装进行温度控制，如生鲜配送时，可采用外用泡沫箱，内填冰袋的方法来保证生鲜商品的质量。总之，应根据商品的性能要求，力求把温湿度保持在适应商品保管的范围内，以保证商品的质量安全。

(4) 加强检查与监控。做好商品在配送过程中的检查与监控，对保证商品质量安全具有重要作用。商品质量发生变化，如不能及时发现并采取补救措施，就会扩大损失。因此，对商品质量的监督，应该在日常监控的基础上，进行定期或不定期的抽查。

(5) 做好清洁卫生工作。如果配送环节不清洁，容易引起微生物、虫类孳生繁殖，危害商品。因此，应对配送中心的内外环境和配送车辆经常清扫，彻底清除垃圾等异物，必要时采取相应措施杀灭微生物和潜伏的害虫。

(6) 严格执行配送系统岗位责任制，明确各岗位的职责，加强配合和协作，保证岗位职责的落实。建立严格的质量管理制度、配送服务规范标准、配送服务质量档案等，严格执行配送作业流程，并加强对配送人员的业务培训。

经典案例

京东借力大数据挖掘用户需求痛点，拟推出高端配送服务

高端配送服务将迎来新的竞争者——京东将推出一项创新的高端配送服务，"这是在收费49元的'3小时极速达'之后，京东在高端领域的再次发力。"

一直以来，作为自营 B2C 的老大，京东始终坚持自营物流建设，在仓储物流上持续重金投入。而面向用户，京东不但在业内率先推出 211 限时达、3 小时极速达、夜间配等服务，还在"变着花样"地融入更多新意。不久前，京东移动端推出"配送员主页"，用户可以给配送员打分、还能够用京豆给配送员送水、送花。据悉，用户的满意度与配送员的工资收入还有一定的关系，这与淘宝等第三方平台还处在如何让配送员上楼阶段相比，高下立见。

京东一直将配送员视为接触用户的触点，配送员不仅仅是简单将用户购买的商品送达，还包括给用户提供一系列增值服务。"京东现在有遍布全国超过 1800 个区县的近 3 万个配送员，而这些配送员都是京东自己的员工。如果能将这 3 万人盘活，可以延伸的想象空间将非常大。"一位业内人士分析。

京东对此也早有布局：2014 年 10 月份，京东宣布升级的售后到家服务，就是从自建物流延伸而来。在 2014 年推出的 49 元 3 小时极速达服务，试水可谓成功。京东曾发布过一组"极速达"运营一年的数据情况，可以看出，只要采取适当的定位和价格，电商的付费增值服务，依然拥有强大的市场需求。

显然，京东的野心还不止于此。可从京东集团 CEO 刘强东的公开表态发现些端倪：2014 年 12 月 17 日，与小额信贷之父、诺贝尔和平奖得主尤努斯早餐会后，面对媒体，京东集团 CEO 刘强东就表示，2015 年 6 月份前，京东将在数万个乡村发展数万个农村代理人，而这些代理人不仅是配送员还将是信贷员。

不过，谁都知道高端市场意味着更高的收入和利润率，但当一个行业的市场细分趋势尚不明朗时，高端消费群体往往也意味着"小众市场"，在这个领域投入的资源和能力，也意味着可能需要"赔本赚吆喝"地进行用户教育。

在这方面，京东有一个可以学习的榜样：曾经毫不起眼的顺丰速运，通过选择高价值的"小众市场"，并重新构建资源和能力，迅速成长为当下快递行业的游戏规则制定者。

但高端配送服务价格与品类上的短板，也将部分潜在客户挡在了大门之外。而这些顺丰的劣势却恰恰是京东的优势。作为中国最大的自营式电商企业，京东比顺丰可以说的故事更多，其拥有大量数据，不仅包括了海量的用户消费数据、近千万商品的属性和销售数据，还有覆盖全电商流程的包括物流、仓储、配送、售后和逆向物流的数据。3 万名配送员现在提供的，不仅是货物配送，还包括销售、上门取件、换新、货到付款等一系列增值服务。更何况，就如刘强东所说，京东 2015 年将拥有数万名乡村代理人，将来还将提供信贷服务。

上述消息人士也告诉记者，这项服务的推出，正是基于京东大数据对用户消费行为的分析。"与去年设计极速达产品的逻辑类似，瞄准的也是某些用户群体愿意付出少量金钱来获取服务的需求。"

"先标准化、再个性化，与普通快递企业相比，京东切入高端配送服务的优势在于，其电商大数据积累、对用户消费行为的精准分析。"上述业内人士表示，目前虽然还不清楚这项高端配送服务的具体产品设计细节，但就京东此前一系列基于自有物流的服务创新来看，这一服务必将给行业带来创新示范作用。

思考题 1：京东打造的高端配送服务会遇到哪些问题？

思考题 2：用所学到的知识评价京东高端配送服务体系。

7.3 退货管理

随着经济的发展，传统物流的内涵不断扩大，逆向物流随之发展起来。而在逆向物流管理中，退货管理占有很大的比例。尤其是近几年来，电子商务的发展以及消费者维权意识的增强，使得产品退回的数量增加。退货量的增加，无疑增加了退货成本，使得企业的利润减少。目前，退货管理已成为各大商家竞争的焦点，在保证商品和服务质量的同时，物流配送中心要把退货管理作为一个系统工程来对待，予以高度重视。

7.3.1 退货管理的内涵

商品退货是指物流配送中心按订单将货物发出之后，可能会在交货中或交货后，客户由于错发货、货物质量等原因将商品退回物流配送中心的活动。商品退货会减少企业营业额，增加成本，降低利润。如果物流配送中心对退货情况处理不当，可能影响消费者对一个品牌或公司的信心，也可能使公司在竞争对手面前变得脆弱。因此，退货管理已成为企业竞争中不可缺少的重要组成部分。

1. 退货管理的概念

退货管理是指在完成配送活动的过程中，由于配送方或用户方关于配送物品的有关影响要素存在异议，而进行处理的活动。通常，退货管理包括以下几项内容：

(1) 减少或消除退货。

(2) 退货作业处理。

(3) 退货再分配。

随着企业间竞争日益激烈，为了提高客户的购物体验，企业采取更为自由的退货政策，如七天无理由退换货等。企业应采用积极的退货政策才能提高客户黏性，使客户对企业有更强的依赖感、信任感、忠诚感。因此，做好商品退货管理工作，对企业的发展有着举足轻重的地位。

2. 退货管理的原则

物流配送中心在处理退货时，不管是零售商还是消费者的退货，都必须遵循一定的原则。

(1) 明确责任。商品发生退货时，物流配送中心一定要先明确退货产生的责任人，即是供应商供货品质的问题还是物流配送中心配送产生的问题或者是客户使用时产生的问题等。如果是供应商的责任，则由客户退回物流配送中心，再由物流配送中心退给供应商；如果是物流配送中心的责任，由物流配送中心自行处理，根据具体情况采取相应的解决方案，如降价、配赠、销毁等；如果是客户自身的原因，与客户协商，妥善处理。原则上由于客户自身问题产生的退货，物流配送中心应拒绝处理，若必须退货，客户需承担相应的费用。

(2) 分担费用。物流配送中心在处理大量的退货商品时，需要消耗物流配送中心大量的人力、物力和财力。除物流配送中心自身原因产生的退货外，其他情况均需责任人承担部分费用。如网购商品收到货物后，若是因为客户自己选择失误导致退换货，这时客户需承担往来的快递费用。

(3) 确定条件。物流配送中心应事先确定好退货细则，包括符合哪种退货条件、具备哪些凭证、退货期限的限定等。如定制类的商品不退不换、退货商品应不影响二次销售(包装完好、配件齐全、未被使用过等)；如退货客户除具备完好的商品外，还需准备购物凭证及发票(如卖家已提供)；如客户需在签收货物之日起 45 天内(以货物签收单为准)提出退货申请等。

(4) 合理计价。退货的计价与购物的价格不同。物流配送中心应将商品退货计价方法向客户说明，通常情况下是取购进价和现行价的最低者计算。如果与零售商签订退货协议，需按照协议中退货商品计价方法进行计算。

7.3.2 退货产生的原因

商品退货会导致企业物流成本增加，相应地利润随之减少。因此，物流配送中心必须认真了解退货产生的原因，采取适当措施，减少退货的产生，加强退货管理，提高营运绩效。常见的退货原因有以下几种：

1. 依照协议

物流配送中心会与客户就某些商品签订特殊协议，如季节性商品、试销商品、代销商品等，协议期满后，剩余的商品将退回物流配送中心。如某大型超市与某物流配送中心签订《年度贸易合约》，合约约定："销售过程中出现的库存量过大的商品，物流配送中心应无条件退货或回购。"

2. 质量问题

因商品质量问题产生退货主要有两种情况。一种情况是生产商在设计和制造产品过程中所造成的商品质量问题。这种情况一般是在商品销售后，被消费者或商家发现，必须立即部分或全部召回。如一汽大众汽车有限公司按照《缺陷汽车产品召回管理条例》的要求，于 2014 年 10 月 17 日向中国国家质检总局递交了召回报告，将在中国召回装配了耦合杆式后悬架的 563 605 辆一汽大众速腾和 17 485 辆大众进口汽车甲壳虫。另一种情况是鲜度不佳、含量超标等所形成的商品质量问题，物流配送中心对于此种情况应给客户或商家予以解释，说明原因并表示歉意，对问题商品予以退回。如某电商物流公司春节期间配送鲜活海鱼，由于在仓库存储不当，送到客户时，"活鱼"变"死鱼"。面对此种情况，客户一定会拒收，物流配送中心需立即进行退货处理。

3. 搬运途中损坏

由于包装不良或搬运中剧烈震荡，甚至出现野蛮装卸，造成商品破损或包装污损的情况，物流配送中心应予以退回。此时管理人员需考虑本商品的包装材质是否合适，提高装卸搬运人员素质，避免搬运过程中磕碰情况的出现。如《央视财经评论》曾播出的快递员暴力分拣现象、野蛮装卸快件、快递能抛多远抛多远、乱踩乱扔乱摔的情况时有发生，势必会造成易碎物品的破损。

4. 商品错送

由于物流配送中心自身处理不当，导致实际配送的商品在品种、规格、数量、重量等方面与订单不符，客户需要换货或退货。这时工作人员要立即处理，从而减少客户抱怨。物流配送中心人员在处理客户退货的同时，要查明到底是哪个作业环节造成了实物与单据不符，加强管理，细化流程，在容易出错的地方增强控制，提高作业的准确率。

5. 商品过期

通常，食品或药品都有相应的保质期，如面包、牛奶、消炎药等。临近或超过保质期的商品，客户都不能够接受，一种情况是拒收，另一种情况是退货。对于过期商品的处理，须采取恰当的手段和方法，如药品一旦过期变质就应彻底销毁，以防流入不法分子之手。需要注意的是，要认真分析产生过期或临期商品的原因，提前处理，从源头上减少过期商品产生的可能。

7.3.3 退货流程管理

为规范商品的退货工作，物流配送中心需制定一套符合本企业标准的退货管理流程，以保证退货作业的规范化。从物流配送中心的角度来看，做好退货流程管理，可以提高退货快速处理能力，降低退货费用，从而提高企业利润和竞争力；从客户的角度来说，做好退货流程管理，能够减少客户抱怨，提升客户购物体验，加强客户对企业形象的认识，提高客户对企业的忠诚度。根据行业、配送类型等的不同，其退货流程也有所区别。

1. 电子商务购物退货

电子商务主要有三种模式：B2B、B2C 和 C2C。B2B 和 B2C 的退货流程近乎类似，但每一家商城又有自己特殊的退货流程规定。C2C 主要是通过卖家与消费者共同协商确定退货流程。下面以某网上商城为例，说明电子商务购物退货的作业流程，如图 7-17 所示。

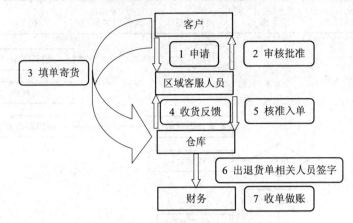

图 7-17　某商城退货流程图

该网上商城退货作业流程步骤说明，如表 7-15 所示。

表 7-15　某商城退货作业流程步骤说明

步骤	工作内容的简要描述	相关表单
1	客户向公司负责该区域的客服人员电话或在线提出退货	
2	公司区域负责人接受客户申请，初步审核，允许退货	
3	客户填写补货、退货单将财务联与仓库联同实物一同寄回仓库	补货、退货明细单
4	仓库人员收到客户退货后转给区域客服人员最终审核	
5	区域客服人员确认无误后将退货信息输入电脑系统，产生退货单，通知仓库	退货单
6	仓库人员看到电子退货单后做退仓单，给区域负责人签字后将补货、退货单订在一起，财务联给财务做账	退仓单
7	财务人员根据退货单，补货、退货明细做账调整客户账户余额	

以上流程中需要特别说明的是：

(1) 客户必须向区域客服人员提出退货申请，批准后才可以退货，不得擅自将货品直接退回仓库。

(2) 客户退货必须清楚填写补货、退货明细单，货品必须清洁无破损。残次品必须另外独立分开打包，并在残次位置清晰标注以便生产部检查。

(3) 区域客服人员审核批准客户退货后需提醒仓库收货，收到客户退货后要回复客户收货及退货情况并及时做单录入电脑。

(4) 仓库收到客户退货后要第一时间通知区域客服人员，做退货单后要给区域客服人员签名将退货单与补货、退货明细订在一起留底。财务联留给财务。

(5) 财务收到退货单后及时做账调整客户金额。

2. 实体店向物流配送中心退货

实体店向物流配送中心退货的方式，在规范退货作业流程时需要注重细节，严格把关各个重要环节，并不断优化流程。该退货方式的一般作业流程，如图 7-18 所示。

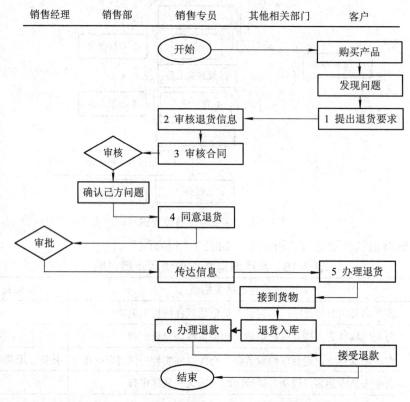

图 7-18　实体店向物流配送中心退货流程图

以上流程中需要特别说明的是：

(1) 物流配送中心的销售部门在接到客户退货信息时，应及时将退货信息通知仓储部门和市场部门，并会同仓储部门及时找出退货原因，明确责任。

(2) 对于客户退回的货物，物流配送中心销售部门先对货物的数量和退货单的相关信息进行初步检查，并核对是否与发货单一致，查验无误后，由仓储部门入库。

(3) 退回货物重新入库时，需要协同仓储部门按照新品入库的标准对退货商品进行新一轮的检查，确认退回商品的品质、规格、名称等符合要求。对于符合标准的商品进行储存或分拣配送，对于有问题的商品，应将其贴上"拒收标签"后，隔离存放。

(4) 对于退回的问题商品，如果物流配送中心不能退回至供应商，仓储部应安排相关的责任部门对商品进行挑选、重新加工、降级使用或做报废处理，使物流配送中心减少库存(呆滞品)压力。

3. 智能储物柜退货

快件送来了，但客户刚好不在家或物业不接收，怎么办？快件因无人接收，快递员只能"二次投递"、"三次投递"。不过，有了"智能储物柜"后，这些问题将迎刃而解。如今，全国各一二线城市不少小区已出现了可自助收发快件的"智能储物柜"。其外观类似超市储物柜，柜子中间有触摸屏幕，主要有收件和取件两个功能。快递员将快件放进去后，收件人凭借收到的一次性提取码短信，就可在 24 小时内随时取件。同时，这种"智能储物柜"还有收件功能，客户可将所购的不满意商品通过此柜进行退货，具体流程如下：

(1) 客户在网站退货中心申请退货，配送方式选择储物柜。

(2) 退货中心接受客户的退货申请，并返回给客户一个密码。

(3) 客户把商品拿到储物柜，用密码打开柜子，放入商品，关上柜门。

(4) 商家退货中心的信息系统收到商品放入柜子的信息后，通知物流配送中心或快递公司取件，并分配其开柜密码。

(5) 物流配送中心或快递公司凭借开柜密码，取出柜中商品，并做好标记(退货授权)，再将货物运送到商家的退货中心。

> 想一想：退货中心给客户分配密码时，此密码可以打开指定储物柜还是随机打开所有剩余空柜中的一个？

7.3.4　退货管理策略

退货管理最重要的一点就是减少退货量。一个企业不可能完全避免退货，但可以通过管理制度和策略使退货量最小化。为了确保客户的退货产品得到及时有效的处理，并预防类似问题再次发生，促使客户满意及供方得到及时的信息与产品改善，从退货起点、退货流程、后续管理和从退货中获取利润四个方面介绍退货管理策略。

1．起点管理

起点管理即"源"管理，从源头上控制，减少顾客的退货。其主要包含以下内容：一是，物流配送中心做好商品入库验收工作，确保商品品质，保证配送前商品的完好性；二是，必须为消费者提供完整、有效的商品信息；三是，要尽可能减少自己的损失，比如对顾客的定制货物，要严格限制退货条件等。

2．流程管理

流程管理主要是针对退货的作业流程进行管理，目的在于缩短退货的处理周期，增加其再售的机会，提高效率。这主要体现在退货处理的标准化和自动化层面。管理学认为，标准化是提高效率的有效手段。对于退货处理，企业必须要有详尽的可操作性标准，而且要渗透到退货作业中的各个环节。这样可以减少处理人员在面临复杂决策时的时间成本，同时也增加了处理人员退货处理的权利，培养了其处理问题的能力。

3．后续管理

退货管理中应该渗入可持续发展的思想。退货管理的目的不是为了成功处理退货，而是为了避免同类退货的再次发生。因此，要有详细的退货管理记录，要对退货数据进行统计分析，包括横向比较和纵向比较两个方面。横向比较是与传统的销售渠道比较，纵向比较是针对历史记录进行分析，目的在于发现规律和问题以有效地预测退货的高发期，合理安排退货处理人员和库存量。

4．从退货处理中获取利润

一个好的退货系统可以成为企业建立竞争优势的有力渠道，可以加强物流配送中心与上游供应商与下游零售商和客户的联系，还可以降低企业成本，提高企业声誉，甚至成为企业的利润中心。那么，如何通过高效的退货系统使物流配送中心在退货处理中获取更多的利润呢？可以从以下三个方面来考虑：

(1) 为退货处理配备专门的场地，并安排专人负责，以方便对退回商品进行重新整理，获得更高的价值。如重新包装、重新分拣挑选、重新加工等。

(2) 把退货商品视为待售商品。若退货商品在品质上没有问题，可以考虑为它们寻找合适的买主，立即转售。

(3) 根据具体情况，为退货设计高效的运送渠道。在提高运送效率的同时，也加速了退货商品的周转，减少部分存储空间，从而为企业降低成本，提高利润。

企业要从各个方面着手尽量避免退货现象，但退货只可能减少，不可能杜绝，往往有时候，企业设法避免退货产生的成本比退货本身产生的成本还要高。因此，企业要学会妥善处理退货，明智地处理退货，也就是说企业不要把退货看成一种负担而是要把它视为创造利润的待售品。

● 经典案例 ●

Hermes(爱马仕)配送公司的自动化退货管理

Hermes Fulfilment 是德国多渠道零售商 OTTO 集团的成员之一，主要面向集团内外的客户开展物流服务。目前，Hermes Fulfilment 管理着 60 万个品规(SKU)，每年处理的商品多达 2.6 亿件。

Hermes Fulfilment 在德国境内有 4 个物流中心，还与位于欧洲其他地方的物流配送网络建立了直接联系。其位于 Haldensleben 的物流中心是欧洲最现代化的配送中心之一，每天的高峰时段处理多达 25 万个订单。

Haldensleben 物流中心以 Knapp OSR 穿梭技术为核心建设了高效率的退货处理系统，以同样的面积，大大提高了退货处理能力，加快了退货处理和发货速度，进一步增强了 Hermes Fulfilment 公司的市场竞争优势。

1) 项目挑战

Hermes Fulfilment 负责全权处理用户的退货，包括退货收货、退货整理和重新包装并发货。为了进一步优化退货管理，具有创新精神的 Hermes Fulfilment 决定采用 Knapp 的 OSR 穿梭技术对 Haldensleben 物流中心的退货操作进行自动化管理。而在此之前，全部退货经过检验合格后由人工存储在分拣库房里，收到新订单后再采用拣货小车进行拣选。

因为分拣库房内既有新货也有退货，所以用于重新销售的退货必须与新货进行同步处理，两个系统之间必须实现自动衔接。此外，新的退货系统在老库房内建设，因此需要考虑现有的地基、柱距和电气系统等条件。

2) 解决方案

Hermes Fulfilment 退货自动处理系统的核心是 Knapp 的 OSR 穿梭系统。该系统有 17.6 万个存储货位，分布在 30 个货架阵列内，存储量高达 100 万件商品，每小时可以将混装了多个品规商品的 2000 个退货周转箱从收货处直接送入存储货位。OSR 系统设计了两层共 30 个分拣工位，在分拣的高峰时段每小时可以处理 15 000 个订单行。

退货自动处理系统设计理念的创新，不仅体现在采用了高度灵活的 OSR 穿梭技术，而且还有基于 KiDesign 原则的分拣工位设计。KiDesign 是 Knapp 基于人体工程学原理打造的多功能智能货到人解决方案。此外，所有的货到人工位和服装拣货平台都是根据服装拣货特点进行定制的，因此退货处理效率大大提高。

作为本项目的一个亮点，Knapp OSR 穿梭技术是一个半自动化订单分拣系统，采用货到人的设计原则，利用货架存储周转箱，每层货架之间都有穿梭小车进行货物的存取，并通过垂直升降系统将货物送到操作工位，进行人工拣选。该系统采用模块化设计，省略了传统设计方案的大量输送线，节省了空间，并可以根据业务需要进行灵活调整(包括货位数量、工位数量、存储空间等)。系统功能包括存储、分拣、发货集货、退货管理、库存盘点等大部分库房功能，特别适合商品种类繁多、存储密度大、订单数量大、单个订单批量小的业务。因为采用了单一的技术，所以系统稳定性、可维护性得到了提高。

思考题：运用所学知识评价爱马仕自动退货系统。

7.4　配送作业的信息化管理

由于信息技术的飞速发展，我国很多大型企业在物流配送方面引进了先进的信息技术，配送信息化在我国已经得到了一定的发展，但在信息化管理上我国和发达国家还存在一定的差距。信息化管理不是简单的添置信息设备或购买信息软件，而同样是"以人为本，以人为主"。

信息化管理是将信息流、商流、资金流整合到一起形成数字化信息在企业相关人员和流程中流动。配送信息化管理是在信息系统的基础上对配送作业的管理，使配送发挥最大的功效，减少作业时间，提高效率，从而达到更高的客户满意度。下面介绍几种在配送过程中经常用到的信息技术。

7.4.1　GPS 系统及其应用

GPS 是英文 Global Positioning System(全球定位系统)的简称。GPS 系统是以全球 24 颗定位人造卫星为基础，具有全方位、全天候、全时段、高精度的卫星导航系统，能为全球用户提供低成本、高精度的三维位置、速度和精确定时等导航信息的一种无线电导航定位系统。GPS 由美国国防部研制建立，是卫星通信技术在导航领域的应用典范，它极大地提高了全球社会的信息化水平，有力地推动了数字经济的发展。它由三部分构成：一是地面控制部分，由主控站、地面天线、监测站及通讯辅助系统组成；二是空间部分，由 24 颗卫星组成，分布在 6 个轨道平面；三是用户装置部分，由 GPS 接收机和卫星天线组成。

近年来随着电子商务的发展，配送业务也随之发展壮大，配送模式发生变化，对配送车辆、配送人员及线路规划的管理便成了关键性的问题。在未采用 GPS 技术前，调度中心只能通过无线通讯设备对驾驶员发出调度指令，驾驶员通过对道路的熟悉程度来确定自己的大致方位。而 GPS 技术很容易地解决了上述问题，驾驶员可以通过车载 GPS 确定自己的位置，并把定位信息传给调度中心。调度中心可以实时掌握车辆的具体位置及运行情况，及时根据具体道路情况发出调度指令。

GPS 系统在配送中的应用主要表现在以下方面：

(1) 车辆跟踪。利用 GPS 和电子地图可以实时显示出车辆的实际位置，并可任意放大、缩小、还原、换图；可以随目标移动，使目标始终保持在屏幕上；还可实现多窗口、多车辆、多屏幕同时跟踪。利用 GPS 系统可对重要车辆和货物进行跟踪，实时掌握货物的途中信息，提高配送效率和配送质量。

(2) 提供出行路线规划和导航。提供出行路线规划是汽车导航系统的一项重要的辅助功能，物流配送中心在设计最优配送方案时，通过 GPS 可以提供一种可行方案。如驾驶员确定起点和终点，由计算机软件按要求自动设计最佳行驶路线，包括最快的路线、最简单的路线、通过高速公路路段次数最少的路线的计算等。物流配送中心调度人员会根据 GPS 提供的方案及车辆运行涉及的具体路况来选择最优的配送方案。

(3) 信息查询。为客户提供配送信息查询。车载 GPS 可将配送线路的实时信息反馈到相关物流配送信息查询系统，方便客户随时查询车辆的运行情况，预估车辆到达时间，做好收货准备。同时，物流配送监测中心可以利用监测控制台对区域内的配送车辆所在位置进行查询，车辆信息将以数字形式在控制中心的电子地图上显示出来，有利于物流配送中心对配送人员和车辆的管理，减少资源的浪费。

(4) 调度指挥。物流配送调度中心可以监测区域内车辆运行状况，对被监控车辆进行合理调度。调度中心也可随时与配送车辆的驾驶员进行通话，实行管理。如遇到车辆运行前方有突然拥堵等情况发生，调度中心会立刻与驾驶员联系，改变行车路线，绕过拥堵路况，大大节省了车辆运行时间。

(5) 紧急援助。通过 GPS 定位和监控管理系统可以对遇有险情或发生事故的配送车辆进行紧急援助。监控台的电子地图显示求助信息和报警目标，规划最优援助方案，并以报警声光提醒物流配送中心人员进行应急处理。

7.4.2 GIS 系统及其应用

GIS 是英文 Geographic Information System(地理信息系统)的简称。GIS 系统是一个集地理学与地图学以及遥感和计算机科学为一体的综合性系统，已经被广泛应用在不同的领域。GIS 系统是用于输入、存储、查询、分析和显示地理数据的计算机系统，即面向区域、资源、环境等规划、管理和分析。它既是表达、模拟现实空间世界和进行空间数据处理分析的"工具"，也可看作是人们用于解决空间问题的"资源"，同时还是一门关于空间信息处理分析的"科学技术"。目前，GIS 技术被越来越多的商业领域用来作为一种信息查询和信息分析工具。GIS 在物流中最具经济价值的功能便是实现辅助决策中的各项分析。

GIS 系统具备了信息系统的各种特点，与其他信息系统的区别在于其存储和处理的信息需要地理编码，地理位置及其与该位置有关的地物属性是进行信息检索的重要组成部分。

把 GIS 融入到物流配送的过程中，就能更容易地处理物流配送中心的仓储、装卸、运送等环节，并对其中涉及的问题如物流配送中心位置的选择、物流配送中心内部构造的设置、装卸搬运合理化的策略、配送车辆的调度、配送线路的优化等进行有效的管理和决策分析。这样使物流配送企业有效地合理利用现有资源、降低人力成本、提高物流效率，加快企业资金周转，为企业创造新的利润。

GIS 能实现企业所需的诸多功能，但这些功能的实现也需要庞大的基础数据支撑，将这些数据进行交互、转换、处理，输出的数据便是企业所需，GIS 基本功能的实现过程，如图 7-19 所示。

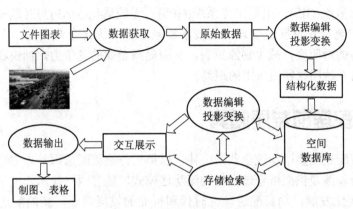

图 7-19　GIS 基本功能的实现过程

在物流配送中，超过 80%的配送数据具有空间特性或者与空间位置有关。如物流配送中心和客户的地理位置、道路交通状况、配送线路优化等都是空间分析的具体应用。GIS 在配送中的应用主要表现在以下方面：

(1) 信息查询。对配送范围内的主要建筑、配送车辆、客户等进行查询，查询结果以文字、图像、语音的形式显示，并在电子地图上显示其位置。

(2) 线路规划和分析。以降低配送成本，保证车辆配送的安全性和送达及时性为前提，进行合理的线路规划与分析。如客户对货物送达的时间可能会有一定的限制(当天 17:00 前必须送到)，根据客户的特殊需求解决配送线路优化问题。

(3) 配送区域划分。根据客户的相似点(客户所处的位置或所配送货物的同质性)把所有或部分客户划分为几个组，用以解决确定配送服务范围等问题。如由某物流配送中心向 N 个商场送货，通过 GIS 快速获取所有商场信息，进行加工处理分析，便能很快将 N 个商场划分为不同的区域，并配好合适的车辆专门负责所配送的区域。

(4) 车辆跟踪。通过运用 GIS 和 GPS，适时跟踪车辆、货物、司机的动态，及时确定他们所在的准确位置，使车辆、货物、司机的移动状况可视化，有效地掌握了司机的行为。另外，GIS 工作站的电子地图能显示车辆当前的位置和速度，监控中心可根据目前车辆所处的位置和交通状况及运行状况，利用短消息或语音的方式对车辆进行合理调度，还能把车辆运行的轨迹在电子地图上回放。如在草原牧场收集牛奶的车辆在途中发生故障，传统方式往往不能及时找到故障车辆而使整车的原奶坏掉，损失惨重，GIS 能够很方便地解决这个问题。

(5) 辅助决策。为了使物流配送中心在合适的时间、合适的地点、通过合适的方式将商品送到客户手中，物流配送的分析和决策便显得尤为重要。这些分析和决策主要包括位置决策：指在建立配送体系时的设施定位；生产决策：主要是根据存在的设施情况，确定设备在这些设施间的流动路径等；库存决策：主要是关心库存的方式、数量和管理方法；配送决策：包括配送方式、数量、路径以及配送车辆的吨位等。GIS 堪称最佳决策支持系统，具有数据集成、空间分析、可视化表达等功能。应用 GIS 进行空间数据分析，可以辅助决策物流设施的分布，可以定位车辆的具体位置，为其组织货源和灵活配货，从而减少浪费。

将地理信息系统(GIS)、卫星定位系统(GPS)、无线通讯(WAP)与互联网技术(WEB)集成一体，应用于物流和供应链管理信息技术领域，不断优化企业流程，完善物流运作体系，增强企业内的透明度，减少物流黑洞，从而提高企业的竞争力，加快我国物流业的发展，逐步缩小与发达国家物流水平的距离。

7.5　物流配送的发展趋势

当前的物流配送主要以物流企业为主体，以第三方物流配送服务为主要形式，由物流和信息流相结合，涉及供应链全过程的物流配送模式。随着网络技术、电子商务、交通运输和管理的现代化发展，物流配送顺应时代和行业的发展需要，新的配送模式逐步发展起来。

7.5.1　共同配送

共同配送最早于 20 世纪 60 年代中期产生于日本，随后在美国、欧洲等一些发达国家有了广泛的应用，成为影响较大的一种配送方式。共同配送是追求配送合理化，经过长期的发展和探索优化出来的一种配送形式。关于共同配送的定义、优缺点以及组织模式已经在第三章详细介绍过，在此，主要介绍我国共同配送存在的问题以及实施策略。

1. 存在的问题

2012 年 8 月，商务部、财政部选取 9 个城市开展现代物流技术应用与共同配送试点，2013 年全国又增加 15 个共同配送试点城市。在商务部、财政部的指导下，各地以城市共同配送试点为契机，加大商贸物流基础设施投入，推动物流配送经营模式创新，推广现代物流技术应用，提高物流配送效率，城市物流配送体系进一步健全，规划布局日趋合理，试点取得初步成效。如，上海市建立三级配送体系，依托连锁门站和社区门店网点优势，开展"网订店取"、"包裹代取"等增值服务，使电子商务"天网落地"，既扩大快递共同配送覆盖范围，也解决了上门投递诸多问题；成都市与德国邮政合作，科学规划城市共同配送，划分集中配送、共同配送两个阶段，设立示范区，选取试点行业、试点车辆，建设监管平台。

实际上，在开展城市共同配送过程中，会遇到诸多问题，主要有以下方面：

(1) 部分城市重视程度不够。共同配送是一项系统工程，涉及多行业、多领域、多环节，投入大，公益性强，需要纳入城市整体规划，并与相关规划搞好衔接。

(2) 各地物流工作的牵头管理部门不一。实施共同配送涉及部门较多，存在多头管理现象，通行难、停靠难、装卸难、乱收费、乱罚款等问题突出，协调难度比较大。

(3) 信息化、标准化程度不高。如此便影响了配送速度和车辆满载率，"信息孤岛"、车辆空返、编码不统一等问题还比较严重。

(4) 诚信监管体系缺失。共同配送各环节的监管和责任界定比较难。

2. 实施策略

共同配送在我国的发展还处在初期阶段，根据目前的发展状况来看，为了这一新模式得以顺利发展，结合企业内部条件和外部环境，提出以下实施发展策略：

(1) 加强顶层设计，增强共同配送的系统性、整体性、协同性。科学规划、合理布局共同配送网络节点；完善相关支持政策，为开展共同配送提供制度保障；对共同配送服务体系各要素、各环节进行规范，落实好国家技术标准、管理标准和服务标准。

(2) 提高企业自我认识和合作意识。共同配送最终的目标是联盟企业实现共赢，企业必须清楚自身的需求和发展状况，尤其在同产业中，必须明确企业间的竞争是销售上的竞争，在物流配送上可以相互合作，而且这种合作对产品经营、客户服务、企业发展都会带来积极的作用和影响。

(3) 提取诸多配送任务的共同之处。在异产业共同配送中，由于企业性质、产品特性存在很大的差异，货物形状、配送要求等各不相同，即便是同产业内的合作也会出现类似情况，如果不做精心的调整和准备，不找出配送任务的共性，便会增加配送成本，降低配送效率。因此，在实施共同配送前期要深刻认识到这一点，发掘企业间的相似之处，培养良好的合作基础。

(4) 避免同行企业间商业机密外泄。在共同配送系统中，一些比较敏感的企业内部信息，如客户详情、销售渠道、交易价格等，如果外泄给其他同行企业，将会给企业带来不可估量的损失。所以，作为共同体的领导决策机构，有责任保守成员的商业秘密，并采取有效的预防、监管措施对系统进行严加控制和管理，最好在合作协议里明确保密事项，注明双方的权利和义务。

(5) 重视员工培养和人才引进。共同配送是更大范围内的系统再造，系统设计、设施构建、信息系统建设、成本效益核算等都离不开掌握现代管理、系统规划和技术操作的人才，而且随着共同体的完善和标准化，需要对基础人员进行短期和长期培训，提高人员的整体素质，不断引进高层次人才，更新整体知识结构，以适应现代共同配送体系对人才的需求。

7.5.2　同城配送

同城配送又称为"最后一公里物流"，也被称为城市"轻物流"。与全国联网的专业物流(快递)公司的业务侧重点不同，同城配送指的是提供一个城市内 A 到 B 之间(尤其是市区范围内)的物流配送，讲求的是速度最快、效率最大化。

1. 概述

我国大部分物流公司的业务是将货物从一个城市送到另一个城市，还未真正触及到"末梢"服务。而在国外一些发达国家，同城配送正在担负着城市配送末端服务的角色，如配送、仓储、搬运、安装、代收货款等。这些和客户紧密相连的配送服务必须由专门的同城配送服务公司才能做起来。

简单来说，同城配送是物流配送业务的延伸，其发展模式主要以第三方的形式存在，并得到了很好的发展。同城配送对于整个物流体系来说，是物流链条的最后一环，因将配送服务直接做到了客户的家门口，所以也是非常关键的一环。有这样一个非常生动的比喻，如果把整个物流配送系统比作一个城市或地区的供水管道，那么同城配送则是供水管道的最后一站，即客户家里的自来水管。所以，对于整个物流配送体系来说，同城配送的地位和作用都是不可或缺的。

随着人们购物习惯的养成，对配送时间和服务水准的要求越来越高，尤其是对同城购物的一线城市用户来说，对"极速达"和"限时送"有着很大的期待。在互联网的发展、用户的需求和市场的推动下，互联网与传统快递相结合的产物——同城快递 O2O 应运而生，它是同城配送的另外一种模式，正在用众包的模式改写着传统快递行业。

2．特点

作为物流配送体系的一个重要环节，同城配送除了拥有物流配送体系的共有属性外，还有自己的特有属性。

(1) 地域属性。"同城配送"从字面上来了解，即同一座城市的物流配送，而且配送范围一般情况下指本城市的市区配送，配送业务的覆盖范围具有一定的局限性。所以，从很大程度上来说，同城配送的功能发挥和配送实施，受地域的限制和城市地貌及特色的影响。

(2) 送货速度快、效率高，体验佳。因物流配送企业与需求客户在同一个城市，配送需求能够得到快速响应，很多客户甚至在订购当天收到所购货物。另外，同城配送还建立了客户反馈和回访制度。如此快速的优质服务，让客户享受到了完美的购物体验，实现了客户的闭环式管理。

(3) 直接与服务的客户接触，在提供基础服务的同时还提供附加服务。在物流配送发展的很长一段时间内，配送主要负责干线、支线的长短途配送，末端配送也仅是将商品送到客户手中。同城配送在保证快速地将商品送到客户手中外，还将会提供安装、代收货款等附加服务。

3．发展现状及存在的问题

同城配送在整个物流配送业务中的发展非常迅速，在全国的一些大中城市尤其是北京、上海、广州等物流发展较快的城市，同城配送已经做到了全面覆盖。但是由于具体的同城配送企业的规模与营运观念不同，同城配送所暴露出来的问题也是比较严重的，具体表现如下：

(1) 信息化建设相对比较滞后。在互联网日益发展的今天，不管是上游供应商还是下游客户，都希望通过互联网实现对货物的实时监控和跟踪。然而，很多同城配送企业在信息化建设上也做了很多努力，但是由于资金和技术的缺乏，很多同城配送企业的信息化水平并不能满足使用者的需要，尤其是在一些较偏僻的中小城市，同城配送方式还比较原始，其信息网络建设还需要很长的一段路要走。

(2) 企业的服务质量有待提高。根据 2014 年消费者协会受理的消费维权投诉统计，针对同城配送质量的投诉数量呈上升趋势，具体表现在同城配送人员的服务水平以及从业者的职业素质等方面。例如，出现了多起因为同城配送人员的不规范操作而导致违禁品配送以及客户个人信息泄露等恶性事件的发生。部分配送企业为了短期的经济利益而做出的违规行为将会对整个物流行业的声誉与发展带来不利的影响。作为服务业的一种，物流配送企业的服务观念与意识应大大加强和提高。

(3) 企业间的不规范竞争也影响着行业的发展。作为一种新兴的行业，很多投资方将同城配送作为投资的蓝海，以获取更大的市场份额。由于缺乏统一的行业规范，在某些地区的同城配送企业之间存在着不正当的竞争。例如，互相压价，互相攻击的行为屡见不鲜。加之部分城市的配套设施不完善，以及发展成本的不断提高，都给同城配送的发展带来巨大的挑战。

4．问题的解决对策

(1) 提高从业人员的业务素质。由于存在多种不可控因素，同城配送作业过程中可能会出现很大的操作风险和市场风险，因此，要强化同城配送从业人员的业务素养，并从公司规章制度等方面对员工的业务素质进行把关。同时，采取不定时的考核与抽查制度，对员工的操作行为进行监督与矫正，对发现的问题要及时予以处理和纠正，避免"人情"在企业监管中的影响。

(2) 在同城配送企业间建立信息发布平台。由于市场中存在着千变万化的波动，所以企业之间的互通有无就显得弥足珍贵。一方面，可以通过彼此共享信息来有效地避免由于信息交流的不顺畅产生的配送问题；另一方面，在信息共享平台的指导下，可以最大限度地提高配送中转的速度与效率。只有在统一的信息发布平台的调度与指挥下，才会避免信息欺诈及其他商业不道德行为而对整个行业所产生的负面影响。

(3) 加强企业的信息化建设。在同城配送企业的发展过程中，信息化建设将成为企业面对市场竞争的重要领域。这种信息化建设不仅仅是基础通讯设备的完善，还体现在同城配送企业配送方式和配送过程中富有科技含量。例如，随着人工智能和全球定位系统的不断完善，我国南方一些比较发达的城市已经出现了无人自动配送业务。这种业务利用无人驾驶的小型直升机在相关技术的支持下，帮助有紧急配送需求服务的客户，第一时间将货物送达，满足其需求。这是物流技术与信息技术发展的结果，也是未来同城配送企业发展的一个方向。

(4) 建立企业的行业法规和规范。任何一个行业的运营与发展都应该建立在国家的法律法规基础之上。特别是随着市场经济的发展，电子商务的普及，使得物流配送，特别是同城配送有了更大的发展空间。建立同城配送企业的行业法律法规是大势所趋。国家相关部门应根据具体国情，抬高同城配送企业准入门槛，并设定具体的考察标准，从企业自身的角度为同城配送行业健康有序的发展谋求更大的发展空间，最终实现同城配送行业健康、快速的发展。

7.5.3　落地配

"落地配"从字面上理解，就是货物在到达城市落地后，由到达城市的物流公司实施配送操作，即只完成最后一个配送的物流程序。我国落地配产生的缘由是因为我国电子商务的发展，起初从事为 B2C 电子商务企业做代收货款的配送业务，也叫 COD 配送(COD，Cash on Delivery)。

1．概述

电子商务快递市场几年内快速爆发，而"最后一公里"配送地址的分散性和运作的繁琐性，使得落地配产生并逐渐发展壮大。落地配这一概念也是近几年内被业内人士所熟知，它是由落地分拨、同城和地县转运、入宅服务三大要素组成的。它主要以如开箱验货、半收半退、夜间送货、试穿试用、送二选一、代收货款、退货换货等这些核心的入宅服务为竞争亮点。

落地配实际上是，电子商务根据自身的成本和服务要求，把物流与快递的基本要素进行了拆分，选择了自己能做的和不能做的部分，然后把自己能做的部分做到极致，把自己不能做的部分交给市场——如干线运输和最后一公里配送。电子商务企业按照自己的需求轨迹和业务要求，改变了传统物流与快递模式，对其进行拆分——选择——组合。其未来如何发展，还是期待市场的检验。

2．流程

落地配的流程区别于普通快递的全程经转。从干线委托运输区域分拨中心或总仓调拨至分仓，通过区域支线配送，转运至郊区或地县营业部，宅配站点接货后上门宅配。它通常以区域中心为闭环，主要面向 B2C 类电子商务大客户，集中取件送件或兼顾同城散件配送，有些也提供分仓管理。具体操作流程如图 7-20 所示。

图 7-20　落地配操作流程示意图

(1) 商家将当日出仓订单按照规划的落地配送区域逐一进行合包操作。

(2) 中心仓库内理货发货。

(3) 集货干线货物运输(铁、陆、空)。

(4) 配送至区域分拨中心或由中心仓库直接进行配送至分仓进行管理。

(5) 对干线货物进行提货、验货、信息导入、分拣、异常反馈等。

(6) 分拨至末端配送站或片区支线配送。

(7) 宅配站点接货，预约时间，进行宅配。

(8) 开箱验货，提供增值服务(夜间配送、带货换货、半收半退、试穿体验、其他服务等)。

3．增值服务

落地配具有区域网络密集的优势。电子商务选择落地配，除了速度和成本的因素外，更突出的是落地配提升了客户服务体验。客户体验的提升主要是通过多样化的增值服务来实现的。增值服务是落地配的亮点，主要是通过以下四个阶段产生增值：

(1) 前端阶段，即理货发运阶段。可通过贴牌组装、包装打单、保险报价、发票寄送等产生增值服务。

(2) 中途阶段，即干线转运分拨阶段。可通过加急配送、夜间配送、网点自提、定日配送、偏远地区、改址再送等产生增值服务。

(3) 末端阶段，即到门配送阶段。可通过代收货款、POS 刷卡、第三方支付、开箱验货、部分收货、试穿试用、送二选一、代返签单等产生增值服务。

(4) 售后阶段，即退货服务阶段。可通过定制客服、带货换货、上门退货、短信通知、代付退费、辅助营销等产生增值服务。

4．落地配与快递的区别

组成快递的三大要素是：网点、分拨批次、快速集散。其特征主要是速度和标准化的业务操作。落地配是基于为电子商务配送代收货款业务而发展起来的，所以它更注重精细化和专业化；而快递则需要通过扩张自己的网络来拓展市场，因此注重的是规模化。另外落地配的收入来源于送件，快递则是取件。由此可见落地配对送件比较重视，而快递重视的是取件。目前，也有一些区域性的快递公司从事落地配的业务。

从两个角度看落地配：一是物流角色，二是服务角色。服务要贴近用户个性化，而物流是贴近大众，为电商平台和本地商业客户提供落地配送、代收货款服务及增值营销服务，为本地消费者提供商业购买和便利生活配送。这是一个新的方向，单纯的配送难以盈利，增值是手段，也是增强黏性的基础。

7.5.4　仓配一体化

仓配一体服务旨在为客户提供一站式仓储配送服务。仓储与配送作为电子商务后端的服务，主要是解决卖家货物配备(集货、加工、分货、拣选、配货、包装)和组织对客户的送货。发展仓配一体化已经成为电商物流和第三方服务公司的新方向。

1．含义

仓配一体化是伴随着电子商务的发展而被许多电商、物流从业人士经常提及的一个概念，从字面来理解就是仓储加配送，为客户提供一站式的服务。目前市场上存在三种类型的仓配一体化服务形式：一是，大型平台电商企业拥有自建仓储和配送队伍来满足客户的需求，如京东、亚马逊；二是，一些企业专注于仓储的同时整合配送服务，如网仓科技；三是，一些企业专注于配送的同时实现仓储的标准化管理，如圆通新龙的仓配一体化，依靠强势的配送服务，挖掘仓储的增值服务。

仓配一体化的内涵是，客户将订单转给能够提供仓配一体服务的企业，订单后续的处理，如分拣、复核、发货、接收退货、账务处理等业务，均由该企业来负责，而客户仅专注于市场的开发与销售。即所谓的分工明确、专业的人做专业的人事，充分发挥专业化操作带来的优势。

2. 特点

(1) 流程少，配送快。在传统模式里，电商仓储部分主要包括了三个环节：打包、称重、与速递的交接；配送的环节主要包括揽收、称重、发运，整个环节比较复杂。在仓配一体化的模式下，物流企业要做的是在保证货品安全的前提下提高配送效率，让整个业务流程更加通畅。

(2) 无缝式连接，服务效率高、成本低、质量更可控。以圆通速递有限公司为例，圆通的仓配一体化服务流程比较简单，商家把商品入仓之后直接进行系统对接，商家的 ERP系统跟圆通的整个系统对接以后，剩下的全部工作由圆通来完成，最终的数据都会呈现在圆通的电商平台上面。圆通的仓配一体化服务采用的是分仓发货，让商家把一部分货送到区域分仓，由圆通来完成对消费者的就近配送，这样提高了物流快递服务的及时性、高效性和可控性，使消费者的购物体验更好。

3. 发展

当前，仓配一体化的运作模式在我国还处于摸索阶段，由于仓储需要大面积场地与专业化操作，配送又需要全面的网络覆盖与大量运输工具，造成仓储与配送的成本居高不下。比如，快递企业在配送方面具有一定的规模优势，服务范围向供应链上游方向发展，即向仓储延伸，具备一定的可操作性。但目前快递企业跨界到仓储的目的，大多是"以仓养单"，以获得较多数量的订单派送为主要目标，在仓储管理方面欠缺。未来仓配一体化模式如何发展，还有待于市场的检验。

◆经典案例◆

下面的案例是快递行业某专业人士在某公众场合的演讲实录，着重讲述该公司仓配一体化的价值和服务，内容有所删减。通过案例内容，来加深对仓配一体化的理解。

仓配一体发展的价值和服务

现在做仓配一体的企业特别多，在仓配一体的模式下，我们希望达到什么目的呢？在保证货品安全的前提下提高效率，让整个业务流程更加无缝对接。当然这个是基于系统无缝对接的基础上，所有的信息流、物流都能做到无缝对接。

仓配一体的价值，站在客户的角度来说，有四个方面的价值：第一，管理的简便性。原先作为甲方可能要管理仓储供应商、快递供应商，而且可能很多，现在只要管理一家，所以在管理成本、难度上大大降低。第二，出现问题之后，相关问题的排查，问题的优化都有比较好的解决办法，避免了供应商之间的互相推诿。第三，时效的提升。业务对接更加顺畅，时效性上有很大的提升。同时仓配衔接的更加紧密，可以更好地利用快递的特性，包括运输方式、运输工具、时间点的不同。第四，成本的降低。一个是供应商减少了，成本自然降低，买的是一个组合套餐，价格可以降低。快递本身是资源密集型的，有很多人和车以及场地，这是一个很大的优势，可以大大降低运营成本。比如，从生产企业商品生产出来以后，直接进仓，接下来仓储、物流以及最终快递的发货、直接进入到消费者手中等工作都由快递公司来完成。这样商家更加专注在品牌、前端营销、渠道的工作上，把物流交给更加专业的人来做。

仓配一体服务，从服务内容上分为以下几个：首先是仓储服务。提供标准化的仓储服务，可以允许客户根据自身的需求定制；可以支持电商的常规单、合同单的发货，可以有专门的活动计划，针对大客户"双十一"的活动，包括短期仓储的使用，以及在"双十一"期间，如何保障快递的一些特殊政策等。另外全国多个仓库可以为客户提供仓储服务，所以对于客户可以选择就近入仓，直接降低了物流成本。再有是配送服务。就是快递公司自身的配送能力，现在大陆已经覆盖 2100 个城市，国际业务也正在发展，中国香港、中国台湾，包括欧美，都有对应的合作公司来做相关的国际快递。再次是系统服务。有自主研发的仓配一体服务平台，为客户提供仓配全生命周期的监控。同时可以实现和各个电商平台的对接，保证整个信息流能够快速地跟前端进行沟通，最主要的是让消费者及时看到仓配的状态。同时还提供各种仓配的分析报表，能够帮助客户在物流端进行分析。

目前我们仓配合作模式提供的服务：第一是仓库，第二是库内操作，第三是仓储系统，第四是快递。前面三个内容是可选项，后面一个是必选项。现在有些客户直接发我们快递可以免费使用我们的软件。从整个合作模式上来说，我们通过仓配一体的方方面面来带动快递行业的发展。目前在全国的布局，仓储所分布的区域，还是集中在沿海地区，内陆已经慢慢在渗透，包括四川、重庆都在慢慢地布仓，整个仓储的发展目前还是跟着电商客户的需求在走。

从仓配一体的服务系统来说，很多人说物流是劳动密集型行业，实际上它是科技含量比较高的行业。在追求成本更低、效率更高的时候，科技含量越来越高，不仅是体现在仓储环节，包括我们的管理平台来支撑业务的发展，整个物流的发展离不开科技的支持。

思考题 1：仓配一体化的优势有哪些？

思考题 2：实施仓配一体化策略可能会遇到哪些问题？

小　结

本章首先介绍了配送线路的管理与优化，包括车辆调度管理、车辆积载管理和线路优化管理等方面的内容。其中，重点介绍了通过图上作业法、表上作业法进行车辆调度，对单车单点、单车多点、多车多点配送线路进行优化。然后，介绍了配送服务管理方面的内容。其中，重点介绍了配送服务的标准及服务质量管理。之后，介绍了退货管理方面的内容。其中，重点介绍了退货产生的原因、退货流程及退货处理策略。在配送作业信息化管理方面，重点介绍了 GPS 和 GIS 系统及他们在配送作业中的应用。最后对我国配送发展的新趋势如同城配送、落地配等进行了简单的介绍。

练　习

一、填空题

1. 车辆调度的原则有____、____和____三方面的内容。

2．通过图上作业法求解时，对初始方案进行检查调整，计算交通图上的全圈长、外圈长和内圈长，如果____和____都分别小于____的一半，即为最优配送方案。

3．在表上作业最小元素法求解的过程中，可能遇到不需供应或供给不足的情况，会出现空格现象，此时用____填补。

4．单车单点线路优化一般采用____求解；单车多点的线路优化一般用____，多车多点的线路优化一般采用____。

5．客户感知的配送服务质量受到____、____和____三方面内容的影响。

6．GPS由三部分构成，包括____、____和____。

二、选择题

1．车辆积载的原则有(   )。

A．轻重搭配   B．大小搭配   C．货物性质搭配   D．严禁超载   E．后送先装

2．下列(   )不是配送服务质量评价指标。

A．货品破损率   B．订单妥投率   C．配送准时率   D．观感质量良好率

3．下列(   )属于落地配的增值服务。

A．按时送达   B．夜间配送   C．试穿试用   D．上门退货   E．贴牌组装

三、判断题

1．按照车辆调度的计划和原则，不能对车辆行驶路线做临时变更。　　　　　　　　(   )

2．表上作业法求解的过程中，若非基变量的检验数全部大于零，则此方案为最优方案。　　　　　　　　(   )

3．按照车辆调度的总体要求，要最大限度地发挥车辆配载和运送能力，在特殊情况下允许车辆超载。　　　　　　　　(   )

4．在用闭合回路法进行方案调整时，从某一空格出发，一定可以找到一条且只存在唯一一条闭合回路。　　　　　　　　(   )

5．通过最短线路法求出的最短路径，在实际配送中一定用时最少。　　　　　　　　(   )

6．配送员在与客户交接货物后，可以进入客户家中稍作休息。　　　　　　　　(   )

四、简答题

1．简述构成配送服务的要素有哪些。

2．简述客户退货的原因有哪些。

3．阐述GIS在配送中的具体应用。

4．简述同城配送的特点。

五、讨论分析

1．应该从哪几方面着手，以保证配送商品质量的完好性。

2．物流配送中心如何在退货处理的过程中获取利润。

第8章 系统方案评价与规划实例

本章目标

- 了解系统方案评价的原则
- 掌握系统方案评价的步骤
- 掌握系统方案评价的方法
- 了解物流配送中心系统规划的实例

8.1 系统方案评价概述

在开发和建设物流配送中心系统的过程中，需要合理统一社会因素、经济因素和技术因素，将物流配送中心系统的功能与社会需求有机结合，对提出的各种建设方案进行分析、论证，实现方案在技术上的先进性、生产上的可行性和经济上的合理性。

8.1.1 系统方案评价的内涵

系统方案评价对物流配送中心系统的效益乃至整个企业的发展都会产生很大的影响。下面从系统方案评价的概念、特点、重要性和原则四个方面来理解其内涵。

1. 概念

系统方案评价是从系统的整体出发，在调查和可行性研究的基础上，利用模型和各种数据对系统设计方案进行评审，对系统现状进行评价，最后选择出技术先进、生产可行、经济合理的最优或最满意的方案。对物流配送中心系统的评价需要有一定的量化指标，这样才能衡量系统实际的运行状况。建立一套完整的量化指标体系，有助于对物流配送中心系统进行合理的规划和有效的控制，有助于准确反映物流配送中心系统的合理性及改善的方向。

2. 特点

物流配送中心系统一般都具有多个规划目标和多种影响因素。对多个目标进行评价，一方面需要将多目标进行分解，分别建模、分别评价；另一方面，还要将这些子目标进行整体评价，将各子目标归一化，以便进行比较。对多种因素进行评价，需要考虑各种与之相关的因素，如考虑经济、技术等主要指标时，也要考虑社会、环境等相关指标。由此可见，物流配送中心系统方案的评价具有系统性、复杂性、综合性等特点。

3. 重要性

系统方案评价是系统分析中复杂而又重要的一个环节，它的地位和作用具体体现在以下两个方面：

(1) 系统方案评价是系统决策的重要依据。系统方案评价的主要任务是从评价主体出发，按照预定的评价指标体系，根据所给定的评价尺度，进行首尾一贯的、无矛盾的价值测定，以获得一个可以付诸实施的优选方案，为正确决策提供所需的信息。可以说没有正确的评价就不可能有正确的决策。

(2) 系统方案评价便于掌握系统的结构，寻求系统的改善点，把握系统的改善方向。通过对物流配送中心系统方案的评价，可以判断物流配送中心系统是否达到了预先设定的各项性能指标，如果外界环境变了，系统将如何改变等。

4. 原则

物流配送中心系统涉及面广，构成要素繁多而且关系复杂，对其进行评价也是一项繁琐的工作，必须采用科学的方法进行客观、公正的评价。在对物流配送中心系统方案进行评价时，必须有一定的规则来约束评价人的主观因素，以便达到评价结果的有效性和指导性。为了对物流配送中心系统进行合理的评价，应该坚持遵循以下原则：

(1) 客观性。为了使对物流配送中心系统的评价更加有效，必须保证评价的客观性。评价的目的是为了管理和决策，而评价的质量是管理和正确决策的前提。也就是说，必须弄清楚评价资料是否全面、可靠、正确，防止评价人员带着个人主观感情进行评价，并注意评价人员的组成需要有代表性。

(2) 可操作性和可比性。影响系统功能发挥的因素非常多，因此，在建立物流配送中心系统评价指标体系时，不可能面面俱到，但应在突出重点的前提下，尽可能做到先进合理、可操作性强，不能脱离现有的技术水平和管理水平而确定一些无法达到或无法评价的指标。可比性是指对系统方案进行评价时，评价项目等内容含义确切，对每一项指标都要进行比较。个别方案可能功能突出、内容新颖，但也只能说明其相关方面，不能代替其他方面。

(3) 整体性。在进行物流配送中心系统评价时，所选择的指标应该能够整体地评价系统性能，而不是从某一方面来衡量。物流配送中心系统由若干个子系统和要素构成，如果每个子系统的效益都是好的，那么，整体效益可能比较理想。但在某些情况下，有些子系统的效益是好的，但整体效益却不理想，这种方案是不可取的。反之，在某些情况下，有些子系统的效益一般，但整体效益却很好，这种方案则是可取的。因此，要保证整体效益最优化，局部效益服从整体效益。

(4) 定性指标与定量指标相结合。在对物流配送中心系统进行评价时，应坚持定性分析与定量分析相结合的原则。在定性分析的基础上，以定量分析为主，既要反映物流配送中心系统实现功能的程度，又要确定其量的界限，争取对系统做出客观合理的评价结果，从而确定最优方案。

8.1.2　系统方案评价的基本步骤

物流配送中心系统评价是由评价对象、评价主体、评价目的、评价时期、评价地点等多个评价要素组成的一个综合体。其基本步骤是先确定系统评价的尺度(系统评价的指标、原则)，再对照系统评价尺度来测定待评价系统的价值。

正确执行物流配送中心系统评价的步骤是有效进行系统评价的保证。一个较为完整的物流配送中心系统评价过程一般包括从"明确系统相关问题"到"提供决策参考"等多个阶段，具体步骤如图 8-1 所示。

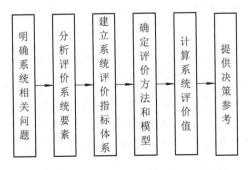

图 8-1　物流配送中心系统评价的步骤

1. 明确系统相关问题

这一阶段主要明确物流配送中心系统评价的目标、范围、时期和立场。

(1) 明确系统评价的目标，就是要明确为什么要进行物流配送中心系统评价以及进行系统评价的目的。即从总体上把握物流配送中心系统的现状，寻找系统的薄弱环节，明确系统的改善方向。

(2) 明确系统评价的范围，就是确定待评价系统所涉及的部门、地区、内容等。

(3) 明确系统评价的时期，就是确定针对物流配送中心系统哪个时期进行评价比较合适。这里的系统评价时期一般可以分为系统评价初期(如对物流配送中心系统建设方案的评价)、系统评价中期(如对物流配送中心系统建设过程中的评价)、系统评价终期(如对物流配送中心系统建成后的评价)以及系统跟踪评价(如对物流配送中心系统投入使用若干年后的评价)。

(4) 明确系统评价的立场，就是明确评价主体(即评价人)是使用者、开发者还是第三者，这对以后评价方案和评价指标体系的确定都有直接影响。

2. 分析评价系统要素

当系统评价问题确定以后，就可以对评价对象进行分析。其内容包括收集有关资料和数据，对组成系统的各个要素及系统本身的功能、费用、时间等进行全面分析，并分析整个系统所处的环境以及相关的可行性方案，找出评价的项目。

3. 建立系统评价指标体系

指标是衡量系统总体目标的具体标志。对于所评价的系统，必须建立能对照和衡量各个方案的统一尺度，即评价指标体系。从系统的观点来看，评价指标体系是由若干个单项评价指标组成的有机整体。它应该反映出评价的要求，并且全面、合理、科学地考虑各种因素。为此，在建立物流配送中心系统综合评价的指标体系时，应选择有代表性的系统特征值指标，以便进行对比和评价，对发现的问题提出相应的对策。

4. 确定评价方法和评价模型

物流配送中心系统评价指标体系确定后，可根据系统目标、系统分析结果、系统评价准则等选择合适的评价方法，通过系统评价模型来描述和测定评价对象的指标值。评价指标多且划分为不同层次，可通过逐级综合得出各部分的评价及对系统的总体评价结果。由于物流配送中心系统是多属性的系统，评价结果用一个数值来表示不够全面和精确，对物流配送中心系统的评价一般采用综合评价方法，进行全方位多角度的评价。

5. 计算系统评价值

在这一阶段，可通过物流配送中心系统模型的运行，计算评价对象的指标值。不仅要计算各个阶段的评价指标值，而且还要把它们综合起来计算，得到综合评价值。得到评价值后，应通过咨询、对话等方式与专家交流，对该评价结果进行分析和判断。如果认为该评价结果不合理，应反馈至第二步，重新对系统进行评价分析，逐阶找出系统存在的问题，进行修正。通过这个计算过程，可以反映出物流配送中心系统评价需遵循统筹兼顾、全面衡量、部分服从整体的思想。

6. 提供决策参考

当评价者得到合理的系统评价值后，便可撰写报告，提交决策者进行决策。如果发现物流配送中心系统仍存在较大问题，一般应反馈至第一步，重新明确系统评价问题等工作。决策者进行决策并实施方案后，应收集实施效果等信息，进行跟踪评价，以便及时总结系统使用效果，对出现的问题加以改进。

8.2 系统方案评估方法

对物流配送中心进行系统规划后，可设计出几个可行的布置方案。为了从中选出一个最优方案，规划设计者应对各方案进行分析、比较和评估，提供完整客观的方案评估报告，用以辅助决策者进行方案的选择。系统方案评价的方法有很多，常用到的方案评估方法包括以下三种：优缺点叙述比较法、加权因素法和成本分析比较法。

8.2.1 优缺点叙述比较法

优缺点比较法是将每个方案的布置图，如图 8-2 所示，通过物流动线、搬运距离、建设成本、作业安全、扩充弹性等相关因素罗列出来进行比较。采用此方法进行评价时，比较省时，但缺乏说服力，常用于粗略方案的初步选择。有时为了使方法更加准确，可对优缺点的重要性加以讨论并用数值表示。

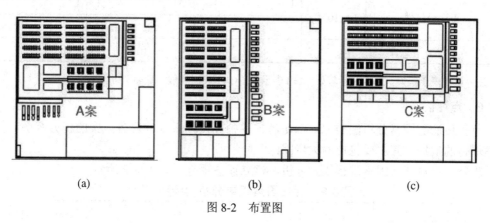

(a)   (b)   (c)

图 8-2 布置图

8.2.2 加权因素法

加权因素法是指把布置方案的各种影响因素，划分成不同等级，并赋予每个等级一个分值，以此表示该因素对布置方案的满足程度，同时，根据不同因素对布置方案的影响重要程度设立加权值，计算出布置方案的评分值，根据评分值的高低评价方案的优劣。加权因素法根据评估方法的粗细程度可以分为因素分析法、点评估法和权重分析法。

1. 因素分析法

因素分析法是对方案规划的目标因素进行分析，从而确定方案优劣的方法。一般由规划者与决策者共同讨论列出各个目标因素，并设定各个因素的重要程度——权重，权重可用百分比值或分数值表示。然后用每一个因素来评估比较各个方案，确定每个方案各因素的评分数值(如 4、3、2、1、0 等)。当所有因素评估完成后，再将各因素权重与评估分数值相乘加总，数值最大的为最优方案。方案评估如表 8-1 所示。

表 8-1 方案评估表(因素分析法)

评估因素	权重	方案号		
		A	B	C
服务方便性	10	U	I	E
		0	20	30
可控性	6	O	A	A
		6	24	24
扩充性	5	I	E	O
		10	15	5
投资成本	8	O	E	I
		8	24	16
弹性	7	A	I	E
		28	14	21
搬运经济性	10	I	O	I
		20	10	20
总计		72	107	116

注：A=4 表示很好，E=3 表示较好，I=2 表示好，O=1 表示一般，U=0 表示不好。

2. 点评估法

点评估法与因素分析法类似，都是考虑各种评估因素并计算各方案的得分高低，作为方案取舍的依据。其主要包括两大步骤：

步骤一：对评估因素进行权重分析，建立评估矩阵，如表 8-2 所示。

表 8-2 评估因素权重分析(点评估法)

评估因素		A	B	C	D	E	F	G	权重和	权重(%)	排序
面积需求	A		1	1	0.5	1	1	0.5	5	25	1
扩充性	B	0		0.5	0	0.5	1	0.5	2.5	12.5	4
弹性	C	0	1		0	1	0	0	2	10	5
人力需求	D	0.5	1	1		0	1	1	4.5	22.5	2
自动化程度	E	0	0.5	0	1		1	1	3.5	17.5	3
整体性	F	0	0	0.5	0	0		0.5	1	5	7
先进先出	G	0	0.5	1	0	0	0		1.5	7.5	6
合计									20	100	

(1) 经由小组讨论，决定各项评估因素。

(2) 各项评估因素两两比较，如 A>B，权重值 = 1；A = B，权重值 = 0.5；A < B，权重值 = 0 为原则，建立评估矩阵，并分别统计得分，计算权重及排序。

步骤二：进行方案评估，其分析过程如表 8-3 所示。

表 8-3　方案选择(点评估法)

评估因素		权重(%)	方案一		方案二		方案三	
			点数	乘积	点数	乘积	点数	乘积
面积需求	A	25	3	75	5	125	5	125
扩充性	B	12.5	5	62.5	3	37.5	5	62.5
弹性	C	10	4	40	2	20	2	20
人力需求	D	22.5	3	67.5	2	45	2	45
自动化程度	E	17.5	4	70	4	70	2	35
整体性	F	5	1	5	5	25	1	5
先进先出	G	7.5	3	22.5	5	37.5	2	15
合计		100		342.5		360		307.5
优先顺序			II		I		III	

(1) 制定评估给分标准，如非常满意(5 分)、佳(4 分)、满意(3 分)、可(2 分)、尚可(1 分)、差(0 分)。

(2) 以规划评估小组表决的方式，就各项评估因素，依据方案评估资料给予适当分数。

(3) 计算乘积数=分数×权重。

(4) 各方案统计其乘积数，排出方案优先级。

3．权重分析法

权重分析法是一种更细化、更准确的评估方法，它是将各个评估因素分成不同的组别和层次，然后分别进行评估和比较的方法。其方案评估过程如表 8-4 和表 8-5 所示，步骤如下：

(1) 设定评估因素项目。

(2) 将评估因素适当分组及分层，建立第一层的评估指标以及第二层的详细评估因素。

(3) 将各组的指标因素给予适当的百分比权重后，再对各所属因素分配权重。

(4) 评估各方案在评估因素的得分点数。

(5) 计算各方案各项因素的权重与点数乘积之和。

(6) 选择最佳方案。

表 8-4 评估要素群组与权重分配表(权重分析法)

层次	要素编号	组与主要要素	权重(%)	
			组别	因素
I	1	最佳运输系统	100	
	2	经济面	30	
	3	技术面	25	
	4	系统面	30	
	5	建筑面	15	
II	2	经济面	30	
	2.1	投资成本		7
	2.2	运营成本		8
	2.3	人力节省		4
	2.4	保证条件		5
	2.5	财务可行性		2
	2.6	期间推销		4
III	3	技术面	25	
	3.1	自动化可能性		6
	3.2	人员适应性		8
	3.3	搬运条件		5
	3.4	物料流程与动线		6
	4	系统面	30	
	4.1	整体观		4
	4.2	使用弹性		4
	4.3	扩充性		5
	4.4	可维护性		4
	4.5	易学习导入		7
	4.6	操作安全性		6
	5	建筑面	15	
	5.1	土地面积		4
	5.2	地面平整程度		3
	5.3	地面承载能力		1
	5.4	柱子的跨度		2
	5.5	厂房高度		3
	5.6	空间的适用性		2

表 8-5 方案评估表(权重分析法)

组	评估要素编号	权重①	方案					
			甲		乙		丙	
			得分	权重积分	得分	权重积分	得分	权重积分
			②	③=①×②	④	⑤=①×④	⑥	⑦=①×⑥
经济面	2.1	7	4	28	2	14	2	14
	2.2	8	5	40	5	40	3	24
	2.3	4	4	16	4	16	5	20
	2.4	5	4	20	4	20	3	15
	2.5	2	3	6	4	8	4	8
	2.6	4	4	16	2	8	2	8
	∑	30		126		106		89
技术面	3.1	6	4	24	5	30	5	30
	3.2	8	4	32	3	24	3	24
	3.3	5	5	25	4	20	4	20
	3.4	6	3	18	3	18	5	30
	∑	25		99		92		104
系统面	4.1	4	4	16	5	20	4	16
	4.2	4	3	12	2	8	3	12
	4.3	5	4	20	3	15	3	15
	4.4	4	4	16	3	12	4	16
	4.5	7	2	14	3	21	2	14
	4.6	6	3	18	5	30	4	24
	∑	30		96		106		97
建筑面	5.1	4	1	4	5	20	5	20
	5.2	3	4	12	2	6	2	6
	5.3	1	4	4	4	4	4	4
	5.4	2	4	8	4	8	2	4
	5.5	3	4	12	1	3	3	9
	5.6	2	5	10	3	6	4	8
	∑	15		50		47		51
合计		100		371		351		341
方案选择			I		II		III	

因素分析法、点评法以及权重分析法具有以下几个共同点:

(1) 必须成立小组或委员会,通过头脑风暴等方法,共同讨论决定方案评估的主要因素,其成员包括决策者、规划成员及使用者等。

(2) 要素类别根据项目系统目标的需求而定,凡是有形的、无形的、定性的及定量的因素均可列入考虑范围。

(3) 评估的主要因素根据系统目标需求的差异性不同,其彼此间的重要度也将有所不同。

(4) 各要素的权重大多数以小组表决或两两比较等方式决定,因此主要因素及决策逻辑的不一致性将对决策结果造成影响。

(5) 各方案要素的评价若缺乏客观的评价标准,对方案的决策也会造成影响。

8.2.3 成本比较法

成本比较法是通过比较实现各种方案的成本、费用等,选择其最小值为最优方案的方法。该方法具有极高的参考和实用价值,虽然成本分析结果未必是决策唯一衡量的依据,但大多数的决策评估者都会将它列为一项重要的评估内容。

成本比较法的方法很多,常用的方法包括年成本法、现值法、投资收益率法等。由于一般物流配送中心投资金额大而利润较低,且常被视为非生产性的投资,故经常采用年成本法来分析。而提供专业物流服务端的物流配送中心是以物流、仓储保管、配送等服务为主要经营收费项目,因此这类物流配送中心更为重视回收年限的长短,故实际上经常以回收年限配合投资收益率法来评估各规划方案。每种成本比较法各具特色,但究竟哪种方法最好并无一致的看法,需根据评估对象的特性来决定。

下面通过投资收益率法来说明成本分析法的应用。某物流配送中心的建设方案如表8-6 所示。通过投资收益率来分析三个方案哪个更可行。

表 8-6 某物流配送中心的建设方案

序号	指 标	单位	方案 I	方案 II	方案 III
1	造价	万元	98	84	73
2	建成年限	年	5	4	3
3	建成后需流动资金	万元	44.8	32.8	37.5
4	建成后发挥效益时间	年	10	10	10
5	年产值	万元	264	200	224
6	产值利润率	%	10	13	10.5
7	环境污染程度		稍重	最轻	轻

根据公式:

$$总利润额 = 年产值 \times 产值利润率 \times 发挥效益时间$$

$$总投资额 = 造价 + 流动资金$$

$$投资收益率 = \frac{利润总额}{项目总投资} \times 100\%$$

建立如表 8-7 所示的各方案的投资收益率比较分析结果,得出方案 II 的投资收益率最高,即为最优方案。

表 8-7　某物流配送中心建设各方案投资收益率比较

指标	单位	方案 I	方案 II	方案III
总利润额	万元	264	260	235.2
全部投资额	万元	142.8	116.8	110.5
利润高于投资的余额	万元	121.2	143.2	124.7
投资收益率	%	185	223	213

8.3　物流配送中心规划实例

在规划物流配送中心时，不同类型的物流配送中心，具备不同的规划特点，但其中一些基本思路并没有很大的差别。本节以某连锁超市的物流配送中心为例，从总体规划、选址规划和主要功能系统规划三个方面分别介绍其主要规划内容。

8.3.1　项目介绍

某市某企业下属的连锁超市欲建一物流配送中心，通过高度信息化、适度自动化，实现"准确、高效、低成本"的物流配送，以满足企业未来业务扩展的需要。该物流配送中心要在信息平台的支持下，实现对收货作业、配货作业、拣选作业、入库上架作业、退货作业、打包配送作业等的统一管理。

1．项目目标

物流配送系统建设是降低超市物流成本的重要组成部分。本物流配送中心系统的建设要达到如下目标：

(1) 对该企业的连锁超市进行集中配送，提高该超市在行业中的整体竞争力。

(2) 整合物流资源，吸引外部投资，建立信息平台，保障物流配送。

(3) 整合超市现有的物流配送系统，建立开放型物流配送中心，优化内部资源，提高物流服务水平，降低物流总成本。

具体来看，比如实现仓库资源的优化配置，实现作业的标准化、单元化，提升配送作业的效率和准确性，实现物流配送中心的信息化管理等。

2．项目建设的必要性

此物流配送中心的建设是整个连锁超市配送系统的需求，并能够满足企业未来业务扩大对配送提出的更高要求。其必要性主要体现在以下三个方面：

(1) 它是提升企业核心竞争力和实现企业发展战略的关键。

(2) 它是企业物流活动达到协调一致的客观要求。

(3) 它是完善超市物流配送系统的统一要求。

3．自身具备的条件

(1) 该企业下属多家大中小型的超市，年销售量可观，且各超市的位置相对来讲不是太远，适合集中配送。

(2) 该超市经营的品类众多，且对店面各单品的库存量有严格的限制，需要多品种、多批次、小批量地补货，适合集中配送。

(3) 该企业是某些品牌的区域代理商，这些商品除供应本企业的超市外，还向其他批发商、零售商供货，适合集中配送，以取得规模成本优势。

(4) 该企业具备超市向更广泛区域扩张的实力，并且在经营品类上也有较大的扩展空间，适合自营配送。

(5) 该物流配送中心具有发展区域性物流中心的历史，地理位置优越，多条交通要道的结合，地势平坦，交通方便。

4．当前面临的机遇

(1) 区域经济合作范围的扩大，有利于拓展该物流配送中心的发展空间，优先发展现代服务业，有利于物流配送中心的高起点发展。本项目起点、资金密集度和技术密集度都比较高，将会促进科技、人力、智力、信息、资金等向物流业集中，从而推动区域现代物流业的高速发展。

(2) 电子商务的高速发展、人们消费观念和模式的转变、同城配送的地位日益提高等这些现状，都为该企业连锁经营这种业态提出了更广泛的经营创新和发展空间。而物流配送中心则是企业实现这些创新的基础条件。物流配送中心建设的投资较大、投资回收期较长，对经营管理水平的要求比较高，因而企业进行这方面的投资建设，能够取得市场先机，进而确立竞争优势。

(3) 从国家政策层面上看，国务院大力支持物流产业的发展，提供了一系列的支持政策；地方政府也针对区域经济发展特色，进行物流产业方面的政策倾斜，如税收优惠、地价优惠等。这些对企业建设物流配送中心来讲，都是利好政策。

5．需要应对的挑战

(1) 在终端越来越被商家重视的年代，便利店、超市、百货商场、购物广场、大型卖场在各地迅速发展起来，布局在城中的较多，竞争者多，给连锁超市带来强大的竞争冲击力，而且很多竞争对手都在布局自己的物流配送中心网络。

(2) 网络购物抢占了一部分连锁超市的市场份额，而且呈逐步上升的发展势头，且服务也日益完善，原来在物流配送方面的缺陷，逐渐在被弥补。

8.3.2 物流配送中心的总体规划

结合教材中第五章和第六章的内容，本实例主要从功能分区、设施设备和业务流程三个方面对该物流配送中心进行总体规划。

1．功能分区

为保证各连锁超市的配送需求，结合未来的业务需要，物流配送中心需设立入库区、储存区、管理区、流通加工区、出库区、回收区等。下面分别对其进行介绍：

(1) 入库区。其功能主要是货物到达物流配送中心之后的相关作业，包括核对单据、卸货、检验点收、理货等。

(2) 储存区。其功能主要是储存保管货物。根据商品的属性，可分别设立普通仓库、低温冷藏仓库和自动化立体仓库等。

(3) 分拣理货区。其功能主要是订单分拣、拣货分类、集货等。

(4) 流通加工区。其功能主要是简单包装、分割、称重、刷标志、贴标签等。

(5) 出库区。其功能主要是货物暂存、出库交接、装车等。

(6) 回收区。其功能主要是包装中转、容器回收、退货回收、废弃物回收等。

(7) 管理区。其功能主要是人员管理、车辆管理、流程管理、客户关系管理等。

根据场地的要求和物流需求，该物流配送中心的总体功能分区布置，如图 8-3 所示。

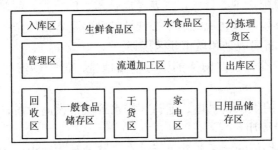

图 8-3　某物流配送中心总体功能分区布置

2. 设施设备

(1) 入库区设备。其主要包括电力叉车、托盘、手动叉车、货车等。

(2) 存储区设备。其主要包括托盘、货架、叉车、托盘、搬运车、电子秤等。

(3) 分拣加工区设备。其主要包括货架、托盘、冷库、叉车、搬运工、刀具、加工工具、打包机、清洗机等。

(4) 出库区设备。其主要包括叉车、托盘、货车等。

(5) 回收区设备。其主要包括手动叉车、托盘、货架等。

(6) 管理区设备。其主要包括电脑、打印机、监控器、服务器等。

3. 业务流程

该物流配送中心的作业内容包括：进货、收货、验货、编码、入库、分拣、补货、验收与配送加工、配装与出库、送货、仓库管理等。其业务流程，如图 8-4 所示。

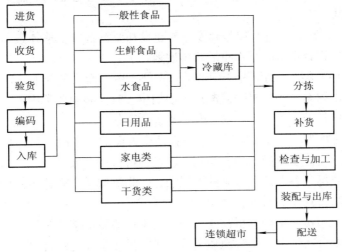

图 8-4　某物流配送中心的业务流程图

8.3.3 物流配送中心选址规划

该物流配送中心的投资规模比较大，占用大量的土地，并且建成后不易调整，对区域物流和企业经营具有长期的影响。因此，物流配送中心的选址就显得尤为重要。

1. 选址条件

此连锁超市的物流配送中心选址，主要考虑技术上的可行、经济上的合理，并且有良好的经济基础和投资环境。该物流配送中心选址遵循的基本条件是：

(1) 符合本市总体布局规划和城市新区规划。

(2) 尽可能地靠近综合公路网络的中心枢纽地带，便于物流配送中心与干线公路的衔接。

(3) 充分利用城市的供水、供电、通讯、排水等城市设施设备，减少公司不必要的投资建设，缩短工程建设周期。

(4) 物流配送中心场址的地质条件可行，有足够的承载能力，绝对禁止出现塌方、滑坡、天坑等情况，并符合防震设计的要求。

(5) 周边的道路设施完善，提高货物的配送效率，同时为员工的上下班提供良好的条件。

2. 评价指标

(1) 交通的便利性。物流配送中心地址的选择应该具有良好的交通条件，与各干线公路及服务对象有良好的衔接，这样才有利于提供良好的物流服务，降低营运成本，提高服务质量。

(2) 经济合理性。物流配送中心的建设投资尽可能地节约，备选地址很大程度上决定未来的经营费用。其评价指标主要包括征地拆迁费用、建设费用、物流费用等。

(3) 工程可行性。工程可行性包括两方面评价指标：工程地址情况与配套设施情况。工程地址情况主要指备选地址的地质、水文、气象等自然条件良好，不会出现塌方、滑坡等现象；配套设施情况指城市的排水、供电、消防等设施完备，不需要公司另外投资建设，减少投资成本。

(4) 布局的合理性。任何一项基础设施的建设都要符合城市总体布局规划，此物流配送中心的建设也要符合本市的城市布局总体规划。

(5) 人力资源可得性。物流配送中心的作业属于劳动密集型作业，对人力资源的需求是一项非常重要的内容。在选择物流配送中心的位置时，必须要考虑人力资源的来源、易得性、作业人员的技术水平、管理水平及工资水平等条件。

(6) 可持续发展性。可持续发展主要包括两个方面的内容：一是，物流配送中心自身的可持续发展；二是，物流配送中心与周边环境的可持续发展。一般来说，可持续发展包括以下三项评价指标：备选地址未来的发展余地，物流配送中心建设对周边环境的影响，物流配送建设对城市功能的影响。

根据以上评价指标的综合分析，并充分考虑本市的城市总体规划，城市物流的发展方向，该连锁超市的分布情况、工程地质条件、货物供应量及运输费率等因素来确定该物流配送中心的具体位置。

　　该企业连锁超市的网点布局如图 8-5 所示，各网点主要辐射本市整个市区的繁华地段，消费者聚集地。将连锁超市网点的分布位置通过坐标轴的形式表现出来，各个点的坐标分别为 A(7,9)、B(15,7)、C(3,2)、D(2,8)、E(1,5)、F(4,10)、G(0.5,9)，如图 8-6 所示。从 D 点出发到各个点的距离最短，并根据交通、人力资源、工程可行性等评价指标等综合分析，选择 D 点为连锁超市的物流配送中心。

图 8-5　某连锁超市的网点分布图

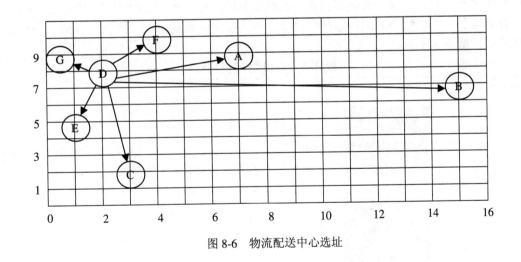

图 8-6　物流配送中心选址

8.3.4　物流配送中心主要功能系统规划

　　物流配送中心系统功能包括诸多方面，根据该物流配送中心的建设目标，下面主要从仓储系统、运输系统、装卸搬运系统和信息系统四个方面进行规划。

1．仓储系统规划

1) 仓库主要功能区规划

(1) 生产作业区。生产作业区是仓库的主体部分，是商品储运活动的场所，主要包括储存保管作业区、收发货作业区、分拣理货作业区、集货配送作业区。该生产作业区的面积为仓库总面积的 85%左右，占地面积为 1700 平方米左右。

(2) 辅助生产区。辅助生产区是为生产作业区服务的辅助设施，主要包括配电室、制冷机房、垃圾处理站、油库、维修车间等。这部分作业区占仓库总面积的 10%左右，占地面积为 200 平方米左右。

(3) 行政生活区。行政生活区一般设在仓库的入口附近，便于与供应商和客户接洽。行政生活区与生产作业区尽量分开，方便仓库的安全管理和行政办公人员的办公环境管理。该作业区的面积占仓库总面积的 5%左右，占地面积为 100 平方米左右。

(4) 通道。仓库内的通道一般包括主通道(运输通道)、副通道(作业通道)和检查通道。主通道指供作业叉车等进行货物运输的通道，主通道的宽度一般为 1.5～3 米；副通道指供作业人员进行货物存取搬运的走行通道，副通道的宽度一般为 1 米；检查通道指供仓管员进行货物数量和质量的查验通道，一般宽度设定在 0.5 米，供一个人自由通行即可。

(5) 墙间距。墙间距的作用是防止货架与墙壁发生碰撞，避免货物受外界温度的影响，并且还兼有通道的作用。墙间距的距离一般设定在 0.5 米左右，如若兼做通道，宽度要增加一倍。

2) 存储设备选择

存储设备是指仓储业务所需的所有技术装置与机具，即仓库进行生产作业、辅助作业以及保证仓库及作业安全所必需的各种机械设备的总称。根据该物流配送中心建设的需求，存储设备主要以货架为主，选择的货架主要为三类：托盘货架、隔板式货架和全自动立体货架，如表 8-8 所示。

表 8-8　存储货架选择

存储设备名称	图　示	说　明
托盘货架		用于整箱存储及拣选区部分存储，层高五层(含地面层)，第五层为预留层。货架最上层横梁高度为 5000 mm，每层净高 1250 mm，每层横梁承重 1300 kg
隔板式货架		用于拆零拣选作业区以及不适合托盘货架存放的货品，单组货架长度 1800 mm，深度 800 mm，层高四层，单层载重 200 kg
全自动立体货架		由货架、托盘、巷道堆垛机、输送机系统、自动控制系统和库存信息管理系统组成，能够按照客户的需求完成货物的自动有序、快速准确、高效地出入库作业

2. 运输系统规划

1) 运输系统规划的原则

(1) 及时性。衡量运输效果的重要指标是在规定的时间内完成货物的准时到达，缩短货物的在途时间，达到客户满意。

(2) 低成本。在进行运输系统规划时，要保证在合理的时间范围内完成工作量的同时尽量降低运输成本，提高运输效率。

(3) 信息化。现代运输系统的规划必须建立在信息化的基础之上，以互联网为平台，通过 GPS 和 GIS 现代化的信息技术相结合的方式，来满足大量客户的多样化和个性化需求。

(4) 安全性。合理选择运输方式、运输线路和运输工具，保证配送货物、配送人员和配送车辆的安全。

2) 运输系统规划的目标

通过对运输系统的规划，最终的目标就是在规定的时间内完成所需配送量的同时，实现运输成本最低，客户体验最好。如选择配送线路，可采用最短路径法、插入法、节约里程法等对其优化，并结合 GPS 和 GIS 等现代物流信息技术，凭借司机对道路的熟悉情况及驾驶经验，选择一条最适合的路径进行配送，缩短货物在途时间，提高运输效率。运输系统规划的实现目标，如图 8-7 所示。

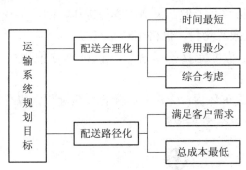

图 8-7　运输系统规划的目标

3) 运输工具的选择

由于是同城内的配送，只涉及到短途运输，所以运输工具可以选择小型冷藏车和厢式货车，如图 8-8 所示。运输工具选择的车型及尺寸的具体说明，如表 8-9 所示。

(a)

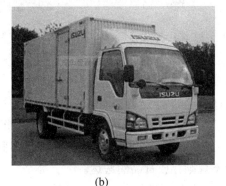

(b)

图 8-8　冷藏车和厢式货车

表 8-9　运输工具的选择

设备名称	型号	价格	规　格
冷藏车	福田驭菱 BJ5020XLC-A 型	55 000 元/辆	外形尺寸(mm)： 4360，4460 × 1600，1670 × 2400 货箱尺寸(mm)： 2600，2580 × 1460，1390 × 1470
厢式货车	庆铃 QL5070XHKAR1J	78 000 元/辆	总质量 7100 kg，整备质量 3470 kg，额定载重量 3500 kg

3．装卸搬运系统规划

1) 装卸搬运的方法和设备选择

装卸搬运的作业方法主要有四种：单件逐件作业、集装作业、散装作业和托盘化作业。其中单件逐件作业是人工作业的主要方法，在连锁超市配送中宜采用单件逐件作业法。

为连锁超市配送的装卸搬运设备可以选择以下几种设备，如图 8-9 所示。

(1) 四轮手推车。其特点是方便、灵活，容易操作，回转半径小，储放空间小，载荷可达 300 kg，适合于短途搬运物料，价格 100 元左右。

(2) 手动液压叉车。其可配合托盘使用，也可单独使用，灵活易操作，载荷可达 3000 kg，价格 1500 元左右。

(3) 电瓶叉车。电瓶叉车环保，无污染，配合托盘使用，操作难度大，操作员需要持证上岗，适应性强，作业效率高。

(a) 手推车　　　　　　(b) 液压叉车　　　　　　(c) 电瓶叉车

图 8-9　装卸搬运设备选择

2) 装卸搬运的线路选择

装卸搬运的主要线路有以下三种：

(1) 直达型。货品到达目的地的线路最短，适合短距离、大量货品的搬运。

(2) 渠道型。货品在预订路线上，从不同的地点向同一终点移动，适合中少量、中长距离、不规则存放货品的搬运。

(3) 中心型。货品向一个中心集中，最后送到同一个终点，适合少量、中长距离货品的搬运。

物流配送中心应根据超市的订单量、商品品种、商品数量等因素来选择合适的装卸搬运路线。具体来讲，装卸搬运应符合以下要求：

(1) 应尽可能使作业线路最短。

(2) 选择的作业线路应保证搬运设备的顺畅运行、道路平坦。

(3) 作业线路尽可能没有大幅度、大角度旋转。

(4) 同时进行的不同作业线路不交叉，都保持同一方向运行。

(5) 作业线路不穿过正在进行的作业现场。

3) 装卸搬运活性指数选择

搬运活性指数是指库存物品便于装卸搬运的作业程度。搬运活性指数为自然数，指数越大，其搬运活性就越高，即货品就越容易搬运，反之，则越难搬运。在为连锁超市配送的仓库中，活性指数为 3 的车辆和活性指数为 4 的传送带不经常被采用，这里我们要求装卸搬运活性指数处于 1 或 2 的状态，方便人工作业，并能使单元物品连续装卸和配送。

4) 装卸搬运合理化的措施

要确保物流配送中心的运营效率和效益，在装卸搬运环节必须做到：

(1) 实现装卸搬运作业省力化。

(2) 消除无效搬运。

(3) 提高装卸搬运活性指数。

(4) 注意重力的影响和作用。

(5) 合理利用机械，保证物流的均衡顺畅，提高综合效果。

4. 信息系统规划

1) 信息系统规划的目标

信息系统规划的目标有：

(1) 实现仓储配送信息的智能化管理，充分发挥人机协同效用。

(2) 做好仓库收、发、验、存等基本信息的收集、保存、提炼加工等工作，为其他系统的需求做好基础数据的支持。

(3) 通过批次批号管理，提高商品周转的效率。

(4) 最大限度地缩短商品的出入库时间，减少劳动消耗，提高工作效率。

(5) 利用盘点作业系统，方便查验实际盘点数据与库存账面数据的一致性。

(6) 通过系统内部和公众网络，可以使相关部门及时获得最新的库存信息，提高管理工作的有效性以及供应商和超市的服务质量。

(7) 实现配送车辆的在途信息查询、显示及路径规划。

2) 信息系统配置规划

基于该物流配送中心的功能需求及配送目标完成的时效性，对其信息系统规划设置如下：

(1) 数据库服务器采用计算机工作站。

(2) 数据库采用大型关系数据库，以确保数据库核心的可靠性。

(3) 操作系统采用 WINDOWS NT 平台。

(4) 前端采用高性能、高可靠性的 PC 终端访问数据库；通讯采用网络、串口、无线三种通讯方式。

(5) 系统内部增加部分无线终端，方便对数据的采集、存取和优化。

另外，物流配送中心内部实现作业管理的现代化，引进仓储管理系统(WMS)。按照业务的要求和规则，对信息、资源、存货的运作进行更完善的管理，使其最大化满足有效产出和精确性的要求。其中，WMS 主要包括进货管理、收货处理、上架管理、补货管理、库内作业、循环盘点、加工管理等模块。

为了提高配送效率，提升客户满意度，规范配送人员管理，引进全球卫星定位系统(GPS)和地理信息系统(GIS)，可以实时对车辆、人员和货物进行跟踪，通过电子地图可以实时关注道路和交通情况，对配送线路进行优化，及时高效地完成配送作业。

为了提高拣选作业的效率，引进电子标签操作系统，方便分拣员直观精确地进行拣选作业，在提高作业的效率同时还提高了拣选作业的准确性。

3) 信息系统的总体结构设计

在充分考虑系统的开放性、集成性、实用性、先进性、可靠性和经济性的基础上，按照系统总目标的建设要求，形成该物流配送中心信息系统的体系结构，如表 8-10 所示。

表 8-10　信息系统的总体结构设计

硬件									支撑平台
操作系统									
进货管理	收发货管理	库存管理	分拣管理	盘点管理	需求信息管理	GPS GIS 系统	财务管理	商业信息公开发布	应用系统
内部数据库								公共信息系统库	数据库

当然，在整个物流配送中心系统规划的过程中，还应包括投资预算、经济分析、风险评估、组织架构和人员设置等模块，需要在掌握财务管理、人力资源和经济学知识的基础上对其进行分析。

小　结

本章主要介绍了系统方案评价的重要性、原则、基本步骤和方案评估方法，重点介绍了加权因素法中的因素分析法、点评价法和权重分析法以及成本分析法。并以连锁超市的配送为例，介绍了物流配送中心系统规划与设计的实例。读者通过学习本书教材的内容，结合本规划实例，使读者能够清晰明确物流配送中心系统规划的主体和内容，能够根据项目背景和要求进行物流配送中心整体系统方面的规划和设计。

练　习

一、填空题

1. 在物流配送中心系统开发和建设的过程中，将物流配送中心系统的功能与社会需求有机结合，对提出的各种建设方案进行分析、论证，实现方案在技术上的＿＿＿、生产上的＿＿＿和经济上的＿＿＿。

2. 建立一套完整的＿＿＿，有助于对物流配送中心系统进行合理的规划和有效的控制，有助于准确反映物流配送中心系统的合理化状况和评价改善的潜力与效果。

3. 物流配送中心系统方案的评价具有＿＿＿、＿＿＿、＿＿＿等特点。

4. 装卸搬运的主要线路有＿＿＿、＿＿＿和＿＿＿三种。

二、选择题

1. 下列(　　)属于加权因素法。

A. 因素分析法　　　　　B. 点评估法　　　　　C. 成本分析法

D. 权重分析法　　　　　E. 优缺点比较法

2. 在物流配送中心系统评估中，如果利用权重分析法进行评估，下列(　　)不是经济面的评估要素。

A. 投资成本　　　　　B. 运营成本　　　　　C. 财务可行性

D. 人员适应性　　　　E. 扩充性

3. 下列(　　)属于成本分析法。

A. 年成本法　　　　　B. 权值分析法

C. 现值法　　　　　　D. 投资收益率法

三、判断题

1. 为了使物流配送中心系统的评价更加有效，首先必须保证评价的客观性。

2. 在为连锁超市配送的仓库中，活性指数为 3 的车辆和活性指数为 4 的传送带经常被采用。

3. 工程可行性包括两方面评价指标，即工程地址情况与配套设施情况。

4. 成本比较法是以投入成本比较或经济效益分析等量化数据进行分析评估的一种方法，具有极高的实用和参考价值。

5. 在对连锁超市物流配送中心装卸搬运系统模块进行规划和设计时，宜采用集装作业法进行搬运操作。

四、简答题

1. 请简述物流配送中心系统方案评价的原则和基本步骤。

2. 请简述运用权重分析法评价方案的具体步骤。

3. 请简述如何实现装卸搬运的合理化。

五、讨论分析

在物流配送中心系统建设规划的过程中，讨论分析应该规划哪些系统模块，这些模块都需要规划设计哪些内容。如在物流配送中心选址模块的规划中，除了利用重心法进行定量分析外，还需要对市场需求、产业环境、交通条件、地方政策、地理环境、公共基础设施等进行定性分析。

实践篇

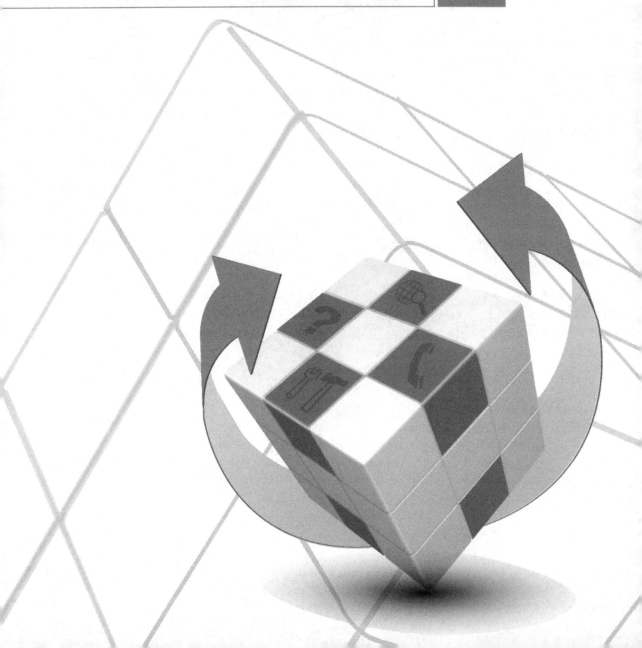

实践 1 项目管理工具的运用

 实践指导

实 践 1.1

编制项目策划任务书。

【任务及分析】

物流配送中心项目是一个系统工程，耗时长、投资大、涉及面广，而且需要众多不同方面专业人员的参与合作。一般而言，建造一个设施完整、功能齐全、服务优良的现代化物流配送中心，需要经过规划设计与施工作业两个过程，经历项目前期论证规划、项目中期施工、项目后期竣工验收生产准备三个阶段。因而，在规划物流配送中心时需要用到项目管理的知识和一些工具。而在现实的工作中，我们更多的是遇到为了进行物流配送业务而租赁仓库的情况。而项目管理的工具在租赁仓库的行为中也同样适用。

在项目起始过程中，会涉及项目策划任务书。在本书第 2 章中，我们了解了项目策划任务书的主要组成部分。现在以快速消费品销售公司 A 为例，采用租赁仓库的形式组建自己的小型物流配送中心，配送某市区范围内的客户。根据项目策划任务书的主要内容分析如下：

(1) 项目背景与目的。公司主营食品、饮料等快速消费品，进入市场较晚，以配送零售客户和网络终端客户为主。客户对价格和服务敏感度较高，公司希望通过较好的配送服务抢占市场份额。

(2) 项目目标。靠近本市主城区(不含周边县市)区域范围内的中心位置，仓库面积2000 平方米左右，2 个月内完成选址、签订合同、装修、安装货架等事宜，价格适中等。

(3) 项目节点计划。按照主要项目内容划分，确保其合理性。

(4) 项目评价标准。项目实际完成情况与项目目标的差距。

结合以上主要分析内容，请参考项目策划任务书表格的格式，编制本项目的策划任务书。

【参考解决方案】

项目策划任务书如表 S1-1 所示。

表 S1-1 项目策划任务书

一、项目基本情况			
项目名称	A公司物流配送中心策划项目	项目编号	YZJ-2015-008
制表人	×××	编制日期	2015年5月12日
项目经理	×××	审核人	×××

二、项目描述

1. 项目背景与目的

A公司成立于2014年5月，主营食品、饮料等快速消费品。鉴于行业的成熟程度及货品消费特点，A公司将目标客户定位于便利店、社区店、网吧等消费领域以及网购客户。这些客户具有对配送服务的水平要求比较高、销售的品类比较杂且库存保有量少等特点。因而，A公司领导层认为特别有必要设立一个物流配送中心。客户对价格和服务敏感度较高，公司希望通过较好的配送服务抢占市场份额。

2. 项目目标

(1) 本配送中心仓库的选址宜选择在靠近本市主城区行政区的中心位置，以使配送范围辐射整个城区，降低配送成本，提高配送速度。考虑到主城区中心位置的租金比较高，因而着重寻找旧仓库改造、楼层库、旧厂房闲置等建筑。

(2) 本配送中心仓库的面积宜选择在2000平方米左右。若所选址区域内没有单独库房满足此要求，可以选择选址区域内两个库房独立运作，但需要两者之间的距离不能太远(建议小于20米)。另外办公区域最好在库房内部或紧邻库房，以提高物流配送系统的运转效率。

(3) 本配送中心库房的选址、合同签订、装修、安装货架等事宜需在35天之内完成，在6月18日之前新配送中心投入正常使用。

(4) 本配送中心库房的租赁价格应该在每天每平方米××元与××元之间，年租赁费应该控制在××元之内。

(5) 本配送中心的配送效率应满足以下时间约束：下午2点前接收到的订单，当天送达；下午2点之后的订单，第二天上午11点之前送达。

三、项目节点计划

(1) 5月12日—5月14日，完成项目的初期规划，如各项主要工作的目标与方向等，报领导层审批。

(2) 5月15日—5月18日，根据领导意见，修改部分计划，并形成终稿。

(3) 5月19日—5月28日，通过多种途径寻找合适的仓库资源，并整理选址资料，形成初步的多个备选方案。

(4) 5月29日—6月2日，分析各方案的利弊，形成三个待选方案，形成报告供领导审批。

(5) 6月3日—6月5日，根据审批的意向方案，与出租方进一步接触，商讨详细地合作事宜，并形成合同。在此期间可进行货架等设备的采购工作。

(6) 6月5日—6月12日，进行库房的简单整改，使之符合使用要求。

(7) 6月12日—6月15日，完成货架安装、地面划线、布网线、办公设备到位等工作。

(8) 6月16日，完成旧仓库搬迁。

(9) 6月17日，新仓库开始试运营。

四、项目评价标准

(1) 物流配送中心所在位置交通便利，四通八达。允许所在地偏离主城区中心区域，但切忌选择交通不便的区域。

(2) 库房要符合国家的有关规定，且租金应按市场价确定，根据便利条件可适当上浮5%。

(3) 各项主要工作按时间节点的计划执行，可偏离1天。但旧仓库的搬迁工作必须在1天之内完成，以免影响订单处理。

(4) 新仓库的改造要参照旧仓库的成功之处，弥补其不足，并考虑到业务的扩展性。

五、项目主要利益相关人

姓名	工作岗位	隶属单位	职务	联系方式(至少两种)
×××	物流经理	物流部	经理级	手机、邮箱
×××	行政经理	行政部	经理级	手机、邮箱
×××	财务经理	财务部	经理级	手机、邮箱
×××	客服经理	客服部	经理级	手机、邮箱

实践 1.2

编制项目工作分解结构(WBS)表。

【任务及分析】

简单理解工作分解，就是把一个项目，按照一定的规则分解成多个任务，再把每个任务细分成多个子工作项，每一个工作项贯穿到每个人的日常工作中，每个人可以把手中的工作项再进行细分，直到不能分解为止。工作分解结构处于规划过程的中心，是制订工作进度计划、资源需求、成本预算、风险管理、采购计划等工作的重要基础。

还是以快速消费品销售公司 A 租赁新仓库组建小型物流配送中心，并对其进行简单整改的项目为例，对其进行工作分解。大体主要分为以下几个工作项：

(1) 减少货品的采购量，增加采购频率，进行商品促销，以最大限度地降低库存，降低仓库搬迁的工作量。

(2) 在预定范围内进行新仓库的选址。

(3) 新仓库选址评价。

(4) 采购新仓储设备及充分利用原有设备。

(5) 新仓库简单整改。

(6) 新仓库投入使用。

其中每一个工作项还可以细分，以新仓库选址评价为例，该工作内容又可分为以下几项：整理备选仓库资料、进行选址分析、形成选址报告、建议备选方案、报领导审批。其他各项也可以进一步细分，最终形成项目工作分解结构表。

【参考解决方案】

在此仅以两个工作项为例，其他读者可自行分解，如表 S1-2 所示。

表 S1-2　工作分解结构(WBS)表

一、项目基本情况									
项目名称	A 公司物流配送中心策划项目				项目编号		YZJ-2015-008		
制表人	×××				编制日期		2015 年 5 月 12 日		
项目经理	×××				审核人		×××		
二、工作分解结构(多个成员从事一项活动时，成员 A 为负责人，估算值为最可能值)									
代码	任务名称	活动内容	时间估算	人员估算	费用估算	其他安排	关联事项	任务分配		
								成员A	成员B	成员C
001	减少采购、促销商品	减少采购量、增加采购频率	25 天	采购部 2 人	××元，一般增加订购费用	做好与供应商沟通	与销售、客服做好沟通	采购经理	采购员	采购员
002		处理积压库存	25 天	采购 1 人、销售 1 人	××元，配送费、利润损失	做好与客户的沟通	积压品退厂	采购经理	销售员	物流经理
003		正常品促销	25 天	×人，全体客服与销售人员	×元，促销费用及利润损失	配送及时	与采购配合，使库存合理	销售经理	客服	采购员

代码	任务名称	活动内容	时间估算	人员估算	费用估算	其他安排	关联事项	任务分配		
								成员A	成员B	成员C
004		发布信息、寻找信息	1天	物流、行政2人	××元，信息费、咨询费	可通过第三方协助	多种途径	物流经理	行政经理	
005		实地寻找	6天内	物流、行政3人	××元，路费、其他支出	可通过第三方协助	多种途径	物流经理	行政经理	物流主管
006		意向洽谈	6天内	物流、行政2人		注意横向对比		物流经理	行政经理	
007	新仓库选址	整理资料	1天	物流、行政2人		资料丰富性、完整性	整理方法要科学	物流经理	行政经理	物流主管
008		选址分析	0.5天	物流、行政、财务3人		对比分析	分析方法要科学	物流经理	行政经理	财务经理
009		形成报告建议备选方案	0.5天	物流、行政、财务3人		数据支持		物流经理	行政经理	财务经理
010		领导审批方案修正	1天	物流、行政、财务3人		数据支持，共识		物流经理	行政经理	财务经理

项目经理(签字)：　　　　　　　　　　　　　　　　日期：　　年　月　日

实 践 1.3

用鱼骨图分析项目问题。

【任务及分析】

采用鱼骨图的基本原理：问题的特性总是受到一些因素的影响，项目组成员可以通过集思广益把这些因素都找出来，分清重点和次要，然后把这些因素有条理地整理出来，并标出重要因素的图形。这是一种透过现象看本质的分析方法。我们把要解决的问题标在"鱼头"，产生问题的几个主要方面标在"鱼刺"，每一个方面又由哪些因素造成标在更细的"小刺"。如此问题产生的原因就很明晰了，再根据具体的原因可以找出对应的解决方法。

在此，还是以快速消费品销售公司 A 租赁新仓库组建小型物流配送中心为例，采用鱼骨图的方式来分析 A 公司的新仓库地址选在什么样的位置比较合适。

要解决的问题即"鱼头"是：选址新仓库作为物流配送中心。影响选址的主要方面即"鱼刺"是：公司状况、客户情况、库房条件和行业竞争情况等。每一个方面又可以细分为更细的因素即"小刺"，比如：经营货品种类、客户类型、配送效率、供应商送货情况、租金、交通情况、员工稳定性、库房标准性、库房配套条件、库房可扩展性、周边环境等。在此基础上，可以绘制出辅助 A 公司进行物流配送中心选址的鱼骨图。

【参考解决方案】

简单的参考鱼骨图如图 S1-1 所示。

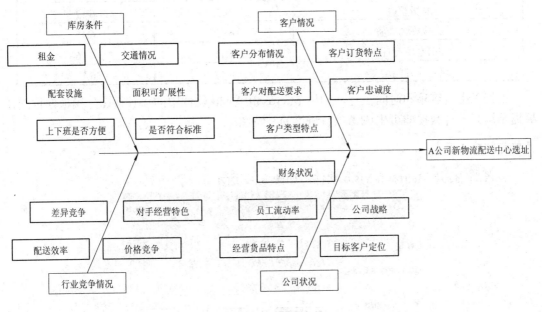

图 S1-1　鱼骨图

实践 1.4

编制项目进度甘特图。

【任务及分析】

甘特图(Gantt Chart)由亨利·甘特于 1910 年开发。他通过条状图来显示项目、进度和其他时间相关的系统进展的内在关系随着时间进展的情况。其中，横轴表示时间，纵轴表示活动(项目)，线条表示在整个期间计划和实际的活动完成情况。甘特图可以直观地表明任务计划在什么时候进行，及实际进展与计划要求的对比。管理者由此可以非常便利地弄清每一项任务(项目)还剩下哪些工作要做，并可评估工作是提前还是滞后，抑或正常进行。

在此，仍以快速消费品销售公司 A 租赁新仓库组建小型物流配送中心为例，根据实践 1.1 中项目策划任务书的项目节点计划，编制出该项目进度的甘特图。项目的时间节点可以整理如表 S1-3 所示。

表 S1-3　物流配送中心选址节点计划

内　容　项	时间起点	时间止点
项目初期规划	5.12	5.14
修改计划，形成终稿	5.15	5.18
寻找资源，整理资料，形成备选方案	5.19	5.28
讨论分析备选方案	5.29	6.2
谈判细节，形成合同；同时采购货架等	6.3	6.5
库房整改	6.5	6.12
完成库内布置	6.12	6.15
旧仓库搬迁	6.16	6.16
新仓库开始运营	6.17	6.17

根据以上内容项和时间节点，利用 Microsoft Visio 软件中的"甘特图"模板，根据模板提示填写各种数据即可生成该项目进度的甘特图。

【参考解决方案】

步骤 1：打开 Microsoft Visio 软件，如图 S1-2 所示。

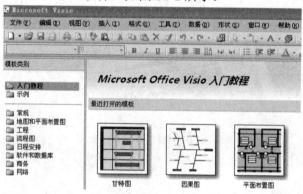

图 S1-2　打开 Microsoft Visio 软件

步骤 2：单击"甘特图"图标，出现如图 S1-3 所示界面。

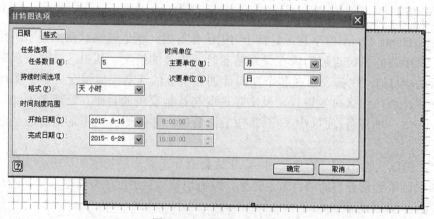

图 S1-3　甘特图进入界面

步骤 3：根据表 S1-3，本项目中的任务数目为 9，开始日期为 2015.5.12，完成日期为 2015.6.17。"格式"采用默认。将数据填写完毕后，单击"确定"，即出现如图 S1-4 所示界面。

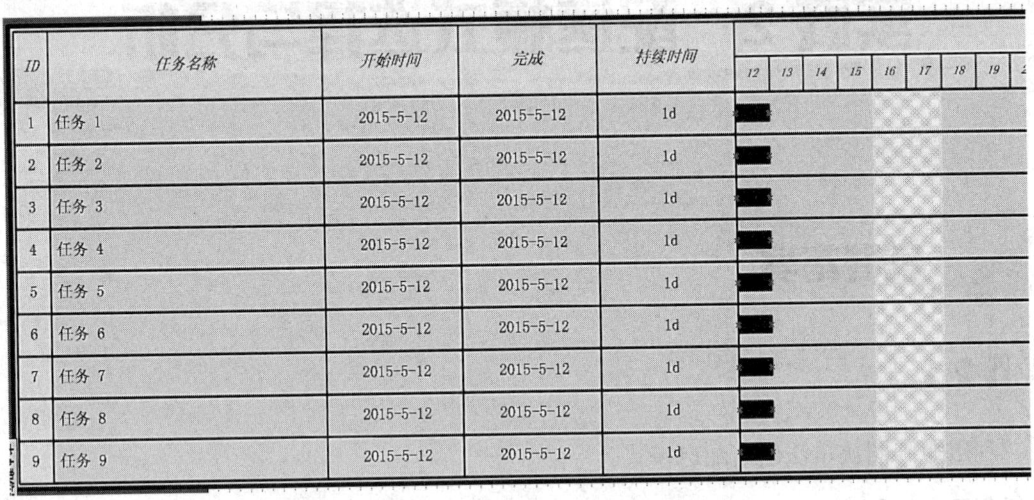

ID	任务名称	开始时间	完成	持续时间	12	13	14	15	16	17	18	19	2
1	任务 1	2015-5-12	2015-5-12	1d									
2	任务 2	2015-5-12	2015-5-12	1d									
3	任务 3	2015-5-12	2015-5-12	1d									
4	任务 4	2015-5-12	2015-5-12	1d									
5	任务 5	2015-5-12	2015-5-12	1d									
6	任务 6	2015-5-12	2015-5-12	1d									
7	任务 7	2015-5-12	2015-5-12	1d									
8	任务 8	2015-5-12	2015-5-12	1d									
9	任务 9	2015-5-12	2015-5-12	1d									

图 S1-4　甘特图任务与时间编辑界面

步骤 4：对照表 S1-3 的内容，按照上图中的内容项，修改"任务名称"及"开始时间"和"完成"时间，如图 S1-5 所示。

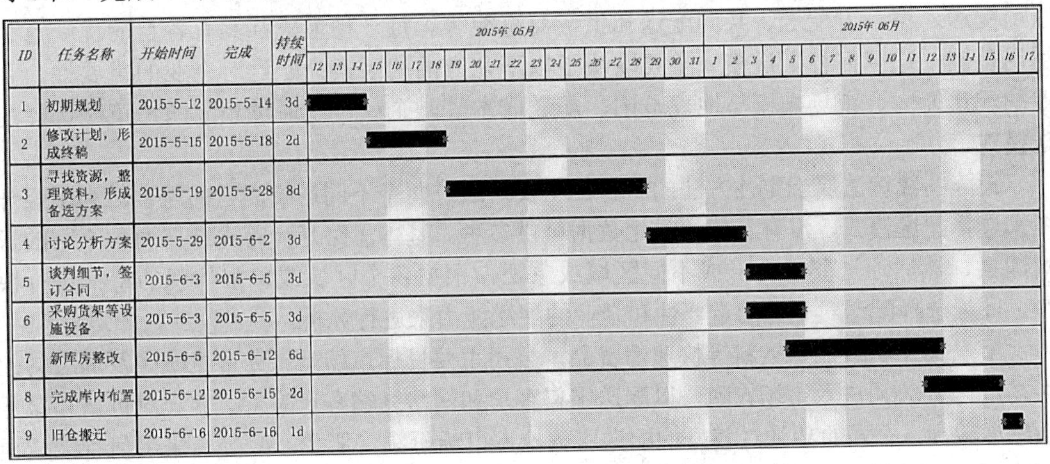

ID	任务名称	开始时间	完成	持续时间	2015年 05月																				2015年 06月																
					12	13	14	15	16	17	18	19	20	21	22	23	24	25	26	27	28	29	30	31	1	2	3	4	5	6	7	8	9	10	11	12	13	14	15	16	17
1	初期规划	2015-5-12	2015-5-14	3d																																				
2	修改计划，形成终稿	2015-5-15	2015-5-18	2d																																					
3	寻找资源，整理资料，形成备选方案	2015-5-19	2015-5-28	8d																																					
4	讨论分析方案	2015-5-29	2015-6-2	3d																																					
5	谈判细节，签订合同	2015-6-3	2015-6-5	3d																																					
6	采购货架等设施设备	2015-6-3	2015-6-5	3d																																					
7	新库房整改	2015-6-5	2015-6-12	6d																																					
8	完成库内布置	2015-6-12	2015-6-15	2d																																					
9	旧仓搬迁	2015-6-16	2015-6-16	1d																																					

注意：图 S1-5 中，"持续时间"未含周六、周日，实际作业中可根据工作进度合理安排周末的时间，另外"任务 5"和"任务 6"为体现时间交叉性，分别列出。再有，新仓库运营在 2015.6.17 日开始，在甘特图中未标出。

实践 2　配送模式选择与分析

 实践指导

实践 2.1

利用矩阵图决策法确定配送模式。

【任务及分析】

采用不同的标准，可以将配送模式分为不同类别。按配送的物品划分可以分为：生产资料产品配送模式和生活资料产品配送模式。按配送的形式划分可以分为：自营配送、互用配送、第三方配送、共同配送和供应商直配等。每一种模式都具有各自的优缺点和适用范围。选择何种配送模式主要取决于以下几方面的因素：配送对企业的重要性、企业的配送能力、市场规模与地理范围、配送成本等。企业可以通过矩阵图决策法选择配送模式。

矩阵图决策法属于定性方法的一种，主要是通过两个不同影响因素的组合，利用矩阵图来选择配送模式，没有具体的量化数据可供参考。基本思路是：首先选择两种不同的影响因素，然后通过其组合形成不同区域或象限，根据各个区域或象限体现的特征进行决策。此处选择配送对企业的重要性和企业的配送能力来进行分析。

A 公司主营食品、饮料等快速消费品，公司主要目标市场是青岛市主城区及周边县的大客户。A 公司进入市场较晚，以配送零售客户和网络终端客户为主。客户对价格和服务敏感度较高，公司希望通过较好的配送服务抢占市场份额。那么，A 公司采用何种配送模式比较合适呢？

根据矩阵图决策法的思路，我们选取配送对 A 公司的重要性和客户取得的难易程度两项因素组合成矩阵。分析矩阵中每一个象限的特征，进而辅助配送模式的决策。比如 A 公司取得客户较难，配送服务对公司的重要程度很高，那么这种情况下适合采用自营模式的配送。

【参考解决方案】

所选取的两种因素组成的决策矩阵，如图 S2-1 所示。

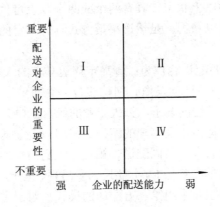

图 S2-1 矩阵决策图

(1) 情况Ⅰ。A 公司取得新客户的能力较强，配送对企业的重要性高。企业为了扩大市场占有率，需要通过配送服务水平的提升，来进一步扩大优势。因而，这种情况下适合采用自营配送模式。考虑到企业市场扩展的速度比较快，可以考虑部分配送外包给第三方的方式，以缓解配送压力。

(2) 情况Ⅱ。A 公司取得新客户的能力较弱，配送对企业的重要性高。企业为了维持现有市场份额，必须做好配送服务。此时，采用自营配送是较好的选择。

(3) 情况Ⅲ。A 公司取得新客户的能力较强，配送对企业的重要性不是很高。此时可以采用外包给第三方或共同配送(或互用配送)的方式。此时可能 A 公司具备一定的货品经营特权，但现实情况是，市场竞争激烈，A 公司在经营上并没有一定的货品优势，因而可以判定，这种情况的出现不合常理。

(4) 情况Ⅳ。A 公司取得新客户的能力较弱，配送对企业的重要性不高。在这种情况下，A 公司可能具备某些货品的独家经营权，而且货品的用户比较固定，市场竞争很弱，且无替代品可用。此时可采用第三方配送的方式。这种情况显然与 A 公司的现状不符合。

通过以上分析，结合 A 公司的实际经营情况可以得出：A 公司较适合采用自营配送模式，同时针对部分客户或部分货品，可以考虑采用外包第三方配送的方式，以此来提高公司的整体配送水平。

实践 2.2

利用比较选择法确定配送模式。

【任务及分析】

比较选择法属于定量方法的一种。主要是通过对企业配送活动的成本和收益比较而确定配送模式，有客观、量化的数据作为参考。一般有确定型决策、非确定型决策和风险型决策三种方法。在此我们主要应用非确定型决策方法进行配送模式的决策。

非确定型决策是指一种配送模式可能出现几种不同的结果，而又无法知道各种结果发生的概率时所进行的决策。该类型决策的条件是：决策者有明确的期望目标，存在着不以决策者的意志为转移的两种以上状态，具有两个或两个以上可供选择的配送模式，不同模式在不同状态下的损益值可以获得。虽然该决策方式具有一定的主观性，但还是有一些公认的准则可作为参考。

以 A 公司为例，其主要配送客户为：青岛市周边县市的大客户(以整件、大批量送货为主)，主城区的零售店面、小型批发商、网购客户、企事业合作单位等。公司计划通过提高配送效率，满足客户对配送的要求，扩大企业的经营规模。通过分析，A 公司领导层认为，根据公司经营货品的特点以及客户的特征，采用自营配送模式是可行的，但却不是最优的，想通过以自营配送为主，共同配送、第三方配送为辅的方式，达到整个配送系统的最优化。即对于主城区内的零散客户(小批量、多品种、多批次配送)采用自营配送的方式，对于周边县市的大客户主要采用第三方配送的模式，对于主城区内的大客户主要采用共同配送的模式。

未来几年内，A 公司对目前市场定位的配送规模无法做出准确的预测，可以大体估算出计划配送模式在未来几年内自然状态下的成本费用，发生的概率未知。那么作为公司领导该如何决策呢？A 公司配送模式非确定型决策如表 S2-1 所示。

表 S2-1　A 公司配送模式非确定型决策　　　　　　　万元

自然状态	配 送 模 式		
	自营配送	自营兼共同配送	自营兼第三方配送
配送市场规模大	120	130	140
配送市场规模一般	95	90	100
配送市场规模小	55	45	50

根据上表中预估的费用，分别按乐观准则、折中准则和最小后悔值准则进行决策分析。并且根据 A 公司的经营特点，再附以定性研究，以最终确定配送模式。

【参考解决方案】

(1) 按乐观准则来决策。首先在每种模式中选择成本最小的一个看作是必然发生的状态，然后在这些最小成本的模式中，再选择一个成本最小的，作为最优选。即分两步选择，每一步选择都是最优的，则最终结果即为最优选。该例中，三种模式的最小成本分别为：55 万元、45 万元、50 万元；其中又以自营兼共同配送模式的成本为最小，即可以作为最终选择。

(2) 按折中准则来决策。按照 A 公司领导层的战略布局，当前通过主流货品品种齐全、低价、配送效率高和拓展电子商务途径的思路，抢占市场份额，后期通过品牌代理、提供第三方物流服务等方式增加盈利点。因而对配送市场规模大的概率估计为70%，即乐观系数为0.7，那么以上三种配送模式的折中值按以下公式计算：

$$Z = \alpha \times C_i + (1 - \alpha) \times C_j$$

其中：C_i 表示最好时成本值，C_j 表示最坏时成本值，α 表示乐观系数。

那么，三种配送模式的折中值分别为：100.5 万元、104.5 万元、113 万元，可以看到自营配送的成本最低，为最优选。

(3) 按最小后悔值准则来决策。该方法以每种模式在不同自然状态下的最小成本值为最优目标。如果在该状态下，没有选择这一理想模式，会使成本增加，而导致"后悔"。

则每个自然状态下的其他模式的成本值与理想值之差所造成的损失值就是后悔值。然后按模式选出最大的后悔值，在最大后悔值中再选出其中最小的后悔值，该值对应的模式就是企业的最优选。可以看到采用这种方法比较保险。根据表 S2-1 给出的数据，按上面的方法计算出的后悔值如表 S2-2 所示。

表 S2-2　后 悔 值 表

自然状态	配送模式		
	自营配送	自营兼共同配送	自营兼第三方配送
配送市场规模大	0(120 – 120)	10(130 – 120)	20(140 – 120)
配送市场规模一般	5(95 – 90)	0(90 – 90)	10(100 – 90)
配送市场规模小	10(55 – 45)	0(45 – 45)	5(50 – 45)

从上表可以看出三种模式的最大后悔值为 10、10、20，其中自营配送和自营兼共同配送的后悔值都最小，可以作为企业的最优选。

从上面三种方法得出的结论可以看出，A 公司采用自营配送的模式是合理的，其次是采用自营兼共同配送模式。采用自营兼第三方配送模式用前两种方法算出的成本分别比自营兼共同配送模式高：5 万元、8.5 万元，也就是高出 10%左右；后悔值高出 10。

当前，虽然国家也大力提倡共同配送，但操作起来还有许多不成熟的地方；另外考虑到 A 公司抢占市场份额的战略规划，建议采用自营配送模式与第三方配送模式并行的方式，针对不同客户群和市场范围采用不同的配送模式，最终逐渐向全部自营配送转变。在条件允许的情况下，还可以对外提供第三方物流服务。

实 践 2.3

京东商城自营物流配送模式分析。

【任务及分析】

自营配送是指物流配送的各个环节由企业自身筹建并组织管理，实现对企业内部及外部货物配送统一管理的模式，目前被大型生产流通或综合性企业所广泛采用。企业通过自建配送中心，实现企业内部各部门、厂、店等物品供应的配送。

企业自营配送主要具备以下几方面的优点：以自营配送中心为核心，对整个供应链环节进行较强的管控，如对企业分销渠道的控制等，并有助于企业经营各环节间的衔接与配合；能够更合理地规划运营流程，提高物流效率，减少物流费用，如对某些业务环节的合并等；能够有效地对库存进行调控，在采购批次、批量、资金占用等方面都能够进行有效的调节，从而实现低库存水平甚至零库存水平下的运营；企业在对物流服务要求比较高的情况下，自营配送能够带来巨大的优势，能够快速、灵活、全方位地满足企业需求。

同时企业自营配送也存在一些缺点，主要表现在：一次性投资比较大，整个配送体系的建立，需要硬件、软件等方面的综合性一次性投资，会占用大量的资金，而且当配送量较小时，规模效应难以体现，往往会导致很高的物流成本；对于配送业务及配送中心的管理方面，非物流企业存在一定的局限性，往往需要耗费大量的人力、物力来保证配送业务的正常运转，容易分散企业的管理资源，从而对企业的整体经营产生负面影响。

京东商城是国内领先的规模巨大的 B2C 网络零售商，拥有自己的仓储中心和配送队伍。截至 2014 年 2 月，京东在 34 个城市拥有 82 个仓库，总建筑面积为 130 万平方米，在 476 个城市设置 1485 个配送站以及 212 个自提点。京东在 40 个城市实现"下单当日投递"，在 248 个城市实现"下单次日投递"。与之对应的是京东对物流节节攀升的投资，据京东招股说明书数据显示，2009 年到 2013 年分别投资人民币 1.44 亿元、4.77 亿元、15.15 亿元、30.61 亿元、41 亿元。

2007 年，京东商城的创始人刘强东不顾投资人和高管的反对，决意自建物流。这是京东历史上最重要的一个战略决策。现在，人们谈及京东的核心竞争力，都会说是物流。2014 年以前，京东采取平行库存模式，以北京、上海、广州、沈阳、武汉、成都的中心仓为核心，辐射周边区域，将中国分为华北、华东、华南、东北、华中、西南 6 个大区，就像是六个竹笼倒扣在中国版图上。2014 年 1 月，西安建立中心仓，成立第七个大区——西北大区。并且，开始实行一地库存全国发货的模式。只有实现一地发全国，京东物流才可成为穿梭如织、四通八达的网络。京东物流系统分为仓储、运输、终端三部分，终端是配送站，运输是干支线运输。不同于业内将跨省运输称作干线，京东内部是将跨大区运输称作干线，大区内运输统称为支线。

以上简要列举了一些关于京东商城自建仓储配送的资料，读者可上网查询更多关于京东商城经营、物流等方面的资料，结合物流配送模式选择方面的影响因素，请分析京东为什么大部分的物流配送选择自营模式，这种模式存在哪些风险。

【参考解决方案】

1）选择自营模式原因分析

大体可以从以下几个方面进行分析：

（1）京东商城的销售以网络零售为主要方式，其客户分布广，且多为终端个人，个人订货数量少、频率高，对时效的要求比较高，而且京东商城经营商品的品种众多，因而做好配送服务是京东保持竞争力的重要手段。通过自营物流配送模式，京东能够控制配送质量与效率。

（2）我国第三方物流服务尚处于初级发展阶段，存在一定的弊端。第三方物流企业规模小、资源分散、服务功能单一，并且商品配送缺乏一定的规范性；另外，京东商城的配送对物流信息管理系统的要求比较高，第三方物流企业在信息建设上明显不足且与京东的系统对接上存在相当大的难度。从另外一个角度来看，采用第三方物流配送，很容易泄漏客户的信息，给客户带来一定的风险。

（3）来自竞争对手和其他物流公司的挑战。各大电子商务企业都纷纷自建物流配送中心，如苏宁易购、当当网等。而许多快递行业的公司，也开始跨界电子商务。这些竞争使京东面临着自建物流配送中心及物流一体化的选择，以加强对整个供应链的控制力。

（4）订单量的增加，使得物流成本呈现规模效应。随着京东商城经营品类的逐步增多，销售额的急速增长，通过自建物流配送，一方面能够支撑企业的快速发展，一方面也能够取得一定的物流成本规模效应。

（5）企业经营性质的特点。网上购物的方便之处在于，不需要面对面交流就能够达成交易，但物流配送需要与客户直接面对。通过自营物流配送使得京东商城能够直接与客户接触，这无疑可作为一种营销方式。另外对于货到付款的业务，自己的配送员可以直接收款，进入到京东的资金系统，而不必通过其他公司转账，提高了资金利用效率。

(6) 提供第三方服务。鉴于我国第三方物流服务水平有限，京东商城通过自建成熟的物流配送体系，形成一整套适合电商操作的方案，在此基础上可以对外提供第三方服务，从而赢得更多的利润。而且能够进一步扩大物流配送的范围与能力，从而取得更好的规模效应。

(7) 形成并巩固核心竞争力。公认的是，当前京东商城的核心竞争力就是在物流配送方面。由于物流配送体系的建设需要花费大量的资金和时间沉淀才能够形成一定的规模水平，因而，通过自建物流配送能够使企业取得长远的竞争优势。

2) 风险分析

但同时采用这种模式也存在一定的风险，对于京东公司来讲主要有以下几个方面：

(1) 京东首先是一个网络零售商，属于电子商务公司，并不擅长物流领域，因而在发展过程中会遇到很多困难，甚至走上弯路。

(2) 自建物流配送的投资成本过大，投资风险高、灵活性差，而且运营成本也很高，后期需要继续投入巨额资金才能支撑物流配送的正常运转。同时，投资回收周期比较长，对于没有巨额资金持续支持的公司来讲，风险很大。

(3) 服务单一性。以快递公司为例，其可以提供送件与取件业务，而京东的物流配送仅能提供配送业务，属于消耗资源比较多的环节，其物流利用率远低于专业的物流公司。

(4) 持续的投资，减弱了企业抵抗风险的能力。我国的电子商务市场刚刚起步，还有许多未知的因素在影响着企业的发展。因而，这种大规模的资金投入存在一定的风险未知性。

实践 3 基础资料分析

 实践指导

实践 3.1

EIQ 分析。

【任务及分析】

在 EIQ 中，E 代表订单件数(Entry)、I 代表货品种类(Item)、Q 代表数量(Quantity)。EIQ 分析即是利用 E、I、Q 这三个物流关键要素，从客户订单的品项、数量、订货次数等方面出发，来分析物流配送中心系统的配送和出货特性，以进行基本规划。EIQ 分析的分析项目主要有：订单的订货数量(EQ)分析、订单的订货品项数量(EN)分析、单品的订货数量(IQ)分析和单品的订货次数(IK)分析。

EIQ 分析通常分为以下几个步骤：对订单资料进行取样，分解订单资料，对数据进行统计分析，形成图表等直观的分析结果。每一个分析项目的图表形状对应着合理的规划思路。通过对物流配送中心订单数据的 EIQ 分析，我们可以分析出订单特性，选择合理的物流系统模块及物流设备，并可通过仿真分析系统进行仿真分析，且以此为依据进行物流配送中心系统的基础规划。

通过 IQ 分析，项目人员可以了解各类单品出库量的情况，分析出不同单品的重要程度与出库量在单品间的分散程度等信息。这些信息对规划仓储系统、估算储位与设置存储规则、规划拣选区等都有很大的帮助。

通过 EQ 分析，项目人员可以明确某日或某个周期内订单数量的分布情况，据此可以确定订单处理的原则，进行储存区、分拣方式、发货区及发货方式等方面的规划。

通过 EN 分析，项目人员可以明确客户订购商品品种数的情况，从而可以为商品存储区的规划和拣选方式的选择提供支持。

通过 IK 分析，项目人员可以了解各单品的出库频率，如果再结合 IQ 分析就很容易确定拣选方式，同时该分析结果还可以作为划分存储区、设定存储货位等内容的参考。

实际上，EIQ 分析就是对 EN、EQ、IQ 和 IK 四个分析项目的结果进行综合考量而得出分析结论，为物流配送中心规划提供数据依据。

以某零售业物流配送中心为例，选取其部分订单数据，根据数据资料对其拣货系统进行规划。所选取的订单资料如表 S3-1 所示。

表 S3-1 部分订单数据 EIQ 分解表

出库订单	出货品种							订单出货数量	订单出货品种
	I_1	I_2	I_3	I_4	I_5	I_6	I_7	EQ	EN
E_1	35	24	18	0	26	8	51	162	6
E_2	66	1	52	49	33	70	65	336	7
E_3	19	83	0	76	42	50	25	295	6
E_4	44	36	0	42	38	42	0	202	5
E_5	0	25	64	79	46	75	24	313	6
E_6	28	99	13	65	0	60	89	354	6
E_7	76	75	56	45	0	44	45	341	6
E_8	98	12	45	10	25	13	16	219	7
E_9	12	55	26	3	76	96	52	320	7
E_{10}	4	2	97	28	54	24	49	258	7
E_{11}	25	48	12	77	46	75	0	283	6
E_{12}	0	41	44	65	2	28	96	276	6
单品出货数量 IQ	407	501	427	539	388	585	512	3359	
单品出货次数 IK	10	12	10	11	10	12	10		75

请根据以上数据，对该物流配送中心的本部分订单数据进行 EIQ 分析。

【参考解决方案】

1) IQ 分析

每一种出货单品，按出库量排序，并进行出库量占比 ABC 分析，如表 S3-2 所示。

表 S3-2 货品出库量 ABC 分析

单品项	出库量	出库量占比(%)	累计占比(%)	品项数占比(%)	类别
I_6	585	17.4	17.4	57	A
I_4	539	16	33.4		
I_7	512	15.2	48.6		
I_2	501	14.9	63.5		
I_3	427	12.7	76.2	29	B
I_1	407	12	88.2		
I_5	388	11.8	100	14	C
合计	3359	100		100	

通过上表可以看出，单品 I_6、I_4、I_7 和 I_2 在总单品中的出库数量、出库品项数占比超过 60%和 55%，划分为 A 类货品，进行重点管理；单品 I_3、I_1 出库量累计占比 88.2%、品项数 I_3、I_1 占比 29%，划分为 B 类货品，进行次要管理；单品 I_5 占比 11.8%，划分为 C 类货品，进行非重点管理。比如 A 类货品存放于离出入口较近的位置，采用固定储位管理、重点补货的策略。而对于单品 I_5 则可以采取非固定储位、存储货位即分拣货位的策

略，以省略补货作业步骤。

2）EQ 分析

每一份订单按出库量排序，并进行出库量占比 ABC 分析，如表 S3-3 所示。

表 S3-3 订单出库量 ABC 分析

订单项	出库量	出库量占比(%)	累计占比(%)	订单数占比(%)	类别
E_6	354	10.5	10.5		
E_7	341	10.1	20.6		
E_2	336	10	30.6		
E_9	320	9.6	40.2	58.3	A
E_5	313	9.4	49.6		
E_3	295	8.7	58.3		
E_{11}	283	8.4	66.7		
E_{12}	276	8.2	74.9		
E_{10}	258	7.7	82.6	25	B
E_8	219	6.5	89.1		
E_4	202	6	95.1	16.7	C
E_1	162	4.9	100		
合计	3359	100			

通过上表可以看出，订单 E_6、E_7、E_2、E_9、E_5、E_3 和 E_{11} 出库数量累计占比超过 60%，订单个数占比超过 55%，划分为 A 类订单；订单 E_{12}、E_{10} 和 E_8 出库数量累计占比 89.1%，订单个数占比 25%，划分为 B 类订单；订单 E_4 和 E_1 出库数量少，且订单个数占比小，划分为 C 类订单。根据订单分布情况可知，该物流配送中心的订单量比较均衡，没有明显的少量订单大批量出货的情况，因而在规划分拣作业时在人员安排、订单分配方面要注意其合理性，以提高分拣效率。

3）EN 分析

根据表 S3-1 可知，在选择的订单数据中，共有 7 个品种的货品，总出货品种数为 7，累计出货品种数为 75。其中 7 个品种的货品全部出库的订单有 4 个，分别是 E_2、E_8、E_9 和 E_{10}，占比 33.3%；6 个品种的货品全部出库的订单有 7 个，占比 58.3%；5 个品种的货品全部出库的订单有 1 个，占比 8.4%。可见所取每一个订单的出库品种数非常集中，适合采用合单后再二次分拣的方式，如此能最大限度地提高分拣效率，大大缩短总拣选路径的距离。

4）IK 分析

根据表 S3-1 可知，在选取的 12 个订单资料中：单品出库 12 次的有 2 个，占比 28.6%；单品出库 11 次的有 1 个，占比 14.3%；单品出库 10 次的有 4 个，占比 57.1%。可见，各单品的出库频率都很高，因而在规划分拣位置时，这些单品适合集中位置存放，以缩短分拣路径。

通过以上不同角度的分析数据可以看到：该物流配送中心选取的此部分订单数据中，各单品的出库频率高，各单品的出库数量波动不是很大、比较集中，订单之间单品的重合率非常高。因而，在规划分拣方式时，适合采用先合单再分拣的方式；在规划存储位置时，适合各单品集中存放，尽量靠近进出库的便利位置处；在规划建议分拣数量时，可以采用整包装或中包装发货的方式，以提高分拣效率。

实践 3.2

PCB 分析。

【任务及分析】

PCB 分析即货态分析。货态是指货品的基本储运单位及其形状、尺寸与重量等。货态分析主要是以货品的基本储运单位为研究对象，分析物流配送中心系统各作业环节的规划。在物流配送中心系统的作业过程中，各个作业环节以各种包装单位(P—托盘、C—箱子、B—单品)作为作业基础。不同作业环节间可能存在包装单位转换的问题，而不同包装单位的物品对人员、设备的需求可能有所差别，对应的规划也会有所不同。

一般来说，货品入库的包装单位需要配合储存包装单位的要求，考虑到货品到货的运输包装问题，在货品检验入库环节需要进行必要的货态转换，比如大包装货品分解为中包装货品。而储存包装单位需要配合拣选包装单位的要求，根据货品拣选单位的情况，可以确定是否需要在储存与拣选作业之间进行货态转换。比如企业的订单资料中包含各种出货形态，包括整箱出货、零散出货和整箱与零散混合出货，根据出货形态的数据分析，以合理规划存储区、拣选区及货品包装形态等。

以某物流配送中心为例，其经营的货品以食品、酒水为主，主要配送范围为便利店、网吧、酒店等零售性质的客户以及部分终端客户，以同城配送为主。以该物流配送中心经营的食品和酒水为例，请对其货态进行分析，从而确定合理的进销存形式。

【参考解决方案】

首先，对该物流配送中心的进货货态特点进行分析。食品类基本都是整箱进货，便于清点、搬运和检验；而酒水类货品大部分采用托盘搬运，有些供货商直接带板送货的，可整板搬运，这样既能提高作业效率，又能降低搬运成本，还便于清点数量和货品抽检。

其次，对其存货货态特点进行分析。因其客户订货的特点是整件货品与零散货品都有，因而在货品储存方面，要求整件货与零散货并存，零散货多是采用原整箱包装拆箱而成，这样就保证了根据客户订购数量，快速分拣出正确数量的货品。

再有，对其出货货态特点进行分析。考虑到货品配送过程中方便运输和货品安全等因素，在货品出库时均需采用一定的包装物进行包装，因而货品多以原包装整件或后期再包装整件的形式出库。

结合上述分析，其货态转换分析，如表 S3-4 所示。

表 S3-4 货态转换分析表

进货	存货	拣选	出库	客 户 类 型
P	P/C	P/C	P/C	大型客户，以批发业务为主
C	C/B	C/B	C	零售客户
B	B	B	C	客户定制品

实践 3.3

作业时间分布分析。

【任务及分析】

物流配送中心运营过程中的作业时间分布是指不同作业内容或相同作业内容的时间安排情况。在进行物流配送中心作业时间规划的时候要根据所搜集的资料整理出各作业内容在时间安排上的规律与特点以及作业特性，运用统筹方法分析出合理的时间分布，以充分利用各种作业资源，提高运营水平。

以某物流配送中心的某天主要工作情况为例，下面根据其作业内容、时间及流程，请制定出按小时计的作业时间合理分布表。作业情况如表 S3-5 所示。

表 S3-5　作业情况表

时间段	作业部门	作业内容
7:30—8:30	配送部	货品装车
8:30—9:30	订单部、仓储部、收货部、配送部	打印拣选单、分拣拣选单、收货验收、复核订单
9:30—10:30	订单部、仓储部、收货部、配送部	打印拣选单、分拣拣选单、货品上架入库、补货、盘点、收货验收、复核订单、装车配送
10:30—11:30	订单部、仓储部、收货部、配送部	打印拣选单、分拣拣选单、货品上架入库、补货、盘点、收货验收、复核订单
11:30—12:30	各部门	午餐、休息
12:30—13:30	订单部、仓储部、收货部、配送部	打印拣选单、分拣拣选单、补货、收货验收、复核订单、装车配送
13:30—14:30	订单部、仓储部、收货部、配送部	打印拣选单、分拣拣选单、货品上架入库、补货、收货验收、复核订单
14:30—15:30	订单部、仓储部、收货部、配送部	打印拣选单、分拣拣选单、货品上架入库、补货、收货验收、复核订单
15:30—16:30	订单部、仓储部、收货部、配送部	打印拣选单、分拣拣选单、补货、收货验收、复核订单、装车配送
16:30—17:30	订单部、仓储部、配送部	打印拣选单、分拣拣选单、货品上架入库、补货、盘点、复核订单
17:30—20:30	仓储部、配送部	分拣拣选单、复核订单、装车配送

该物流配送中心各主要部门的重点职能及大体作业流程，如表 S3-6 所示。

表 S3-6　部门职能与主要作业流程

部门名称	主 要 职 能	基本作业流程
订单部	接收、记录、核实客户订单信息，或通过其他途径的订单均由该部门统一处理；根据订单内容、送货时间缓急等因素，在系统的基础上辅助进行订单分拣顺序安排；打印拣选单；维护与客户的关系等	
仓储部	根据分拣单分拣货品；日常货位补货、抽检盘点、货位整理、库存账调整、入库货品的上架等	
收货部	收货、检验等	
配送部	检验复核订单商品的单货一致性、出库货品包装分类、安排订单配送路线、配送货品、反馈配送中的问题、维护与客户的关系等	

【参考解决方案】

各主要作业内容的时间合理分布表，如表 S3-7 所示。

表 S3-7　作业时间分布表

作业内容	作业时间(单位：小时)													
	7:30	8:30	9:30	10:30	11:30	12:30	13:30	14:30	15:30	16:30	17:30	18:30	19:30	20:30
接收订单														
打印订单														
分拣订单														
复核订单														
配送订单														
收货验收														
货品上架														
补货														
盘点														
配送反馈														
客情维护														

实践 4　物流配送中心系统规划

实践指导

实践 4.1

物流配送中心平面布置规划。

【任务及分析】

某连锁超市的物流配送中心占地约 6000 m²，土地形状呈梯形。其中上底边长约 90 m，下底边长约 110 m，宽度约 54 m。其服务范围主要为本公司的超市门店及市区范围内的网购客户上门送货服务和部分品牌的批发业务。该地块北侧和西侧与外部交通道路连接，交通便利；东侧与南侧的道路正在建设中，建成后也可与配送中心相连接。因而，工程位置出入口可以选择在北侧和西侧区域，首先进行这部分区域的功能规划。

在物流配送中心规划设计时，需要结合实际地块的形状与面积，考虑周边各种环境的影响、仓容量、道路交通情况、作业流程、安全管理等方面的要求。该物流配送中心货品的运输与配送主要以厢式货车和面包车为主，车辆往来较为频繁，在设计道路时可按 8 m 宽度计算，月台按 4 m 的宽度计算，装卸区宽度亦按 8 m 宽度计算，以方便若有一辆车在装卸货时，不影响另一辆车的转弯通过。

方案一：可设置配送中心的西侧开门处为进货区，北侧开门处为出货区，进货区与出货区前方装卸场地按宽 20～22 m 计算。根据场地的实际大小，可规划配送中心库房长约 66 m，宽约 28 m，总建筑面积约为 1850 m²。该方案为库房东面、南面留出 8 m 宽的道路，以方便车辆通行。平面布置如图 S4-1 所示。

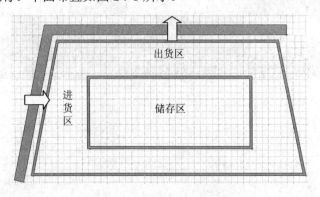

图 S4-1　功能区平面布置图

方案二：如果在库房北侧开门处同时设立进货区与出货区，规划库房长度约为 82 m，宽度约为 28 m，总建筑面积约为 2300 m²，其他条件不变。

方案三：如果在库房北侧开门处同时设立进货区与出货区，规划库房长度约为 85 m，宽度约为 38 m，总建筑面积约为 3200 m²。该方案在库房南面留出 2 m 宽的道路，不做通行用，为以后市政道路拓宽留有余地。

请根据以上方案二和方案三的描述，参照方案一的布置，绘出简单的功能区布置图，并分析三种方案的特点。

【参考解决方案】

方案二的布置简图，如图 S4-2 所示。

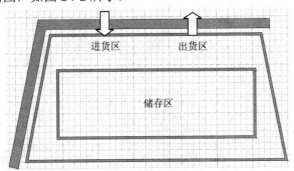

图 S4-2 功能区平面布置简图

方案三的布置简图，如图 S4-3 所示。

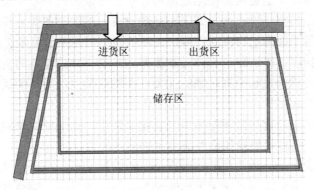

图 S4-3 功能区平面布置简图

该案例中涉及的三种规划方案都具有可行性，主要区别在于进出货装卸平台设置的位置不同，由此而导致的库房面积也不同，显然方案三的建筑面积要远大于方案一的建筑面积。在货品进出库数量大，需要仓容量也大，而且资金投入充足的情况下，方案三的设计是首选，而当对库房的仓容量要求不大时，可优先考虑方案二的设计。

实践 4.2

应用矩阵图法进行设备选型分析。

【任务及分析】

物流配送中心的设备主要分为三种类型：存储设备、搬运设备和运输设备。存储设备一般与货品品种、存储量、吞吐量、投资额等因素相关，在确定存储设备后，还要对应地确定合适的搬运和运输设备。而搬运和运输设备的选型主要考虑两个方面的指标：一个是货品的搬运距离，另一个是物流量的大小。请根据这两个指标，应用矩阵法，对应分析在不同情况下设备的选型问题，并予以解释。

【参考解决方案】

由搬运距离和物流量组成的矩阵图及对应的设备选型，如图 S4-4 所示。

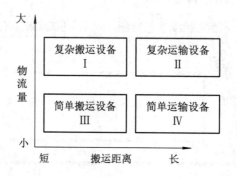

图 S4-4 设备选型矩阵图

对于选型 I 的情况：虽然货品搬运距离短，但物流量大，需要复杂的搬运设备完成货品转移。此时运输距离短，可不必考虑采用运输设备，搬运设备即可满足需求，而物流量大，简单的搬运设备不能满足物流的需要，因而需要运用复杂的设备进行搬运作业。

对于选型 II 的情况：搬运距离长，且物流量大，是一种最复杂的货品转移作业。此时需要特定的运输设备以满足长距离运输的需要，而物流量大，简单的运输设备不能满足物流的需要，因而需要运用复杂的设备进行运输作业。

对于选型 III 的情况：货品搬运距离短，且物流量小，是一种简单的货品转移作业。应用简单的搬运设备，经过简单操作就能够满足物流的需要。

对于选型 IV 的情况：虽然货品搬运距离长，但物流量小，需要简单的运输设备完成货品转移。此时搬运距离长需要考虑采用运输设备，而物流量小，则简单的运输设备即可满足物流的需要。

实践 4.3

物流配送中心一般作业流程规划分析。

【任务及分析】

一般物流配送中心的作业对象会涉及三个方面：第一是供应商，第二是客户，第三是配送中心内部运作。针对供应商的作业主要是收货与退货；针对客户的作业主要是送货与退货；针对配送中心内部运作的作业主要是进货、存货、出货三个方面，所包含的内容比较丰富。进货方面如卸载、检验、入库等，存货方面如盘点、货位管理、流通加工等，出货方面如订单处理、分拣作业、复核包装作业、流通加工作业、配送作业等。请根据所学知识，从作业对象的这三个方面出发，绘制物流配送中心的一般作业流程图。

【参考解决方案】

物流配送中心的一般作业流程，如图 S4-5 所示。其中虚线箭头表示货品存在逆向物流的情况。

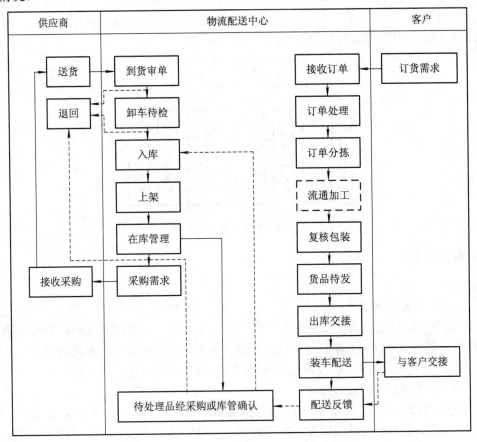

图 S4-5　一般作业流程图

实践 4.4

某物流配送中心信息系统规划分析。

【任务及分析】

某商业集团主要在山东省内及周边省市从事连锁超市经营，以济南为核心，遵循"先济南、后周边"的发展策略，稳步抢占零售市场。该集团以先进的信息系统、完善的制度流程，辅以先进的物流配送中心，在山东各地市以及发达的县级城市，建立了 170 多家连锁便民超市，其中 120 多家集中在济南市区。很多的便民超市面积只有 100～200 m^2，依靠多点布局，形成网状结构，整合了济南市区及周边县市的大量客户。这种布局也给物流配送水平提出了很高的要求。目前该物流配送中心有配送车辆 30 辆，配送半径可达 100 多公里，中心内部配有电动叉车、电动拖板车、手持终端等较先进的设备，作业效率较高。但随着集团店面数量的增多，原有物流配送中心不能够满足业务量的激增，需要规划新的中心，以支持企业的快速发展。根据企业的经营情况，可以将新的物流配送中心定位为"城市配送中心"。

为了适应企业的发展，集团原有仓储配送的信息系统也需要进行升级，目前暂定的系统模块如图 S4-6 所示。请结合企业的具体情况，分析每一个模块的主要功能，并分析该物流配送中心主要用到的信息技术。

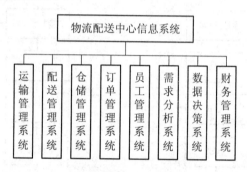

图 S4-6　信息系统主要模块

【参考解决方案】

1）主要功能

信息系统主要功能如下：

（1）运输管理模块。其主要包括车辆资料管理与维护、制定运输计划、分析运输计划的合理性、车辆调度管理、车辆运输任务管理、车况管理、运输信息查询等功能。该模块需要与条形码技术、射频识别技术、GPS 系统和 GIS 系统对接，对运输作业实行实时控制与管理，以实现运输的最合理化。

（2）配送管理模块。其主要包括制定和实施配送计划(区域选择、货品拼装、调配等)、进行配送跟踪管理(配送位置、停留时间、任务完成情况等)及配送线路管理(配送路程、时间点、路况、油耗、运输成本、路径选择等)等。

（3）仓储管理模块。其主要包括库存管理(货位管理、账物管理、残次品管理、效期管理等)、订单管理(入库、出库、退换货等)及作业管理(收货、上架、分拣、复核、打包、盘点)等。该模块需要与条形码技术、射频识别技术对接，对货物实行动态管理，同时提供各种报表信息及满足信息查询需求。

（4）订单管理模块。其主要包括根据客户需求生成订单、审核订单、修改订单、优化订单、相关人员接收订单然后进行相关作业等。同时可记录所有订单的信息，方便查询与数据分析的调取。

（5）员工管理模块。其主要包括岗位设置、人员编制设置、岗位职责、劳动成本、制定员工需求计划、晋升路径、岗位轮换、绩效考核等。

（6）需求分析模块。其主要包括根据需求信息建立需求模型，进行需求分析，根据以往数据结合仓储信息生成店面需求预测与需求计划，供决策者参考。

(7) 数据决策系统。其主要包括调用系统内的各种数据信息，根据模型设置模拟决策过程，为决策者提供决策所需要的信息，以提高决策水平。

(8) 财务管理系统。其主要包括对物流配送中心的各种作业活动进行财务核算，并对各种作业的绩效进行评定，比如库存周转率、仓容利用率、货品残损率等。

2) 主要信息技术

(1) 条形码技术。其主要通过货品本身自带的条形码或配送中心自行打印的内部条码识别货品，达到信息系统与实物数据的统一性。通常配合手持终端使用，是收货、发货、库存盘点等作业普遍运用的一种技术手段。

(2) 射频识别技术。与条形码技术类似，但其通过电子标签记录货品或车辆信息，比条形码技术更方便、信息流更大，但成本要高。

(3) 销售时点信息(POS)系统技术。通过该技术，各门店的销售数据可以即时地传递到物流配送中心，经过一定程序的数据计算，可生成门店补货订单。

(4) 地理信息系统(GIS)技术。通过该技术搜集、整理和分析大量的地理信息数据，可以有效地进行运输管理，还能协助制定生产作业计划。

(5) 全球定位系统(GPS)技术。通过该技术能够实时定位货品和运输车辆的空间位置，这些数据在计算机系统中储存，能够很好地帮助相关人员进行运输信息的查询和管理。

实践 4.5

物流配送中心库内布局规划。

【任务及分析】

物流配送中心库内布局主要分为三种形式：I 型、L 型和 U 型，如图 S4-7 所示。每一种布局形式，货物的流动形式不同，都有其各自特点。其中 I 型布局，入口和出口分别处于库区的两端，货品流动过程贯穿整个库区；L 型布局，入口和出口在库区的不同侧，呈直角状，货品流动过程在库区呈 L 形；U 型布局，入口和出口在库区的同侧，货品在库区流动过程呈 U 形。

当进出货的量都比较大，且进出货车辆容易冲突时，可以优先考虑 I 型布局。

L 型布局能够满足货品快速进出和储存的需要，并且可以根据实际需求，增加存储区的面积，适用的范围较广。

当货品量较大，且在库暂存时间短的时候，可以优先考虑 U 型布局；另外，该布置方式使得货品存放集中，空间利用率高，容易管理。

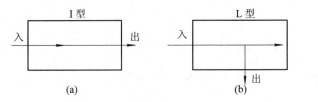
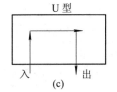

图 S4-7　三种库区布局形式

假设，某物流配送中心库区面积为 2000 m²，共分为 8 个功能区：进货区、出货区、流通加工区、退货处理区、办公区、重型货架区、平库区和中型货架区。请分别设计该库区的 I 型布局、L 型布局和 U 型布局。

【参考解决方案】

物流配送中心库内布局的不同形式，如图 S4-8、图 S4-9、图 S4-10 所示。

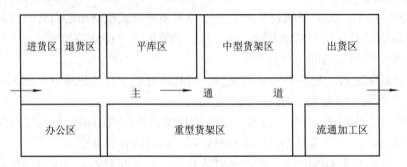

图 S4-8　I 型布局

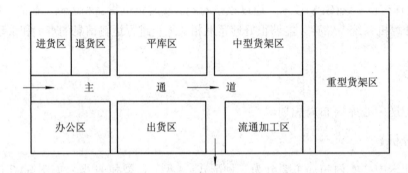

图 S4-9　L 型布局

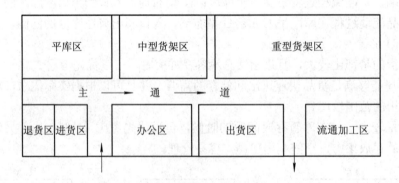

图 S4-10　U 型布局

注意：为了充分利用库区面积，图 S4-10 的出入口设计可以共用一个。

实践 4.6

物流配送中心供应商送货预约与收货流程分析。

【任务及分析】

请根据实践 4.3 流程图的格式，分别设计一份某物流配送中心供应商送货预约及收货的基本流程图。其中供应商送货预约涉及采购、供应商、预约员三个方面的业务内容，收货作业涉及收货员、供应商、质检员三个方面的业务内容。

大体流程可参考以下作业内容描述：供应商送货阶段包括采购人员下采购单、供应商确认订单内容、形成送货意向、预约送货时间、预约成功、安排如期送货。收货阶段包括供应商排队待收、收货员收货、货品卸车、核对单货、货品检验、货品入库、打印入库单等。其中，省略工作细节方面的问题，仅讨论具有明显工作节点的流程。比如在供应商确认物流配送中心采购订单内容的时候，可能还会包含价格变更、与采购人员协商采购价格的调整、库存数量不足而推迟送货时间或重新做单以类似品代替、或运输方式由厂家自送改为第三方物流送货等事宜。

【参考解决方案】

供应商送货预约流程，如图 S4-11 所示。

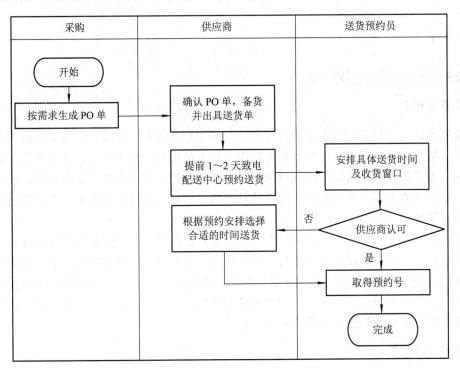

图 S4-11 送货预约流程

收货流程，如图 S4-12 所示。

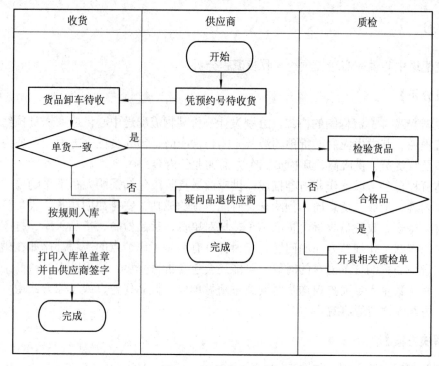

图 S4-12　收货入库流程

实践 4.7

物流配送中心拣选策略分析。

【任务及分析】

物流配送中心只有在拣选作业环节确保合理性和高效率，才能为提高配送效率提供前提条件。拣选作业效率受多方面条件的影响，如人员配置、拣选方法、订单性质、机械化水平等。而选择何种拣选策略或何种策略组合对拣选作业效率有着重要的影响。结合分拣方法、分拣区规划等方面的知识，可以从分区规划、订单拆解及订单波次入手进行拣选策略方面的规划。

所谓分区规划是指按照不同的标准对拣选作业进行分区，如按货品特性对货品进行分区，分别管理。所谓订单拆解是指将一份订单或一个客户的订单分解成若干个组成部分，分别拣选以提高效率，如将一份 50 种单品的订单分成 5 份。所谓订单波次是指按照一定的规则将多个订单整合后再分拣。请根据以上信息，就三个方面的拣选策略进行较为详细的设计，以用于提高拣选作业的效率。

【参考解决方案】

分区规划策略可以从以下几个方面考虑：一是货品分区，即按照货品的特性和相关性进行分区放置，将同属于一类的货品或出现在同一张订单的频率高的不同货品临近放置，以缩短拣选路径，此种方法通常需要较长时间段的数据统计与分析支持。二是拣选货品的类型分区，比如将整件发货的货品与拆零发货的货品分别存放在不同的区域内，如此便可实现整件货品的批量操作，也有利于拆零拣选的精细化操作，防止两者在拣选方式及运输工具等方面产生冲突。三是拣选方式的分区，即不同的分区采用不同的拣选方式，以有利于提升作业效率，拣选货品类型分区中的举例也同样说明了拣选方式分区的有效性，两者存在一定的关联。四是作业区域分区，主要体现在库区内部各功能区的划分以及不同功能区之间的位置关系，作业功能区的合理划分、相对面积及位置的确定能够对拣选效率及处理拣选差异产生重要的影响。

订单拆解策略可以从以下几个方面考虑：一是，将一份多单品、多数量的大订单拆分成几个子订单，同时拣选每一个子订单，而后进行集货，完成分拣。此时的订单拆解不是简单的随意拆分，而是按照一定的规则，在有利于拣选的前提下进行拆分。比如按照货位相近原则、按照整件与散货分离原则等，切实能够达到高效率拣选的要求。二是，要注意完成各子订单拣选的同步性。只有各子订单处于基本同步完成的节奏，才能够实现整个订单的完成，一旦出现某个子订单的完成速度明显落后于其他子订单，则难以达到提高拣选效率的目的。三是，在实行订单拆解的时候，要注意其必要性。一般情况下，当订单的品项过多，或者订单需要紧急处理时，可以采用订单拆解策略，而且拆解的依据多以货品分区为主。

订单波次策略可以从以下几个方面考虑：一是波次的选择，通常需要根据订单的特点制定合理的波次设置条件，如按时间段、订单数量、缓急程度等条件设置订单波次规则，再结合日常积累的经验，以实现最佳的订单分拣策略。二是设置波次的必要性，一般情况下，当订单数量多、各订单间的重合品项多、订单处理不是很紧急的情况下，设置波次才能够切实提高拣选效率。三是订单货品分类的重要性，在根据波次拣选订单的同时要及时将拣选完的部分按客户订单将货品分类，以确保各订单及时完成分拣。四是拣选的灵活性，由于软件系统是按特定的约束条件处理订单的，灵活性方面不足，可根据实际情况进行临时的人为的干预和调整，以有效处理部分特殊订单。

实践 4.8

物流配送中心经营管理规划。

【任务及分析】

物流配送中心的经营管理实际就是对物流、信息流和资金流的管理。所谓物流是指货品从收货开始到配送给客户的过程，其中涉及进货受理、进货检验、入库、上架存储、流通加工、拣选、复核包装、装车、配送给客户、接收客户退货等作业内容；进一步地可以大体分为进货管理、存货管理、出货管理和退货管理几个部分。所谓信息流是指物流配送中心与供应商、客户以及其内部各作业环节之间围绕订单而进行信息交流的过程，其中涉及向供应商采购货品、处理客户订单内容、各作业环节间传递作业信息等内容。所谓资金流是指物流配送中心与供应商、客户之间因业务往来而产生的资金方面的关系，其中包括向供应商付款、向客户收款等内容。请根据以上描述，围绕物流、信息流和资金流及各主要作业内容，制作出一份经营管理规划图。

【参考解决方案】

物流配送中心一般的经营管理规划图，可参考图 S4-13。

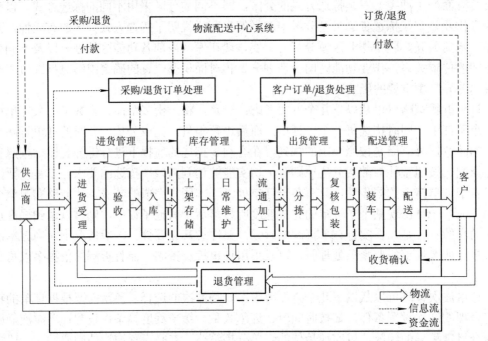

图 S4-13　物流配送中心经营管理规划图

实践 4.9

物流配送中心规划问题分析。

【任务及分析】

物流配送中心规划是一个系统工程，在规划过程中，项目人员会遇到各种各样的问题。有些问题可能比较重要，项目人员也非常重视；有些问题可能相对不大重要，项目人员容易忽视；有些不重要的问题对项目的影响程度非常小，可以轻松化解，但有些小问题可能会引起大的麻烦，难以化解；有些问题还可能随着条件、时间等因素的变化而变化，其重要程度呈动态变化状态，等等。规划中，需要项目人员具备丰富经验和掌握科学工作方法，尽量使项目的运作处于可控制的范围内，避免失误的产生。尽管如此，仍有一些问题会超出预估范围，甚至项目人员忽视了问题的重要性。在此我们列举项目规划中的物流模式确定、业务需求与物流配送中心选择、规划中的资源整合与细节设计和培养团队协作精神四个方面来进行分析。

【参考解决方案】

(1) 确定物流模式。首先要明确所规划物流配送中心的主要功能。比如以存储功能为主的物流配送中心，在规划时，要更多地关注存储效率、存储量、空间利用率等方面的问题；以配送功能为主的物流配送中心，在规划时，要更多地关注订单处理能力、分拣效率、配送效率等方面的问题；以存储功能和配送功能兼顾的物流配送中心，在规划时，需要考虑各方面因素的平衡问题。通常以配送功能为主的物流配送中心适合于零售型或小批量批发型的业务，而批发型、分销型的业务则对流通方面的要求更高。由此可见，确定何种物流模式对于规划物流配送中心起到先决性的作用。

(2) 业务需求与物流配送中心选择。业务需求既包括当前的业务也包括未来三到五年的业务发展预期。根据业务需求确定是新建、改建物流配送中心还是采用租赁的方式，需要的面积是多少，在此基础上，再进行初步的选址。

选址时，按照由大到小的范围进行，即先选择区域(华东、华北等)，再选择区域内的城市，最后根据城市规划及物流状况，选择合适的物流配送中心地址。对于选择自建配送中心的，在选择地块、交通规划、建筑内部规划等方面需要做出系统的规划。以地块规划为例，重点需要考虑到以下几个因素：如土地的用地指标(建筑限高、容积率等)、地质条件(地面承重情况、地基处理成本等)、地块的形状(形状规则或不规则，以长方形为宜)、地块面积(是否够用、是否具备扩展性等)等。

另外，业务需求与选址间存在互相影响、互为条件的关系。在选择土地面积时，参照业务需求的规划，以确保能够满足要求；而当确定地块时，可能诸多条件不能够满足企业的需求，比如土地形状不规则、交通条件不完全满足前期的规划等。此时，需要根据地块条件，适当调整规划内容，以便确定比较合理的处理方案。

(3) 规划中的资源整合与细节设计。在物流配送中心规划中，经常会遇到下面的情况：企业自行规划明显感觉资源不足，系统性不强，很多专业方面的知识欠缺；通过物流集成商来规划，虽具备一定的专业性，但集成商出于利益的考虑，往往在设备运用、软件选型等方面预算投入过高；通过物流咨询公司来规划，往往与现实操作存在一定的距离，而使规划方案难以落地。因而，在规划中需要整合各方面的优势资源，在合理支出成本的情况下，实现最优的规划设计。

另外，在规划过程中，规划人员往往忽略一些细节方面的设计，而这些细节通常会决定物流配送中心的运营效率。比如忽略作业设备与建筑物之间的匹配关系，可能会出现设备作业高度需求高于建筑物高度，导致设备难以充分发挥作用；比如要充分考虑到建筑形式与通风的关系，否则会给货物保管的温湿度控制及员工作业舒适度带来影响。对于细节规划的把握，必须依靠丰富的经验和科学的管理方法。比如参考成功企业的案例，学习他们的优点；在规划时，采用简单的、能够满足一定时间段内需求的设备，而后根据业务需要再有步骤地进行一些设备的升级或更新，避免一次到位。

(4) 培养团队协作精神。物流配送中心规划的内容涉及的面非常广，不是一两个人或一两个部门就能够完成的，必须依靠各种专业人员及多部门的合作才能够制定比较完善的方案。因此涉及的相关人员及部门要本着团结协作的精神，在各自负责的范围内做好专业方面的规划，并且顾全大局，自觉与项目目标统一。

对于企业来讲，其竞争的优势不只来自于某个方面，而是更多地来自于整个供应链的优势。物流配送中心在供应链中处于非常重要的地位，既服务于生产、销售、采购等部门，又能够促进生产、销售、采购等部门工作的改进，同时其运营效率会直接影响到各部门的工作进展。因而，从供应链最优的角度来理解物流配送中心的规划，就需要各部门积极合作，工作中始终贯穿团队协作的精神。

实践 5 车辆调度

实践指导

实践 5.1

应用图上作业法进行车辆调度。

【任务分析】

车辆调度是指制定行车路线，使车辆在满足一定约束条件下，有序地通过一系列装货点和卸货点，达到诸如路程最短、费用最小、耗时最少等目标。做好车辆调度工作，可以有效地缩短运输距离，减少运输时间，合理分配运输量，最终减少企业成本，提高运输效率，给客户提供更好的服务体验。

某物流配送中心站点 A、B、C，供应量分别为 3 t、3 t、1 t，连锁超市 D、E、F、G，需求量分别为 2 t、3 t、1 t、1 t，供需平衡，站点到超市的距离已给出，如图 S5-1 所示。应该如何调度，才能在满足需求量的同时使车辆行驶的里程最少？

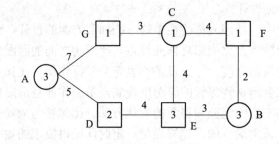

图 S5-1 交通图

【参考解决方案】

解：(1) 去线破圈。将成圈的交通图化为无圈的交通图，同时画一个流向图，要求这个流向图无对流，无迂回。"去线破圈"的方法一般是去几条线破几个圈，本任务中有两个圈，需去掉两条线，去一线，破一圈，直至把有圈的交通图变成无圈的交通图。一般而言，去掉圈中线路最长的线，如去掉 AG(7 km)，破 ADECG 圈，再去掉 CF，破 CEBF 圈。这样，原来有两个圈的交通图变成了无圈交通图，逆时针流向箭头画在外圈，顺时针流向箭头画在内圈，()内的数字为流量，如图 S5-2 所示。

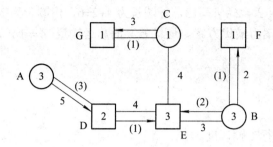

图 S5-2　去线破圈流向图

在图 S5-1 的基础上进行破圈，画一个基础的流向图，图 S5-2 已完成。其中，需要注意的是，图上作业法要求在流量图上的箭头数(有调运量的边数)应为供应点数 + 需求点数 – 1，即在去线破圈后得到不成圈的交通上，应该每边都有流向。本任务中箭头数为 3 + 4 – 1 = 6，因此，在某一边无流向时，应该在这边填上调运量为 0 的虚流向，并用虚箭头表示。按照这一要求，需要在 CE 边填上虚流向，如图 S5-3 所示。

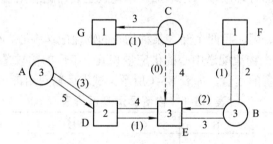

图 S5-3　完整的流向图

(2) 检查有无迁回。对完整的流向图中只有一边没有流向的各圈进行检查。如果没有对流或迁回，则为最优方案；如有，则需要对方案进行调整。其方法为：计算各圈的全圈长、内圈长和外圈长，如果内圈长和外圈长都小于全圈长的一半，则为最优方案；否则，则为非最优方案，需要调整。圈 ADECG 的全圈长为 5 + 4 + 4 + 3 + 7 = 23，外圈长为 3 + 5 + 4 = 12，外圈长大于全圈长的一半 11.5，所以不是最优方案，需要调整。

(3) 方案调整。在有迁回的外圈减去一个最小的调运量，在内圈(含无流量的边)加上这一最小调运量。圈 ADECG 中的最小流量为 1，在外圈上减去最小流量 1，同时内圈和无流量的两边 AG 和 CE 各加上最小流量 1，得到调整后的方案图，如图 S5-4 所示。

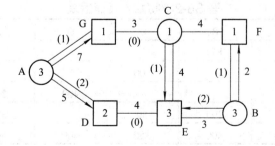

图 S5-4　方案调整图

经检查，圈 ADECG，外圈长为 5，内圈长为 7 + 4 = 11，都小于全圈长的一半 11.5。

圈 CEBF 的全圈长为 $4 + 3 + 2 + 4 = 13$，外圈长为 4+2=6，内圈长为 3，均小于全圈长的一半 6.5，所以此调整方案为最优方案。最优方案的总运输量 $Z = 1 \times 7 + 2 \times 5 + 1 \times 4 + 2 \times 3 + 1 \times 2 = 29$。

实践 5.2

应用表上作业法进行车辆调度。

【任务分析】

配送是物流系统中一项非常重要的内容。随着物流行业的发展，物流公司的数量迅速增加，物流公司间的竞争日益激烈，如何加强管理、减少成本是各物流公司比较关注的问题。通常，物流配送中心数量越少，物流配送中心到客户的距离就会越长，配送成本就会越高；物流配送中心数量越多，物流配送中心到客户的距离就会越短，配送成本就会越低，但是物流配送中心的管理成本随之增加。本实践主要讨论利用现有的物流配送中心进行物资和车辆的调度问题。

某公司下属甲、乙、丙、丁四个储存某种物资的物流配送中心，供应 A、B、C、D、E 五个工厂的需要。四个物流配送中心的供应量和五个工厂的需求量以及由各物流配送中心到各工厂调运单位物资的运价，如表 S5-1 所示。试求运输费用最少的合理调运方案。

表 S5-1　物资调运及运价表

	A	B	C	D	E	供应量
甲	3	2	3	5	3	100
乙	3	3	1	3	4	300
丙	7	8	4	2	2	600
丁	5	4	7	7	8	800
需求量	250	300	350	400	500	1800

【参考解决方案】

(1) 确定初始调运方案。应用最小元素法确定初始方案。先将运价 1 对应物流配送中心乙的物资供应给工厂 C，这样，物流配送中心乙 300 的供应量全部供完，工厂 C 还需要 50 的供应量，以此类推，得到初始调运方案，如表 S5-2 所示。

表 S5-2　初始方案调运表

	A	B	C	D	E	供应量
甲		100				100
乙			300			300
丙				400	200	600
丁	250	200	50		300	800
需求量	250	300	350	400	500	1800

总运费为：

$$100 \times 2 + 300 \times 1 + 400 \times 2 + 200 \times 2 + 250 \times 5 + 200 \times 4 + 50 \times 7 + 300 \times 8 = 6500$$

(2) 检验初始方案是否为最优方案。可通过下面的矩阵进行检验。

$$
\begin{array}{ccccc}
-5 & -4 & -7 & -8 & -8
\end{array}
$$

$$
\begin{bmatrix}
3 & 2^* & 3 & 5 & 3 \\
3 & 3 & 1^* & 3 & 4 \\
7 & 8 & 4 & 2^* & 2^* \\
5^* & 4^* & 7^* & 7 & 8^*
\end{bmatrix}
\begin{matrix} +2 \\ +6 \\ +6 \\ \\ \end{matrix}
\rightarrow
\begin{bmatrix}
5 & 4^* & 5 & 7 & 5 \\
9 & 9 & 7^* & 9 & 10 \\
13 & 14 & 10 & 8^* & 8^* \\
5^* & 4^* & 7^* & 7 & 8^*
\end{bmatrix}
\rightarrow
\begin{bmatrix}
0 & 0^* & -2 & -1 & -3 \\
4 & 5 & 0^* & 1 & 2 \\
8 & 10 & 3 & 0^* & 0^* \\
0^* & 0^* & 0^* & -1 & 0^*
\end{bmatrix}
$$

通过矩阵求解可知，当所有的基变量为 0 时，非基变量存在负数，即检验数存在负数，此方案不是最优方案，需要调整。

(3) 方案调整。我们通过闭合回路法对方案进行调整。需要注意的是，负检验数存在多个时，以负检验数绝对值最大者(本实践中为 –3)所在的空格(甲 E)为出发点，形成闭合回路。调整后的方案如表 S5-3 所示。

表 S5-3　方案调整表

	A	B	C	D	E	供应量
甲					100	100
乙			300			300
丙				400	200	600
丁	250	300	50		200	800
需求量	250	300	350	400	500	1800

(4) 再次对方案进行检验。可通过下面的矩阵进行检验。

$$
\begin{array}{ccccc}
-5 & -4 & -7 & -8 & -8
\end{array}
$$

$$
\begin{bmatrix}
3 & 2 & 3 & 5 & 3^* \\
3 & 3 & 1^* & 3 & 4 \\
7 & 8 & 4 & 2^* & 2^* \\
5^* & 4^* & 7^* & 7 & 8^*
\end{bmatrix}
\begin{matrix} +5 \\ +6 \\ +6 \\ \\ \end{matrix}
\rightarrow
\begin{bmatrix}
8 & 7 & 8 & 10 & 8^* \\
9 & 9 & 7^* & 9 & 10 \\
13 & 14 & 10 & 8^* & 8^* \\
5^* & 4^* & 7^* & 7 & 8^*
\end{bmatrix}
\rightarrow
\begin{bmatrix}
3 & 3 & 1 & 2 & 0^* \\
4 & 5 & 0^* & 1 & 2 \\
8 & 10 & 3 & 0^* & 0^* \\
0^* & 0^* & 0^* & -1 & 0^*
\end{bmatrix}
$$

通过矩阵检验可知，当所有的基变量为 0 时，非基变量存在负数 –1，则此方案不是最优的调运方案，需要再次对方案进行调整。

(4) 再次对方案进行调整。我们仍然用闭合回路法对方案调整，以负检验数 –1 所在的空格(丁 D)为出发点，正负号标注形成闭合回路，以回路上最小的调运量 200 为调整调运量，正号处加 200，负号处减 200，形成新的调整方案，如表 S5-4 所示。

表 S5-4　再次调整方案表

	A	B	C	D	E	供应量
甲					100	100
乙			300			300
丙				200	400	600
丁	250	300	50	200		800
需求量	250	300	350	400	500	1800

经检验，非基变量均大于等于 0，则此方案为最优方案。

总运费为

$$100 \times 3 + 300 \times 1 + 200 \times 2 + 400 \times 2 + 250 \times 5 + 300 \times 4 + 50 \times 7 + 200 \times 7 = 6000$$

实践 6　配送线路的选择与优化

实践指导

实践 6.1

应用最短路径法进行线路优化。

【任务分析】

配送线路的选择与优化就是整合影响配送运输的各种因素，适时适当地利用现有的运输工具和道路状况，及时、安全、经济、方便地将客户所需的商品准确地送到客户手中。在配送线路的选择和优化中，需要根据不同客户群的特点和要求，选择不同的线路优化方法，最终达到节省时间、距离和节约配送成本的目的。

某物流配送中心 A 向超市 G 运送货物，物流配送中心 A 到超市 G 的物流网络如图 S6-1 所示，B、C、D、E、F 为网络上的节点，图上数字表示两地之间运行所需的时间(分钟)，寻求从 A 到 G 用时最短的一条路径。

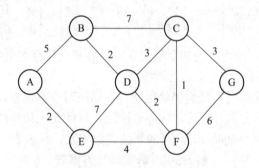

图 S6-1　物流配送中心 A 到超市 G 的物流网络图

本任务属于单车单点的线路优化，即运用一辆车从一个起点到达一个终点完成配送任务，宜采用最短路径法进行求解。最短路径是指用于计算一个节点到其他所有节点的最短线路。其主要特点是以起始点为中心向外层层扩展，直到扩展到终点为止。

【参考解决方案】

(1) 已知起点 A 为已解节点，与 A 点直接相连的未解节点为 B、E，其中 E 点为与 A 相连的最近的节点，记为 AE=2，由于 E 点为唯一可解点，所以 E 点为已解节点。

(2) A、E 为已解节点，与 A、E 直接相连的距离最近的未解节点有 B、F，从起点 A

到 B、F 节点最近距离记为 AB=5，AF=6，这样 B 点为已解节点。

(3) A、B、E 都成了已解节点，与 A、B、E 直接相连的最近未解节点分别为 D、F，从起点 A 到 D、F 的最近距离分别为 AD=7，AF=6，则 F 点为已解节点。

重复上面的迭代过程，直至到达终点 G，可以得出最优线路为 A—E—F—C—G，最短路线时间为 10 分钟。

实践 6.2

应用插入法进行线路优化。

【任务分析】

某物流配送中心 A 向 B、C、D、E 四个连锁超市送货，送货任务完成后，要返回物流配送中心。物流配送中心 A 到超市以及超市到超市的距离如图 S6-2 所示。应用插入法试求最佳路线及其里程数。

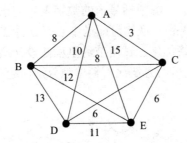

图 S6-2　物流配送中心向超市配送网络图

【参考解决方案】

(1) 确定距离矩阵，列出物流配送中心到超市以及超市到超市之间的距离矩阵表，如表 S6-1 所示。

表 S6-1　距 离 矩 阵

节点	A	B	C	D	E
A	0	8	3	10	15
B	8	0	8	13	12
C	3	8	0	6	6
D	10	13	6	0	11
E	15	12	6	11	0
Σ	36	41	23	40	44

(2) 确定每一个节点到其他各节点的距离之和，如表 S6-1 最后一行所示。

(3) 在距离和中找到三个点形成初始路线，其中 A 点为始发点，必须含在这三点之内，再在其他点中找到距离之和最大的两个点 E、B，形成一个初始路线 A—B—E—A。

(4) 确定插入其他节点。本任务中选择距离之和最大的节点 D 点为插入对象。

(5) 确定插入的位置。可通过计算循环回路的里程增量，增量最小的线路为 D 点插入的位置。

$$Z_{AB} = L_{AD} + L_{BD} - L_{AB} = 10+13 - 8 = 15;$$
$$Z_{BE} = L_{BD} + L_{DE} - L_{BE} = 13+11 - 12 = 12;$$
$$Z_{EA} = L_{ED} + L_{AD} - L_{AE} = 11+10 - 15 = 6;$$

所以，D 点插在 E—A 之间，即形成路线 A—B—E—D—A。

同理可得，C 点插入在 D—A 之间，可得最终循环路线 A—B—E—D—C—A，最佳路线的里程数为 40。

实践 6.3

应用节约里程法进行线路优化。

【任务分析】

某物流配送中心向 5 个超市配送货物，其配送路线网络、物流配送中心到客户和客户到客户的距离，如图 S6-3 所示。图中括号内的数字表示需求量(单位：t)，线路上的数字表示两节点之间的距离(单位：km)。现物流配送中心有 3 台 2 t 车辆和 2 台 4 t 车辆可供使用。本任务属于多车多点的线路优化，试用节约里程法设计最优的配送方案。假定车辆行驶的速度为 40 km/h，比较优化后的方案比车辆单独分别向超市配送货物节约多少时间。

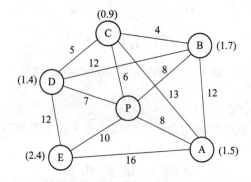

图 S6-3　物流配送中心 P 到超市各点及超市各点间的距离

【参考解决方案】

(1) 列出最短里程表，并计算物流配送中心到超市以及超市到超市之间的最短里程，如表 S6-2 所示。

表 S6-2　最短里程表

	P	A	B	C	D	E
P		8	8	6	7	10
A			12	13	15	16
B				4	9	18
C					5	16
D						12
E						

(2) 应用节约里程法计算超市与超市之间的节约里程，列出节约里程表，如表 S6-3 所示。

表 S6-3　节约里程表

	A	B	C	D	E
A		4	1	0	2
B			10	3	0
C				8	0
D					5
E					

(3) 将节约里程数据进行分类，按从大到小的顺序排列，如表 S6-4 所示。

表 S6-4　节约里程排序表

序号	线路	节约里程	序号	线路	节约里程
1	BC	10	5	BD	3
2	CD	8	6	AE	2
3	DE	5	7	AC	1
4	AB	4	8	AD	0

(4) 确定初始方案，即单独向超市分别配送的运输距离，如图 S6-4 所示。

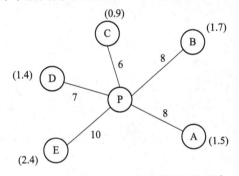

图 S6-4　单独向超市分别配送的运输距离

计算初始方案的配送距离 $S_1 = (8 + 8 + 6 + 7 + 10) \times 2 = 78$ km。

(5) 根据节约里程排序表、车辆载重量的约束，将超市的节点连接起来，形成最优的配送线路图，如图 S6-5 所示。

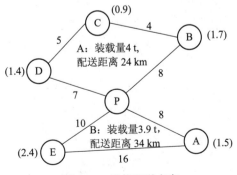

图 S6-5　最优配送方案

297

通过图 S6-5 求解，最佳的配送线路方案如下：

线路 A：闭环 PBCD，4 t 车，装载量 4 t，运送距离 24 km；

线路 B：闭环 PAE，4 t 车，装载量 3.9 t，运送距离 34 km。

(6) 与初始单独运送线路相比，计算总的节约里程数和节约时间。

总节约里程数 $S = 78 - (24 + 34) = 20$ km；

总节约时间 $T = S/V = 20/40 = 0.5$ h。

实践 7　配送服务管理

实践指导

实践 7.1

如何减少或避免因装卸产生的货损。

【任务分析】

近期，快递业野蛮装卸快件时有报道。只要找准方向和位置，能抛多远抛多远。从卸车到分拣，再到扫描出库，一个快件最少要经过三次抛扔，部分快递公司暴力分拣现象被时常曝光。

记者前不久在广东东莞某快递公司看到，货车上的分拣员正站在车上根据快递单上的地点，向不同的方向扔快件，包裹几乎是满天飞舞，明知道这样分拣会把一部分货物摔坏，但是这样的场景仍然屡见不鲜。一位快递员一边踩着一箱货物，一边告诉记者，有多大的力气就可以扔多远，不用担心物品摔坏了要承担责任。

记者：再踩就烂了。

某快递员 A：不行拿袋子封上，再封上嘛。这里头两半的多了，里面踩坏的多了。

记者：再这么摔，就摔坏了。

某快递员 A：摔坏了不怕，摔坏了算我们公司的。

记者：坏了不管了？

某快递员 A：像这个，比如说这个货来了，我们拿到时这个货就坏了，我们首先告诉公司这个货已经坏掉了。

某快递员 B：摔坏了就扯皮，说你货没包装好啊。外包装是好，但里面货是烂的，就说内包装没包装好，反正客户只要签了字就不管了。

试分析如何减少和避免因装卸产生的货物损坏？暴力分拣的背后所暴露出来的问题该如何解决？

【参考解决方案】

(1) 加强培训，提高员工专业素质。目前，人工装卸仍然是我国普遍采用的装卸方式。为了避免野蛮装卸，除了合理分工、严密组织外，还要加强员工的技术培训和考核。员工的技术水平和专业素质直接影响到货物破损率的高低，对员工要进行正规的岗位技能培训，使其了解操作规范，并通过考核后上岗。另外，要经常加强安全意识教育和职业道德教育，通过对员工进行"理想、道德、情操"教育，使其认识到规范操作和安全管理的重要性，提高员工敬业爱货的认识，从而减少野蛮装卸，严格执行安全操作规范，确保人货两安全。

(2) 健全操作规范。规范员工的操作要从各个环节入手。如包装人员是否将包装内衬物放足，不留缝隙，外封箱是否封实等。如果包装不符合要求，造成货损的概率就会增大。再如装卸人员在装卸时要轻装轻卸，防止撞击、跌落，禁止拖拉、钩拖货物等。一旦出现不按规范操作的情况，必须按规定处罚。

(3) 协调分工，合理安排工作量。为了避免野蛮装卸，及时、安全地完成装卸任务，要根据装卸物品的特点、工作量和装卸人员的体力情况，合理进行组织分工。例如，可以把装卸人员分为两组，一组负责搬运，一组负责装车。这样装卸人员可以手递手的将货物码放在车内，不会扔摔货物，避免货损，也提高了效率。另外，还要科学合理地安排员工和机械设备的工作量，既要防止人员过度疲劳，又要防止设备超负荷运转。

(4) 科学利用装卸设备和技术，加强对装卸活动的管理。装卸时如果能结合简单机械，做到"持物小步行"，则可以大大减轻劳动量，提高效率，减少野蛮作业，如可利用叉车、吊车等装卸设备。加强对装卸活动的管理，主要是确定最恰当的装卸搬运方式，力求减少装卸搬运的次数，充分利用重力，合理配置及使用装卸搬运机具，做到节能、省力、减少损失和加快速度，以获得较好的经济效果。

实践 7.2

如何改进物流配送服务标准。

【任务分析】

某家电连锁企业致力于为消费者提供多品种、高品质、合理价格的产品和良好的售前、售中、售后服务，强调"品牌、价格、服务一步到位"。对于家电零售这种利润被日趋摊薄的行业，库存和物流成本的控制十分重要。没有现代的物流配送，就谈不上真正的连锁经营，物流配送的服务水平，在一定程度上决定着连锁经营的成败。

该家电连锁企业的物流配送流程以财务为中心，将营销、物流和采购等统一在一个平台之下。在这个平台下，POS 机的收款信息能立刻传到物流配送中心，由物流配送中心做出反应，产生配送指令。无论是企业的自备车辆，还是外包车辆，在完成一项任务前，都要先到信息大厅办理出库手续，领取出库单，然后去库房提货、送货。配送人员完成该指令后，还要到信息大厅核销该项任务。

在先进的信息系统支撑下，该家电连锁企业对商品的流向进行了精准的控制。在仓库，仓管员仔细核对配送单后进行配货，而后家电产品由库房搬运、装卸至车辆上。由于作业全程机械化，装运的效率非常高，因而可以为消费者提供方便快捷的配送服务。

试分析在此基础上，在与其他大型家电零售企业的竞争中，如何改进物流配送服务，使客户获得更好的体验。

【参考解决方案】

(1) 采取自营配送与配送外包相结合的模式。家电零售业的运力需求淡旺季差别很大，针对这一情况，该家电连锁企业可以采取自备车和外包车相互补充的模式。在需求旺季，通过外包车辆来满足旺季大量订单的配送。

(2) 采用二级配送模式。物流配送中心一般采用三级配送模式，即一级配送到市、二级配送到店、三级配送到户。而二级配送模式是指，一级配送分拨服务负责将各类商品从区域大库分拨运送到区域内的所有二级城市，二级配送服务是由区域内二级城市物流配送中心将商品分拨服务到千家万户。采用二级配送模式，能够减少配送流程，提高配送效率。

(3) 采用 WMS 和 TMS 加强信息化管理。通过 WMS(仓库管理系统)实现订单管理、库存管理、收货验货管理、分拣管理、盘点管理、移库管理等的信息化；实现商品管理的条码化；通过与监控设备相结合，实现物流配送中心内部作业实时监控。通过 TMS(运输管理系统)，提高配送服务响应时间，提高车辆利用率，减少配送成本，将电子地图、GPS 全面用于配送服务管理，实现准时化配送。

(4) 选择中心城市建设物流配送中心。例如在江苏、沈阳、成都等地，按照"专业化分工、标准化作业、模块化结构、层级化管理"的标准建设物流配送中心，充分应用机械化、自动化、信息化的现代物流设备及系统。这些物流配送中心承担所在城市周边地区连锁店销售商品的长途调拨(200 公里范围内)、门店配送、零售配送(100 公里范围内)，以及所在城市市场需求的配送等。

(5) 建立标准化的配送服务制度。管理人员把标准化的配送服务作业流程与规范以制度的形式体现出来，并要求员工严格执行。例如，家电送到客户手中之后的安装和使用指导需要体现在服务制度中，实行标准化服务。

(6) 重视售后服务和逆向物流服务。商品售出后出现问题，需要售后服务的，除了上门服务，还应该建立逆向物流服务。例如，电器出现问题需要维修，但又无法由公司人员上门服务的，需要客户将货物送到门店，而这部分逆向物流费用一般情况下由客户承担，要想在行业竞争中立于不败之地，就需要抓住客户心理，提供逆向物流服务，提升服务质量和客户体验。

实践 7.3

生鲜商品的冷链配送管理。

【任务分析】

生鲜商品的物流配送备受关注。一方面，随着零售市场竞争加剧，居民生活水平提高，人们对生鲜食品、生鲜半成品、冷冻食品的需求越来越大，对生鲜食品的新鲜度要求也越来越高，客观上要求大型零售企业建立食品加工中心和物流配送中心；另一方面，由于生鲜配送不同于常温商品配送，需要一定的温度控制条件，经济投入比较高，物流配送半径有限，经营风险也比较大，一般适合同城配送。

某物流公司也顺应生鲜配送市场的变化，于 2014 年 11 月，推出自己的冷运品牌，进军冷链物流行业。公司依托强大的空中、地面配送网络系统，专业的冷运仓储服务和温控配送能力，为客户提供一站式的配送服务和更佳的客户体验。针对冷运业务，该物流公司有专门的温度监控系统，融合当今前沿的物联网科技，结合物流服务需求，为物流配送过程提供温度、湿度检测和位置等数据，并且利用各种先进的通信技术，为物流服务提供及时的数据信息。此外，该物流公司冷运具有全程可视化、可追溯、可监控、可预警的优势。通过强大的智能系统群、车载温控平台、手持终端，数分钟内将现场状况可视化，通过系统分析将数据转化为行动，实现实时监控、预警和通知。

该公司冷运主要针对两大客户群：一是生鲜食品行业，二是医药行业。以生鲜食品为例，该公司提供冷运仓储、干配、零担、速配等服务。目前，该物流公司在全国已有 5 个冷库，面积超过 1 万平方米，温区覆盖常温至零下 22 摄氏度，冷库分布在北京、上海、广州、深圳等一线城市。在冷运干线配送方面有两条主力干线：一条是上海—北京，另一条是广州—厦门—上海。公司拥有近百辆冷藏车，配备上千个冰柜，分布于 20 多个地区，用于冷运，并支持客户不在时的商品暂存等；另有冷藏箱、温控箱等 2000 多个灵便温控工具，以便于货物在配送过程中进行实时温度监控。

2015 年该物流公司计划增加 8 个冷库，面积 2.5 万平方米左右，其中 3 个是自有冷库，分布在长沙、成都和哈尔滨，类型包括生鲜食品仓和医药仓。此外，还计划在重庆、武汉、郑州、西安、广州 5 个城市租赁集散型冷库，为冷运网络提供货物集散和中转。

但需要认识到，我国的冷链行业尚处于较初级的发展阶段，面临着诸多的问题，如硬件设施设备较落后、冷链易断、成本高、客户难培养等。在北京、上海等大城市愈发拥堵的交通环境下，一些冷运服务(如宅配)面临着巨大的交通压力。例如，宅配要求直接冷运送货到每家每户，但由于消费者居住环境的原因，如在部委大院、大学、封闭家属院和高档社区的管理要求严格，冷链物流公司送货时很难进入。

根据该公司在冷链配送方面的现状及面临的主要问题，请试着分析相应的解决对策。

【参考解决方案】

关于该物流公司冷链配送面临的问题，可以从以下五个方面着手解决和加强管理：

(1) 坚持发展软硬件设施设备，内外结合。采购先进、环保的冷链配送设备及建立健全信息管理系统，重视人才引进及培养，加强企业内部与外部的交流。

(2) 多种派送方式结合。一线城市实现非高峰期派送至自提点暂存，倡导客户按时间便利自取；尽快培养二三线城市的消费习惯，发展二三线城市的消费群体；当客户发展到一定数量时，可以考虑由分散派送改为集中派送。

(3) 继续升级配送设备。定制专业的温控设备，如冷藏箱、保温袋、冷冻箱等，确保"最后一公里"不脱冷。

(4) 优化包装、改进包装。提高包装材料的使用率和冷链配送设备的利用率，学习先进的冷链包装技术，并付诸实际应用。

(5) 重点发展优质客户。通过优质客户带动口碑营销，提高新老客户对该物流公司冷运配送服务的依赖性，根据目标客户的生活习惯，设计配送服务的标准与规则。另外，还可以加快与电商企业的合作。

实践8 物流配送中心总体规划与设计

 实践指导

实践

根据需求合理设计和规划一个物流配送中心。

【任务分析】

为满足上海大众和上海通用汽车制造零部件的需要，上海某汽车制造有限公司将其旗下的多家汽车零部件运输企业整合为一家专业汽车零部件物流配送企业——上海某物流配送中心有限公司，该公司主要是对上海通用、上海大众以及其他汽车整车厂的汽车零部件进行配送。建设该物流配送中心的目的主要有：

(1) 扩大经营规模和市场占有率。企业除了提供优良的商品品质，必须提供适时适量的配送服务，提高物流系统的吞吐能力以适应经营业务扩展的需求，进而扩大市场占有率。

(2) 改进物流与信息流系统，以降低物流成本，增强物流服务竞争力。采用专业配送和配套配送可以迅速及时地给客户供货，保证主要物品不缺货，并为客户提供必要的信息服务。物流配送中心的目标任务就是降低物流成本，提高服务水平，缩短物流周期，使物流配送中心与客户之间物畅其流、信息快捷，增强物流服务竞争力。

(3) 提高物流服务质量。因用户需求的多样性、随机性，对供货时间要求也更加严格，这些因素都促使物流企业提高其配送系统的服务水平和服务质量。通过设立物流配送中心，可以从以下几个方面提高公司的服务品质：

◇ 缩短交货时间；

◇ 对商品进行实时跟踪；

◇ 降低缺货率、误配率；

◇ 紧急配送、假日配送；

◇ 对运行过程中出现的意外和随机状况及时做出响应；

◇ 改善司机的服务态度。

根据以上描述规划和设计一个物流配送中心，使其能够达到相应目的。建议从基本资料收集、作业流程规划、作业区域功能规划、设施系统规划、信息系统规划和仓储设备设计六个方面对该物流配送中心进行规划和设计。

【参考解决方案】

1. 基本资料的收集

根据欲建物流配送中心的类型，首先进行规划用基本资料的收集和调查研究工作。考虑到建造物流配送中心的专业性、技术性、系统性和前瞻性等因素，应与专家学者、物流系统工程技术人员紧密合作，全面听取有关物流建设的合理化建议，确保物流配送中心规划的顺利实施。规划资料的收集过程分为两个阶段，即现行作业资料的收集分析和未来规划需要资料的收集。其具体内容如下：

1) 现行作业资料的收集

(1) 商品资料：包括零部件的类型、品种规格、品项数、供货渠道、保管形式等。

(2) 订单资料：包括零部件的名称、数量、单位、订货日期、交货日期、交易方式、生产厂家等。

(3) 货物特性：包括湿度要求、腐蚀特性、装填性质，此外还包括零部件的重量、体积、尺寸、包装规格、储存特性和有效期限等。包装规格分单品、内包装、外包装单位等包装规格。

(4) 销售资料：按地区、零部件种类、道路、客户及时间分别统计销售资料。

(5) 作业流程：包括一般物流作业，即进货、储存、拣选、补货、流程加工、发货、配送、退货、盘点、仓储配合作业(移库调拨、容器回收、废弃物回收处理)等作业流程的现状。

(6) 事务流程与单据传递：包括按单分类处理、指派采购任务、传送发货计划、相关库存管理和相关财务系统管理等。

(7) 厂房设施资料：包括厂房结构与规模、布置形式、地理环境与交通特性、主要设备规格、生产能力等资料。

(8) 作业工时资料：包括机构设置、人员组织结构、各作业区人数、工作时数、作业时间与时序分布等。

(9) 物料搬运资料：包括在库搬运、进货与发货频率、数量、车辆类型及能力、时段分布与作业形式等。

(10) 供货厂商资料：包括供货厂商类型、供货厂商规模、特性、供货商数量及据点分布、送货时间段等。

(11) 配送网点与分布：包括配送网点分布与规模、配送线路、配送道路类型、交通状况、收货时段、特殊配送要求等。

2) 未来规划需要资料的收集

(1) 运营策略和中长期发展计划：这要根据外部环境变化、政府政策、企业未来发展等来决定。

(2) 商品未来需求预测：分析零部件的现在销售增长率，估计未来增长趋势。

(3) 商品品种变化趋势分析：根据目前零部件品种及市场需求情况来预测未来零部件在品种方面可能变化的趋势。

(4) 预测将来可能发展的厂址和面积：根据要求，该物流配送中心所涉及的配送对象主要是大众、别克等系列车型的零部件。在进行物流配送中心规划设计的时候，必须对所收集的资料从政策性、可靠性等方面进行分析。在对上述有关资料进行初步分析之后，再进一步确认系统规划目标和方针。

2．作业流程的规划

按作业顺序排列各作业项，上海某物流配送中心的基本作业项如下：零部件进货、进库验收、入库作业、保管储存、出库检查、装货、物流配送。归纳起来，该物流配送中心的作业管理主要有进货入库作业管理、在库保管作业管理、加工作业管理、理货作业管理和配货作业管理。该作业流程如图 S8-1 所示。

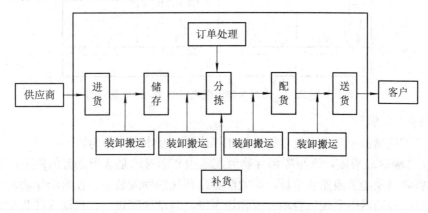

图 S8-1　上海某物流配送中心基本作业流程图

3．作业区域的功能规划

在作业流程规划后，通过归类整理，可把上海某物流配送中心作业区域分为八类：

(1) 进货区：在该区域内完成入库前的全部工作，包括接货、卸货、验货、清点、分类入库等。

(2) 储存区：该区域主要分类存储所有进库的零部件，可分为暂存区与储存区。

(3) 理货区：在这个区域里进行分货、拣货、配货作业，为送货做准备。

(4) 配装区：将配好的货暂放等待外运，或根据每个客户货堆状况决定配车方式、配装方式，然后直接装车或运到发货月台装车。这一区域的零部件处于暂存状态，时间短、周转快，占地面积相对较少。

(5) 发货区：在这个区域将准备好的零部件装入外运车辆发出。外运发货区结构和收货区类似，有月台、外运线路等设施。

(6) 流通加工区：在这个区域进行分装、包装、零部件并包等各种类型的流通加工作业。该区域在物流配送中心所占面积较大。

(7) 办公事务区：管理人员办公室、值班室、小接待室等。

(8) 劳务活动区：物流配送中心相关作业工具、材料、物品保管、热水间及卫生间等。

本物流配送中心物流动向总体为 U 型设计，适用于出入口在仓库同侧，可依进出货频率大小安排接近进出口端的存储区，缩短拣货搬运路线，其功能区域划分如图 S8-2 所示。

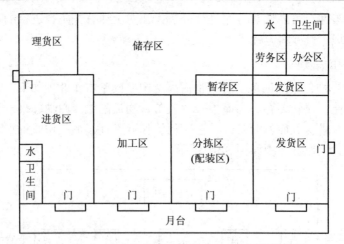

图 S8-2　上海某物流配送中心功能区域划分图

4．设施系统规划

一个完整的物流配送中心包含的设施相当广泛，基本上可分为以下三类：

(1) 主作业区域设施。汽车零部件物流配送中心面对的是成千上万的供应厂商、需求多变的消费者以及竞争激烈的市场，必须配备现代化的物流装备。在自动化物流系统中主要设备包括：电脑网络系统、自动分拣输送系统、自动仓库设备、自动旋转货架、仓储管理系统、监控设备、控制系统、通信网络系统、搬运设备、堆垛设备等。本物流配送中心的配送作业采用的配送器具主要是专业的汽车零部件配送工具箱，采用专用卡车进行配送，装卸车采用托盘与叉车。

(2) 辅助作业区域设施。在物流配送中心的运营过程中，除了主要的物流实施设备之外，还需要辅助作业区域的配合，上海某物流配送中心汽车零部件进出库采用条形码技术和计算机管理。

(3) 仓库建筑周边设施。此设施的建设主要是对主作业区和辅助作业区的作业支持，如生活区域建设、办公区域建设和安全区域建设等。

5．信息系统规划

1) 信息系统的功能规划

在物流配送中心的全部运营中，信息流始终伴随着各项物流活动。当作业区域及基本作业程序规划完成时，通过对物流配送中心全部事务流程分析，便可进行信息系统框架结构及其主功能系统的规划。上海某物流配送中心要求具有以下的主要信息系统功能：

(1) 采购功能：如采购订单处理、采购定价和市场分析等。

(2) 仓储保管功能：以仓储作业相关的业务为主，如进、销、存资料管理和库存管理等。

(3) 配送功能：以调度和线路优化工作为主，如车辆调度和配送线路规划等。

(4) 提供完整的管理信息：就现代化的物流配送中心而言，信息系统的功能不再是只处理作业信息，而是进一步向业绩管理和决策支持分析的高层次方向发展，如绩效管理、决策分析和资源计划等。

2) 信息系统的框架规划

在规划物流配送中心信息管理系统功能框架时，应至少包括如下六个部分，如图S8-3 所示。

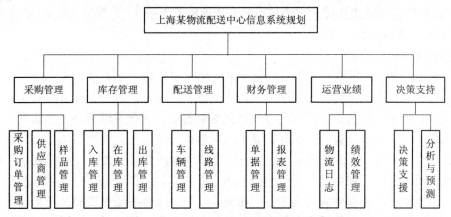

图 S8-3 上海某物流配送中心信息系统规划图

(1) 采购管理系统。货品入库是物流配送中心实际物流的起点，必须自订单发出开始就应该掌握确实信息。采购管理系统主要包括采购订单管理、供应商管理、样品评估管理和采购结算等模块。

(2) 库存管理系统。其主要包括入库管理、在库管理、出库管理、移库管理等模块。该系统能够提供零部件的基本资料、进货日期、发货有效期等信息，按照产品先进先出的原则进行分析和处理，进行盘点作业等。

(3) 配送管理系统。其主要包括车源信息管理、线路规划管理、发货订单管理等模块。该系统能够提供完整精确的发货信息，供配送作业使用，并及时对储运经理、配送经理、司机及用户提供配送信息。

(4) 财务管理系统。其主要包括工资统计和打印、银行计算转账项目、应收账款系统管理、应付账款系统管理、物流成本分析系统、物流计费管理等。

(5) 运营业绩管理系统。其主要包括物流日志、绩效指标管理等。

(6) 决策支持系统。为使现代化物流配送中心具有竞争力，作为经营策略分析工具的决策支持系统应具备如下功能：整理并及时提供与决策问题有关的各种数据，尽可能收集、存储并及时提供系统之外的其他与决策问题有关的各种数据、分析与预测等。

6. 仓储设备设计

1) 货架及储位基本参数要求

货架及储位基本参数要求为

(1) 要求零部件的储存以高层货架为主。

(2) 根据托盘单元尺寸，货架储位宽、高面尺寸确定具体参数如下：货格有效长 $A = 2650 \text{ mm}$，货格层高 $H = 1250 \text{ mm}$，货格有效宽 $B = 900 \text{ mm}$。

2) 货架与仓库净空高度的关系以及货架层数的确定

货架与仓库净空高度的关系及货架层数的确定方式如下：

(1) 货架层数应满足仓库的最大净空高度。

(2) 在货架最上层，托盘单元货物顶面与仓库净空高度最低障碍物之间保持 380 mm 的间距。

(3) 考虑库内拣货作业的要求，部分货架的底层高度设置为 2 m 左右。

(4) 采用托盘横梁式货架，每个托架的承载重量不大于 3 t。

3) 货架种类的选择

货架种类选择方式如下：

(1) 托盘式货架。托盘式货架用以储存单元化托盘货物，配以巷道式堆垛机及其他储运机械进行作业。上海某物流配送中心将入库的汽车零部件进行托盘化分类成组，进而以托盘形式存储。采用托盘式货架可实现机械化装卸作业，存取灵活方便，空间利用率高，承载能力强，稳定性好，有利于实现计算机的管理和控制。托盘式货架如图 S8-4 所示。

(2) 阁楼式货架。阁楼式货架是在已有的工作场地或货架上建一个中间阁楼，以增加存储空间，可做二、三层阁楼。为了充分利用仓库的空间，部分仓库空间规划为阁楼式货架，用于小零部件的存储并满足人工分拣作业的需要。库内阁楼式货架如图 S8-5 所示。

(3) 流利式货架。为了便于拣货作业，将部分托盘货架的底层设计成流利式货架，货物从有坡度的滑道上端存入，当在低端取货时，货物借助重力自动下滑，可实现"先进先出"作业。在拣选作业中使用流利式货架成本低，存储密度大，作业方便且分拣效率高。库内流利式货架如图 S8-6 所示。

图 S8-4　托盘式货架　　　　　图 S8-5　阁楼式货架　　　　　图 S8-6　流利式货架

4) 叉车种类的选择

叉车种类的选择方式如下：

(1) 电动平衡式叉车。电动平衡式叉车具有无污染、易操作、节能高效等优点，主要用于入库和出库的托盘搬运作业。本物流配送中心主要采用承载量为 3～5 t 的电动平衡式叉车，如图 S8-7 所示。

图 S8-7　电动平衡式叉车

　　(2) 电动托盘堆垛车。电动托盘堆垛车适用于狭窄通道和有限空间内的作业，主要用于货架巷道内进行托盘存取作业，其结构简单、操控灵活、微动性好。这种叉车由外伸在车体前方、带脚轮的支腿来保持车体的稳定，货叉位于支腿的正上方，可以较高起升，进行堆垛作业。本物流配送中心主要采用载重 1 t，最大起升高度达 4.5 m 的电动托盘堆垛车，如图 S8-8 所示。

图 S8-8　电动托盘堆垛车

　　为满足对上海通用、上海大众以及其他汽车整车厂的汽车零部件的配送，该物流配送中心针对其现有物流配送中心仓储系统进行改造，按满足需求为前提进行重新规划和设计，使该公司的物流仓储能力得以提高。本方案采用高层货架系统，配以流利式货架等，提高仓储能力和拣选能力，配以库内叉车，提高仓储系统的机械化作业水平。在规划设计中，对现有的仓储管理模式进行了分析和归纳，优化了各作业活动的作业流程，满足了上海通用、上海大众以及其他汽车整车厂的汽车零部件配送和储存要求，为公司今后的发展提供了足够的库区资源。

参 考 文 献

[1] 徐贤浩，刘志学. 物流配送中心规划与运作管理[M]. 武汉：华中科技大学出版社，2014.

[2] 张芮. 配送中心规划设计[M]. 北京：中国物资出版社，2011.

[3] 王皓. 仓储管理[M]. 北京：电子工业出版社，2013.

[4] (美)Ronald H.Ballou. 企业物流管理—供应链的规划、组织和控制[M]. 王晓东，胡瑞娟，译. 北京：机械工业出版社，2012.

[5] (英)马丁·克里斯托弗. 物流与供应链管理[M]. 何明珂，卢丽雪，译. 北京：电子工业出版社，2013.

[6] 贾争现，刘利军. 物流配送中心规划与管理[M]. 北京：机械工业出版社，2013.

[7] 梁晨. 配送中心规划与设计[M]. 北京：中国财富出版社，2013.

[8] 程洪海，刘华群. 配送中心管理理论与实务[M]. 北京：清华大学出版社，2011.

[9] 王道平，侯美玲. 供应链库存管理与控制[M]. 北京：北京大学出版社，2011.

[10] 陈平. 物流配送管理实务[M]. 武汉：武汉理工大学出版社，2007.

[11] 哈罗德·科兹纳. 项目管理：计划、进度和控制的系统方法[M]. 11 版. 杨爱华，王丽珍，等，译. 北京：电子工业出版社，2014.

[12] 孙科炎. 华为项目管理法[M]. 北京：机械工业出版社，2014.

[13] 王成林. 配送中心规划与设计[M]. 北京：中国财富出版社，2014.

[14] 徐天亮. 运输与配送[M]. 2 版. 北京：中国物资出版社，2012.

[15] 陈达强，谢如鹤. 配送与配送中心运作与规划[M]. 杭州：浙江大学出版社，2010.

[16] 汤义萌. 物流与仓储管理实操应用全案[M]. 北京：中国工人出版社，2013.

[17] 朱华. 配送中心管理与运作[M]. 3 版. 北京：高等教育出版社，2014.

[18] 卢静，赖敏，张议，等. 仓储与配送实务理实一体化教程[M]. 成都：西南交通大学出版社，2013.

[19] 孔继利. 物流配送中心规划与设计[M]. 北京：北京大学出版社，2014.